21世纪本科金融学名家经典教科书系

普通高等教育"十一五"国家级规划教材

社会保险

（第四版）

Social Insurance

主编 林义

中国金融出版社

责任编辑：王 君
责任校对：张志文
责任印制：陈晓川

图书在版编目（CIP）数据

社会保险（Shehui Baoxian）/林义主编．—4版．—北京：中国金融出版社，2016.7
（21世纪本科金融学名家经典教科书系）
ISBN 978－7－5049－8515－6

Ⅰ．①社… Ⅱ．①林… Ⅲ．①社会保险—高等学校—教材
Ⅳ．①F840.61

中国版本图书馆CIP数据核字（2016）第088067号

出版
发行 中国金融出版社
社址 北京市丰台区益泽路2号
市场开发部 （010）63272190，66070804（传真）
网 上 书 店 http：//www.chinafph.com
（010）63286832，63365686（传真）
读者服务部 （010）66070833，62568380
邮编 100071
经销 新华书店
印刷 北京市松源印刷有限公司
装订 平阳装订厂
尺寸 185毫米×260毫米
印张 18.25
字数 428千
版次 1998年5月第1版 2003年1月第2版 2010年8月第3版 2016年7月第4版
印次 2018年8月第2次印刷
定价 39.00元
ISBN 978－7－5049－8515－6/F.8075

21 世纪高等学校金融学系列教材
编审委员会

沈沛龙　山西财经大学　教授　博士生导师
宋清华　中南财经政法大学　教授　博士生导师
张礼卿　中央财经大学　教授　博士生导师
张　杰　中国人民大学　教授　博士生导师
张桥云　西南财经大学　教授　博士生导师
张志元　山东财经大学　教授
陆　磊　广东金融学院　教授　博士生导师
陈伟忠　同济大学　教授　博士生导师
郑振龙　厦门大学　教授　博士生导师
赵锡军　中国人民大学　教授　博士生导师
郝演苏　中央财经大学　教授　博士生导师
胡炳志　武汉大学　教授　博士生导师
胡金焱　山东大学　教授　博士生导师
查子安　中国金融出版社　副总编辑
贺力平　北京师范大学　教授　博士生导师
殷孟波　西南财经大学　教授　博士生导师
彭建刚　湖南大学　教授　博士生导师
谢太峰　首都经济贸易大学　教授　博士生导师
赫国胜　辽宁大学　教授　博士生导师
裴　平　南京大学　教授　博士生导师
潘英丽（女）　上海交通大学　教授　博士生导师
潘淑娟（女）　安徽财经大学　教授
戴国强　上海财经大学　教授　博士生导师

主编简介

林义，西南财经大学老龄化与社会保障研究中心主任，教授，博士生导师。享受国务院政府特殊津贴专家，中国社会保障学会副会长，中国社会保险学会常务理事，北京大学中国保险与社会保障研究中心专家委员会委员，四川省决策咨询委员会委员，四川省学术带头人。德国不来梅大学博士后。

林义教授自20世纪80年代中期以来，致力于社会保险和保险问题的研究，出版专著多部。在美国、英国、德国、日本及国内学术刊物《人民日报》、《光明日报》、《经济日报》、《社会学研究》、《经济学家》、《经济学动态》等刊物上发表论文100多篇。出版著作《中国养老保险改革》、《社会保险制度分析引论》、《农村社会保障的国际比较及启示研究》、《企业年金的理论与政策研究》、《统筹城乡社会保障制度建设研究》等。

近年来，林义教授承担国家自然科学基金、国家社会科学基金重大项目，德国洪堡基金会、亚洲开发银行、人力资源和社会保障部、财政部、国家老龄委、中国保监会课题等多项国家级、省部级课题。主编全国高等学校金融类重点规划教材和“十一五”国家级规划教材《社会保险》，主编面向21世纪主干课教材和“十一五”国家级规划教材《社会保险基金管理》。获中国人民银行优秀教师、四川省优秀教师称号，获霍英东优秀青年教师三等奖、国家级优秀教学成果二等奖、四川省社会科学优秀成果一等奖等多项教学科研奖励，研究报告获国家领导人批示。

当前主要研究领域：老龄化与社会保障改革；农村社会保障国际比较研究；社会保障基金管理；企业年金理论与政策。

第四版编写说明

《社会保险》是根据全国普通高等学校的教学需要和学科建设的需要编写的，是普通高等教育“十一五”国家级规划教材。

《社会保险》教材初版于1998年、2003年和2010年分别出版了第二、第三版。《社会保险》（第四版）立足于我国统筹城乡社会保险改革实践，广泛吸收国内外社会保险教材的长处，努力探索社会保险运行机制、运行规律的内在要求，注重介绍社会保险制度的基本理论和基本原理，介绍国外社会保险改革发展新动态尤其是我国近年来社会保险改革发展的新成果，体现教材的特色。《社会保险》（第四版）在体系和总体结构上保持了第三版的优点并根据我国社会保险改革新的发展充实了部分章节的内容，更新了相关数据。突出了对社会保险改革热点问题的关注。教材在每章补充了案例和延伸阅读资料。

《社会保险》（第四版）由西南财经大学林义教授主编和定稿。编写分工：湖南大学李连友教授编写绪论、第一章、第十章第一至第三节；华中理工大学丁建定教授编写第二章第一、第二节；西南财经大学林义教授编写第二章第三节、第三、第四、第五、第六、第十二、第十三章；西南财经大学陈志国教授编写第七章；西南财经大学陈滔教授编写第八章；四川大学华西公共卫生学院汪凯副教授编写第九章；中国保监会寿险部李航博士编写第十章第四节；中国人民大学孙淑涵教授编写第十一章；西华大学的成欢博士、电子科技大学的辜毅博士和四川大学林熙博士对本教材相关数据及案例资料的补充也付出了辛劳。

由于社会保险制度的复杂性和社会公众的高度关注，我国社会保险制度仍处于不断调整和完善之中，教材难免存在不足，欢迎专家和读者批评指正。

林　义

2016年4月

目 录 Contents

绪 论

一、社会保险的研究对象

一门学科能否单独成立，其首要的条件就是要有明确的研究对象。“科学研究的区分，就是根据科学对象所具有的特殊的矛盾性。因此，对于某一现象的领域所特有的某一种矛盾的研究，就构成某一门科学的对象。”① 同样，建立社会保险学，也必须首先明确界定它的研究对象。

我们认为，社会保险的研究对象是社会保险制度，也就是说，社会保险是研究社会保险制度运行规律的一门综合性的社会科学。在实际社会活动中，人们对制度的观察和把握自觉或不自觉地用三种尺度，因而“制度”一词也就相应地具有三种含义：第一种，指社会形态或体系意义上的制度，这是对制度的大尺度的宏观观察，如原始公社制度、资本主义制度、社会主义制度等；第二种，指社会中的一些具体制度，这是对制度的中尺度观察，如经济制度、政治制度、法律制度等；第三种，指社会规范与规则意义上的制度，这是对制度的小尺度微观观察，如考勤制度、服务制度、门诊制度等。② 很显然，我们这里所说的是第二种含义的制度。我们认为，社会保险制度是现代国家按照法律准则和程序，通过社会集资办法，对劳动者遭遇生育、年老、疾病、工伤、失业等不可规避的风险，而暂时或永远失去工资收入的，提供一定程度的经济补偿，使他们仍能保证基本生活的一种社会制度的总称。

之所以将社会保险的研究对象界定为社会保险制度，有两方面的原因。其一，“制度化”是社会保险的一个重要标志。从某种意义上说，一部人类发展的历史，就是一部人类寻求保障、规避风险的历史。自古就出现了各种为人类自身抵御经济风险的保障思想和活动，如古埃及建筑金字塔的石匠们就自发地建立过互助共济组织，用参加人定期或不定期缴纳会费的办法，筹措会员死后的丧葬费用；古代罗马帝国参加征战的士兵也曾经建立过互助性团体，加入者缴纳一定的费用，以备士兵战死沙场后向家属发放抚恤费；16—18 世纪的欧洲出现了自发互助的，在同行业中吸收会员、征集资金，以便在会员遭到疾病、意外事故时提供救济的“基尔特制度”；19 世纪三四十年代西欧主要资本主义国家出现了“友谊社”和“共济会”等工会组织，工人采取自己出资的办法，对遭到疾病、失业、意外事故或死亡等不幸的人实行集体互助互济，并且规模较大，范围扩大到了养老、残废、遗属抚恤等。这些活动尽管为人们提供了一方面或多方面的保障，但并没有被认为是社会保险。人们之所以把 1883 年 5 月 31 日德国颁布的《疾病社会保险法》作为社会保险的起点，关键就在于它把这种保

---

① 毛泽东：《毛泽东选集》，第 1 卷，309 页，北京，人民出版社，1991。

② 北京大学社会系：《社会学教程》，164 页，北京，北京大学出版社，1987。

障活动变成了一种由政府强制实施的制度安排。“制度化”是社会保险的重要标志，研究社会保险，当然离不开社会保险制度。其二，社会保险制度是社会保险运作的核心。从社会保险本身的特性来看，它是一种政府行为，具有鲜明的强制性。在实际中，所有的社会保险都是以一个国家有关的法令、法规、政策为中心运作的，对社会保险的所有研究的最终目的都是为了制定和修改这些法令、法规、政策，以便使社会保险运行机制正常、稳定地运行。这是社会保险研究的核心，离开了这个核心，就偏离了研究的根本目的和研究的主题。

二、社会保险的研究方法

一门学科的独立，既要有独特的研究对象，又要有系统完整的研究方法。同样，社会保险作为一门独立的学科，也有自己一套完整的方法体系。这套体系可分为两大层次：第一个层次是社会保险研究的方法论，包括哲学理论和社会保险理论；第二个层次是社会保险研究的具体方法，包括社会科学研究中的一般逻辑思维方法、经济学和社会学研究中共有的定量分析方法及精算学的研究方法等（见下图）。

- 社会保险的研究方法
  - 研究的方法论
    - 哲学理论
    - 社会保险理论
  - 具体的研究方法
    - 社会科学研究中的一般逻辑思维方法
    - 经济学和社会学研究中共有的定量分析方法
    - 精算学的研究方法
    - 其他相关学科的研究方法

（一）社会保险研究的方法论

任何社会科学的研究都是在一定的方法论的指导下进行的，社会保险研究的方法论既包括哲学理论，又包括社会保险理论。

哲学是对自然科学和社会科学知识的总结和概括，它所回答的是有关整个世界的最普遍、最本质的问题，对社会实践和各门具体科学有普遍的指导意义，爱因斯坦形象地把它称为“全部科学研究之母”。各门具体科学的研究工作无不受它的支配和影响，社会保险同样如此。马克思主义哲学即辩证唯物主义和历史唯物主义，是科学的世界观和方法论，它能为社会保险的研究提供正确的方向和方法，因此，社会保险必须以辩证唯物主义和历史唯物主义作为研究的指南。

哲学虽然能为社会保险的研究提供正确的方向和方法，但不能代替各门具体学科的理论对该门学科研究的指导，因为哲学只提供普遍的方法，而没有也不可能为各门学科提供具体的方法。任何现象、事物既有其普遍性，又有其特殊性，而对事物的特殊性的研究恰恰形成不同门类的具体的学科理论。因此，要对具体的事物、现象进行深入系统的研究，既需要哲学理论为其提供正确的方向和普遍的方法，也需要各门具体的学科理论为其提供具体的研究途径、手段和资料，等等。社会保险是关于社会保险制度的产生及其运行规律的一门综合性的社会科学，有自己的独特的理论体系，在进行社会保险的研究中，同样要用它的理论作指导。

（二）社会保险的具体研究方法

社会保险的具体研究方法可分为三个小层次。这三个小层次，由普遍到特殊，层层深入。

1. 社会科学研究中的一般逻辑思维方法。这个层次的方法主要有：

（1）比较和分类。人们对客观事物的认识，总是从区分事物开始的。要区分事物，就要进行比较，要系统地掌握已经区分的事物，还要在比较的基础上分类，比较是分类的前提，分类是比较的结果，它们是认识客观事物的两种基本的逻辑思维方法。每一种社会保险制度都是在一定的历史条件下形成的，都经历了一个历史的发展过程。用历史比较法对它进行研究，能把握它的发展方向和实质。当今世界的社会保险制度五花八门，特征各异，建立具有中国特色的与我国国情相适应的社会保险制度，需要吸收国外先进的经验和方法，横向比较研究可以帮助我们正确地进行取舍，避免盲目照搬。

（2）归纳和演绎。人们的认识过程是在实践的基础上，由感性认识上升到理性认识，再由理性认识回到实践的过程，同时也是思维运动由个别到一般，再由一般到个别的循环往复、不断深化的过程。归纳法是由个别到一般的思维方法，演绎法则是由一般到个别的思维方法，它们是科学研究中常用的两种相互对立又相互联系的逻辑思维方法。

（3）分析和综合。分析和综合是比归纳和演绎更深刻的两种思维方法。所谓分析，就是在研究中把对象分解为各个方面、各个部分来分别进行考察的方法。所谓综合，就是在分析的基础上，把认识对象的各个方面、各个部分再组合成为一个整体加以考察的方法。分析与综合既互相对立，又互相依赖、互相转化、互相统一。

（4）抽象和具体。任何一个完整的认识过程，都是由具体到抽象，再由抽象上升到思维中的具体的过程。从具体到抽象和从抽象到具体，是科学思维的两种方法，它们同分析和综合是紧密联系在一起的。由具体到抽象的过程，就是分析的过程，由抽象到具体的过程，是综合的过程。

2. 经济学和社会学研究中共有的定量分析方法。当代社会科学的发展正越来越多地使用定量分析方法，而这其中最成熟的是经济学和社会学。在经济学领域中已产生了专门研究如何利用数学方法解释经济现象、解决经济问题的计量经济学、数理经济学；在社会学领域已出现了运用数学方法来解释社会现象、探索社会规律的数理社会学、计量社会学。以经济学和社会学为自己的主要基础理论的社会保险学也继承了这一传统，在进行研究中，同样大量使用定量分析方法，其中主要的是统计分析方法。同其他研究人类社会现象的社会科学一样，经济学、社会学、社会保险属于非实验科学，它不能采用一些自然科学研究中通常采用的实验方法。因为它们所考察的各种因素所起的作用是无法加以控制的，它们同时发生作用，无法分离出来逐个地单独加以考察，所以它们只能采取建立在大数法则基础上的大量观察的方法，即统计的方法。这是因为在进行大量观察时，各种因素的非规则活动互相抵消，从而可以把握其内在的规律性。统计分析的特点就是力图通过对大量现象的定量分析去揭示事物的内部联系和质的规律性。

统计分析以分析的目的为标准可分为描述性分析和说明性分析（解释性分析）。如果统计分析的目的在于陈述研究对象的特征，揭示事物内部的联系则属于描述性分析；如果统计分析的目的不仅是指出研究对象的特征，而且还要指出现象内部的联系以及何以存在这些特征与联系则属于说明性分析。

统计分析的方法包括描述性统计和推论性统计两大类，前者是对研究对象进行数量描述和分析，后者则是从样本资料的数量特征推论总体的特征。描述性统计首先要对调查资料的基本特征从两个相反的角度来进行说明，一是用集中量数说明研究对象的一般水平，使用的统计量有平均数、中位数和众数等；二是用离中量数说明研究对象的差异幅度或分散程度，使用的统计量有异众比率、离散系数和标准差等。其次，要对现象间的相互联系进行定量分析，也就是对两变量或多变量作相关分析和回归分析。相关分析是通过计算两变量的相关系数来判断两个现象是否有联系以及联系的密切程度，回归分析是精确计算两变量的平均变化关系，并建立一个数学方程式来说明一个现象的数量变化会导致另一个现象发生多大的变化。相关关系是回归关系的必要条件，前者是双向的，后者是单向的且有因果性。由于社会经济现象的复杂性，多因一果、一因多果的现象颇多，因此，还要使用复相关分析、多因分析和路径分析等统计分析方法。

描述性统计是依据样本资料计算样本的统计值，但这种统计值能否说明总体的特征需要进行推论统计。推论统计主要有两种方法，即区间估计和假设检验。区间估计是根据样本的统计值和抽样误差来估计在一定的置信度下总体均值或总体的百分比的置信区间；假设检验是先对总体的某一参数或两变量相关程度作一假设，然后用样本的统计值去验证，以决定假设是否为总体接受。

应该指出，统计分析不能脱离定性分析，且必须以定性分析为基础，定性分析要为统计分析规定方向、划分范畴、选择分析采用的公式等。

3. 精算学的研究方法。精算学是应用现代数学和概率论与数理统计方法，依据利息理论和风险理论两大基本理论，结合经济、金融、保险、投资、人口等基本知识和原理，研究经济活动中风险的发生、规避及其进行科学管理的一门综合性学科。精算学的产生和发展已有一百多年的历史，早期主要应用于保险业，特别是人身保险业，目前它的研究和应用领域日渐扩展，已深入到金融业务风险分析、企业经营预测、证券投资经营、公司资产评估等领域，但重点仍在保险领域。

社会保险运用精算研究方法，主要用于设计国家社会保险计划和企业职工福利计划，计算各保险险种的费率和提存的责任准备金，设计有关的保险单据，确定基金投资办法等。在实际中，社会保险的经营特别是养老保险的经营离不开精算技术，精算技术在经营养老保险的业务当中也得到了不断的完善，以致出现了一个专门的分支科学——养老金年金精算。

除以上三个层次外，在具体研究社会保险时，还要用到一些相关学科的研究方法，如政治学研究方法、历史学研究方法、伦理学研究方法等。

三、社会保险与保险学的关系

社会保险作为一门综合性的社会科学，它的形成和发展与保险学、社会学、经济学等学科有着十分密切的联系，确定它的学科性质及学科地位，当然要研究它与这些相关学科的关系，特别是和保险学的关系。

保险学是研究保险这一经济范畴产生、发展和营运的一般规律及其所体现的经济关系的科学，它以保险经济关系作为研究对象，其基本任务是揭示保险经济关系确立的本质、条件及其形式，阐明其发展变化的客观规律。它可分为两大部分，即保险经济学和保险经营学。保险经济学也称宏观保险学，侧重于从宏观角度研究保险的基本原理和如何使保险机制良性运行，以更有效地保障社会经济运行的营运规律，西方保险学界称之为保险总论。保险经营学也称微观保险学，它主要从微观角度研究如何遵循营运规律，应用数理、法律、经济手段和有关技术方法经营不同种类的保险业务，西方保险学界称之为保险分论。

社会保险与保险学之间既有一定的联系，又存在着本质的区别。它们之间的联系表现在两个方面：首先，社会保险的研究对象是保险学的研究对象的一部分。社会保险研究的是人的生命周期中可能遭遇的生、老、病、死、伤、残、失业等特定社会风险，并建立相应的社会保险制度，如养老保险制度、生育保险制度等，而保险学侧重研究如何处理更广泛的各类风险，对象十分广泛，既包括人身风险、财产风险，又包括责任风险、信用风险，所以社会保险的研究对象是保险学的一个组成部分。其次，研究方法、原理上有些共同的地方。如两者都要研究如何利用大数定律集中风险，建立保险基金，为投保人提供经济保障；两者研究的都是对付偶然性损失的方法；两者都要利用风险转移技术等，正是从这个意义上，可以认为社会保险与保险学有密切的联系。

保险学和社会保险之间的区别主要表现在以下几个方面：首先，研究的指导思想、目的不同。保险学研究人的生、老、病、死、伤、残等风险，是从单纯的经济关系入手，研究如何利用保险手段，通过经济交换来为投保人提供单纯的经济保障，为保险企业提供各种保险方案设计服务，而社会保险则不同，它研究人的上述风险的目的是如何为遭遇这些风险的社会成员提供基本经济保障及相关服务，为政府建立、修改各项社会保险制度服务。其次，研究的角度、具体方法不同。保险学的研究遵循个人公平原则，单纯从经济角度，利用有关精算技术来对上述风险进行分析研究，进而设计各种保险方案，个人履行的缴费义务与所得到的经济保障成正比例关系，而社会保险的研究则不同，它要遵循社会适当原则（个人履行的缴费义务与所得到的经济保障是一种松散的关系），在进行风险分析时除了考虑经济因素外，还要考虑复杂的社会、政治、人口、历史等因素。因此，除了利用有关精算技术外（实际应用时大打折扣，尤其在长期计划中更是如此），还要利用社会学分析方法、政治分析方法、伦理分析方法、历史分析方法等，要从多种角度、多个层面进行分析研究。也就是说，保险学的研究仅局限于它本身单一的经济运行机制，而后者既要研究它本身的运行机制，还要把它放入社会整体生活当中，作为整个社会系统的一部分，从它和其他部分的联系上对它进行综合研究，具有很强的整体性和综合性。最后，研究的最终结果不同。保险学的研究结果是为保险企业设计新保单或提供修改保单的方案，而社会保险的研究则是为政府提供新的社会保险制度方案，或对原有的制度进行修改，前者的结果可以五花八门、种类繁多，各保险企业有不同的选择，而后者最终结果则相对集中、比较单一，政府的选择往往是唯一的，并用法规、政策对它进行规范。

四、社会保险的主要研究内容

社会保险的研究内容从其所属的领域来看可以大致分为两大部分，一部分是社会保险制度系统本身的运行机制研究，可称之为系统内的研究；另一部分是社会保险制度系统与其他有关系统相互关系的研究，可称之为系统外的研究。

（一）系统内的研究包括的主要内容

1. 社会保险基本问题。主要有社会保险产生的主客观条件研究，因为任何制度的产生既需要一定的社会经济条件，也离不开人们的主观努力；社会保险的基本规律，包括如何识别风险、集中风险和转移风险的基本理论和方法；社会保险的基本原则和特征，如普遍性特征、强制性特征、满足基本生活需要的特征、互济性特征、补偿性特征、社会适当原则、法制原则等。

2. 社会保险基金。它是为实施各项社会保险制度而用法律手段建立起来的专款专用的经费。社会保险基金的筹集有现收现付式（亦称纳税式或非基金式）、预先积累式（亦称完全基金式）和修正混合式（亦称部分基金制、部分积累制）三种模式。社会保险基金的来源有四条渠道：第一条是被保险人、企业（雇主）和政府三方负担，第二条是特别捐税补助，第三条是基金营运收入，第四条是滞纳金和罚金收入。社会保险费率可分为固定保险费率和弹性保险费率，其计算方式有均一制和薪资比例制两种。保险费的缴纳有缴纳现金和缴纳有价保险印花两种方式。社保基金的营运有存入银行生息、购买政府债券、购买公司债券和股票、委托银行贷款、开办社会保险银行、直接投资办企业事业、对被保险人或家属提供消费或信贷服务等多种方式。

3. 社会保险承保的险种。虽然社会保险的各险种之间有许多共同之处，体现了社会保险的一般规律性，但每一险种制度的建立和运作都有其特殊性，且自成一体。可以说，每一险种都有自己的险种理论。以失业保险为例，其险种理论有三个部分，一是对失业本身的研究，如失业的概念、类型、起因，失业的影响及解决失业问题的基本措施等，这是研究失业保险制度的基础；二是对失业保险制度的研究，它的内容包括享受失业保险津贴的资格条件（如年龄条件、工作条件、失业性质）、失业等待期、失业津贴额的确定标准及给付内容与给付方法、失业津贴的给付期限、失业津贴的取消及停发与削减、失业保险的财务等；三是对就业保障体系的研究，失业保险制度需要健全的就业服务制度、职业训练制度和生产自救措施相配套，而健全的就业服务制度、职业训练制度和生产自救措施的建设也离不开失业保险制度的支援，彼此相辅相成，互相协助，共同开展业务，构成了一个完整的就业保障体系。

4. 社会保险管理。社会保险的管理内容分为行政管理和业务管理两大系统，其中行政管理包括社会保险的立法、实施、监督、检查、组织机构的设置、管理人员的选拔使用、行政纠纷的调解与仲裁等内容；业务管理的内容十分庞杂，主要包括社会保险资格条件的登记，如工龄或就业年限、缴费金额和年限，保险基金的征缴与运用，保险待遇的计算、审核和给付，相关的各项社会服务等。社会保险的管理体制从管理机构的主体上分有四种类型：第一种，以各级工会组织作为社会保险管理机构的主体，如前苏联和东欧的一些国家；第二种，以政府、企业和劳工代表组成的“三合一”式的管理委员会为主体，德国是实行这种体制的典型；第三种，管理机构的主体是中央政府的某一个部，下设各级分支机构，实行自上而下的统一管理，英国最为典型；第四种，中央政府的某个部制定社会保险的政策，并进行督促检查和协调，具体事务则分别由有关部门的下属机构，各种半独立的协会、基金会进行分项目的多头管理，如法国、奥地利。

5. 社会保险模式。由于各个国家设计制度时所处的历史条件、经济发展水平及建立制度的价值取向不同，大体上形成了储蓄基金制、自保公助型、福利国家型和国家保险型四种模式。以新加坡为代表的储蓄基金制在目标的选择上非常注重效率，实行完全的自我保障，由政府直接经营，将建立和完善公积金制度作为经济发展战略的重点任务，列入经济全面振兴计划。新加坡的储蓄基金制取得了巨大成功，令世人瞩目，实现了老有所养，培育了良好的民族精神，促进了国家经济的高速增长和社会的稳定，实现了经济社会的良性循环，使新加坡从一个落后的发展中国家一跃成为具有高度物质文明和精神文明的现代化国家，吸引了东南亚和非洲的国家纷纷效仿这种模式。自保公助型模式以德国为代表，荷兰、美国、日本等国基本属于这一模式。这种模式在目标选择上侧重于效率的提高，虽有公平的内涵，但更强调自助和安全，具有明显的自助性，社会成员在制度中的权利与义务对等，对国家的依赖性较小，贯彻的是“人人为大家，大家为人人”的互助原则，保障对象的自主、自立意识强，体制有活力。属于福利国家型模式的有英国及北欧诸国，这种模式在目标选择上完全偏向“公平”。在这些老牌福利国家，往往把“公平”定义为“收入均等化”，为达到此目的，甚至不惜以牺牲效率为代价，采取种种相应措施，实现收入从高收入阶层向低收入阶层转移。国家保险型模式由前苏联首创，东欧各国、蒙古、朝鲜和改革前的我国基本属于这一模式。这种模式在目标的选择上以追求公平为主，效率次之。长期以来，这些国家把公平目标混同平均主义，推行“低工资、高就业、高补贴”的政策，并且受产品经济的支配，劳动者享受的许多保险待遇都是以非货币的形式支付，实际上达到的是低效率、低水平的公平。对此情况我国已进行了改革。

（二）系统外的研究包括的主要内容

1. 社会保险与社会保障系统其他保障项目的关系。社会保险与社会救助、社会福利一起构成一个完整的社会保障系统，只有三者相互配合，才能为国民提供全面的经济保障。就一个社会的良性运行而言，缺一不可，但三者是有本质区别的。从保障对象来看，社会保险保劳动者，社会救助保生活在贫困线以下的公民，社会福利保全体公民；从保障水平来看，社会保险保障基本生活水平，社会救助保障最低生活水平，社会福利则着重提高生活质量；从资金来源看，社会保险基金以个人和企业缴费为主，政府适当补助，社会救助完全依赖政府财政拨款和社会捐款，个人不缴费，社会福利资金来源多渠道，如财政拨款、企业利润留成、社会自筹、社会募捐等，个人不缴费；从保障手段来看，社会保险以提供保险津贴为主，相关服务为辅，社会救助的保障是资金和物资并重，而社会福利则以提供服务和服务设施为主，提供货币为辅。

2. 社会保险与经济运行系统的关系。社会保险与一个国家的经济系统是相互依存、互为条件、相互制约的辩证关系。社会保险是生产力发展到一定历史阶段的必然产物，社会保险项目的多寡，普及程度的高低，以及给付水平的高低等都是由当时经济发展水平直接决定的；反过来，一个国家社会保险制度的规模水平是否与当时的生产力水平相适应也会促进或制约该国经济的发展。社会保险发展的历史反复证明了这个道理。

社会保险与经济运行系统关系的研究主要包括：（1）社会保险与国民收入分配与再分配的关系。社会保险费来源于劳动者创造的国民收入中的消费基金，其数额的大小将直接影响社会对生产的投入；社会保险本身的收入再分配表现为三种形式，即劳动者个人收入的再分配、劳动者代际间的收入再分配和同代劳动者之间的收入再分配。(2)社会保险与储蓄的关系。储蓄问题是当代经济学研究的焦点问题之一。1974 年，美国《政治经济学杂志》发表菲尔德斯汀（Feldestein）的著名论文《社会保障、退休与资本积累总量》，由此拉开了以美国为主导的西方经济学界关于社会保险对储蓄增减效应的大辩论，目前该辩论仍处于相持之中，未得出令人信服的结论。(3）社会保险与劳动力市场的关系。养老保险制度中对是否强制退休及退休年龄、给付水平的规定，一方面直接影响老年劳动者的劳动力市场参与率，会缓解或加剧劳务市场供求矛盾和失业问题，另一方面直接影响（增加或减少）养老费用的支出，而且两者往往是矛盾的。研究它们之间的关系，有利于制定正确的养老保险政策，等等。

3. 社会保险与社会运行系统的关系。社会是一个大系统，由诸多因素交织而成。社会保险应主要研究：(1）社会保险与人口再生产的关系。社会保险在劳动者遭遇年老、疾病、失业等风险时给予其物质帮助，可以维持劳动力自身生产和家庭劳动力生产，从而维持整个社会劳动力再生产，保证社会再生产的顺利进行。社会的人口结构特别是退休人口与在职劳动力的比例关系是影响社会保险政策的主要因素之一。(2）社会保险与人口控制的关系。计划生育是我国的一项基本国策。随着独生子女政策的推行，“四二一”家庭越来越多，迫切需要建立相应的社会保险制度；同时，推行社会保险，解除了人们的后顾之忧，也有利于计划生育政策的推行。(3）社会保险与家庭伦理、社会伦理的关系。传统的农业社会，家庭既是生产单位，又是生活、消费单位，人的生、老、病、死等风险只能依靠家庭成员的协作来应对，家庭关系密切。在现代社会，家庭功能逐渐削弱，人们遇到上述风险后，主要依靠社会，特别是社会保险制度，这种变化给家庭伦理、社会伦理带来很大影响，值得深入研究。(4）社会保险与政治的关系。社会保险与政治密不可分，社会保险制度的出台、完善，既是政治斗争的产物，又是政治斗争的手段，在当代西方社会它更成为影响党派斗争、总统选举的关键因素之一。研究社会保险与政治的关系，对于帮助我们驾驭社会保险运行的规律，推动社会保险事业的发展将有很大的促进作用。

思考题

1. 社会保险的研究对象是什么？
2. 为什么经济学、社会学、管理学等都有许多社会保险的议题？
3. 社会保险的内容主要有哪些，在新的发展环境下有什么新发展？
4. 学习社会保险对我们的职业生涯有什么意义？

第一章
社会保险的功能与内涵

本章知识结构

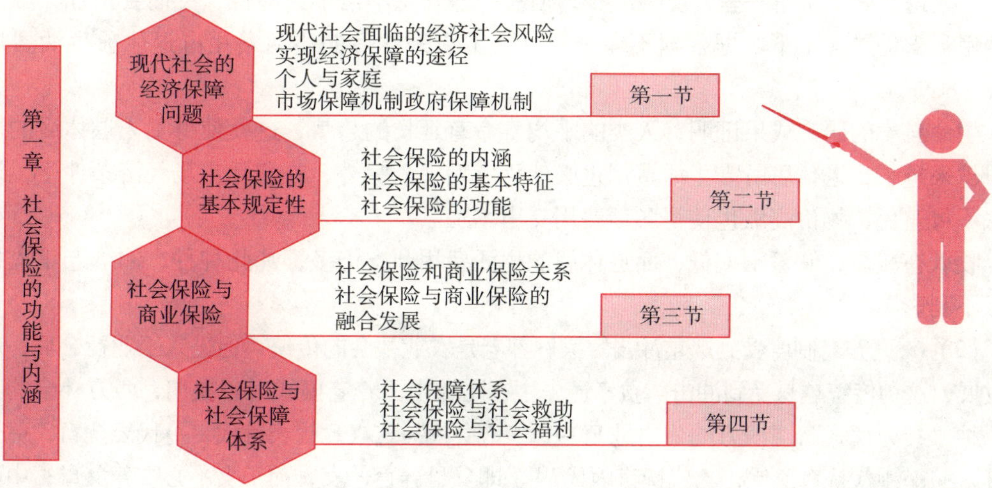

学习目的

- 掌握社会保险的基本概念和分类。
- 掌握社会保险的基本特征和重要功能。
- 掌握社会保险与商业保险融合发展。
- 理解社会保险在社会保障体系的重要作用。

第一节　现代社会的经济保障问题

一、现代社会的经济与社会风险

社会保险主要是处置现代社会的经济风险与社会风险，特别是其中直接或间接影响劳动者经济保障和收入的那些风险。

归纳起来，影响劳动者经济保障和收入的经济风险和社会风险主要有以下几种：

风险通常是指损失发生的不确定性。在人们的日常生活中，各种风险随时随地都可能发生，如自然灾害、人身意外伤亡、疾病、失业等。

1. 老年风险。老年的概念在生物学、人口学和社会学上均不相同，但在统计学或公共行政学上，一般老年是指年满 60 岁或 65 岁以上的人。现代社会中，人到老年后将出现的经济问题主要表现在以下几个方面：

（1）就业机会减少，以至完全丧失就业机会，收入来源锐减。在工业化国家，劳动者进入法定的年龄必须退休已成为一种制度。这种制度实施后，老年人的基本生活靠退休金来维持，但再就业或是很难实现，或是根本实现不了，因而收入来源锐减，收入水平比退休前在业期间减少许多，个人储蓄率降低。

（2）退休收入风险。一般认为，劳动者退休后，生活费用开支将会大幅度下降，其实不然，工人退休后，确有一些开支会减少，但有一些开支不但不会降低，反而会增加，因而生活费用开支仍居高不下。据各国不完全统计，工人退休后的生活费用占退休前生活费用的 60% ~80% 。

生命科学的研究成果证明，人类的平均寿命有延长的趋势，这就使得工人退休后的剩余年限越来越长，退休后所需生活费用也必然相应增多。另外，在现代市场经济条件下，通货膨胀不可避免，物价高涨也使得各项费用支出增加。

收入在减少，储蓄率偏低，而退休后的生活费用开支仍多，凡此种种，都给老年人生活带来不利影响。

（3）家庭养老制度受到严重冲击。家庭养老是农业社会的传统，但进入工业社会后，越向前发展，这种传统越易受到冲击。费孝通先生在比较中西养老模式时曾提出，西方社会的养老是一种“接力模式”，“西方的公式是 $F_1 \rightarrow F_2 \rightarrow F_3 \rightarrow \cdots \rightarrow F_n$（F 代表世代，→代表抚育，←代表赡养）……甲代抚育乙代，乙代抚育丙代”[①]，即父母养育子女，而子女不必赡养父母；中国社会的养老是一种“反馈模式”，“中国的公式是 $F_1 \longleftrightarrow F_2 \longleftrightarrow F_3 \longleftrightarrow \cdots \longleftrightarrow F_n$……中国是甲代抚育乙代，乙代赡养甲代，乙代抚养丙代，丙代又赡养乙代……”[②]，即父母养育子女，而子女亦赡养父母。但是随着工业化的冲击，传统的大家庭会逐渐解体而被以核心家庭为主的小家庭所取代，家庭的保障能力大大削弱，核心家庭难以承担养老重担。家庭保障的弱化需要政府社会保障的支撑。但是，应当强调，中国传统家庭制度应构成社会保险制度的重要基础和重要组成部分，其自身制度优势应该发扬光大。

2. 生育风险。从生物学的观点来看，生育是人类生殖过程的最后阶段，也是一个婴儿脱离母体降临人世成为社会一员的开始。通常，妇女从怀孕一段时间后到生育、抚养孩子，其间无法从事工作，导致收入损失。现代社会，妇女走出家门，从事经济活动是一个大趋势，但妇女从事经济活动后，必然遇到一个大课题：如何解决生儿育女与从事经济活动的矛盾。举办生育保险是解决这个问题的有效途径之一。

3. 疾病风险。疾病是指人身体的全部或一部分的正常状态或功能受到损害的情形。导致疾病的原因很多，如传染性、遗传性因素和环境污染等。科学技术的发展使得人类对抗疾病

①② 费孝通：《社会学的探索》，86 页，天津，天津人民出版社，1985。

的能力大大增强，一些长期严重影响人类生存的疾病得到有效控制，人类的寿命大大延长。但是，现代化的生活也导致了许多新的“现代病”，如高血压、高血脂、癌症、糖尿病、冠心病等，这些疾病对人类危害极大。劳动者罹患疾病，不但正常的收入受到损失，而且还要花费巨额的医疗费用，若无健康保险或其他的收入来源来支付这些费用，会给劳动者本人及其家人的生活带来很大困难。

4. 死亡风险。社会保险中的死亡是指所谓“早死”，即是指劳动者在劳动年龄期间内的死亡。现代社会，大多数的劳动者都是依靠工资收入来维持本人及家人的生活的。劳动者的早死，中断了正常的收入来源，家人的生活费、子女的教育费等都会发生支付困难。一旦发生早死，还会带来相当大的额外开支，如丧葬费等。如果还有未偿还的分期付款，情形将会更糟。

5. 工伤风险。工伤亦称职业伤害，是指劳动者从事职业活动或者与职业责任有关的活动时所遭受的事故和职业病伤害。因而，工伤的概念有两个主要部分，一是职业事故伤害，二是职业病。工伤的本质特征是对受害人机体的损伤，它既可以是由工作事故引起的，也可以是由致病的危险因素所引起。工伤往往造成残障。残障是指劳动者因身体或心理上的损伤，导致在一般正常环境中无法从事一般人所能做到的工作的状态。但从社会保险的观点来看，心理上的损害难以测定，无法依此判断收入损失程度，故残障通常是指生理上或身体上的功能障碍。现代社会，人类的技术手段不断更新，新的工业产品层出不穷，生产的规模和社会劳动者的队伍都在不断扩大，这一切都大大地促进了人类社会的繁荣与进步，丰富了人们的社会生活。但“利之所在，害亦随之。”伴随着这些物质财富的增长，也产生了一系列的问题和矛盾，工业伤残和职业病就是其中最突出的问题之一。尽管人们在不断地改用新的生产工艺和方法，发明新的医疗卫生技术，以防范工伤事故的发生和预防职业病的产生，并且也确实消灭了一些旧的职业病，减少了一些工伤事故的发生，但是，总的来说，导致职业病和工伤事故发生的因素不是在减少，而是在不断增多，特别是在现代工业采用先进能源、新的化学物品和自动化生产的条件下，一旦发生意外事故，其规模和带来的灾难性后果比传统工业要严重得多。国际劳工组织（International Labor Organization，ILO）在 2003 年 4 月发表的一份报告指出，全世界大约有 1.6 亿人患有与工作相关的疾病，每年致命和非致命事故的数量达到 2.7 亿起，每年因工作现场发生的事故和职业病而夺去 200 万人的生命，并且造成全球经济 12 500 亿美元的损失（约占全球 GNP 的 4%）。在中国，全国每年事故死亡 30 多万人，工伤事故死亡约 13 万人，交通事故死亡约 10 万人。因此，工伤仍然是危害劳动者人身生命安全的主要风险之一。

6. 失业风险。失业是工业化发展模式的附属产品，是现代社会不可避免的现象。从经济学的观点看，失业在性质上可分为自愿性失业和非自愿性失业，在产生失业的原因上可分为季节性失业、摩擦性失业、技术性失业、周期性失业、结构性失业。劳动者失业后，失去收入来源，除非他有足够的储蓄或其他收入来源可以利用，否则，劳动者本人及其家属的生活将会出现困难。

二、现代社会实现经济保障的主要途径

现代社会，不同国家、不同民族的文化传统和历史背景不同，所以实现经济保障的途径

也各不相同。概括起来，这些保障机制可以分为四类，一类是个人及家庭的保障机制，一类是集体的保障机制，一类是市场的保障机制，一类是政府的保障机制。在这些机制中，有些是用来减少或消除造成经济无保障的因素，有些是用来减轻风险发生后可能造成的不可预期的收入损失。

（一）个人及家庭的经济保障机制

个人及其家庭为寻求经济保障主要采取下列措施：

1. 个人及家庭成员的收入，这是最基本的保障安排。

2. 储蓄。将平时收入的一部分用于储蓄，以备收入中断时所急需。

3. 个人积累财产。财产可以出售或者用做抵押、担保。

4. 家庭其他成员从物质上给予帮助。

5. 亲朋好友或其他福利机构的救助，等等。

（二）集体的经济保障机制

这里所说的集体是指企业、社区和互助组织。它们提供的经济保障措施主要有：

1. 为本企业职工建立企业年金计划。

2. 提供工资收入。

3. 为本企业职工提供退职金、补充的失业给付、就业稳定措施、员工福利计划，等等。

4. 各类互助保险组织。即以职工“自愿参加、自筹资金、自我服务、互助共济”为原则的职工互助保险会，作为一种社会保障的补充形式，已经被越来越多的工会基层组织所接受。

（三）市场的保障机制

这里指通过市场机制处理风险的各种手段及方法，包括养老金公司、各类商业保险公司提供的各类养老、健康及年金保险产品。

（四）政府的经济保障机制

在公民遭受风险，暂时或永远丧失劳动能力、中断收入时，政府有责任为他们提供各种形式的帮助。政府可以采取的公共保障措施有：

1. 社会保险。如生育保险、养老保险、疾病医疗保险、失业保险、遗属保险等，为被保险人提供基本经济保障。

2. 社会救济。为生活在贫困线以下的公民提供最低经济保障，如孤老救济、困难户救济等。

3. 政府有关政策。如实行充分就业政策、最低收入保障政策、相关货币政策和财政政策等，以刺激经济增长，维持充分就业。

4. 政府有关立法。如婚姻法、残疾人保障法、老年人保护法等。

此外，世界银行为应对经济全球化背景下社会发展过程中的严峻挑战，2000 年提出了社会保护政策的全新理念——社会风险管理（social risk management），旨在拓展现有的社会保障政策思路，强调运用多种风险控制手段、多种社会风险防范与补偿制度，系统、综合、动态地处置新形势下各国面临的日趋严峻的社会风险，实现经济社会的平衡发展和可持续发展。社会风险管理是在全面的社会风险分析基础上，强调综合运用各种风险控制手段，合理分配政府、市场、民间机构及个人的风险管理责任，强调通过系统的、动态调节的制度框架和政策思路，有效处置社会风险，实现经济、社会的平衡和协调发展。概而言之，社会风险管理的制度框架具有非常重要的意义和决策价值。

第二节 社会保险的基本规定性

一、社会保险的含义

关于社会保险的含义，人们有多种表述。1953年在维也纳召开的社会保险会议把社会保险定义为："社会保险是以法律保证的一种基本社会权利，其职能主要是以劳动为生的人，在暂时或永久丧失劳动能力时，能够利用这种权利来维持劳动者及其家属的生活。"① 美国危险及保险学会社会保险术语委员会经过仔细研究讨论后，把社会保险界定为："通常由政府采用危险集中管理方式，对于可能发生预期损失的被保险人提供现金给付或医疗服务。"② 并给出了具体的构成要素。我国的学者有的将其定义为："社会保险是根据立法，由劳动者、劳动者所在的工作单位或社区及国家三方面共同筹资，帮助劳动者及其亲属在遭遇年老、疾病、工伤、残废、生育、死亡、失业等风险时，防止收入的中断、减少和丧失，以保障其基本生活需求的社会保障制度。"③ 有的将其定义为："社会保险是由国家通过立法形式，为依靠劳动收入生活的工作人员及其家属保持基本生活条件、促进社会安定而举办的保险。"④ 还有的将其定义为："社会保险，是指国家通过筹集各方资金或通过财政预算，对遭遇生育、疾病、工伤、失业、年老以至死亡等不可规避的风险，而暂时或永久丧失劳动能力，失去工资收入的工薪劳动者，提供一定程度的收入补偿，使他们仍然能够享有基本生活权利，安然渡过风险，从而促进社会稳定的一种社会政策。"⑤

尽管人们的表述不一，但从中我们可以看出，社会保险主要包含以下要素：

1. 它是以解决社会问题，确保社会安定为目的，是为实行政府的社会政策而建立的一种社会保障制度。

2. 它是通过国家立法形式，强制实施的保险制度。凡在法律规定范围内的劳动者，都有权利享受。

3. 它保障的对象是劳动者，享受的前提条件是缴纳了社会保险费，并已丧失或暂时丧失劳动能力。

4. 保障的水平略低于原有的生活水平，维持丧失劳动能力的劳动者及其家属的基本生活需要。

综上所述，我们认为，社会保险是政府通过立法强制实施，运用保险方式处置劳动者面临的特定社会风险，并为其在暂时或永久丧失劳动能力、失去劳动收入时提供基本收入保障的法定保险制度。

---

① 《中国社会保障制度总览》，244页，北京，中国民主法制出版社，1995。

② George E. Rejda: *Social Insurance and Economic Security*, Prentice - Hall, Inc., pp. 10 - 11, 1976.

③ 陈良谨：《社会保障教程》，157页，北京，知识出版社，1990。

④ 邓大松：《社会保险》，2页，武汉，武汉大学出版社，1989。

⑤ 侯文若：《保险法与保险实务全书》，8页，北京，企业管理出版社，1995。

5. 专业化、社会化管理。

二、社会保险的基本特征

社会保险的内涵决定了它具有一些鲜明的基本特征。

（一） 强制性

强制性是社会保险的首要特性，具体体现在以下几个方面：

1. 通过国家立法，强制法律规定范围内的成员或其所在单位，必须无条件地参加社会保险并按规定履行缴费义务，无任何选择余地。劳动者个人的缴纳，由雇主给付工资时统一扣除。雇主则必须按国家规定标准如期缴纳社会保险费，不容不缴，也不容拖欠，否则给予经济惩罚。在我国，国务院于1999年颁布施行的《社会保险费征缴暂行条例》里规定："缴费单位未按规定缴纳和代扣代缴社会保险费的，由劳动保障行政部门或者税务机关责令限期缴纳；逾期仍不缴纳的，除补缴欠缴数额外，从欠缴之日起，按日加收千分之二的滞纳金。滞纳金并入社会保险基金。"

强制劳动者参加社会保险是社会化大生产发展的客观要求。产业革命爆发后，工厂、农场、商场、企业、公司等纷纷涌现，迅速取代了家庭而成为社会的基本生产单位。随着生产结构的变化，家庭的生产功能、抚养和赡养功能等逐渐削弱，劳动者因暂时或永久丧失劳动能力需要维持生存、恢复劳动力时，需要依靠社会组织和国家。同时，由于社会化生产是一种强制性生产，参加生产的劳动者已不是家庭劳动力而是社会劳动力，其自由度大大减小，他必须遵守生产纪律，按照工艺流程行事，否则就要受到雇主或机器的惩罚。同样，社会保险也必须强制参加，因为物质资料的再生产要求劳动力再生产与之合拍，如果不采取强制措施，那么，当劳动者遭遇各种风险而暂时或永久丧失劳动力时，必然影响自身劳动力的恢复和家庭劳动力的再生产，从而影响社会劳动力的供应，妨碍社会化大生产的顺利进行。

2. 通过规定控制退休年龄，强制劳动者届时解除劳动义务，退出劳动力市场。

3. 通过工伤保险法，强制雇主贯彻"补偿不究过失"原则，按国家规定标准定期缴纳全部工伤保险费，工人免缴工伤保险费。

强制性对社会保险的发展起着十分重要的作用。首先，强制性可以使符合条件的国民都加入社会保险，从而保证保险的大规模。根据大数法则，投保人数越多，费用负担越低，这样，多数国民和雇主（企业）更具有负担能力，使制度较易推行。其次，能有效地减少逆选择。加入社会保险不需要投保手续，不论劳动者所从事的工作风险大小、年龄大小、健康状况好坏，均可得到保险。如果不采取强制性而采用自由投保方式，那么，就会有许多年轻的劳动者不参加养老保险，身体健康良好的劳动者不参加疾病医疗保险，风险小的行业企业不参加工伤保险等，但他们一旦遇到老年、疾病、残疾等风险而导致正常的收入中断时，就有可能陷入贫困状态，需要政府救济。最后，强制性能保证社会保险基本目标——维持劳动者基本生活的实现。如果不采取强制性手段，那么参加保险的人可能只是年老的、身体不健康的、风险性大的行业的职工，如此一来，保险费用会提高，难以保持给付标准。

（二） 互济性

互济性是指社会保险按照社会共担风险原则进行组织，贯穿于整个基金的筹集、储存和分配过程中。社会保险费由国家、企业、个人三方负担，建立社会保险基金。社会保险机构要用互助互济的办法在劳动者之间、单位或行业之间以及经济条件好的地区与经济条件差的地区之间统一调剂基金，支付保险金和提供服务，实行收入再分配，使参加社会保险的劳动者生活得到保障。

社会保险制度在正式推出之前，流行于机器工业工人中间的互助合作保险就曾以互助互济性而受到工资劳动者的欢迎。这类互助合作保险是工人自己自发组织起来的，范围很小，或是在企业内部或是在企业的车间里面，但它发挥的互济性十分明显，这就是：大家投保，危险共担，互助互济，使暂时遭受疾病、工伤等危险的工人渡过难关，而不至于一筹莫展。社会保险制度出台后，从一定意义上讲，首先继承了互助互济的精神。在投保式社会保险制度之下，互助互济性表现得最直接，也最明显，每个工资劳动者都投保，但仅仅是遭受劳动危险者得到收入补偿。除了年老危险，其他的劳动危险，像失业、生育、工伤、残障，每个劳动者都得定期投保，即使工资标准低的劳动者，在工资水平提高之后也要如期投保，更何况暂时不投保的低工资者毕竟为数极少。所以，众人投保，而使遭受危险者获益，表现出来的互助互济性特色十分鲜明。同时，几乎每个劳动者必将碰到的年老风险，由于不是在同一时点遭受，有前有后，也体现出互助互济性。

当然，社会保险制度的普遍性特色越强，即覆盖的劳动者越多，互助互济性就体现得越突出。如果社会保险制度的普遍性充分提高，覆盖了全体国民，那么，它所固有的互助互济性就会更为鲜明，表现为受益范围大，受益标准高。

（三）普遍性

社会保险的普遍性体现在以下三个方面：

1. 社会保险实施范围很广，一般把劳动者普遍面对的风险即生、老、病、死、残及失业等风险都列入相关的保险项目。

2. 社会保险在一国范围内实施的一般规律是，先在工资收入者及其家属中实施，然后推广到全体居民，使所有社会成员都能得到保障。从社会保险的历史发展轨迹来看，最初在德国首创社会保险时期，社会保险制度仅仅覆盖机器工业工人，涉及面较窄，而且，还只涉及工业工人自身，不包括他们的直系家属。随着时间的推移，社会保险覆盖的范围逐渐扩大，先是扩大到商业企业工资劳动者，而后扩展到国家机关和事业单位的工作者以及农业企业劳动者，最后，又扩展到城镇个体劳动者以及小业主、小商人，并且开始覆盖工资劳动者的配偶及未成年子女。不仅如此，社会保险还有对侨居以及暂居本国的外国人实行收入补偿的趋势，也就是说，使外国人有获得社会保险的权利。国际劳工组织通过《建立维护社会保险权利的国际制度公约》以及《本国人和外国人在社会保障方面享受平等待遇公约》，便是佐证。

3. 世界各国普遍把建立社会保险制度作为重要的社会政策，都要根据本国的经济实力逐步建立并不断完善和发展。

（四）公平性

社会保险的公平性，是指当风险出现时，对所有被保险人提供维持特定生活标准的给付，以满足他们的基本生活需要。社会保险的公平性是与个人报酬对等性相对的。所谓个人报酬对等性，是指投保人所得到的津贴直接取决于他所缴纳的保险费。津贴的精算标准完全等于缴费的精算标准。社会保险在充分的社会公平性和充分的个人报酬对等性之间选择一个作为提供津贴的基础时，明显地偏重前者。

社会保险的基本目标决定了它必须选择社会公平原则。因为，如果社会保险采用个人报酬对等原则，个人所得的保险津贴实际上等于他们缴纳的保险费，那么低收入群体所能领得的津贴就不足以维持他们的基本生活，社会保险的基本目标就无法实现。相反，私营保险则必须选择个人报酬对等原则，它采用共同承担风险的方式，将风险大小相同的被保险人归做一类，缴纳相同的保险费，获得相同的津贴。所以，私营保险的“人人公平”实质上是指同类被保险人之间的公平。

社会保险的公平性首先体现在所有参加社会保险的劳动者人人都有权享受社会保险待遇，机会均等；其次，计算社会保险待遇既要反映劳动者长期劳动收入的水平，又要通过国民收入再分配的手段平抑高收入者与低收入者之间的差距，如退休待遇的计算就是这样；最后，社会保险待遇应随物价上涨和社会经济发展而不断提高，以保证享受者实际生活水平不下降，并适当分享社会发展成果。

按照社会公平原则，社会保险提供津贴的方法主要有以下几种：一是确定最低给付标准和限定最高给付额。即给付的标准最低不得低于基本生活需要所要求的标准，最高不得高于就业时的收入水平。如我国对职工的退休金就规定了最低保障数。二是津贴的计算公式向低收入阶层倾斜，即薪资收入低的那部分人其津贴比率大于薪资收入高的那部分人的津贴比率。三是在给付家属津贴时，家庭成员多的人其津贴高于家庭成员少的。四是根据通货膨胀率调整现金津贴，以确保津贴的真实购买力。五是在社会保险制度建立之初，对那些已经临近退休年龄的劳动者给予保险，保证其退休后享受退休待遇。

三、社会保险的功能

社会保险制度的建立和完善，对于保障劳动者的基本生活，促进经济和社会的发展都有十分重要的作用。

1. 保障劳动者的基本生活。“天有不测风云，人有旦夕祸福”，风险与人类时时相伴。在没有建立社会保险制度前，人一旦遭遇风险，中断收入，若无足够的资产和积蓄，生活就会陷入贫困状态，需靠救济和他人的怜悯维持生存。建立社会保险制度后，依靠劳动者、企业（雇主）平时缴纳的保险费，加上政府必要的资助建立社会保险基金，在劳动者遭遇风险时，根据他的工资水平、对社会保险系统所作贡献的大小，以及积累的基金规模等因素，给付不低于社会救济水平的保险津贴，可以保证他们的基本生活，而不致陷入经济困境。

2. 促进社会安定。社会系统是一个组织系统，是由许多要素按一定结构组成的具有特定功能的有机整体，其功能由动力机制和稳定机制造就，两者相互作用，缺一不可，组成合力，共同推动社会的发展。其中，发展社会生产是推动整个社会发展的动力机制，但要保证社会的良性运行，稳定机制是必不可少的。社会保险是社会稳定机制的重要组成部分，它通过收入再分配技术，可以有效地缩小贫富差距，缓和社会矛盾，消除社会不稳定因素，促进社会的安定。所以，社会保险在西方国家被称为社会运行的“安全网”和“稳压器”。从实际来看，尽管这些国家第二次世界大战后经济危机时起时伏，失业率一直保持较高水平，但社会一直比较稳定，其中社会保险起了十分重要的作用。

3. 促进劳动力合理流动。科学技术的进步必将带动产业结构的变化，产业结构的变化会要求劳动力就业结构作相应调整。如果在分散的企业保险的情况下，职工离开原来的工作企业到新企业就业的话，需考虑中断保险时间、改变保险条件而带来的损失，职工难以流动，而实行统一的社会保险制度，就有利于不同地区、不同企业之间劳动力的流动，从而促进产业结构的调整，支持经济发展。

4. 有利于调整消费结构，积累建设资金，促进经济发展。将劳动者有工作能力时的收入收取一部分用于积累保险基金，在收入中断时领用，有利于均衡消费，维持一定的社会购买力。在人口老龄化加速发展的背景下，预提积累式或部分基金制筹资模式的运用，可以积累数额巨大的社会保险基金。社会保险基金与资本市场的良性互动和有效投资，均有利于促进经济发展。

5. 在我国的特定制度背景下，人们对消除后顾之忧具有特殊的心理情结。在此意义上，社会保险是一种十分重要的人力资本和社会资本，可以为劳动者提供稳定的安全预期，对社会的稳定和可持续发展具有十分重要的意义。

第三节　社会保险与商业保险

社会保险是在传统商业保险的基础上，在近代特殊的历史和社会背景下在欧洲出台的。随着劳动者阶层的壮大，社会保险的规模不断扩大，范围日益扩展，特别是第二次世界大战后西方国家普遍建立社会保险制度。事实上，无论是单一的社会保险还是单一的商业保险，都不能充分发挥保险在经济、社会发展中的作用，不能为公民提供全面和完善的经济保障。同时，两者都吸收了对方的长处，福利国家在出现财务危机后逐步推进结构性改革，在多层次社会保障制度体系中注重发挥市场化商业保险制度的功能；商业保险为进一步拓展其社会管理功能，亦开办了一些与人民生活密切相关的保险项目，从富裕阶层、业主走向平民社会，两者呈现出相互融合的趋势。

一、社会保险与商业保险的共性

作为保险的两种形式，社会保险和商业保险具有一些共性。

（一）都基于特定风险事故的共同分担

商业保险利用有关组合技术集中风险，并且按照有关标志进行分类，由于同质风险的单位数目大，因此能有效地运用大数定律为未来的损失提供准确的预计，个人遭受特定风险的损失将是平均的。也就是说，对于一个被保险群体而言，其中某个或多个个体所发生的损失平均分摊到了每个个体的头上。由于社会保险受复杂的社会、经济和人口变动的综合影响大，社会保险精算的难度比商业保险精算大得多，大数定律在实际计算中发挥的作用亦受到很大限制，应用价值不如商业保险，但它仍然应用了保险的有关组合技术集中风险并有效地分摊。对于给付期限较短的疾病、生育、失业保险能完全采用商业保险的有关组合、分摊技术；对于给付期限较长的养老、伤残保险，其津贴费用一般仍然是由没有遭受任何损失的群体——那些没有退休并缴纳保险费的群体承担的，无疑也是采用了组合、分摊技术。

（二）都是处理偶然性损失

偶然性损失是不可预知的和不期望发生的，在被保险人控制之外的。商业保险处理的都是偶然性的损失，社会保险所面临的同样是偶然性的损失，如永久性残废而使劳动者陷入经济困境之中，家长的早死使家庭失去经济保障，劳动者失业给本人及家庭带来的经济困难，等等。

（三）同样进行风险转移

风险转移是风险管理的一种重要技术。在商业保险中，纯粹的风险都转移到保险人身上；在社会保险中，被保险人的风险全部或部分地转移到社会保险制度系统上，通过风险转移机制，提供社会保障。

（四）都对被保险人的损失进行补偿

保险赔偿是指向损失的受害者全部或部分地补偿现金、进行修复或赔给实物。众所周知，商业人身保险通常是给付受益人保险金额或补偿受益人损失金额，社会保险同样如此。退休津贴是部分地补偿被保险人退休收入的损失，遗属津贴是向家庭成员赔偿家长早死所带来的收入损失，生育津贴是赔偿妇女由于生育子女所带来的收入损失，等等。

（五）两者都须缴纳足够的保险费来应付保险制度所需费用

保险制度的正常运转需要足够的保险资金作后盾。商业保险由各保险公司经营，没有足够的保险费来源就不能及时足额的赔付，当然，被保险人不缴纳保险费也就不可能建立保险关系；社会保险由政府指定专门机构经营，虽然各个国家负担保险费的比重有很大不同，但被保险人同样需足额缴纳保险费，否则会强制征缴甚至罚款，或减少保险给付。

二、社会保险与商业保险的差异

社会保险与商业保险虽具有一些共性，但它们之间存在着本质的区别。

（一）经营目的不同

经营目的的不同是构成社会保险与商业保险两者差异的基础。保险的目的在于保障被保险人或受益人经济生活的安定，在他们遭遇风险事故后给予经济上的补偿，解决经济上的困难，在这一点上它们是相同的。但社会保险不是单纯的经济手段，它是国家的一种社会政策，是一种政府行为，除上述目的外，更注重保障低收入阶层的基本生活，作为一种社会福利事业，具有非营利的性质，而商业保险是市场经济的一个重要组成部分，是一种强调营利目的的企业组织，利润指标是商业保险公司非常重要的经营目的。

（二）经营主体及管理特性不同

从世界各国的现实情况来看，大多数国家社会保险的经营主体是国家，由政府指定专门职能部门主办，具有强制性、独立性，不存在竞争。为保证该项事业的发展，各国一般都制定了专门的法规，这些法规的效力与国家税法和兵役法相同，对于违反强制规定或拒不投保者有处罚条款，由司法机关据以执行，在诉讼行为上属于行政诉讼。社会保险的经营主体除了管理社会保险事务外，还要管理与之相关的其他政府活动的内容，如进行安全检查、建立有关保健设施、进行就业辅导和职业介绍等。商业保险的经营主体是各保险企业，其管理机构一般是政府金融主管部门，但它只负责审批保险企业的建立及其市场准入、制定有关政策、进行宏观调控等，不负责具体业务。商业保险的展业、承保、理赔、风险管理、财务管理等具体的业务由保险企业自己承担，各保险企业间可以展开竞争。在保险法规的范围内，可由保险人自行订立条款，分别与要保人签订保险契约，丝毫不具有强制性，是一种任意保险。保险人与被保险人是平等的民事法律关系，在讼诉行为上是民事诉讼，并且保险企业对被保险人承保范围之外的活动都不过问。

（三）保险保障程度不同

社会保险服从于国家社会政策目标，为劳动者提供最基本的收入保障。商业保险是按市场经济原则运作，旨在提供灵活多样的补偿性保险保障。同时还对社会保险体系之外的劳动者提供一定的保险保障。一般而言，社会保险是“雪中送炭”，商业保险是“锦上添花”。社会保险是政府举办和实施的，政府对社会保险的财务负最后的责任，而在市场经济国家，商业保险的保险人以在政府金融主管机构登记的资本金开展经营活动，如果经营不善，准备金投资失败，负债超过资本而无法继续经营时，须申请停业，依法宣告破产，被保险人将蒙受损失。

（四）保险保障对象不同

社会保险的对象在各国都有一个从小到大不断扩充的过程，一般最初以低收入的工商业工人为对象，逐渐扩展至一般靠薪资收入维持生存者及农业工人，再进一步发展到全体国民。一般而言，社会保险的保障对象具有广泛性。商业保险的对象需要以被保险人的年龄和健康为条件进行核保，保险人与被保险人双方都有自由选择权，是否愿意签订保险契约由被保险人自行决定。一旦购买寿险产品，承担缴费义务，就可以获得保险保障。并且，保险保障具有灵活性、多样性。

（五）费用负担和权利与义务的关系不同

首先，保险费的来源与负担方式不同。商业保险的保险费来源渠道单一，完全要由投保人缴纳，而社会保险的保险费通常由企业（雇主）、被保险人和政府按三方负担原则共同缴纳。其次，保险给付不同。具体表现在：（1）给付标准不同。社会保险的给付强调社会适当性，而商业保险的给付强调个人公平性，多投多付，少投少付。（2）给付与缴费的关系不同。在商业保险中，所缴保费与所领给付呈正比例关系，而在统筹式社会保险制度中两者关系并不完全呈正比例关系，在个人账户管理式的社会保险制度中两者的关系相对较密切。（3）给付额受通货膨胀的影响不同。社会保险可通过调整保险费率的办法提高给付水平，以保证给付额的实际购买力，而商业保险的给付额在签订契约时就已确定。最后，保险金的保值增值方式不同。商业保险的投资权掌握在各企业自己的手中，投资方式由自己确定，而社会保险的投资权很集中，基层机构一般没有投资权，政府对资金的投资干预很大，往往规定投资的大致方向和渠道。

三、社会保险与商业保险的相互影响与融合

在实际的运行中，社会保险与商业保险既有相互竞争、冲突的一面，又有相互促进、共同成长的一面，两者相互融合，构成国家的经济保障系统。

（一）社会保险与商业保险的相互影响

1. 两者的相互冲突。在保险资源空间一定的前提条件下，社会保险与商业保险存在一些矛盾。如在20世纪50年代初期的发达国家，私营寿险业务占有相当的比例，但此后由于这

些国家普遍建立了社会保险制度，私营寿险业务的增长速度明显转缓，在保险业务中的比重随之降低。它们之间冲突的激烈程度取决于公民的收入水平及社会保险的普及程度。另外，当国家重视保险福利事业，对社会保障的预算增加后，一般国民经济生活的保障程度会提高，客观上会弱化人们的保险意识，降低他们对保险的需求。改革开放初期的中国就是如此，职工的生、老、病、死、伤、残企业全包了，经济生活的风险不大，所以商业寿险业务发展速度低于整个保险业的发展速度。但随着人民生活水平的提高，保险需求量增大，两者都能增长。

2. 两者的相互促进。(1) 由于社会保险具有强制性，大多数公民都参加，当他们遭遇风险事故时，能通过获取各项保险给付而确保经济生活的稳定和持续，这些客观事实能让人们看到保险的实际效果及其必要性，增强保险意识，而保险意识的增强对商业保险的普及推广，可起到一定的宣传作用，这种作用在保险资源尚待开发的地区最为明显。(2) 社会保险的普及和发展，可使商业保险减少赔偿支出。如果社会保险中的医疗保险及其服务设施能得到普及，人们一般的疾病可以在早期得到医治，不至于酿成大病，使一般死亡率普遍降低，既可减少商业医疗保险金的支出（小损害免责），又可减少死亡保险金的支出。(3) 商业保险企业之间相互竞争，争相引进保险新技术，改进工作方法，提高服务质量，在推动了商业保险业发展的同时，也给社会保险提供了可供选择的新方法、新思维，有助于提高社会保险的经营管理水平。

（二）社会保险与商业保险的相互融合

1. 保障功能的融合。社会保险的目的在于保障工薪劳动者的基本生活，其投保金额及给付标准都有一定的限制，所起的保障作用有限。已参加社会保险的高收入者，可以投保商业保险，当他们遭遇有关风险事故时能分别从社会保险机构和商业保险企业得到保险给付，两种保险可以并行不悖，满足公民多层次需要，共同构成对公民的经济保障。如有的国家的养老保险金中就有国民年金、企业年金和个人年金之分，国民年金属于社会保险，后两者是企业和个人向保险公司投保的结果，属商业保险。

2. 保障范围的融合。并不是工薪劳动者遇到的各种风险都构成社会保险的范围，人们公认的一般工薪劳动者面临的特定社会风险有生、老、病、死、伤、残、失业七种，所以社会保险只包括这七大险种。商业保险就不同，保险的事故可大可小，可集中可分散，只要符合可保风险的条件就可以设立险种，所以它的险种五花八门，层出不穷。社会保险已经保了的风险，商业保险也可以再保，社会保险没有涉猎的风险，它更可以保。如果说社会保险满足了人们基本的、普遍的保障要求的话，那么商业保险满足人们多层次的、特殊的保障需求，所以两者在范围上是互补的。

3. 保险技术和方法上的相互渗透。一些福利国家出现严重的保险财务赤字后，力图改变这种局面，采用了商业保险的某些原理和技术，如采用收支相等原则，引入健康保险受益者负担部分费用及“小损害免责”或“小损害不担保”原则，引入为解决财务赤字提高保险费的做法，反对增加国库的负担额，开办附加保险，等等。这些措施旨在节约开支，为国民提供更好的经济保障。但目前对这些原理和方法的采用仍有争议，并且认为可能出现一些相反的效果。商业保险向社会保险渗透主要体现在保险商品上，如开办具备社会保险功能的保险（如团体人寿保险、团体年金保险）、偏重社会需要的保险、代替国家而实施的保险、由国家支助或补助的保险等。商业保险与社会保险相互渗透的主要原因有：第一，在各国社会保险发展进程中，社会保险费用不断攀升，财务收支平衡面临巨大压力。西方各国正试图通过大力发展商业保险以拓展社会保障空间，这是社会保险与商业保险相互融合的新的国际潮流。第二，保险市场由卖方市场转为买方市场后，保险企业之间的竞争日趋激烈，为在竞争中取胜，企业必须在公众中树立良好的形象，开办一些偏重社会需要、忽视利润的保险是其树立良好形象的手段之一。第三，商业保险经过高度发展后，传统的保险资源的开发几近完毕，为开拓新的保险领域，不得不以中低收入阶层作为新市场的对象来开拓，开展与日常生活有关的保险，从富裕阶层走向普通平民，显示出接近社会保险的迹象。虽然两者在有些方面相互渗透、接近，但并没有改变各自的本质，它们吸收对方的长处是为了更好地发展自己。

第四节 社会保险与社会保障体系

一、社会保障体系的含义与特点

国家通过立法对社会成员给予物质帮助而采取的既互相独立又互相联系的各项社会保障措施构成了社会保障整体。根据国际劳工组织《社会保障（最低标准）公约》（1952），对人们共同面对的社会风险包括老年（含病残和遗属抚恤）、疾病、伤残、生育、工伤、失业、死亡和家庭困难等，社会保障都相应设立了子项目。这些基本项目是一个社会保障体系中必不可少的。就社会保障内容来看，社会保障体系大致可由社会救助、社会保险、社会福利及特殊津贴等项目构成。就大多数国家来讲，都是以社会保险为核心，社会救助为辅助，商业保险作为社会保障的补充。有些国家根据自己的国情和传统，专门为一些特殊对象建立了特殊保障制度，常见的有国家公务员社会保障制度、退伍军人社会保障制度等。综观世界各国的社会保障体系，可以看出，社会保障体系具有以下特点：

第一，各国社会保障制度都是自成体系的，都是根据各自的国情、经验、要求和传统来确定并加以划分和组合的。各国对付同样的风险设置的保障项目并不完全相同。如在美国，社会保障是由不需经家庭经济情况调查的津贴、需经家庭经济情况调查的津贴、特殊保障和再就业、医疗照顾等几大项目组成，各大项目下又有一些子项目。法国的社会保障体系则由社会保险、社会补贴和公务员福利待遇三大项目及其子项目组成。①

第二，尽管各国社会保障体系所包括的保障项目千差万别，但万变不离其宗，一些基本项目是相同的。为了适应社会中普遍存在的老龄、疾病、残疾、工伤、失业、死亡等风险，社会保障都相应设立了养老退休、医疗健康、残疾补贴、工伤补贴、失业保障、遗属抚恤等子项目，这些基本项目是每一个社会保障体系中必不可少的。其中最主要的是社会保险、社会救济和社会福利。

---

① 陈良谨：《社会保障教程》，139～140页，北京，知识出版社，1990。

第三，随着一国经济社会的发展，社会保障体系的项目会不断地变化，从无到有，由少变多，逐步完善。社会保障应包括社会保险、社会救济、社会福利、公共医疗卫生事业和对残疾人实行社会保障。社会保障体系包括社会保险、社会救济、社会福利、优抚安置和社会互助、个人储蓄积累保障。2000 年以来，强调以基本养老保险、养老保险、社会救助为基础，以商业保险和慈善事业为补充的制度体系。十八大报告提出，要统筹推进城乡社会保障体系建设。要坚持全覆盖、保基本、多层次、可持续方针，以增强公平性、适应流动性、保证可持续性为重点，全面建成覆盖城乡居民的社会保障体系。

二、社会保险与社会救助

（一）社会救助的含义

“社会救助”一词最早见于 1909 年英国的一个皇家专门委员会的报告中，这个报告要求废除惩戒性的“济贫法”，而代之以合乎人道主义精神的社会保障法案。把社会救助纳入社会保障体制的，是美国罗斯福总统新政时期的社会保障法案。

社会救助，也称公共救助，是指国家和社会在公民不能维持最低生活水平时，按照有关规定向其提供的各种形式的援助。

这一概念有以下几层含义：

第一，对于国民来说，在他们不能维持最低生活水平时，向国家和社会要求提供救助，是他们的一项基本权利；对国家和社会来说，当本国国民出现上述困境时向他们提供救助是它们应承担的责任。因此在现代社会里，提供救助不是自上而下的恩赐，接受援助不需要感恩戴德，人格也不应受到损害。

第二，社会救助只有在国民因各种原因（生理、心理的；先天、后天的）不能维持最低生活水平时才发生作用。因此，申请救助者必须向有关机构证明自己的收入、财产不能维持个人及家人的最低生活水平时才能发生给付，所以需要进行资产调查。

第三，社会救助的方式是多种多样的。早些时候的救济主要是提供物质帮助，包括资金、衣物、食品等，现在的社会救助除提供上述物质帮助以外，还包括科技、信息、思想观念等方面的帮助，不仅要解决他们的生存问题，还要提高他们的生存能力，帮助他们脱贫致富。

（二）社会救助的基本原则

1. 选择性原则。它是指虽然每个国民都有享受社会救助的权利，但并不是人人都能得到实际的给付，而是要经过资产调查，确认该国民及家庭确实不能维持最低生活水平时才有资格申请救助。这是社会救助的突出特点。它有别于社会保险对象的法定成员资格，也不同于社会福利的人人有份。

2. 提供最低生活保障原则。在社会保障制度体系中，社会救助的标准最低，以维持最基本的物质生活为原则，它足以作为社会保险的补充而存在。在社会保险津贴不足以维持最低生活或者领受有关保险津贴的期限已经超过，或者社会保险制度尚未覆盖的情况下，给予社会救助。

3. 无差别待遇原则。它是指当我们确定“贫困线”（最低生活标准线）后，以个别的资产调查为依据，提供弥补申请者的收入水平与“贫困线”差额的援助。也就是说，不论申请者的收入水平高低，他们的生活都将处于同一水平线上。假如某地区规定：一个四口之家年收入不足 1 200 元的，则处于贫困状态；若有 4 个四口之家，年收入分别是 600 元、800 元、1 000 元、1 100 元，那么这 4 个家庭所能得到的援助分别是 600 元、400 元、200 元、100 元，最后这 4 个家庭的生活水平都达到年收入 1 200 元。

（三）社会保险与社会救助的区别

社会保险与社会救助构成社会保障制度的主体，两者都以为公民提供经济保障为目的，但两者之间存在着本质的区别。

1. 对象与功能不同。社会保险的主要对象是有固定职业与正常收入的薪资阶级和其他劳动者，即生产人口，他们在平时能维持个人及家庭的正常生活。建立社会保险制度，强制他们缴纳保险费，是为了让他们在发生社会性风险事故时能够领取津贴，维持基本生活，因此社会保险的功能在于防贫。社会救助的对象是老弱病残、无力维持最低生活的公民，也就是消费人口，因此社会救济的功能在于济贫。

2. 保障基金的来源与给付方式不同。社会保险基金主要来源于个人和企业（雇主），政府也给予必要的补助。从经费来源的劳动属性看既有必要劳动，也有部分剩余劳动。社会救济金主要由政府财政拨款和社会捐款，从劳动属性看完全是剩余劳动。社会保险津贴的给付是依据有关的法律规定的条件、标准执行，不需要经过资产调查，即它以个人基本生活需要为前提，满足平均的需要。社会救助须经过严格的资产调查程序，证明申请人的收入及财产不足以维持最低生活时才能进行给付，即它以个人的需要为前提，满足个人的需要。

3. 权利与义务关系不同。社会保险是一种纳费制度，强调权利与义务对等原则，参加保险者，必须先履行缴纳保险费的义务，然后才有领取社会保险津贴的权利。社会救助则不同，不讲权利与义务的对等关系，只强调国家和社会对个人的责任和义务，因此，受惠者有受惠的权利而无履行纳费的义务。

4. 保障水平与给付标准不同。社会保险的给付标准一般依被保险人原有的收入水平、缴费额的大小及国家的财政实力而定，它保障被保险人的基本生活需要。社会救助则不同，它先根据受救助对象当时的实际情况制定出最低生活水平线（贫困线），并以此作为保障的水平，其给付额不考虑受惠人以前的收入状况，也不考虑国家的财力，而主要根据资产调查的情况，以两者的差额作为给付额。

5. 保障期限不同。社会保险的各项给付一般都规定有享领期间，在享领期间仍不能克服风险者，则改领社会救助。社会救助则不同，只要生活水平在贫困线以下，就可以无限期领受。可见，社会救助应作为社会保险的辅助而存在。

6. 保障行为的性质不同。在社会保险关系中，法定范围内的风险发生后，有关机构会按照有关的法律规定自动履行保险给付义务，受领者的人格和心理不会受到损害。社会救助则不同，在公民陷入困境后，需要经个人申请、资产调查、上级批准等法定工作程序，并且即使某人符合领取救助的条件，只要不提出申请，就作自动放弃救济处理。同时，进行资产调查在人们看来有损形象和身份，所以有些人会主动放弃救济。故社会救助在对付风险时有被动性的特点。

三、社会保险与社会福利

(一) 社会福利的含义

社会福利是一个内涵丰富、外延广泛的概念，因此在使用过程中弹性很大，在不同的场合、层次上使用时便赋予它不同的含义。下面我们从不同层次对它进行介绍。

第一种，从社会制度层面理解社会福利。这在西欧国家颇为流行，“福利国家”一词是典型的用法，这是对社会福利的大尺度的宏观观察。它包括国家和社会所作出的所有维持、改善、提高人民物质和文化生活水平的制度措施。它以全民为对象，其外延除一般的社会保障范围之外，还包括税收政策、消费品的分配、公共支出政策等。

第二种，从具体的社会政策层面理解社会福利。这在美国、日本使用较多，是指专为社会弱者提供的服务，包括儿童福利、老人福利、残疾人福利等，这是一种小尺度的微观观察。

第三种，从一般的社会保障制度层面理解社会福利。这是一种中尺度的中观观察，是指国家和社会为制度范围内的公民提供的一种保证一定生活水平及提高物质文明和精神文明相统一的生活质量的社会保障制度。

在我国，对社会福利使用较多的是民政、劳动两个部门。民政部门一直是在第二种意义上使用它，但目前已经改变了，提倡社区服务；劳动部门所讲的福利是指劳动者在工资、奖金等直接劳动所得之外所得到的各种补贴和服务。这两种理解外延都过窄了，我们主张采用第三种理解。

(二) 社会保险与社会福利的区别

社会保险与社会福利都是社会保障制度的有机组成部分，同时也是国家社会政策的重要组成部分，对保障公民的基本生活条件，提高生活质量起着十分重要的作用。二者在许多方面显示出了共性，但它们之间有着本质的区别。

1. 保障对象不同。社会保险的对象是有固定职业和正常收入的薪金阶层和其他劳动者，也就是生产人口，而社会福利则以全体公民为对象。

2. 保障资金的来源不同。社会保险资金主要来源于被保险人和企业（雇主）的缴费，而社会福利资金则主要来源于国家和社会，单位、社区和个人不需缴费。

3. 权利与义务的关系不同。社会保险基金的分配重视权利与义务对等原则，被保险人必须履行缴纳保险费的义务，而社会福利则不考虑受惠者对社会福利事业的贡献大小，强调人人有份，平均分配。

4. 保障的标准不同。社会保险以保障公民的基本生活为目的，满足公民的基本生活需要，而社会福利则以提高公民的生活质量为主要目的，满足公民较高层次的发展和享受的需要。

5. 保障的手段不同。社会保险以提供保险津贴为主，相关服务为辅，而社会福利则以提供各种服务及服务设施为主，货币给付为辅。

6. 经营主体不同。社会保险的经营主体一般是政府的有关专门机构，而社会福利的经营主体不仅有国家，还有基层社区组织、基层单位和各行业主管部门等。

社会保险、社会救济、社会福利这三种社会保障项目共同构成社会保障制度的主体。以上我们分别介绍了各自的含义、特征及相互关系，弄清楚这些联系和区别对于我们建立适合本国特点的社会保障制度具有十分重要的指导意义。为进一步明了它们的区别，我们作一个集中的比较，见表1－1。

表1－1　社会保险、社会救济、社会福利的比较

保障项目 比较内容	社会保险	社会救济	社会福利
保障对象	薪金收入者、其他劳动者	生活在贫困线下的公民	全体公民
资金来源	个人和企业（雇主）缴纳为主，政府救助	政府财政拨款和社会捐款，个人不缴费	财政拨款、企业利润分成、社会自筹、社区募捐，个人不缴费
保障水平	基本生活水平	最低生活水平	提高生活质量
给付标准	被保险人原有收入水平、缴费额大小	根据资产调查情况	以平均分配为主
经办主体	政府专门机构	政府有关部门、社会团体	政府、社会组织、基层单位、各行业主管机构
保障手段	提供保险津贴为主，相关服务为辅	资金、物资并重	以提供服务和服务设施为主，货币为辅

资料与案例

多层次社会保险制度受到高度关注

中国社会科学院社会保障论坛暨《中国养老金发展报告2015》发布式2015年12月26日在京召开。四位专家学者对《中国养老金发展报告2015》的主要内容进行了介绍。会议就“政策视角：多层次养老保障体系建设”、“学者观点：国内外商业养老保险发展经验”、“机构观点：商业养老保险市场发展机遇与挑战”三个主题进行研讨。

世界各国养老保险制度都面临着人口老龄化压力、经济增长乏力、金融市场波动、财政赤字攀升等问题，在不断改革公共养老金制度的同时，各国不约而同地越来越重视第三支柱商业养老保险的发展。由于历史文化、价值观念、福利制度和经济社会制度差别较大，欧美国家第三支柱商业养老保险制度也存在较大差异。以美国、英国和加拿大为代表的盎格鲁·撒克逊国家的第三支柱养老保险计划建立时间早、税收优惠力度大、制度设计灵活多样、资产规模大、投资收益高，因此这些国家第三支柱养老保险制度非常发达。与之形成鲜明对照的是，以法国、德国、意大利为代表的欧洲大陆国家，第三支柱养老保险发展相对滞后，无论是从资产规模、受益人口，还是在老年人退休收入所占比重来看，第三支柱的作用相对较小。但是，欧洲大陆国家普遍开始认识到发展第三支柱养老金的重要性，纷纷建立了各具特色的个人养老金制度，其中尤以德国最为典型。

李培林：推动多层次养老保障体系建设与完善

中国社科院副院长李培林表示，现代保险服务业是改善民生的有力支持，商业养老保险是现代保险服务业的重要构成，商业养老保险关系到国计民生，具有较强的社会公益性。商业养老保险可以满足不同群体对养老保障的个性化和差异化需求，应努力将其打造成养老保障体系的支柱力量，推动多层次养老保障体系的建设与完善，促进社会和谐稳定。应发挥商业养老保险在创新

产品与服务方面的优势，支持企业发起商业养老保障计划，支持面向独生子女家庭和失独老人等特定群体的商业养老保险计划，支持商业养老保险与养老服务产业融合发展，弥补社会保险供给不足，丰富和完善整个国家的社会保障体系。

黄洪：商业养老保险服务构建多层次养老保障体系

中国保险监督管理委员会副主席黄洪从社会保障角度阐述对商业养老保险的建议。黄洪表示，社会保障体系在保障人民群众基本生活、促进可持续发展、维护社会稳定运行方面，发挥着不可替代的重要作用。因此，商业养老保险服务应构建多层次养老保障体系，服务经济社会长期持续发展，最终要落实行动，为促进研究成果的完善和转化，更好更快地推进商业养老保险发展。为此黄洪提出三点建议。一是统一认识，加强制度的顶层设计；二是明确战略，选择符合我国国情的发展方式；三是坚持原则，制定有针对性的配套政策，加快发展商业养老保险。

王忠民：中国的第三支柱将会发挥最大作用

全国社保基金理事会副理事长王忠民表示，第三支柱的核心问题是到每一个自然人名下的充足所有权的资本，相信中国的第三支柱将会发挥最大的作用。他表示，第三支柱是以个人的自主市场选择来看的，是一个纯市场的养老保障。如果是一个基础养老金的话，是一个全公共产品，而这是私人产品下的市场交易价格和自主选择下的养老和社会保障体系。这才真正符合了以市场机制配置全社会的所有资源，包括配置社会保障养老的资源。

资料来源：人民网 http：//news. cqnews. net/html/2015 - 12/27/content_36077983. htm。

思考题

1. 什么是社会保险？它有哪些特点？
2. 社会保险的基本特征是什么？
3. 怎样认识社会保险与商业保险的融合发展？
4. 什么是社会保障体系？它的构成项目之间关系怎样？
5. 如何理解社会保险与社会救助的关系？

第二章
社会保险制度的发展演变

本章知识结构

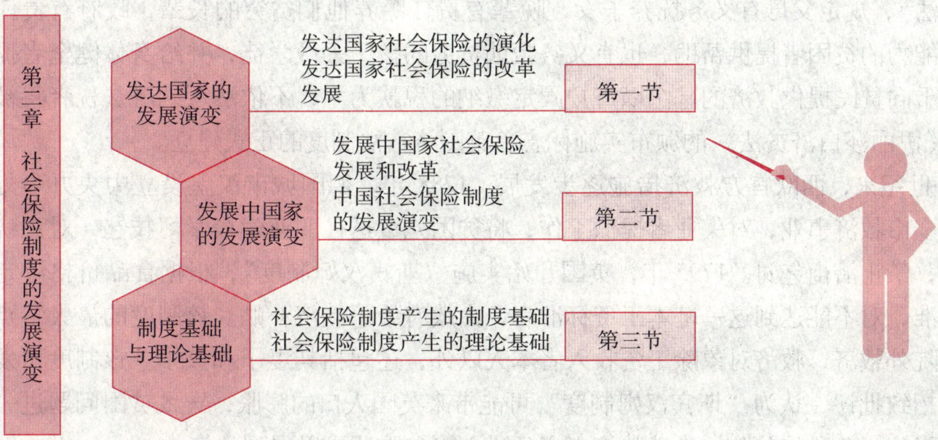

学习目标

- 了解西方国家社会保险制度演化发展与改革的历程和经验教训。
- 了解发展中国家社会保险历史发展与改革的经验教训。
- 了解我国社会保险制度的历史演化和改革路径。
- 理解社保制度的产生的制度基础和理论基础。
- 培养学生的历史视角。

第一节　西方社会保险制度的发展演变

一、西方社会保险制度的建立

（一） 西方早期社会慈善与济贫法制度

西方社会具有悠久的社会慈善传统。中世纪欧洲教会举办的慈善救济占有重要地位，教会往往建立救济院、医院、上帝之家、疯人院以及为罪犯赎罪提供服务的机构。宗教改革前，英国教会什一税的1/3 用于慈善救济事业，16 世纪中叶，英国大约有110 座教会养育院、2 374 个教会施物所被取消，在这些场所接受救济的贫民近9 万人。①

中世纪欧洲行会组织在提供救济方面发挥十分重要的作用。行会章程对行会救济职能作出明确规定。英国南安普敦商人行会章程规定：任何会员不幸陷入贫困无法生活时，可以从行会获得一定的救济。② 中世纪后期，西欧一些国家的政府也开始实施救济措施，其中济贫法制度是政府救济的重要内容。1536 年，英国颁布《亨利济贫法》，规定地方官员有义务分发教会收集的人们自愿捐献的物资，用来救济穷人、残疾人、病人和老年人，地方政府可以用公共基金为身体健全、能够从事工作者提供工作，为5 ~ 14 岁的乞丐提供学艺机会。1572 年，英国颁布法令，规定每个公民都要为济贫基金缴费，还规定设立教区贫民救济委员会，负责为贫民提供救济，并为身体健全的无业者提供工作。1601 年，英国颁布著名的《伊丽莎白济贫法》，规定父母有义务抚养子女，晚辈有责任赡养他们贫穷的长辈，政府有责任对没有工作能力的贫困者提供帮助，也有义务帮助贫穷的孩子去做学徒，并给身体健全者提供工作。用于向贫民提供救济的基金以每户固定缴纳的税款为主，不依法缴纳济贫税者将被判刑入狱。《伊丽莎白济贫法》的颁布实施标志着英国济贫法制度的正式建立。

18 世纪末，西欧官方救济措施逐步发展。1788 年，德国城市汉堡设立中央办事处，综合管理全市救济事业，对失业者提供工作，将贫困儿童送往职业学校学习技艺，对患病者提供救治，禁止沿街乞讨。1795 年，英国开始实施“斯宾汉姆制度”，根据食品价格决定基本工资标准，对不能达到这一基本工资标准者，由政府给予救济补贴。该制度的最大特点是实行济贫院外救济，救济对象除工资收入者本人以外，还包括其妻子和孩子。该制度引发一些问题并招致批评，认为“斯宾汉姆制度”可能带来英国人口的膨胀，导致贫困问题进一步加剧，主张建立各种济贫院，申请救济者必须进入济贫院才可以得到救济。

19 世纪前期，西欧官方救济制度进一步发展。1834 年，英国颁布新济贫法，实行院内救济，贫困者必须进入济贫院中才能得到救济。接受院内救济者不仅受到许多限制，还被剥夺选举权等政治权利。济贫院成为19 世纪大部分时期英国重要的救济机构。西方早期教会慈善、个人慈善以及行会组织的慈善救济构成西方早期社会保障与社会福利事业的重要内容，并为西方现代社会保障制度的出现奠定了历史基础。

（二）社会保险制度的出现

19 世纪末，以社会保险制度为核心内容的现代社会保障制度开始在西欧国家出现。

德国是最早建立社会保险制度的西欧国家。1883 年，德国颁布了《疾病保险法》，对工资劳动者实行强制疾病保险，费用由雇主承担30%，雇工承担70%，国家予以一定补贴。疾病保险津贴标准相当于工资的50%，领取疾病津贴的最高时限为13 周，雇工承担疾病保险基金绝大部分。1884 年，德国颁布《工伤事故保险法》，推行费用全部由雇主承担的工伤保险制度，因工伤丧失劳动能力者前几周依照疾病保险办理，工伤事故津贴标准为工资的2/3，最高领取时限为14 周，工伤致死者的家属也可以领取相当于死者工资的20% 作为补贴，工

① 彭迪先：《世界经济史纲》，104 页，上海，三联书店，1949。

② 金志霖：《英国行会史》，62 ~ 64 页，上海，上海社会科学院出版社，1996。

伤事故保险由雇主单方管理。1889 年，德国实施《养老保险法》，养老保险适用于工业工人、农业工人、手工业者以及公务员，费用由国家、雇主及雇工三方分担，参加保险者在服兵役期间其所承担的费用由国家担负，领取养老金的年龄为 70 岁，被保险者必须工作满 24 年方可领取养老金，残疾者也必须工作满 4 年才可领取，养老保险由国家统一管理。德国社会保险制度的建立为其他西方国家提供了范例。①

社会保险制度在英国也开始出现。1908 年，英国通过《养老金法案》。养老金制度实行免费性和普遍性原则，领取养老金者必须年满 70 岁，年收入不超过 31 英镑 10 先令，津贴标准是个人每周 1 ~5 先令，每对夫妇每周 10 先令。1911 年，英国颁布《国民保险法》，建立失业保险和健康保险制度。失业保险实行缴费性原则，适用于建筑业、工程建造业、造船业、机械制造业、铸铁业和锯木业。《国民保险法》还在英国建立起国民健康保险制度。养老金制度、失业保险制度和健康保险制度的出现标志着英国社会保障制度的建立。

法国也开始建立社会保险制度。1898 年，法国颁布《工伤保险法》，给工人提供由雇主承担费用的工伤赔偿，雇主一般将自己企业雇员的工伤保险交由保险公司经营，工伤补偿也由保险公司支付。1905 年，法国颁布法令，规定工伤事故受害人有权利直接对雇主所委托的保险公司提起补偿诉讼。法国工伤补偿制度最初只适用于工业企业，1899 年，扩大到因使用机械而导致工伤事故的农业工人，1906 年，扩大到商业从业人员，1914 年，又扩大到林业人员，此后，又扩大到所有行业劳动者以及某些特定职业病患者。1910 年，法国通过工人和农业劳动者养老金法，养老费用由雇主及雇工分担，国家给予少量补贴，要求年收入 3 000 法国法郎以下者必须参加，年收入在 3 000 ~5 000 法国法郎者自愿参加。

其他西欧国家社会保险制度也开始出现。1906 年，瑞典政府开始对自愿互助性失业保险团体提供国家财政帮助，1910 年，瑞典政府颁布法令，对自愿性疾病保险作出具体规定，1913 年，瑞典议会通过《养老金法》，正式建立了养老金制度。1901 年和 1913 年，荷兰分别颁布《工伤保险法》和《疾病保险法》，要求雇工必须参加，津贴标准依物价水平而定。1898 年，意大利实施强制性工伤保险以及老年和残疾保险。1892 年，丹麦实行《疾病保险法》，1898 年，实行《工伤保险法》，1907 年，颁布《失业保险法》。挪威也在 1890 年实施《疾病保险法》，1892 年，颁布《养老保险法》，1894 年，颁布《工伤事故保险法》。1907 年，有 8 个西欧国家建立了工伤事故保险制度，4 个国家建立疾病保险制度，1 个国家实施了强制性老年和残疾保险。到 1914 年，已有 13 个西欧国家建立工伤保险制度，12 个国家建立疾病保险制度，9 个国家建立起老年保障制度。② 社会保险制度在西欧的出现标志着现代社会保障制度的开始建立。

二、西方社会保险制度的初步发展

（一） 西欧社会保险制度的初步发展

20 世纪 20—40 年代，西欧社会保险制度开始有了初步发展。英国社会保险制度开始发

---

① Gasten V. Rimlinger, *Welfare Policy and Industrialization in Europe, America and Russia*, New York, pp. 113 – 130, 1971.

② Gerhard A Ritter, *Social Welfare in Britain and Germany, Origins and Developments*, New York, pp. 9 – 10, 1986.

展。1925年，英国颁布《寡妇、孤儿、老年人缴费养老金法》，1937年，英国政府颁布了《寡妇、孤儿及老年人自愿缴费养老金法》，向没有参加国民健康保险的收入较高者提供缴费性养老金。1938年，英国政府颁布《盲人养老金法》，实行免费且不附带财产状况调查的盲人养老金，领取者的年龄资格为40岁。

失业保险制度的发展是20世纪20—30年代英国社会保险制度发展的重要内容。1920年，英国颁布《失业保险法》，规定每年收入不足250英镑的所有体力劳动者、非体力劳动者均可参加失业保险制度，男子的失业保险津贴提高到每周15先令，妇女提高到12先令。1936年，英国失业保险制度的适用范围扩大到农业工人。①

德国的社会保险制度也进入初步发展阶段。1919年的《魏玛宪法》规定，联邦对下列各项社会保险与公共福利具有立法权：贫民救济制度和游民救济，孕妇、婴儿、幼童和青年保护，公共卫生制度，劳工立法，工人和佣工的保险，职业介绍，公共福利的维护等。宪法还规定：为保持健康及工作能力，保护产妇及预防因老年和疾病所导致的生活困难，联邦应该建立综合社会保险制度。②《魏玛宪法》对德国社会保险制度的初步发展产生了重要影响。1883—1918年，德国平均每年通过1部社会保险立法，1919—1932年，德国每年平均通过6部社会保险立法，其中1921年通过12部，1922年通过21部，1923年通过16部，③ 这些立法使得德国社会保险制度得以扩展。

20世纪30年代的经济危机使德国社会保险制度处于极度不稳定状态，政府主要实施紧缩社会福利支出的政策。1930年，领取疾病保险津贴的等待期为3天，1931年，取消所有免费性医疗项目和疾病预防支出，工伤事故保险不再对上下班途中的事故提供津贴，就业能力丧失程度不及20%（以前为10%）者不能领取工伤保险津贴，其他工伤保险津贴标准降到15%，养老金制度中的儿童津贴标准由每人每月10德国马克减少到7.5德国马克，寡妇年金标准由亡夫工资的3/5减少为1/2，孤儿年金由1/2减少为2/5，15岁以上孤儿不再享受孤儿年金。

法国社会保险制度也开始发展。1930年，法国颁布《社会保险法》，规定社会保险制度的参加者为工商行业中工资低于一定限额的从业者，同时为农业领域领薪劳动者建立农业社会保险。社会保险资金主要来源为雇主与被保险人缴费，缴费率为工资的8%，雇主与被保险人各负担4%，国家不提供财政补贴。农业社会保险缴费率为工资的2%，国家为农业社会保险基金提供较多的财政补贴。社会保险主要由互助性与私营性社会保险机构管理，被保险人可以在此类机构中自由选择，政府在每一个省设立专门的社会保险管理机构。社会保险津贴主要包括疾病、生育、残疾、老年和死亡津贴。1932年，法国颁布家庭补贴法，规定除了公务人员和铁道部门以外，其他行业的雇主都有义务建立补偿所为贫困雇员提供家庭补贴，从而使得家庭补贴制度的覆盖面明显扩大。

其他西欧国家的社会保险制度也有发展。西班牙于1919年建立了养老金制度和失业保

---

① 丁建定：《英国社会保障制度的发展》，52～92页，北京，中国劳动社会保障出版社，2004。

② 姜士林等：《世界宪法全书》，813～822页，青岛，青岛出版社，1997。

③ Peter A. Kohler, *The Evolution of the Social Insurance*, 1881－1981, *Studies of Germany*, *France*, *Great Britain*, *Austria and Swithland*, New York, pp. 44, 1982.

险制度，1929年建立生育保险制度，1938年建立了家庭补贴制度。荷兰于1919年建立了养老金制度，1931年建立了医疗保险制度和生育保险制度，1939年又建立了家庭补贴制度。意大利于1919年建立了养老金制度和失业保险制度，1937年建立了家庭补贴制度。葡萄牙于1935年建立了养老金制度、医疗保险制度和生育保险制度。奥地利于1920年开始建立了失业保险制度。比利时于1920年建立了失业保险制度，1930年建立了家庭补贴制度。卢森堡于1921年建立了失业保险制度。瑞士于1924年建立了失业保险制度。希腊于1935年建立了养老金制度，1922年建立了医疗保险制度，1922年建立了生育保险制度。

（二）美国社会保险制度的建立

20世纪初期，美国社会保险制度进入建立阶段。美国各州颁布实施一系列社会保险立法。1902年，马里兰州制定美国第一个工伤保险法，1907—1919年，美国已有39个州颁布此类法案。1915年，阿拉斯加州首次提出退休金法，1933年，美国已有28个州通过此类法案。1908年，盲人救济法在美国开始出现，到1935年，颁布实施这种法案的州增加到29个。1911年，美国密苏里州和伊利诺伊州颁布寡妇抚恤金法令，到1930年，除4个州以外的其他各州都已经颁布向母亲提供救济的法案。1921—1933年，美国共有27个州通过了186个与失业保险相关的法令。①

各州社会保险立法的颁布实施，促进了美国联邦社会保险制度的建立和发展。20世纪30年代初，美国联邦政府也颁布实施一系列社会保障立法，为联邦社会保障制度的建立奠定了基础，主要有1932年的《瓦格纳—任尼法案》、1933年的《民间护林保土队救济法》、1933年的《联邦紧急救济法》、1934年的《民间工作紧急救济法》和《铁路职工退休法》、1935年的《紧急救济拨款法》和《瓦格纳—克罗塞铁路职工退休法》等。在此基础上，1935年，美国国会通过《社会保障法》，规定65岁以上老人从1942年1月1日起有权获得老年福利，建立失业保险制度，失业保险费由雇用8名工人以上的雇主缴纳，联邦政府对儿童补助计划和儿童与妇女福利计划提供财政拨款。该法还对建立公共健康服务计划、社会保障委员会职能、盲人补助计划等作出明确规定。②

1939年，美国通过社会保障法修正案，将养老保险的适用范围扩大到海员、银行职员和雇员，将原定于1942年1月1日开始发放的缴费性逐月养老津贴提前到1940年1月1日开始发放，将原来规定的养老津贴以累计工资为基础计算改为以平均工资为基础计算，并向年老的妻子和寡妇提供补贴，向在退休前去世的被保险人的年幼孩子提供儿童补贴。1935年《社会保障法》及其修正案标志着美国联邦社会保障制度的建立。

（三）日本社会保险制度的建立

日本的社会保险制度也开始出现。1922年，日本颁布《健康保险法》，规定以企业为单位参加健康保险，经常雇用10人以上的企业必须强制性参加。1934年，健康保险适用范围扩大到雇用5人以上企业，健康保险缴费率为4%，雇主与雇工各承担一半，国家负担保险支付费用的10%，疾病津贴标准相当于工资的60%，领取期限为180天。1938年，日本颁

① 黄安年：《当代美国的社会保障政策》，11页，北京，中国社会科学出版社，1998。
② 《外国劳动和社会保障法选》，459～496页，北京，中国劳动出版社，1999。

布《国民健康保险法》，建立农民健康保险，实行自愿原则，被保险者家属列入被保险范围。1942年，日本将国民健康保险的自愿原则改为强制性原则，并制定职员健康保险法和船员健康保险法。

20世纪20年代，日本已经开始尝试建立包括公务员和船员等的公共年金，但由于受到普通民众的反对而被搁置。1939年，日本实施船员年金保险，1941年，颁布《养老保险法》，该法仅适用于男性工资劳动者。1944年，《养老保险法》改称为《厚生年金保险法》，覆盖面扩大到妇女及雇用5人以上10人以下规模的小企业，普通工人养老保险缴费率为11%，矿工为15%，雇主与雇工各承担一半，政府承担普通工人养老保险津贴的10%和矿工养老保险津贴的20%。普通工人领取养老金的年龄为55岁，但必须参加该制度满20年，矿工领取养老金的年龄为50岁，但必须参加该制度满15年，养老金津贴标准为平均工资的1/3。①

日本社会救助也开始建立。早在1917年，日本已经颁布《军事救护法》。1929年，日本颁布《救护法》，规定为65岁以上没有扶养人的老人、13岁以下的儿童以及孕妇、残疾者、精神病患者提供救济，救济种类分为生活救助、医疗救助、生育救助等。1937年，日本政府颁布了《军事扶助法》，1938年，颁布《母子保护法》，1941年，颁布《医疗保护法》，1942年，颁布《战时灾害保护法》，这些社会保险立法虽然服务于战争需要，但为日本社会救助制度的确立奠定了基础。

三、西方社会保险制度的扩展

（一）西欧社会保险制度的快速发展

第二次世界大战以后，西欧进入社会保险制度的快速发展阶段。英国福利国家建设走在西欧国家的前列。《贝弗里奇报告》的发表极大地促进了英国福利国家的建立。1945年，英国颁布《国民保险法》，建立起新的工伤保险制度。1946年，英国通过《国民保险法》建立起一种综合性社会保险制度。

1945年，英国颁布《家庭补贴法》。1946年，英国通过《国民保健法》，建立普遍的国民保健制度，国民保健制度由医院和特殊服务、由地方健康当局提供的服务以及由开业医生提供的一般性医疗和牙科服务构成。第二次世界大战后英国颁布实施的一系列社会保险立法，推动了英国国民保险制度、国民救济制度和国民保健制度的建立和福利国家的出现。

第二次世界大战以后，恢复和重建战前社会保险的基本体制成为联邦德国社会保险制度发展的首要任务。1949—1953年，联邦德国议会通过52项社会保险法令，开始对社会保险制度进行恢复和重建。此后的一系列社会保险法极大地推动了联邦德国社会保险制度的恢复与重建，如1951年的《养老金提高法》、1952年的《疾病保险津贴提高法》、1953年的《基本补贴提高法》。

1953年以后的10年间，联邦德国推进综合性社会保险，逐步成为福利国家。1957年的《养老金改革法》使养老金开始与在职人员工资增长挂钩。1960年的《外国人养老金法》规定，外国人养老金依照联邦德国法律而不是其来源国法律实施。1956年，联邦德国规定手工

① 复旦大学日本研究中心：《日本社会保障制度》，61～62页，上海，复旦大学出版社，1996。

业者保险费财政收入与支出分开，1960 年的《手工业者保险法》取消手工业者可以在社会保险和私营保险之间进行选择的做法，同时，将所有手工业者的强制保险限制到 18 年。1957 年，联邦德国实施《老年农场主救助法》，规定当农场被转与继承人或出租时，老年农场主将获得老年补贴。

第二次世界大战以后的法国曾经出现建立统一的社会保险制度的趋势，但由于社会各阶层利益难以达成共识，法国社会保险制度走上混合型道路。1945 年的法令建立起针对公共服务人员、国家雇用人员、社会管理人员、海员、矿工、铁路工人、电力工人、煤气工人、供水工人、法兰西银行职员、歌剧演员、戏剧演员等的特殊社会保险。1947 年，新的全国性劳资集体协议认可了高收入者建立补充养老金的权利，并建立起管理者群体的补充养老金。1953 年的法令建立起社会救助制度。1958 年，法国实行失业保险制度，失业保险基金总额为企业工资总数的 1%，其中的 80% 由雇主承担，雇工承担 20%，失业保险津贴为原工资的 35%，领取失业保险津贴的最高时限为 270 天。1961 年的法令为农场主建立了疾病和生育保险制度，1966 年的法令将工伤事故保险制度扩大到农场主，1972 年的法令将工作中的事故伤害保险制度扩大到农业雇用人员。

（二） 美国社会保险制度的发展

第二次世界大战后，美国社会保险得到明显发展。杜鲁门政府时期，美国国会先后通过了 5 个《社会保障法》修正案，扩大了社会保障制度覆盖面，提高了社会保障津贴标准，增加了联邦政府对各州社会保障计划拨款，提高了社会保障税率，并建立了社会保障局。艾森豪威尔政府时代，美国社会《社会保障法》的适用范围进一步扩大。1954 年的《社会保障法》修正案将个体农场经营者、牙科医生、律师和其他除了医生以外的自由职业者、家庭佣人以及地方政府的职员都纳入社会保障法的适用范围。1956 年的《社会保障法》修正案将律师、牙医和其他专业人士纳入社会保障法体系，对永久残疾人提供保险，还将妇女领取老年年金的年龄从原来的 65 岁降低到 62 岁。1958 年的《社会保障法》修正案规定，与工作相关原因导致的永久残疾保险受益者的家庭成员享有领取保险津贴的权利。

20 世纪 60 年代，美国社会保障制度进一步发展。肯尼迪政府积极推进社会保障制度，1961 年的《社会保障法》综合修正案将领取老年年金的年龄降低到 62 岁，将遗属年金的标准由原来的相当于被保险人津贴的 75% 提高到 82.5%。1961 年的未成年儿童援助法，将对有需要的儿童提供援助改为对抚养有儿童的家庭提供援助，并增加了联邦对老年援助、盲人援助和永久性完全残疾人援助的费用。1962 年的公共福利法不仅增加了联邦对老年援助、盲人援助和永久性完全残疾人援助的费用，还增加了联邦政府用于其他社会福利的费用。约翰逊政府将建立优质医疗保健服务作为创建“伟大社会”的重要目标。1965 年，美国颁布医疗照顾和援助法案，将美国医疗保障分为两部分，一部分是社会保险性质的医疗照顾，规定为每一位 65 岁以上的老年人提供住院和医疗保险，其中住院保险实行强制性缴费原则，医疗保险实行自愿缴费原则；另一部分是社会救助性质的医疗援助，医疗援助所需经费由各州和联邦政府共同承担，主要针对抚养未成年人家庭、盲人与永久残疾人等特殊人群。1965 年的《社会保障法》修正案在美国建立起医疗保险制度。

（三） 日本社会保险制度的发展

第二次世界大战后，日本政府提出建立“国民皆年金”的养老金发展目标。1954 年，日本颁布《厚生年金保险法》，将开始支付厚生年金津贴的男子年龄提高到 60 岁，女子提高到 55 岁，同年，建立起地方公务员共济组合；1953 年，建立私立学校教职员共济组合；1955 年，建立起公共企业职员共济组合；1957 年，又建立农林渔业团体职员共济组合；1958 年，建立国家公务员共济组合；1959 年，日本正式颁布《国民年金法》，为无法参加厚生年金和共济年金者建立国民年金制度；1965 年，日本建立厚生年金基金制度；1966 年，提高国民年金保险下夫妇两人每月的津贴标准；1969 年，将厚生年金与国民年金保险的津贴标准提高到同样水平，同时引进附加年金制度，提高国民年金保险缴费率和福利年金支付标准。日本养老金制度逐步发展起来。

1958 年，日本颁布新的《国民健康保险法》，要求在 4 年内实现“全民皆保险”的健康保险目标。1961 年，日本政府规定，结核病和精神病患者个人负担医疗费用的 30%，政府和医疗保险机构承担 70%；1963 年，把这项制度推广到一般被保险者；1966 年，所有国民医疗费用一律实行个人负担 30%，政府和健康保险基金负担 70%。

1947 年，日本颁布实施《失业保险法》，适用于雇用 5 人以上所有企业事业单位雇员，失业保险缴费率为工资的 2.2%，雇工与企业各负担一半，失业保险基金的 1/3 由国家财政负担，失业保险津贴标准为工资的 60%，领取失业保险津贴最高时限为 180 天。1949 年，日本实行临时工失业保险。1958 年，将失业保险的范围扩大到雇用 5 人以下的企业的职工。1963 年，提高了每天所支付的失业保险金的最高限额。1969 年，将加入失业保险制度 20 年以上的长期被保险人领取失业保险的天数从 270 天增加到 300 天。日本失业保险制度逐步完善。1960 年的《劳动者灾害补偿保险法》向受伤害者提供残疾人年金。1965 年，实行伤病补偿年金和残疾补偿年金，雇用 5 人以下企业事业单位全部实行该种保险。日本劳动灾害保险制度逐步建立起来。

1946 年，日本颁布了《生活保护法》，1947 年颁布了《儿童福利法》，1949 年，日本通过了《残疾人福利法》，1950 年颁布新的《生活保护法》，构建了日本“社会福利三法体制”。1951 年，日本颁布《社会福利事业法》，1960 年，日本颁布《精神病患者福利法》，1963 年，颁布《老年福利法》，1964 年，颁布《母子福利法》，日本社会福利进入六法体制时代。

四、西方社会保险制度的改革

（一） 社会保险制度改革的背景

20 世纪 70 年代以后，由于经济危机的持续影响，西方主要国家社会经济发展速度明显缓慢，社会保险制度的发展开始面临严重压力。经济危机所导致的西方国家经济增长缓慢，使得西方国家的失业问题越来越严重。1977—1987 年，日本失业率从 2% 上升到 3%，1961—1979 年，美国失业率从 4.8% 上升到 6.2%，1975—1982 年，英国失业人口从 100 万人增加到 300 万人。

人口老龄化趋势明显加快对西方国家社会保险制度带来巨大压力。20 世纪 80 年代以来，主要发达国家老龄人口（65 岁以上）比例快速增长。1980—2000 年，加拿大老年人口比例从9.5%提高到12.8%，法国从14%提高到15.3%，德国从15.5%提高到17.1%，意大利从13.4%提高到15.3%，日本从9.1%提高到15.2%，美国从11.3%提高到12.1%。西方国家老年人口赡养率不断提高，1980年，美国老年人口赡养比为16.9%，日本为13.4%，德国为23.7%。2000年，美国提高到19.0%，日本提高到25%，德国提高到24.0%。①

社会保险制度的内在问题越发明显。社会保险津贴标准呈现逐渐提高趋势。以瑞典为例，1963—1974年，瑞典健康保险日现金补贴替代率从60%提高到90%，健康保险日现金补贴的最低标准从10瑞典克朗增加到41瑞典克朗，失业保险津贴的最低标准从每天的7瑞典克朗提高到43瑞典克朗，最高标准从34瑞典克朗提高到128瑞典克朗，儿童补贴标准也从每年893瑞典克朗提高到1 823瑞典克朗。② 西方国家社会保险水平不断提高。1965—1980年，英国社会保险水平从14.4%提高到23.5%，德国从19%提高到30.7%，法国从15.8%提高到23.9%，瑞典从17.5%提高到35.5%，美国从11.2%提高到26%，日本从11%提高到23%。社会保障支出不断增长。1950—1980年，英国用于社会保障方面的支出从6.571亿英镑增到235.08亿英镑；1960—1980年，美国各级政府社会福利支出增长率从9.9%提高到14.6%；德国社会保障支出总额从1960年的657亿德国马克上升到2002年的15 793亿德国马克。

面对上述问题，西方国家社会保险理念开始发生变化。英国撒切尔政府指出，自《贝弗里奇报告》以来，英国社会保险制度已经发生了很大变化，而英国社会保险制度的基本原则仍然以《贝弗里奇报告》的基本原则为主，这显然已经不再符合英国社会发展现实的需要。社会保险并不仅仅是国家的责任，它应该是个人与国家共同的责任。③ 日本政府从20世纪70年代初期开始推进社会保险理念和政策选择的转变。1973年，日本政府提出建设“有活力的福利社会”的社会保险发展目标。1976年，又强调在社会保险制度方面应该谋求“自助与相互扶助的和谐”。1979年，日本政府提出“在个人的自助努力与家庭及社会的连带责任的基础上，加上适当的官方福利这样一种新型的福利社会模式”。④ 美国里根政府提出，必须减轻社会福利领取者对福利本身的严重依赖性，提高他们的自立、自强和自尊意识。克林顿政府指出，政府将结束大家都了解的那种福利，不能让一个能够工作的人永远依靠福利，能够工作的人就必须工作。⑤

（二）西方国家社会保险改革措施

首先，降低社会保险津贴标准。早在1980—1981年，英国针对病人、失业者以及失去工作能力者的短期津贴已经减少了5%。1982年，取消与收入相联系的疾病与失业短期津贴。1986年，把与收入相联系的养老金建立在领取人一生平均收入水平上，而不是20年最好收入的平均水平上，同时将国家收入养老金的最高标准降低到平均收入的20%。

---

① 国际劳工组织：《2000年世界劳动报告——变化世界中的收入保障和社会保护》，165~172页，北京，中国劳动社会保障出版社，2001。

② Sven E. Ollson, *Social Policy and Welfare State in Sweden*, Lund, p. 157, 1993.

③ Rex Pope, *Social Welfare in Britain* 1885—1985, London, pp. 240-243, 1986.

④ 复旦大学日本研究中心：《日本社会保障制度》，56~57页，上海，复旦大学出版社，1997。

⑤ 黄安年：《当代美国的社会保障政策》，257~258页，北京，中国社会科学出版社，1998。

德国在科尔政府时已将失业救济标准降低3%，停止发放因自然原因不能工作者的收入损失补贴，从1995年开始停发长期生活补助，1996年又将病假工资从标准工资的100%降至80%。1999年，德国的《养老保险改革法》规定，每天只能工作3小时以下的养老金制度参加者可以获得全额工作能力下降养老金，能工作3～6小时者可以获得半额工作能力下降养老金，能工作6小时及以上者则不能领取该项养老金。

美国政府也采取措施减少社会福利支出。1981年的预算案将公共援助开支减少128亿美元，其中未成年人日托补贴减少1/5。1984年预算中将公共援助减少176亿美元，联邦对各州医疗援助补贴减少3%～4.5%。1981—1985年，抚养未成年人家庭援助削减13%，儿童营养补助减少20%，住房援助减少4.4%，医疗援助减少5%，一般就业和训练基金削减35%，工作刺激项目削减33%。

其次，强调社会保险中的个人责任。英国撒切尔政府认为，必须改变社会保险的普遍性原则，推行选择性原则。1986年的社会保险法规定，收入补贴的发放将仅限于有子女的家庭以及丧失工作能力的家庭，而不是所有收入低于规定标准的家庭，附加补贴也不再对所有低于最低生活标准者发放，仅向18～24岁的单身者和特殊困难家庭发放。产妇津贴也只向低收入家庭提供。英国政府还减少一些福利补贴项目，以促使家庭责任和个人责任的发挥。从1980年起不再要求地方政府提供学校餐，1986年，减少了18～25岁人口的津贴，1988年起，收入补贴不再对16～18岁者有效，儿童津贴也不再对正在接受全日制教育者有效。1990年，又规定所有单亲母亲都必须授权政府部门采取行动，以便使其父亲履行自己应尽的责任，父亲必须为养育自己的子女及以前伴侣承担责任与义务。

德国1988年《卫生保健改革法》在医疗保险中引入竞争机制和激励机制，提倡多样化和多种形式的医疗保险，逐步增强个人在医疗保险中的责任，降低部分项目的医疗保险津贴标准，取消部分医疗保险津贴项目。1992年的《养老金改革法》将缴费标准由18.5%提高到19.2%，养老金的增加与净收入增长挂钩。1996年又将男性退休年龄从63岁提高到65岁，女性退休年龄从60岁提高到65岁。

1983年，美国的《社会保障法》修正案规定，自2009年开始将退休年龄从65岁推迟到66岁，从1990年起，领取社会保障津贴的纳税年限从10年提高到20年。1996年的《社会福利改革法》规定，具有工作能力者享受社会福利援助的时间为5年，并且必须在2年内找到工作，18岁以下的未婚母亲必须在校或与成年人一起居住，才可以得到相关援助。

再次，改革失业保险制度，推动失业者再就业。德国的《就业促进法》规定，失业保险津贴领取者必须准备接受劳动部门安排的新工作，政府向已经领取4周以上失业保险津贴或失业救济补贴并愿意个人自谋职业者发放自谋职业补助。20世纪90年代初，德国政府又把本来准备用于发放失业保险津贴和失业救济补贴的资金用做就业促进补贴，资助那些安置失业者再就业的行业或部门的生产经营，为失业者提供更多就业机会。

1974年，日本通过《雇用保险法》，规定雇用保险津贴领取时限根据被保险人的年龄而定。1984年，日本实行再就业津贴制度，失业保险津贴领取者在领取失业保险津贴期间，如找到合适工作可以领取一定时间的再就业津贴。1995年，日本又实行“连续就业补助”，针对那些年龄较大、很难找到连续性就业机会者提供连续性就业补助。1998年，日本实行“教育训练补助”，规定不管在职与否，只要参加政府劳动管理部门举办的就业培训者，均可得到80%的培训费用补贴。

西方国家还加强职业培训，提高劳动者素质和竞争力。1971年，法国颁布《职业教育方向法》和《学徒训练改革法》，规定，所有雇用10人以上的企业每年必须缴纳相当于其工人工资总额1%的费用作为国家继续教育费用。1978年，法国政府又规定，工程技术人员有权利享受培训假期。2006年初，法国政府提出了《首次雇佣合同法案》，规定雇佣20人以上规模的法国企业，在与26岁以下的青年签订雇佣合同的最初2年内，可以随时将其解雇而无须说明解雇原因，但作为补偿，被解雇者可以获得企业的违约金，还可以向政府申请460欧元的补助。依据政府的解释，该法案的主要目的是通过给企业以更大的雇佣自由来鼓励企业增加雇佣人数，进而促进青年人就业。然而，法国青年对该法案的感觉却与政府的解释大相径庭，他们认为法案对青年就业问题表现出了歧视性，并可能使他们经常处于随时被解雇的危险之中，因而坚决反对《首次雇佣合同法案》。法国德维尔潘政府则坚持认为，该法案虽然有待完善，但决不能撤销，从而引发了法国巴黎近郊及其他地方的大规模学生骚乱，这场骚乱又因与即将来临的政府选举交织在一起而加剧其影响程度和范围，并最终迫使政府放弃该法案的实施。①

德国实行企业内部技术培训与职业技术学校专业知识学习相结合的双轨体制。美国政府颁布实施一系列职业技术培训立法，主要有1973年的《就业机会法》，1974年的《青年就业与示范教育法》和1984年的《就业培训合作法》，这些法令规定，提供就业调查研究和职业咨询，提供教育和技能训练，提供自谋职业培训。

最后，推行社会保障私营化与地方化政策。1990年，英国颁布《国民保健与社会关怀法》，建立起自主经营的国民健康服务公司，从1993年起，社会保障制度不再对私人或志愿性寄宿院中的新增人员提供帮助，地方当局有义务确定提出此类需求者的要求是否属实，并采取适当措施为其提供有效的服务。到1995年，几乎所有的英国医院及大部分社会服务已经实现私营化与市场化。英国政府还要求，从1988年起，所有企业必须为其雇工建立职业养老金制度，政府对此予以一定的优惠措施，并鼓励个人通过银行储蓄、参加保险等方式，为自己准备养老费用。

1982年，里根政府就提出10年内将数十项社会福利与服务项目在联邦、州和地方政府之间进行明确划分的目标，要求联邦政府在1984年全部接管和担负医疗补助项目，抚养未成年人家庭援助与食品券等社会福利项目由各州政府负担。1983年，里根政府又提议再将30多种专项补助合并为4项，并划归各州和地方政府实施。

瑞典社会保障地方化改革开始于20世纪80年代初。1983年颁布实施的《保健法》已经宣布，瑞典各郡政府应该承担起规划所有保健服务的主要责任。1992年，规定地方政府必须承担起各种有关老年和残疾人长期性健康关怀和社会服务的责任。1993年，瑞典改革中央政府对地方政府社会保障财政拨款，中央政府对地方政府提供的社会救济与社会服务财政资助，不再按照项目分类原则，而是实行综合性原则，中央政府根据各郡人口结构、税收情况

① 丁建定：《法国：曾经的雇佣合同法掀波澜》，《中国社会保障》2008年第3期，第26~27页。

等提供不同数量的财政资助，中央政府所提供的财政资助如何使用，由地方政府根据各地实际情况自行决定。①

此外，最近几年，西方国家还采取了其他社会保障改革举措。2013 年 1 月，英国公布了酝酿已久的养老金改革法案，新的养老金制度取消了现有的国家基本养老金和第二国家养老金等类别，将其合并为统一的公共养老金，并从 2017 年 4 月开始实施。2010 年 3 月 3 日，美国总统奥巴马公布医疗保险改革法案，其主要内容包括以下几个方面：（1）禁止保险公司拒绝为投保者已有疾病进行赔付、不受理患者的投保要求或者为终身保险设定上限，并限制保险公司设定每年的赔付金额；（2）放弃公共医疗保险计划；（3）建立以州为基础的医疗保险市场，使没有雇主提供医疗保险者可以自己购买医疗保险；（4）要求有收入能力者必须购买医疗保险，否则将被处罚款，大公司如不为雇员购买医疗保险也将被处罚款；（5）由政府向收入高于政府医疗救助计划的要求但低于联邦贫困线的 4 倍②者提供补贴。③ 2003 年日本推行新的养老金方案，养老保险缴费按照年收入缴纳，以提高养老保险基金收入；青年学生养老保险缴费可向地方政府申请在其就业后的 10 年补缴；将政府负担的国民基础年金津贴的比例从 1/3 提高到 1/2 等。④

第二节　发展中国家社会保险制度的发展演变

一、发展中国家社会保险制度的发展与改革

（一）发展中国家社会保险制度的发展

发展中国家社会保险制度的发展构成世界社会保险制度发展历史的重要内容。20 世纪初，拉丁美洲各国先后颁布和实施一系列社会保险法规，开始逐步建立社会保险制度。早在 1904 年，阿根廷就开始建立国家公务员养老金制度，其后，这一制度扩大到铁路、公用事业、金融界、新闻出版界、商业和工业等多部门的职工。1916 年，智利颁布《工伤事故保险法》，1918 年，建立铁路工人养老金制度，1924 年实施《社会和劳动法》。1914 年，乌拉圭颁布《工伤事故法》，1919 年又颁布《老年、工伤残疾和死亡保险法》，建立起社会保险制度。1923 年，巴西开始建立养老金制度，并于 20 世纪 30 年代末建立起社会保险体系。

第二次世界大战以后，拉丁美洲国家社会保险获得进一步发展。20 世纪 40—50 年代，墨西哥、玻利维亚、哥伦比亚、委内瑞拉、秘鲁、哥斯达黎加、厄瓜多尔、巴拉圭等国家都开始建立社会保险制度，社会保险制度的内容在拉丁美洲国家也开始扩大，在养老保险制度和工伤保险制度发展的同时，医疗保险制度和生育保险制度也开始出现。此外，一些国家和地区在建立和发展社会保险制度的同时，还开始建立和发展各种社会服务。这样，20 世纪前期，拉丁美洲国家和地区的社会保险制度逐渐建立和发展起来。

---

① 丁建定：《当代西方社会保障改革的背景与措施》，载《中国社会保障》，2006（5）。

② 2009 年的贫困线标准为四口之家年收入 2.2 万美元。

③ 《美国全民医保迈出历史性一步》，载《参考消息》，2010 年 3 月 23 日。

④ 《日本养老保险陷入危机》，载（日本）《中华时报》，2004 年 5 月 15 日。

20 世纪前期，亚洲一些发展中国家和地区的社会保险也开始建立和发展起来。新加坡的公积金制度在亚洲发展中国家社会保险制度发展中具有独特性。1946 年，新加坡结束军事管理时代，为处理战争遗留问题，很快成立了社会福利部，但普通民众基本上没有机会享受社会福利。1955 年，新加坡政府通过立法，正式建立公积金制度，同时成立新加坡中央公积金局，负责管理公积金事务。最初的公积金制度仅仅适用于雇员的退休养老保险，按照规定，公积金制度参加者年满 55 岁就可以享受退休养老金，但是，雇员在退休以前必须为雇主连续工作满 5 年。公积金制度参加者在提取存款时必须留存 3. 5 万新元或者拥有相当的房产作抵押，公积金会员养老金支付标准为每月 230 新元，一对夫妇约为每月 345 新元。公积金制度参加者去世时未完全支付的公积金可以由该会员指定受益人领取，如无指定受益人，则由中央公积金管理局依法处理，未达到退休年龄的会员因身体和精神的特殊原因无法继续进行工作者，在出具证明并被批准后，可以提取公积金，并不再实行最低限额储蓄。

第二次世界大战后，韩国的社会保障开始逐步建立和发展起来。20 世纪 60 年代，韩国将发展经济和完善福利作为发展目标，先后颁布实施十多部社会政策法令，但是，由于受经济发展水平的制约，这些法令并没有建立起全面的社会福利制度，仅仅推行了公务员年金、军人年金等特殊保障和一些救济措施。20 世纪 70 年代，随着韩国社会经济的发展，韩国政府加快各种社会保障实施步伐，颁布一些重要的社会保障立法，如 1970 年的《社会福利事业法》、1973 年的《国民福利年金法》、1976 年的《医疗保险法》，逐步建立起社会保障体系。①

（二）发展中国家社会保险制度的改革

20 世纪中期以来，发展中国家的社会保险制度改革对全球社会保险制度改革产生了深远影响，新加坡公积金制度改革和智利的社会保险私营化改革为全球社会保险制度改革提供了可资借鉴的经验。随着新加坡经济和社会的不断发展，新加坡公积金制度不断进行改革，公积金的使用范围逐步扩大。1968 年，公积金存款可以用于购买低价公房；1981 年，公积金可以用于购买私人住宅；1986 年，又规定可以用公积金购买和投资非住宅产业，如商店、货仓或者工厂。1984 年，为了应付不断上涨的医疗费用，新加坡实施保健储蓄计划，公积金存款可以用于会员、配偶、子女、父母、祖父母的医疗和住院费支付，保健储蓄户头的存款比例为公积金的 6% 左右，最高存款额为 15 000 新元，余额自动转入普通账户。如果现有公积金难以支付医疗费用，可以使用将来缴纳的公积金支付，公积金会员在 55 岁后可以提取其健康储蓄户头上的存款，但是必须留存至少7 500新元用于住院使用。1989 年，新加坡推行保健双全计划，加收一部分医疗储蓄，用于支付会员及其家属的医疗费用，以补充公积金保健储蓄的不足。同年，新加坡又制订家属保险计划，允许从公积金中贷款以支付子女教育费用。1992 年，新加坡再次扩大公积金制度的适用范围，允许自我雇用者加入公积金制度。1993 年，新加坡制定法律，推进公积金投资环境的改善。

新加坡的公积金制度从最初的仅仅适用于养老保障，逐步扩大到住房、医疗保健、教育和其他领域，从受雇用者逐步推广到其他劳动者，成为新加坡社会保障制度的核心部分。为

---

①　王友等:《中国保险实务全书》，1 263 ~ 1 267 页，北京，中国物价出版社，1993。

了提高公积金投资的收益率，1986年开始允许参加公积金制度的会员将其部分公积金存款用于自行投资，购买政府批准的股票证券，与此相关的费用也可以由公积金支付。1987年，又制订了最低存款计划，规定年满55岁的会员在提取公积金时，必须在自己账户上至少留下3万新元，以保障其退休后的基本生活。①

1980年，智利政府颁布《养老金制度改革法》，开始实行社会保险制度改革。法律规定，个人必须为自己的养老强制性储蓄，并在基金管理公司中建立个人账户，个人账户完全由个人缴纳，缴费率为月工资的13%，其中的10%作为个人养老金存入个人账户，其他3%中的一部分作为基金管理公司管理费用，另一部分作为参保人的人寿保险和意外事故保险费，由基金管理公司转交给指定的保险公司。个人账户是个人财产，参加者退休后可以根据个人账户缴费情况领取不同类型和标准的养老金，个人账户也可由参加者后人或指定的人继承。养老基金完全由私营养老基金管理公司管理，政府只对基金管理公司最低投资效益定期评估，并制定相关政策法规规范基金管理公司运营，但不干涉基金管理公司的业务活动，基金管理公司经营效益完全依靠市场竞争实现。个人不仅可以自由选择养老基金管理公司，而且可以自由地调换养老基金管理公司。

改革后的智利养老金制度中国家依然承担了部分的养老责任，主要是为没有参加养老金制度的老年人提供养老救济金，还要为参加强制性个人储蓄养老金制度者提供最低养老金担保，在养老基金管理公司停止支付或者破产的情况下，政府要保证残疾人和遗属的养老金，此外，当养老基金管理公司的最低收益率低于法律规定的最低收益率时，养老金管理总局将对该基金管理公司进行清算并负责保证基金持有人的权益。尽管有关智利社会保险私营化改革还存在很大的争议，但是，智利的社会保险私营化改革确实为正处于社会保险改革十字路口的世界许多国家提供了改革的思路。

二、前苏联东欧国家社会保险制度的出现

（一）前苏联社会保险制度的建立

十月革命胜利后，俄罗斯苏维埃政府就发表《关于社会保险的政府通告》，提出实行社会主义社会保险。1918年俄罗斯联邦批准了《劳动者社会保险条例》，提出建立针对伤残、疾病、老年和失业者等的社会保险制度。1921年，俄罗斯联邦通过共和国社会保险决议、《残疾人员的社会保险》和《失去赡养人条件的劳动者和军人家庭成员的社会保险》等文件，加快社会主义社会保险制度的建立。1928年，苏联通过第一个养老金法令，为纺织工人提供养老金；1929年，苏联通过关于社会保险的决议；1932年，苏联又通过《关于改进残疾、抚恤、养老金的决议》。

第二次世界大战后，苏联加快实施社会保险制度的步伐。1949年，苏联通过了科学工作者老年和残疾恤金条例。1956年，苏联最高苏维埃通过《苏维埃社会主义共和国联盟国家老残恤金法》，建立起针对全体职工的养老金制度。1964年，苏联最高苏维埃又通过《集体农庄庄员养老金和补助费法》，建立起集体农庄劳动者的养老保险制度。这样，苏联社会主义社会保险制度基本建立。

---

① 王友等：《中国保险实务全书》，1 263～1 267页，北京，中国物价出版社，1993。

（二）东欧国家社会保险制度的建立

民主德国也通过各种法令建立社会保险制度。1949 年，民主德国通过《农业劳动力保护法》，1950 年通过《休假法》、《劳动法》和《保护母婴和妇女权利法》，逐步建立起相关社会保险体制。1956 年，民主德国颁布《职工社会保险条例》，开始建立社会保险制度。

社会保险制度在捷克斯洛伐克也开始出现。1948 年，捷克斯洛伐克颁布《国民保险法》，1956 年，颁布《职工医疗保险法》，1964 年，颁布《合作农民医疗保险和母子保险法》，1971 年，又颁布《母子补贴法》，1975 年，还颁布《社会保险法》，捷克斯洛伐克的社会保险制度初步建立。

匈牙利也开始建立社会保险制度。1952 年、1954 年和 1959 年，匈牙利先后制定和实施三个关于退休的法令，初步建立起退休金制度。1962 年，匈牙利建立农业生产合作社社员退休制度。1975 年，匈牙利颁布实施《社会保险法》，建立起职工、农业合作社社员、手工业者和其他行业工作者的统一的退休金制度。

社会保险制度还在保加利亚开始出现。1947 年，保加利亚开始实施健康保险，1948—1949 年，建立起国家公职人员的社会保险，1951 年颁布《劳动法典》，后来又颁布实施《抚恤金法》和《农业社员抚恤金法》。①

三、中国社会保险制度的发展演变

（一）中国古代社会救济

中国古代社会救济可以概括为两个主要方面：首先是赈济措施。赈济措施又可以划分为几种类型：

（1）建立各种谷仓，遇到灾害时开仓赈谷。《周礼》中就有这样的记载："遣人掌之委积，以侍施惠；乡里之委积，以恤民之艰；县都之委积，以侍凶荒。"战国时期楚国建有二仓，韩国也建有谷仓，魏国建有"御廪"，西汉政府建立"常平仓"，隋朝时建立"官仓"，宋朝仓储赈济制度更加完善，建有惠民仓、广惠仓、丰储仓、平籴仓。

（2）赈钱措施。例如东汉永建三年，京都发生地震，汉顺帝下诏："实覆伤害者，赐年七岁以上人钱二千"。宋仁宗天圣七年，河北发生水灾，仁宗下诏："见存三口者，给钱二千，不及者半之"。明洪武二十五年，山东发生洪灾，皇帝下诏：给山东受灾人家每户救济 5 锭钱款。

（3）赈工措施。如唐朝时期江淮大旱，当地官府组织灾民开垦荒地，按工施济，"于是诸田尽辟，藉佣以活者数千人"。明弘治年间，开封黄河决堤，官府召灾民修堤以工赈，"堤成，而饥民饱，公私便之"。

其次是养恤措施。养恤措施包括施粥和居养两种类型。施粥措施早在春秋战国时代就已经出现，汉代已经发展成为一种普遍的政府救济措施，宋代以后施粥措施更加兴盛，到明朝时期，施粥措施演变为"粥厂"制度，施粥管理也更加规范化。

除了政府救济以外，中国古代慈善救济也逐步发展起来。慈善救济主要是个人或者社会组织提供的救济。宗族提供的救济构成中国古代慈善救济的重要内容和传统。最初的宗族救

① 朱传一、沈佩容：《苏联东欧社会保障制度》，5～157 页，北京，华夏出版社，1991。

济多是分散的和非机构性的，后来逐步出现了机构性的宗族慈善救济，例如，北宋时期的“范氏义庄”就是宗族慈善救济的著名机构，其目的是“养济群族，族之人日有食，岁有衣，嫁娶凶丧皆有赡”。① 其后，以义庄为代表的宗族慈善救济机构发展很快，到清朝时期，不仅义庄的捐助来源逐渐扩大，义庄提供的救济内容也有很大的扩展。

同乡组织在中国古代慈善救济中发挥重要影响。乡里往往建立互助组织，大家共同捐赠钱物以便为贫困乡里提供救济，中国古代的“社仓”最早就是同乡组织的慈善救济机构，后来逐步演变为政府提供社会救济的机构。此外，明朝时期，居住在外的同乡往往成立同乡会馆，到清朝时期，同乡会馆被广泛建立起来，除了为同乡提供乡情交流外，保护同乡利益和救助遭受灾难的同乡成为同乡会馆的重要职能。

中国古代私人慈善事业也发挥一定的救济作用。具有慈善心肠的有钱人建立慈善机构，如普济院、育婴堂、清节堂、义冢、施棺局、救生局等，这些民间慈善机构大多数从事综合性慈善救济，只有一部分如育婴堂等救助活动比较单一。到了清朝中期，私人慈善所提供的救济逐渐开始重视受济者的品行，并往往将请求救济者的品行作为是否提供救济的资格标准。

清朝末年还出现了父母轩、孝子居等慈善互助机构，其中尤以清末福建各地出现的父母轩最具有代表性。参加者每月缴纳一定费用，缴足费用者死亡时其家属可以领取一定数量的丧葬救济补贴。

（二）新中国社会保险制度的建立

新中国成立以后，中国政府非常重视社会保险制度的建设。1950 年，政务院发出《关于退休人员处理办法的通知》，承认在旧中国时期就已建立了退休金制度的有关行业已有养老金制度。1951 年，政务院颁布《中华人民共和国劳动保险条例》，建立综合性劳动保险制度，该条例的实施范围是正式职工 100 人以上的国营、公私合营及合作经营的企业、铁路、航运、邮电部门，1953 年，劳动保险扩大到工、矿、交通、基本建设单位与国营建筑公司，1956 年，又扩大到商业、外贸、粮食、供销、合作、金融、民航、石油、地质、水利、水产、国营农场与林场。

1952 年，政务院发布《关于全国各级人民政府、党派、团体及所属事业单位的国家工作人员实行公费医疗预防的指示》和《国家工作人员公费医疗预防实施办法》，决定实行公费医疗制度。公费医疗制度的适用范围包括全国各级人民政府、党派、工青妇女团体、各种工作队及文化、教育、卫生、科研、经济建设等事业单位的国家工作人员及革命残废军人。1953 年，公费医疗制度适用范围扩大到高等学校在校生及乡干部。1956 年，又扩大到各国在华工作专家、国家机关工作退休人员与高等学校退休工作人员等。中国社会主义国家保险制度基本建立。

1955 年，国务院公布《国家机关工作人员退休处理暂行办法》和《国家机关工作人员退职处理暂行办法》，开始建立机关、事业单位工作人员养老金制度。机关、事业单位人员养老金制度独立实行，有别于企业职工养老保险制度。1958 年，国务院公布《关于工人、职员退休处理的暂行规定》，我国养老金制度开始出现统一化趋势。同年，国务院公布《关于

① 李文治、汪太新：《中国宗法宗族制和族田义庄》，44 页，北京，社会科学文献出版社，2000。

现役军官退休处理的暂行规定》，建立起由民政部与军队政治机关共同负责的军官退休制度。1964 年，财政部等发布《关于解决企业职工退休后生活困难救济经费问题的通知》，建立起退休人员生活困难救助制度。1966 年，第二轻工业部等发布《关于轻、手工业集体所有制企业职工、社员退休统筹暂行办法》和《关于轻、手工业集体所有制企业职工、社员退职处理暂行办法》，建立起集体企业职工养老保险制度。

（三）当代中国社会保险制度改革

20 世纪 80 年代，中国社会保险制度改革全面展开。改变单位保险模式，实行社会保险模式成为社会保险改革的主要内容。1986 年颁布的《国营企业实行劳动合同制暂行规定》，结束了计划经济用工制度，开始实行市场化用工制度。同年实施的《国营企业职工待业保险暂行规定》，重新提出实行社会保险制度，拉开了中国社会保险制度改革的序幕。

20 世纪 90 年代，中国社会保险制度改革步伐加快。1991 年颁布《国务院关于企业职工养老保险制度改革的决定》，正式提出实行养老保险制度。1992 年颁布的《县级农村社会养老保险基本方案（试行）》推动了农村社会养老保险制度的出现。1993 年颁布《中共中央关于建立社会主义市场经济体制若干问题的决定》，将建立多层次社会保险体系作为目标，城镇职工养老和医疗保险金由单位与个人共同负担，实行社会统筹与个人账户相结合的原则。同年颁布《国有企业职工待业保险规定》，开始建立失业保险制度，还颁布了《国有企业富余职工安置规定》，建立起下岗职工就业安置制度。1994 年颁布《关于职工医疗制度改革的试点意见》，开始了医疗保险制度改革。1995 年颁布的《关于深化企业职工养老保险制度改革的通知》推进了养老保险制度改革步伐。1997 年颁布的《关于建立统一的企业职工基本养老保险制度的决定》提出了统账结合养老金模式。

1998 年以来，我国进一步加快了社会保险制度的改革步伐，各种重要的社会保险政策相继出台。1998 年颁布《关于建立城镇职工基本医疗保险制度的决定》，开始建立统一的基本医疗保险制度。1999 年颁布《失业保险条例》，推进了失业保险制度的完善和发展，同年开始实施的《城市居民最低生活保障条例》，进一步规范和完善了最低生活保障制度。2000 年颁布《关于完善城镇社会保障体系的试点方案》，加快了以统账结合为主要特点的社会保障制度的建设步伐。2003 年颁布《工伤保险条例》，使工伤保险制度开始规范化发展，同年发布《关于建立新型农村合作医疗制度意见的通知》，推动了农村公共医疗卫生事业的发展。2009 年颁布《关于开展新型农村社会养老保险试点的指导意见》，推动农村社会养老保险进入一个新时期。

2010 年以后，中国社会保障制度改革继续深化，其基本前提是《中华人民共和国社会保险法》的颁布实施，其基本特点是在建立和完善社会保险制度、社会救助制度和社会福利制度的基础上，加强基本社会保障服务体系建设，整合基本生活保障制度，推进社会保障制度体系的公平性与可持续性。2013 年的《国务院关于加快发展养老服务业的若干意见》（国发〔2013〕35 号），提出建立居家为基础、社区为依托、机构为支撑的社会养老服务体系。同年的《国务院关于促进健康服务业发展的若干意见》（国发〔2013〕40 号），提出了建立健康服务体系的基本原则、目标与具体措施。2014 年的《国务院关于统一城乡居民基本养老保险制度的决定》，开始推进城乡居民基本养老保险制度的统一。同年的《社会救助暂行办法》

在推进城乡居民社会救助制度统一的基础上使该制度进一步完善。2015 年的《国务院关于机关事业单位工作人员养老保险制度改革的决定》（国发〔2015〕2 号），决定实施机关事业单位工作人员养老保险制度改革，决定指出，本决定适用于按照公务员法管理的单位，参照公务员法管理的机关（单位）、事业单位及其编制内的工作人员。基本养老保险费由单位和个人共同负担。单位缴费的比例为本单位工资总额的 20%，个人缴费的比例为本人缴费工资的 8%，由单位代扣。按本人缴费工资 8% 的数额建立基本养老保险个人账户，全部由个人缴费形成。中国城镇基本养老保险制度实现统一。

第三节　社会保险起源发展的制度基础与理论基础

一、社会保险起源发展的制度基础

社会保险的制度基础是什么？为什么社会保险作为一种制度创新在 19 世纪末采取保险为其主要形式？研究社会保险发展的起点理论究竟是什么？对这些重大基础理论问题的探索，在西方近三十年经济学、社会学、政治学和历史学关于社会保险发展的大量研究文献中几乎是一个盲点。历史学大多从 20 世纪 90 年代中期以来才开始注重研究社会保险的早期发展问题，社会保险起源问题似乎是存在于一个“历史空谷”之中。诚然，在 20 世纪 60—70 年代，有少数学者曾研究过自愿互助制度如基尔特、“友爱社”及其与社会保险的关联。但这一研究传统并未受到多数学者的关注。有关社会保险制度基础问题的研究文献，在近二十多年浩如烟海的大量研究中处于异常沉默状态。当我们从跨学科、跨文化的历史分析框架重新建立起早期社会保护形式与社会保险制度起源的内在关联，对于探讨目前社会保险危机的根源，具有十分重要的理论和方法论意义。

（一）社会保险的制度基础与早期社会保护制度

社会保险无论是作为公共支出最重要的组成部分，还是作为其影响经济发展的一个重要变量，都使其成为社会保险计划乃至福利国家最重要的组成部分。20 世纪 70 年代，尤其是 20 世纪 90 年代以来，社会保险制度的改革与调整，日益成为各国关注的重要问题。然而，时至今日，关注的焦点仍然集中于社会保险的技术和运行机制层面，集中于社会保险同经济发展的内在关联方面，对其早期制度根源的研究则相当薄弱。无论社会保险制度采取何种模式，都同各类早期社会保护制度如基尔特、自愿互助组织、传统近代理性私人保险制度等具有直接的历史和制度关联。唯有从社会保险的制度根源入手，方有助于我们更好地认识社会保险危机的实质，深刻地把握其未来的发展轨迹。

我们知道，共济互助的保险思想存在于东西方早期文明演进的进程中。保险的原始组织形式从 3 000 年前的巴比伦时代随着原始社会家庭的解体便已发端，古希腊已存在为其成员支付一定津贴的宗教社团，罗马时期建立的丧葬社会的制度形式为早期人寿保险奠定了重要基础。作为这一传统的直接沿袭，中世纪基尔特行会制度成为早期社会保护的一种基本形式。私人自愿保险制度乃至近代以国家干预为特征的社会保险，均是直接植根于早期基尔特的制度原型。基尔特作为一种重要的互助制度，可以追溯到古希腊时代。到公元

1200年，基尔特已成为欧洲非常重要的社会经济制度。除组织管理生产，奉行成员间互助合作原则外，还为其成员提供医疗、意外伤害及死亡津贴。国外20世纪60—70年代的一些研究已清楚揭示出基尔特制度对保险制度的形成，对保险保障职能、给付机制及筹集保险基金等均具有重要的影响。中世纪基尔特制度所遵循的互助保险原则和基本职能乃至与19世纪政府社会保险均有直接而重要的制度关系。不仅如此，基尔特和各类自愿互助制度可以被视为人寿保险和社会保险最为直接的原始制度基础。到16世纪，英国基尔特的力量有很大的扩展，以至于政府视其为威胁和影响政府规则效力的组织，试图取代或限制其迅猛发展的势头。近代“友爱社”的迅速发展取代了早期基尔特的制度形式，但“友爱社”与早期基尔特并无直接的历史与制度界限。作为在特殊历史背景下工人阶级的自愿互助组织，“友爱社”在满足其成员社会经济需要，承保疾病及死亡风险方面发挥着十分重要的作用。到1801年，在英格兰和威尔士已有7 000多个“友爱社”组织，已拥有60万~70万名成员，到1874年成员增加到400多万人，3 000多个“友爱社”筹集的保险基金已超过1 000多万英镑。“友爱社”的迅猛发展，不仅表现在成员人数的直线上升，而且为近代人寿保险与社会保险的发展奠定了极为重要的制度基础。因为它已具备近代保险制度的一些基本特征，如风险分散的集合组织、保险金给付结构、财务机制及精算技术基础和立法管理等。为强化对迅速发展的“友爱社”的管理，英国在1793—1875年，颁布了192项“友爱社”法，以规范其经营活动和维护财务稳定。因此，19世纪末，“友爱社”的迅猛发展，使其成为社会保险直接而重要的制度基础。

（二）社会保险起源与私人保险制度

在中世纪基尔特制度的基础上，欧洲人寿保险在16世纪开始发展起来。在此之前，人寿保险主要是由中世纪教会组织和基尔特组织提供的。18—19世纪，欧洲人寿保险业有了很大发展，从英、法传播到欧洲其他国家，从欧洲传播到美洲大陆。尤其是1883年德国第一个社会保险制度建立之前，在欧洲大陆和美国已存在大量的私人保险公司。社会保护政策在近代主要采取社会保险形式，与私有保险的普遍发展密切相关。传统私人保险无疑为社会保险提供了极为重要的制度基础和技术基础。国家干预社会经济生活，借助于保险的制度与技术形式，构成近代社会保险起源发展路径中的关键链条之一。

（三）社会保险起源的制度根源

注意到社会保险制度产生之前早期社会保护的制度形式、发展路径以及同社会保险制度安排的内在关联，并以此为起点，无疑有助于我们在社会保险的起源问题上，寻求新的答案。遗憾的是，社会科学各领域的现有研究成果中对此贡献甚少。其原因或许深深地植根于非西方社会的宏观发展路径的演变、发展进程中。西方社会历史进程的新趋势表明，早期社会保护形式及各类自愿互助制度将重新为人们所关注。我们没有理由继续忽略社会保险与早期社会保护形式的内在制度关联。正是这种内在关联，将有助于我们揭示社会保险的制度根源和深刻的文化根源。

1. 基尔特、“友爱社”和私人保险等制度化的传统社会保护形式，无疑是探索社会保险制度起源的历史与逻辑起点。无论是二者的共性还是其重大差异性，均有助于我们把握社会保险起源的内在根源。一方面，植根于特定社会结构和文化背景下的共性，有助于我们建立起二者直接的内在关联；另一方面，以政府干预为基本特征的社会保险同早期自愿互助及私人保险制度之间的重大差异性，将有助于我们清楚地揭示社会保险制度的内在危机根源。事实上，社会保险的早期研究成果，业已揭示出社会保险制度直接植根于基尔特、各类互助组织、互助基金和人寿保险制度，而最重要的特征莫过于遵循自愿互助组织的自助性，并以此为基础发展演化的互助原则。在某种意义上，社会保险的制度安排仍然承袭了传统基尔特社会保护形式和近代理性私人保险制度的一些共同特征，如自助和团体内的互助精神。从基尔特、自愿互助组织和私人保险制度到社会范围内的互助均深深地植根于基督教的文化传统。

2. 早期社会保护形式所遵循的一个重要原则，乃是以自助和互助为基础，在团体内分散经济与社会风险。强调权利与义务关系的对等是各类传统互助型社会保护形式的重要特征，而这一特征也相当程度地影响到最初欧美社会保险制度的给付结构、财务机制和管理原则等各个方面。应当指出，社会保险与早期社会保护形式的制度关联不仅表现在历史发展进程中，表现在运行机制的诸多类似方面，而且表现在近代国家干预背景下，历史和制度化的特定进程中，只是二者具有的一些基本制度关联，通常为国家干预进程的外观所遮蔽。在此意义上，人们往往更侧重于分析二者尤其是社会保险与私人保险在运行机制层面的诸多差异，而根本忽略了二者事实上存在的某些重要的制度内核。

3. 社会保险与私人保险在运行机制上的一个重要特征乃是其依以奠定的工具理性和技术理性基础。虽然基尔特及传统共同互助的保险制度为转嫁风险提供了重要的制度形式，但其在近代社会的迅猛发展在很大程度上受制于工具理性思潮的流行和精算技术的运用。近代扩展的进程具有浓厚的技术特征并赋予精算技术专家在社会保险决策制定中的特殊地位。由于过分强调技术机制和运行机制的作用，亦割断了社会保险同早期社会保护的内在制度关联。有关社会保险发展的历史研究已清楚地表明，19 世纪末至 20 世纪初出现的社会保险制度，植根于基尔特、自愿互助组织和传统私人保险制度，并同国家干预进程密切相关。20 世纪 90 年代中期，德国史学界对社会保险历史研究的最新成果再度证明社会保险与早期社会保护制度的内在关联。尤其是在德国第一部社会保险法立法的进程中，德国首相俾斯麦和德国工商部长洛曼（Lohmann）关于社会保险问题的激烈辩论，更清楚地揭示出二者的关联是社会保险起源一个关键性链条。俾斯麦主张国家对传统保护制度的干预，而洛曼则坚决反对国家对各类自愿社会保护制度的干预和反对实施强制保险制度。对社会保险与早期社会保险制度内在关联的研究，德国史学界最近给予了高度关注。欧洲其他国家如英国“友爱社”与社会保险发展，斯堪的纳维亚国家及美国私人保险与社会保险产生的内在关联，均在近年的研究中被给予了广泛的关注。社会保险作为一种在特定社会结构和特定历史背景下的制度安排，对其起源问题的研究，显然不应该脱离历史框架，不应该忽略对其依以形成发展变化的早期制度形式的研究。恰恰相反，应当在重新建立起社会保险与早期制度形式内在关联的基础上，进一步探索社会保险的社会结构根源。

二、社会保险起源发展的理论基础

任何一种社会制度的诞生都有其思想渊源，任何一项社会政策的出台都有其理论基础，社会保险制度也是建立在一定的理论基础之上的。社会保障的思想源远流长。2 000 多年前中国先圣孔夫子在《礼记 · 礼运篇》中提炼出系统而深刻的社会保障思想：“大道之行也，天下为公，选贤与能，讲信修睦。故人不独亲其亲，不独子其子，使老有所终，壮有所用，幼有所长，矜寡、孤独、废疾者皆有所养。”西方智者柏拉图在《理想国》中，主张确立公正原则，消除暴力与贫困对立，倡导平等与社会秩序和谐，对西方社会保障理论尤其是空想社会主义产生了重要影响。莫尔、康帕内拉及圣西门、傅立叶、欧文等空想社会主义思想家则提出较为完备的社会保障思想，成为近代社会保障制度的重要思想来源之一。

（一）新历史学派社会保障理论

19 世纪末 20 世纪初，以施穆勒和桑巴特为代表的新历史学派开始出现，并对 19 世纪后期德国社会保障政策的建立和发展产生了直接影响。新历史学派的主要社会保障思想主张包括以下几个方面：

首先，强调国家在经济发展和社会进步中的重要作用，主张实行强有力的国家干预政策。施穆勒特别强调国家在经济发展中的影响，他甚至提倡实行“国家经济”。桑巴特指出，资本主义精神是资本主义经济发展的动力，但是，这种精神在国家内部并通过国家才能发挥作用。国家对资本主义经济发展具有重要影响，它帮助资本主义开拓市场，获得劳动力，推行新技术，国家通过社会政策进行有意识的干涉，可以保护并推进资本主义的利益。瓦格纳非常强调国家在促进经济发展中的作用，他指出，国家是最重要的“强制共同经济”，是自由经济的修正者和补充者，它不仅应该通过政府与法律维护国内秩序，而且应该通过社会政策增进民众的社会福利。

其次，卡特尔经济组织形式的出现，有利于德国资本主义经济计划性的实现，这也是实现德国经济走向一定的计划经济的有效途径。瓦格纳指出，俾斯麦开始了一个在企业转化为国家财产的基础上逐步向社会主义过渡的新时代。布伦坦诺提出了“有组织资本主义”的观点，他认为，卡特尔不仅可以消除经济危机，实现经济计划性，而且可以促进工人阶级的社会福利。桑巴特提出了“混合经济”的概念，他认为，资本主义经济将通过内部自我调节走向更加稳定和计划性，从而为过渡到社会主义做好准备。

最后，提倡社会改良，促进社会福利事业的发展。施穆勒指出，应该促进德国经济的社会化，改变分配制度和所有制形式，以满足所有社会成员的权利和要求。社会中存在过度的阶级分化和阶级对立会给社会稳定带来极大危害，只有进行大规模社会改良，才会促进社会稳定发展。新历史学派主张通过立法，推行社会保险制度，建立工厂监督员制度和劳资纠纷仲裁制度，加强劳动保护，对贫穷者提供社会救济，推进一些经济领域的国家化，并改革财政制度。①

（二）福利国家理论

社会保险制度最早产生于 19 世纪的德国，具有特定的社会、政治、经济背景。19 世纪 70 年代以后，德国经济社会矛盾日益凸显，劳资问题非常严重，大批工人失业，贫困现象也非常突出。德国新历史学派领导人物施穆勒、瓦格纳等于 1873 年组建了著名的“社会政策协会”，提出了一系列国家干预社会生活的理论政策思想，对社会保险的产生奠定了重要的理论基础。施穆勒主张在对各种制度和有关法律进行改革的同时，还需推行广泛的社会政

---

① 丁建定、魏科科：《社会福利思想》，144～148 页，武汉，华中科技大学出版社，2005。

策。他认为“经济进步基本上是同社会制度的改革联系在一起的”，推行社会政策的目的，在于促使财富的生产和收入分配趋于合理化，以满足公正及道德完善的需要。[①] 瓦格纳不仅非常强调国家对社会政策的干预，而且主张对交通、银行和保险业实行国有化管理以促进国民经济发展，强调建立国家强制保险制度并推行社会化计划。瓦格纳在 1871 年 10 月所作的著名的《社会问题》讲演中，认为国家救济是社会改良的主要支柱，国家社会政策的目的是为了消除分配中的弊端，通过国家的社会保险措施使国家的统治介入个人消费领域，为俾斯麦建立德国社会保险制度提供了非常重要的理论依据。概而言之，德国新历史学派提出了福利国家理论，他们强调国家的经济作用，认为国家除了维护社会秩序和国家安全外，还具有文化和福利的目的，应该由国家兴办一部分公共事业来改善国民的生活，如建立社会保险，发展义务公共教育等。强调国家对社会生活的直接干预。[②]强调国家应通过立法，实行包括社会保险、孤寡救济、劳资合作及工厂监督在内的一系列社会措施，自上而下地实行经济和社会改革。新历史学派的以国家干预为主线的社会政策主张，为德国最早实施社会保险制度奠立了重要的思想基础、理论基础和政策基础。

（三）福利经济学

福利经济学产生于20世纪20年代，以庇古的《福利经济学》一书为重要标志。庇古的福利经济学主要是建立在实际效用价值学说基础上，他从资源配置最优的角度提出了最优福利分配的学说，主张应通过国民收入的增加和国民收入再分配两种方式来增加社会的福利，国家可以通过向高收入阶层征收累进所得税和遗产税，对低收入阶层进行补助和救济，实现国民收入的再分配，这样一方面可以实现全社会的收入均等化，另一方面有助于提高整个社会的福利。[③]因此，福利经济学的产生和发展，为福利国家及社会保障的发展提供了重要的理论依据。

（四）《贝弗里奇报告》及其影响

1942 年 11 月伦敦经济学院院长贝弗里奇勋爵受英国政府的委托，研究第二次世界大战后重建社会保障制度的重大理论与政策问题，正式提交了《社会保险及有关服务》的研究报告，史称《贝弗里奇报告》。报告主张通过建立三种社会保障制度框架，对全体公民实行失业、残疾、养老、寡居、生育、死亡等项目的社会保险计划，满足其基本生活需要，对于最需要帮助的社会群体建立社会救助制度，对于较高收入者的其他各种保障需要，则通过自愿保险的制度形式予以满足。该报告还提出了社会保险制度的几个基本原则：（1）基本生活资料补贴一致的原则；（2）保险标准一致的原则；（3）保障金额充分的原则；（4）全面性和普遍性的原则；（5）管理责任统一的原则；（6）区别对待的原则。报告还强调，社会保险计划是以劳动和缴纳保险费为条件，保证维持社会成员的必需的收入，以保证其具有劳动和持续保持劳动能力的计划。《贝弗里奇报告》对第二次世界大战以后各国社会保险制度的发展，产生了极为深远的影响，是社会保险发展进程中里程碑式的文献，亦是世界许多国家社会保险制度框架的重要理论基础。

---

① 谭崇台：《西方经济发展思想史》，247 页，武汉，武汉大学出版社，1995。

② 顾俊礼：《福利国家论析》，5 页，北京，经济管理出版社，2002。

③ 任正臣：《社会保险学》，19 页，北京，社会科学文献出版社，2001。

（五）社会民主主义社会保障理论

20世纪前期，英国社会民主主义社会保障思想获得全面发展，对英国社会保障政策的完善和发展的影响也越来越深刻。著名社会民主主义思想家柯尔对20世纪初英国社会保障制度存在的缺点提出批评。他说，国家在社会保障方面已经作出了许多努力，但仍存在很大差距，保证民众合理的基本收入是社会保障制度的重要目标，实现这一目标的办法之一是把合法工资章程的适用范围扩大到所有行业，办法之二是为那些可以从国家得到一些补助但是这些补助显然过少的人提供有效的收入；此外，还要建立普遍性家庭补贴制度；国家的目标首先应当是防止失业，但仅仅对失业者进行救济是不够的，应该使失业者能够尽快重新就业；必须制定最低基本生活标准，以保障广大民众的正常生活；必须实行普遍社会保险制度，任何需要社会保险的人都应有资格得到它。柯尔反对在提供救济时实施极度严格的家庭财产状况调查，但也认为不能毫无限度地提供救济。①

蒂特马斯认为，现代工业社会需要建立一种有效的国家福利制度。因为，现代工业社会中市场削弱了人的社会责任感与义务感。国家福利制度具有五大职能与目标：（1）社会福利服务可以通过许多途径并在许多方向上对社会收入实施分配与再分配；（2）国家福利能够促进社会的紧密结合与协调；（3）社会福利服务在解决社会问题时具有重要的作用；（4）国家福利可以促进个人与社会福利的发展；（5）社会福利服务同时还是一种投资方式。蒂特马斯主张实施普遍的社会保障制度。他指出，既然市场制度不利于人的社会责任与义务意识的发展，既然社会政策与经济政策的主要区别是社会政策具有社会凝聚力功能，那就不仅应该建立国家福利制度，而且这种制度应该实行普遍性原则。他认为，私人福利不利于促进社会平等，反而可能造成社会不平等范围的扩大与程度的加深，英国现行私人福利制度削弱和危害了公共福利，并对人们的社会责任与义务意识危害很大。②

第二次世界大战后，联邦德国社会民主主义社会保障思想有了明显发展，并对这一时期联邦德国社会保障政策产生了影响。1959年，联邦德国社会民主党发表著名的《哥德斯堡纲领》，纲领写道：联邦德国社会民主党要使通过工业革命和生活各领域技术化释放出来的力量为所有人都能享有的自由和正义服务。纲领同时提出了社会福利方面的目标，即国家必须为公民提供社会保障，以使每一个人都尽可能实现自立，并促进一个自由社会的发展。1975年，联邦德国社会民主党提出《八五大纲》，指出社会民主党为争取一个民主和公正的社会制度而采取的政策，需要得到多数人民的信任，这一政策必须确保充分就业和经济稳定发展，同时还必须顺利推行社会改革。大纲指出，人们因已经许诺的改革未能兑现和经济进步受到威胁而产生的失望情绪，同样能动摇他们对社会政策的信任基础，这种信任基础应该包括维持福利国家对人民提供的保障，特别是对经济上和社会上处于弱者地位的人们的保障。

第二次世界大战以后，法国社会民主主义政党更加关注社会保障政策的制定和实施。法国社会党著名领袖罗卡尔将三个方面确认为社会民主主义为欧洲文明提供的样板，这就是：（1）建立在人权基础上的公共组织；（2）文化与经济的高水平发展；（3）高水平的社会保

① 柯尔：《费边社会主义》，中文版，72~77页，北京，商务印书馆，1984。

② 丁建定、魏科科：《社会福利思想》，187~196页，武汉，华中科技大学出版社，2005。

险。1972 年，法国社会党与共产党签署的《共同施政纲领》明确提出，增加工资和制定最低工资水平，在不减少工资的情况下恢复每周 40 小时工作制，延长休假时间，退休金应占工资的 75%，降低退休年龄，改善教育制度等。

资料与案例

经济下行，社保制度应更好地发挥稳定器的作用

眼下有一种舆论认为，经济下行期，需削减社保。经济下行与社保政策改革应该说有关系，但不是直接的前因后果的关系。最简单的例子，1929 年美国经济大衰退，反而导致了 1935 年美国社会保障法的出台。所以，不能说经济下行了就得去削减社保，更不能以为削减了社保，经济就能上行。有时候恰好相反。合理的社保制度可以稳定社会，稳定就业，为经济上行保护劳动力创造机会。欧债危机后，德国不是通过裁剪社保，而是通过各种灵活的就业和保障措施，保存了经济实力。社会保障制度本身就是经济和社会的稳定期。当然，过度慷慨的、不合理的社保，对于生产积极性和经济活力是有副作用的。所以要具体情况具体分析，将经济下行与社保制度做正相关的因果联系，在观念上是偏颇的。将社保完全看成国家的事情，也是错误的。社会保险是社会共济的制度，是人人享有同时又是人人负有责任的制度，社会保障不等于政府保障。现在有些社会舆论认为，社保就是要政府掏钱，政府的钱从哪里来，还不是要通过公民缴费？所以，社会保障需要全民的参与。社会保障制度的设计者要让社保更好地发挥稳定器的作用，还需要看得远些，既看到劳动者的现实需求，也要看到他们的未来需求，要早做谋划。一个好的社会保障制度，不能以高福利支出作为标准，而是应当适合生产力的发展，能够抵御风险，并且相对公平。不论经济上行下行，能起到抗震的作用，保护并发展劳动生产力的作用。比如，目前在去产能的过程中，社保的作用就是要帮助一部分人平稳地转岗转业。如果不仅仅从获得的角度，而从供给侧的角度考虑，一个好的社保制度就应当能够补得住市场掘开的漏洞。目前中国在社保领域里最大的漏洞就是覆盖面不足——很多人不愿意参加社保，要等到最后靠政府来托底。这至少说明两个问题：（1）劳动者就业不够稳定；（2）社保制度的设计还需要更加细致、更加合理。

资料来源：周弘：《经济下行，社保制度应更好地发挥稳定器的作用》，载《中国社会保障》，2016 年 4 月。

思考题

1. 简述社会保险产生的历史原因。
2. 第二次世界大战后社会保险主要有哪些特点？
3. 社会保险产生的制度基础是什么？
4. 社会保险的理论基础是什么？
5. 西方国家的社会保险制度运行中碰到了哪些难题？
6. 西方国家对社会保险制度进行改革的主要措施是什么？
7. 社会保险在未来的发展趋势是怎样的？

第三章
社会保险运行机制

本章知识结构

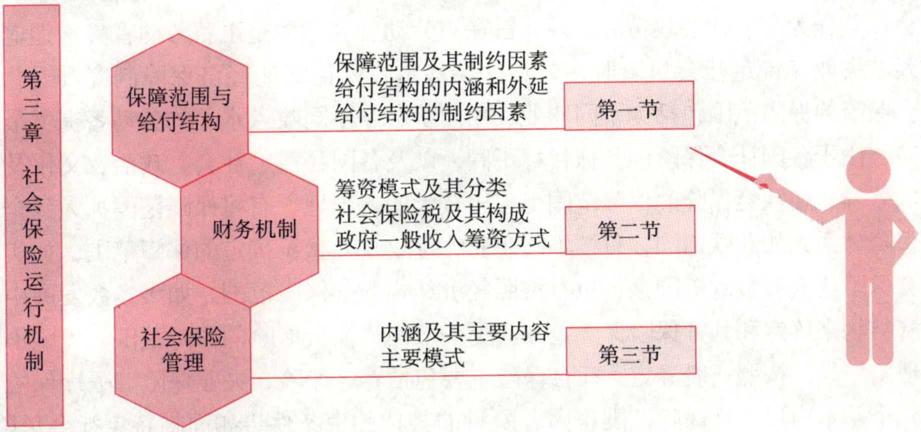

学习目标

- 掌握社会保险的保障范围及其制约因素。
- 掌握社会保险给付结构的内涵、外延及其制约因素，理解给付模式的类别。
- 掌握社会保险财务机制的运行，熟练掌握筹资模式的类别。
- 掌握社会保险管理的含义、内容和模式。

社会保险作为一种制度，一方面呈现出很强的国家干预经济社会生活的特性，另一方面呈现出相当浓厚的传统商业保险运行机制的色彩。因此，社会保险运行机制的若干重要方面，如保险保障面、保险金给付结构、财务机制和管理机制均呈现出二者有机结合的特点，并因此与传统的社会救济制度和纯粹商业保险制度区别开来。弄清社会保险运行机制的基本原理，对于更好地学习领会社会保险的各个具体方面具有十分重要的意义。

第一节 社会保险的保障范围与给付结构

一、社会保险的保障范围及其制约因素

社会保险的保障范围一般是由国家以立法形式确立，对不同层次保障对象进行资格限定。它旨在明确规定参加社会保险、享受社会保险待遇的职业、阶层和各类劳动群体的具体对象。尽管从广义上说，社会保险作为社会保障的主要内容，各类社会成员都应成为社会保险的保障对象，但在现实社会中，各类社会成员只有在符合了一定的资格条件时，才能从国家的社会保障计划中，获得相应的经济保障权益。作为一项法定保险制度，社会保险的保障范围通常通过一定的法律关系来体现，国家通过立法规定不同层次、不同类别的保障范围。

社会保险作为国家社会政策的体现，旨在当劳动者（主要是工薪劳动者）遭遇老年、疾病、伤残、失业等特定社会风险时，为其提供基本收入保障的经济保障制度。因此，一方面，社会保险的保障范围包括为不同职业、不同阶层、不同收入水平的劳动者提供最基本的收入保障。由于各国社会保险的具体目标不同，以及各国经济、社会、政治、文化及历史传统方面的差异，使社会保险的保障范围呈现出较大的差异性。有将保障范围扩大到全体国民的保险保障体系，如北欧诸国；有按不同职业、行业收入状况确定的保障范围，如实行收入关联社会保险的大多数欧美国家；也有按照经济结构划分保障范围，如大多数发展中国家按二元经济结构来确定和划分保险保障范围。另一方面，社会保险的保障范围，可因不同的险种而呈现出差异。按照一般界定，社会保险主要包括养老保险、失业保险、医疗保险、工伤保险等几个基本项目，其保障范围也因各险种的具体约束条件，如面临特定社会风险程度、工龄或纳费年限而有差异，不同险种技术机制的种种限制，使保障面的确定有所不同。

除实施普遍保障社会保险模式的国家外，大多数欧美国家社会保险保障范围和保险对象的确定，主要是按照机器制造业→加工业→其他工薪阶层→服务行业→农业工人、农场主→个体劳动者、自营劳动者的路径发展的。究其原因，主要可归结为，欧洲各国工业化进程引起的深刻的社会矛盾和日益突出的各类社会风险，使对劳工的经济补偿显得尤为迫切。保障范围最先被确定为机器制造行业的劳动者，然后逐渐扩展至其他职业的劳动者，成为欧美国家社会保险保障范围演进的一般情形。日本的社会保险保障范围则呈现出不同的发展路径，即最先在官员和军人群体中实施“恩给”抚恤养老金制度，然后在私营企业职工和其他劳动阶层实施。因此，东方结构下的社会保险制度，即便在保障范围的确定和发展路径上，也存在区别于欧美传统社会保险制度之处。对于保险保障范围的确定，大多数国家一般是按照养老保险、疾病保险、工伤保险和失业保险的路径先后提供不同保障内容的保险计划。

社会保险保障范围的确定受到经济、政治、社会、历史传统等诸多因素的制约。首先，经济发展状况是决定和影响社会保险保障范围的非常重要的因素。我们知道，社会保险制度最初是作为一种基本经济保障制度登台的。经济发展水平和程度在很大程度上决定着社会保险保障范围的大小，从根本上说，享受社会保险待遇，体现着社会产品的一种再分配，经济发展水平以及所能提供的社会产品，实际上限制了通过社会保险方式实现收入再分配的程

度。随着经济发展而逐步扩大社会保险保障范围，这已为大多数国家社会保险发展实践所证实。尤其对大多数发展中国家而言，二元经济结构更使经济发展水平成为扩大社会保险保障范围的关键性约束条件。其次，社会政策目标将制约和影响社会保险保障范围的确定。区别于一般商业保险计划，社会保险是国家社会政策的体现，是通过社会保险计划为国民提供普遍的基本收入保障，还是通过社会救济、社会保险等对不同职业、不同阶层劳动者提供不同类别的保障形式，这些都使社会保险的保障范围呈现出较大的差异性。如全民保障的社会政策目标使社会保险呈现普遍保障特征；从就业关联着眼的社会政策目标则使保障范围与收入状况、职业类别密切相关；强调社会救济、公共救助的社会政策目标则在很大程度上制约和影响社会保险保障范围的确定。最后，经济社会结构、法律制度、文化历史传统及社会保险运行模式的选择，也在很大程度上影响社会保险保障面。如日本的社会保险保障范围的确定有别于西欧各国，新加坡的社会保险范围的确定亦具有自身特色，中国的香港、台湾等地区的社会保险保障范围历来有限。因此，诸多因素共同制约了社会保险保障范围及其演进道路。

应当指出，社会保险保障范围是社会保险运行机制的重要基础，保障范围的扩大受制于诸多因素，尤其对二元经济结构下的社会保险制度，既应多方寻求扩大保障面的途径，同时也应当有步骤、分阶段，并通过不同保障方式来实现。如果将扩大保障面视为短期可以奏效的政策加以推行，势必给制度的长期稳定运行带来麻烦，保障面的迅速扩大意味着政府承担的社会保险责任的增大。近年来，一些发展中国家突破传统欧美社会保险制度的收入关联、就业关联特征，逐步在农村地区探索多元化的社会保险制度，使社会保险覆盖面有了很大的进展。二元经济结构下日益增多的劳动者被纳入社会保险的保障范围。这是值得重视的一个新的发展特征。

二、社会保险给付结构的内涵与外延

（一）社会保险给付结构的含义

社会保险给付结构虽然在处置诸如老年、疾病、失业等风险的给付方式、给付水平方面存在较大差异，但仍可概括出一些共同的特征。

社会保险给付结构是指通过特定的技术机制和给付方式，为劳动者提供某一水平的社会保险待遇。

1. 社会保险给付的范围与条件。无论何种社会保险计划的给付结构，都需要确定保险金的给付范围与条件。尽管社会保险保障范围只大体上确定哪些行业、部门的劳动者被列入各类社会保险计划，但保险金给付范围的确定则要规定具体获得某一类保险金的范围，以及获得保险金应满足的基本条件。如养老保险中投保年限、退休年龄，疾病、工伤保险检测鉴定证明，失业保险的纳费期限和等待期等基本条件。通常是制定有关社会保险法令法规，确定社会保险给付范围与条件。一方面确定政府社会保险给付的具体范围；另一方面也规定了享受社会保险待遇者应满足的一些基本条件，从而有助于顺利实现社会保险的保障目标。

2. 社会保险的给付程度。给付程度是社会保险给付结构的重要内容，是社会保险制度体现国家、社会政策目标的主要标志。保险金的给付程度主要是指劳动者领取的各项社会保险待遇所能获得的经济保障的程度，通常以社会保险金占收入的一定比例来表示。某些情形下，也是指社会保险计划提供的待遇总水平。不论从何种角度分析给付程度，都取决于各国社会保险目标、经济发展状况、近期及远期的资金供求状况。因此，社会保险给付程度的确定，应当综合考虑实现基本保障目标与社会可供分配资源，尤其应考虑人们对社会保险待遇的高度敏感性和福利刚性效应，谨慎确定社会保险的给付水平，否则，极易出现难以抑制、过度膨胀的社会保险金需求。

3. 社会保险的给付模式。社会保险给付结构的另一个重要内容是保险金给付模式的设计与调整。对于涉及千家万户切身利益的社会保险待遇，如果没有体现社会保险运行机制内在要求的保险金给付模式是很难付诸实施的。社会保险给付模式是在综合考虑多种因素的条件下，用一种或多种计算方式，确定劳动者依法应获得的社会保险待遇水平。给付模式的设计一般涉及劳动者的收入水平、就业年限、纳费年限、收入替代率（即社会保险待遇与劳动收入的一定比率）、精算调节系数、物价调节系数等。

在社会保险计划中，养老保险作为一项长期性货币收支计划，涉及因素很多，其给付模式最为复杂。不同的养老保险运行模式，大体上可划分为两大类给付模式，一类是退休金水平确定模式，其公式为

$$B = C_{(t,y)}t \cdot y$$

式中：B 为保险金给付标准；y 为劳动者退休前收入状况；t 为纳费时间；C 为调节因子。

退休金水平确定模式反映了保险待遇与收入水平、纳费期限、收入替代率、收入再分配等因素的内在联系，强调了与劳动者平均收入状况的内在关联。

另一类养老保险给付模式是保费确定模式，其公式为

$$B = A \cdot R$$

式中：B 为保险金给付标准；A 为保险纳费积累数额；R 为利率或投资收益率。

该模式体现了保险金待遇与纳费积累数额、利率或投资收益率之间的内在联系。其中，投资收益状况对保险金待遇将产生至关重要的影响。

其他短期性保险项目给付公式的设计，如失业保险待遇一般考虑按失业前收入的一定比例计发，医疗保险待遇一般按实际医疗费用支出的一定比例支付等，较之于养老保险给付公式，要简单得多，尽管它也是给付结构的重要组成部分。

（二）社会保险给付结构的种类

社会保险给付结构因社会保险模式选择、险种及各国的具体制度安排呈现纷繁复杂的特性。一般可将其划分为几大类型，主要是因险种不同而有不同的给付种类。此外，也有按期限、现金实物来划分给付种类的。

1. 按不同保险项目划分的给付结构。社会保险主要可划分为四种基本的保险项目，即养老保险、失业保险、医疗保险和工伤保险。① 社会保险运行机制中，保险金给付种类是按上述四种项目划分的。

养老保险给付结构是通过特定机制为老年劳动者提供基本退休收入的给付项目，是社会

---

① “四种基本项目的划分”虽与我国当前五种基本项目现实不一致，但考虑到持续已久的生育保险是否应纳入医疗保险的争议以及国际社会的制度框架，该理论划分依据及内容与实际是基本一致的。

保险最重要的给付项目。它涉及面广，期限长，受多种因素的制约，给付的数量、标准及满足人们对退休收入的需求程度等都非常难以确定。不仅如此，它还涉及几代人之间的利益关系，因而是众多社会保险计划中敏感性极高的给付项目。养老保险给付结构包括劳动者退休养老金、遗属养老金以及机关补贴等形式。除一些基本制度外，还有许多补充制度。在养老服务需求日益增大的背景下，需要考虑养老保险金给付和养老服务内容支付等内容。

失业保险给付机构是通过特定机制在劳动者失业时为其提供基本生活保障的给付项目。其内容一般包括失业保险金、失业救济金、有关临时性补贴和职业培训等。失业保险给付结构是一种短期性给付项目，以现金给付为主，也包括形式多样的职业培训等服务性给付。

医疗保险给付结构是通过特定机制在劳动者遭遇疾病风险时为其提供医疗服务和现金补贴的给付项目。其内容一般包括住院医疗服务给付项目、一般疾病给付项目、医疗困难现金补贴等。医疗保险给付涉及种类繁多，并有多方利益介于其间，因而它也是社会保险给付结构中非常复杂和难以控制的给付项目。

工伤保险给付结构是通过特定机制为遭遇工伤事故和职业伤害的劳动者提供以现金形式为主，包括各类医疗、康复服务的给付结构。

2. 按其他方式划分的给付结构。社会保险给付中按保险期限划分的给付项目，一般分为长期性保险给付和短期性保险给付。前者指养老保险给付、工伤保险给付等，后者指失业保险给付、医疗保险给付等。

有按现金形式和服务形式划分的社会保险给付结构，如养老保险、失业保险、部分医疗保险和工伤保险主要以现金形式给付，而医疗保险、工伤保险、失业保险的给付还可能以医疗服务、康复服务、职业培训等服务形式和给付保险津贴方式提供。

此外，东方社会结构下的保险金给付结构，除强调经济补偿外，还重视精神慰藉、社区服务方面的内容。它虽然难以直接用货币计量，但在给付结构设计中考虑对其家庭成员提供某种补贴，使其能够有条件为老年人、伤残者提供不可或缺的精神照顾，从而使东方社会结构的保险给付呈现出自身的特色。

三、社会保险给付结构的制约因素

社会保险给付方式、种类及其给付水平是社会保险运行机制的核心内容之一，它受多种因素的制约。

（一）经济发展水平的制约

经济发展水平及其所能够提供的社会资源和产品是制约社会保险给付结构的关键因素之一。较好的经济发展状况，无疑是实现近期及远期社会保险给付承诺、实现社会保险目标的重要经济基础。一定的经济发展水平，决定着人们的收入水平和与之相适应的社会保险给付水平。经济发展处于低谷，加之失业和通货膨胀现象的存在，必然会给社会保险给付结构的实现程度带来相当严重的影响，甚至会引发社会保险制度的危机。因此，强调适应于经济发展水平，对社会保险计划的长期稳定运行至关重要。

（二）社会保险目标的制约

社会保险给付结构直接受制于社会保险目标。作为国家社会政策的重要组成部分，社会保险给付结构必然要反映和体现公平和效率的协调。在不同的时期、不同的经济发展背景下，公平与效率往往存在差异，或强调效率优先，兼顾公平，或强调公平，兼顾效率。从一般意义上说，社会保险给付结构既是社会稳定机制，也是协调二者关系的一种反映。不论是强调效率的纳费型计划，抑或是强调公平的给付型计划，都不同程度地受到社会保险目标的制约。社会保险给付结构越来越呈现力求协调公平与效率的发展趋势。社会统筹与个人账户相结合的给付结构，虽然结合的方式各异，但却是这一趋势的具体表现。

（三）收入替代水平的制约

从运行机制和技术机制的角度分析，收入替代水平的确定是影响社会保险给付结构的重要因素。劳动者一定时期内的收入水平是计算社会保险给付水平的重要基础，但社会保险给付究竟应占劳动者收入的多少比例才能更好地实现社会保险目标，则取决于收入替代率的确定。收入替代率是指社会保险给付金额占劳动者收入的比例。它不仅反映社会保险待遇在何种程度上反映社会保险目标，而且还是影响社会保险给付总水平、制约社会保险财务机制和精算平衡的重要因素。因为收入替代率的高低以及在此基础上形成的社会保险给付水平会直接或间接地影响到国家、企业及个人负担的社会保险费用，过高的收入替代率势必增大各方纳费比例并影响计划的长期精算平衡。同时，其他经济保障形式如企业补充保险、商业保险发展的程度也会通过收入替代率的高低直接影响社会保险的给付结构。

（四）社会保险待遇自动调节机制

制约社会保险给付结构的另一个重要因素是适应动态经济变化，尤其是为处置通货膨胀风险而建立的保险金指数调节机制。即通过建立保险金与工资收入或物价挂钩的自动指数调节机制，以防止未决的社会保险金（主要是养老金）的实际购买力因物价和工资水平的大幅度变化而受影响，以保障劳动者的经济利益。社会保险待遇自动调节幅度及调节时间会对给付结构产生不同程度的影响，具有较高政策关联度和敏感度。

（五）制度因素的制约

社会保险给付结构除受运行机制的影响外，在很大程度上还受社会经济、文化、心理等制度因素的影响。总体趋同的欧美社会保险模式中，给付结构、给付水平也会因经济社会文化传统等显现出差异。如美国与德国养老保险给付结构就存在较大差异，北欧及澳大利亚则形成差异更大的普遍均一的最低保险金给付体系。不同社会结构和文化背景的国家，社会保险给付结构的形成和发展应该说是各具特色。如东南亚各国的社会保险给付结构在技术机制的外观下呈现出浓厚的东方特色，强制储蓄、待遇与纳费的纵向密切关系，既强调了物质、经济层面的保障，也有极强的精神保障需求等，在更深层次表现出福利文化的影响力，这是分析不同社会结构、制度条件下社会保险给付结构应予以重视的一个新课题。此外，社会心理定式也对保险金给付结构产生了很强的影响力，福利刚性原则成为制约社会保险给付水平易上不易下的重要因素。信息网络环境下的种种推力，也对社会保险待遇调整产生了非常重要的影响作用。增大了社会保险待遇调整的公众关注度和调整的难度。

第二节　社会保险的财务机制

社会保险制度的有效运行，在很大程度上取决于财务机制的选择与实施的有效性。20 世纪90年代以来，各国社会保险改革的核心内容之一，即是重新评价、比较和选择有效的财务机制，并高度重视其对宏观经济诸变量如储蓄、投资、劳动力市场供求和资金市场的影响程度。因此，在社会保险运行机制的各个链条中，财务机制具有举足轻重的作用。

社会保险财务机制的内容包括筹资模式选择、社会保险税的征缴、社会保险基金管理和投资营运等。

一、社会保险筹资模式及其分类

社会保险筹资模式，是指通过特定的方式筹集社会保险资金，以实现收支平衡和制度的稳定运行的技术机制。

社会保险筹资模式，可划分为现收现付筹资模式、基金完全积累筹资模式、基金部分积累筹资模式（混合筹资模式）和名义账户模式。

（一）现收现付筹资模式

现收现付筹资模式（Pay As You Go，PAYG）是指通过以支定收，使社会保险收入与支出在年度内大体平衡的筹资模式。

为避免过于频繁地调整纳费水平，防止短期内可能出现的收支滑动，一般保留有小部分流动储备基金。在现实生活中，现收现付主要在社会统筹运行模式中采用。现收现付筹资模式运行的基本原理是：在长期稳定的人口结构下，由制度内生产性劳动人口负担老年劳动人口的退休养老费用，而现有生产性劳动人口的退休费用，则由下一代生产性劳动人口负担。因此，维系机制运转的基本约束条件是长期相对稳定的人口结构，劳动者代际间收入转移与再分配是其经济内涵。短期收支平衡是现收现付的基本特征。

现收现付筹资模式的优点是：（1）费率调整灵活，易于操作。（2）有助于实施保险金随物价或收入波动而调整的指数调节机制。（3）通过收入调节与再分配，在一定程度上有助于体现社会保险的共济性与福利性。

现收现付筹资模式的局限性表现在：（1）在人口老龄化的背景下，生产性人口与退休人口的比例严重失调，在职劳动者的经济负担日益严重，现收现付筹资模式难以为继。（2）现收现付筹资模式存在着某些不利于发展的因素，如过高的纳费比例会直接影响企业产品的竞争能力，进而影响经济发展；对储蓄和劳动力市场供求的消极影响，也会不同程度地影响到经济发展。

（二）基金完全积累筹资模式

基金完全积累筹资模式（Defined Contribution，DC）是通过预提积累方式筹集保险基金及其投资收益，以便能够支付确定水平的、未决社会保险金给付的货币现值。

一方面，预提积累的缴费比例在一定的人口、经济发展及其他因素进行精算估计基础上确定，积累的基金数额构成保险金给付的基础；另一方面，保险金给付数额最终取决于积累规模和投资收益。基金完全积累筹资模式强调劳动者个人不同生命周期的收入再分配，即将劳动者工作期间的部分收入转移到退休期间使用。利率水平、稳定的金融市场是基金完全积累筹资模式运行的重要条件。

基金完全积累筹资模式的优点是：（1）通过预提积累保险基金，有利于实现人口老龄化背景下对劳动者的经济保障。(2) 强调劳动者的自我保障，激励机制强，透明度高。(3) 有利于增加储蓄和资金积累，促进资本市场的发展，进而对经济发展具有重要推动作用。

基金完全积累筹资模式的局限性是：(1) 对于长期性社会保险计划，积累的保险基金容易受到通货膨胀的影响，在动态经济和金融环境下，如何实现基金的保值增值，具有相当的难度。(2) 受宏观经济和金融市场的不稳定性影响，社会保险基金在金融市场上的投资存在较大的风险性，可能严重影响社会保险基金的支付能力。(3) 社会保险基金容易受政府行为干预，在一些特定情形下将社会保险基金用于弥补财政赤字。

(三) 基金部分积累筹资模式（混合筹资模式）

基金部分积累筹资模式是一种介于现收现付筹资模式和基金完全积累筹资模式之间的混合筹资模式。基金部分积累筹资模式有几种形式，一种是在原有现收现付筹资模式的基础上，提高社会保险纳费比例几个百分点，除支付当年保险金外，还可以进行适度规模的积累，用于若干年后的保险金支付；一种是在引入个人账户的基金积累机制的基础上，保留部分社会统筹互助调剂的机制；还有一种是在多层次社会保险模式中，第一层次基本保险采用现收现付筹资模式，第二、第三层次保险采用基金完全积累筹资模式，在多层次保险模式框架内实施基金部分积累筹资模式。

作为一种混合筹资模式，基金部分积累筹资模式具有很大的优势，它吸收了两种模式的长处，将激励机制与统筹互济有机地结合起来，有利于克服单纯采用一种模式的弊端。尤其是能够有效应对人口老龄化对社会保险财务机制的严峻挑战，若能妥善实施基金管理和投资营运，还有助于促进经济发展。但基金部分积累筹资模式运作方式的选择，以及如何实现新旧模式的平稳过渡，则是在实践中具有相当难度的问题。

(四) 名义账户模式

名义账户模式（Notional Defined Contribution，NDC）是 20 世纪 90 年代以来在瑞典等国实施的养老保险财务模式。为避免现收现付向基金制转换的巨额转制成本，瑞典率先实施了养老保险的名义账户财务模式。引入缴费确定制可以实现参保人员养老保险缴费与待遇的精算平衡。同时，建立账户也有助于参保人员的缴费随账户转移而流动。但名义账户制的记账利率需要根据长期工资增长率水平科学确定。名义账户制的优点主要是：可避免巨大转型成本；可避免金融市场波动给个人账户造成损失；可将个人缴费与待遇挂钩，增强制度的财务可持续性。目前世界上约有 10 个国家实行名义账户制，[①] 其中既有成功的案例如瑞典，也有不成功的案例。其经验是：改革前期应有充分准备，比如充分的政策宣传以获得公众的理解，较高的信息化水平以确保个人信息记录准确、完

> *名义账户制是指个人缴费进入养老保险个人账户，但制度运行仍然按照现收现付制，积累的资金用于支付当期退休人员的养老金，一国总体账户是名义上的，政府承担制度运行的责任。*

① 包括第一轮 NDC 改革中意大利、拉脱维亚、波兰、瑞典四个国家，以及巴西、蒙古、吉尔吉斯斯坦、俄罗斯、挪威和埃及。资料来源：Robert Holzman，et.（2012）. Nonfinancial Defined Contribution Pension Schemes in a Changing Pension World，The World Bank.

整；制度设计应力求缜密，合理设计过渡期和相关政策，科学确定名义利率和养老金计发公式，避免因制度设计不合理降低人们的参保意愿，影响制度效果；统一缴费率，避免制度碎片化。这些经验和教训，对于我国推进新一轮社保改革具有借鉴意义①。

二、社会保险税及其构成

（一）社会保险税的内涵和重要性

社会保险税是一种直接税，它是根据受益原则征收的，由获得特定收入的纳税人缴纳的，用于社会保险支出的一项税种。社会保险税是从投保人的劳动收入中强制性扣除的，其主要部分来源于企业工资总额和职工毛工资收入，因而可视为劳动者人工成本的一种直接扣除。目前世界上已有80多个国家开征了社会保险税，不但征税范围扩大到所有工薪劳动者（包括部分国有企业劳动者），而且税率也随经济发展而逐步提高，社会保险征税收入成为发达国家最重要的税收来源之一。

社会保险税即一般的工薪税，是社会保险资金的主要来源，通常由政府颁布社会保险法案，规定由企业和工薪劳动者必须按工资的一定比例缴纳社会保险税，具体征收比例一般依据所选择的财务机制，并考虑特定的精算平衡条件而有所不同。

社会保险税是社会保险基金的主要来源，是实现社会保险目标的经济基础。按照社会保险的传统界定，社会保险费用通常由国家、企业和个人三方负担。企业和个人缴纳的社会保险税在大多数国家是社会保险基金构成的主要来源。

国家对社会保险的投入分为几种形式，一种是每年从政府支出中划拨一定数额资金进入社会保险基金。在日本，政府投入的资金在1/3左右；在德国，政府投入20%左右；在加拿大和北欧国家，政府投入比重较大。还有一种是政府只承诺承担社会保险责任，当社会保险收支失衡时，由政府实施补贴，如美国的社会保险制度。再一种形式是通过税收、利率和财政给予优惠的政策补助，如规定企业在税前提取保险费，隐含了政府财政以减少税收形式予以资助，对补充养老保险给予税收优惠。

一般而言，以社会保险税的形式筹集社会保险基金，其重要性表现为：（1）它具有稳定的收入来源，通过国家立法形式，确定按工资的一定比例强制征收，能有效控制偷税现象，克服企业社会保险费用负担的不均衡性。（2）有助于实行专款专用，明确征收社会保险税专门用于社会保险金给付，有利于从征缴和使用的角度防止社会保险基金的挪用。（3）有助于实现社会保险费用由企业、个人和国家三方合理负担，将社会保险基金纳入正常的国民收入再分配轨道，从而使这一再分配机制有利于促进经济发展。

但要说明一点，社会保险税与一般的国家税收还是有些区别的。第一，一般税收无返还性，社会保险税则具有返还性，企业把产品售出之后，便可将缴纳的税款如数收回；第二，一般税收均由国家税收机构专门征收，社会保险税则由社会保险机构征缴。

（二）社会保险税的税基与税率

社会保险税包括税基和税率两个基本部分。社会保险税基是指依法确定的征税工资基础，即社会保险征税的一定收入范围。社会保险税率即工薪税率，有时也指社会保险缴费率。

---

① 张怡恬：《“国外养老金名义账户制最新改革动态座谈会”述要》，载《人民日报》，2014年4月8日。

社会保险税基是向企业和个人征缴社会保险税的计税收入基础。为实现社会保险目标，一般都规定企业和个人在工资收入的一定范围内，按一定比例缴纳。工资收入的范围被确定为社会平均工资的一定比例至社会平均工资的几倍。对于低于社会平均工资一定比例的，按社会平均工资的一定比例征收社会保险税；对于高于社会平均工资几倍的部分，免征社会保险税。社会保险计税工资基数规定范围的目的，主要是体现社会保险的收入再分配特征和社会政策目标。社会保险税区别于商业保险，社会保险的缴费与保险金待遇虽然有一定的关联，但不是绝对的关联，保险金给付标准旨在维持基本收入保障，故需确定计税的最高收入限额，以实现一定范围和程度上的收入再分配。

社会保险税率（社会保险缴费率）是国家依法确定的，由企业和个人缴纳社会保险税的比率。社会保险税率制定得是否合理，直接关系到社会保险收支是否平衡，它一般是在运用精算技术的条件下，经过合理计算而确定的。保险税率的厘定原则，一般由保险项目风险大小、风险事件发生的概率、企业及劳动者个人负担能力、收入和工资状况以及政府资助的份额等诸多因素确定。社会保险税率的确定，除考虑风险因素外，更要考虑企业和个人负担能力和社会保险目标，而商业保险费率的确定主要考虑风险因素，考虑保险人和被保险人在精算基础上形成的权利与义务的对等因素。作为国家社会政策的体现，社会保险税率的确定和劳动者获得保障程度之间，虽存在着某种关联，但不是绝对的对等关系。典型意义上的社会保险税率，体现了某种程度的收入再分配关系，即低收入阶层的缴费数额与日后社会保险金给付数额之间不一定对等，可能高于其缴费数额，而高收入阶层则可能低于其缴费数额。通过这一机制，体现社会保险的某种公平原则。

社会保险税率一般分为综合保险税率、综合分类保险税率、分类保险税率。综合保险税率是将各种保险项目融为一个整体的保险税率。虽然按各保险项目分别计算，但将其综合为一个综合税率。如美国将老年、遗属、残障等几个项目综合为一个统一的保险税率。综合分类保险税率与前者大体一致，是对多种保险项目综合计算税率，对某些特殊项目单独计算费率的制度。分类保险费率则是将各个保险项目分别计算保险费率的制度。

社会保险税率的计算方式各国规定不尽相同，但一般采取工薪比例制和均一制。工薪比例制是依照被保险人工薪的一定比例征收社会保险税。工薪比例制又分为：（1）同额比例制，即按照保险人实际收入按同一比例征收；（2）差别比例制，即按被保险人投保工资水平采取不同比例的税率；（3）累进税率制，即对低收入者征收较低比例的保险税，对高收入者在一定幅度内采取递增保险税率。均一制是对被保险人采取相同比例的税率制，它与被保险人的工资及收入状况无直接联系。

在企业和个人缴纳社会保险税率的比例上，又存在几种情形。有实行企业和个人按同一税率征收的均一税率，如美国；有实行企业和个人按不同税率征收的差额税率，如法国、德国；在多数国家，仅由企业缴纳社会保险税，而个人则不负担，如大多数国家的工伤保险和失业保险制度均如此。

三、政府一般收入筹资方式

与直接征收社会保险专项费（税）相对的另一种筹资模式是与国家预算计划连为一体的政府一般收入的筹资方式。它并不明确规定社会保险费用支出的专项资金来源，而是并入国家预算收入的其他项目，如通过营业税、所得税等项目征收，社会保险的费用支出均由预算支出负责解决，这种财务机制多见于实行普遍保障社会保险制度的澳大利亚、新西兰、冰岛等国。由于旨在覆盖全体国民，提供最基本的收入保障，其资金来源出自政府一般收入项目，构成有别于三方负担的典型的社会保险的筹资方式。不可否认，由政府一般收入出资的社会保险制度将社会保险支出与政府其他支出通盘考虑，有利于管理和抑制费用支出的过度膨胀。但一般收入或财务机制实际上意味着将社会保险费用支出简单地转嫁给政府预算的其他部分。由于一些国家普遍的偷税漏税现象，必然使个人所得税的收入少于社会保险专项税种的收入来源。尤其是当社会保险覆盖面较小时，采用这一筹资方式意味着严重的不平等，即容易产生用大多数劳动者的收入支付相对狭小的保障范围的社会保险待遇。对大多数发展中国家而言，这种不平等处置的弊端越来越严重。同时，采用这一筹资方式容易混淆一般税收与社会保险专项捐税的关系，使本来业已十分松散的缴费与保险金待遇方面的联系更加模糊。

由于各种因素的制约，近年来不少国家试图改革将社会保险收支与国家预算计划连在一起的做法。一个基本的考虑是清理各项收支计划的关系，明确界定企业、个人及国家所应承担的社会保险责任，建立起独立于国家预算的社会保险预算计划，实施专项管理，以便抑制社会保险支出的不断膨胀。一些经济转轨国家近年来社会保险改革的一项重要内容就是使社会保险收支计划同国家预算脱钩，从而有助于克服这些国家由政府包揽过多社会保险责任的弊端。有关研究表明，在人口老龄化和推行部分基金制社会保险的背景下，政府一般收入筹资模式将面临更大的麻烦。预提积累的数额庞大的社会保险基金是否简单地用于弥补政府预算赤字，对于计划的长期稳定运行将产生重要的影响作用。因此，单纯政府一般收入筹资模式存在诸多局限，将政府一般收入筹资模式同保险型筹资模式融合，即前者体现收入再分配目标的社会保险模式，后者体现基金积累社会保险模式，似已成为一些欧美国家社会保险改革中值得重视的一个特点。

需要指出，社会保险支出是各国社会保障支出的最大项目。发达国家社会保障支出比例一般占到政府支出的40%～50%以上，占GDP的10%以上，个别占到20%以上。在人口老龄化背景下，社会保险支出将成为影响政府未来公共财政的最大支出项目，并将对一国经济社会发展产生非常重要的影响作用。

第三节 社会保险管理

一、社会保险管理的内涵及其主要内容

（一）社会保险管理的含义与特点

由于社会保险涉及经济、政治、社会、法律等各个方面，并且是介于各个领域之间的交叉领域，这决定了社会保险管理是一个极其复杂的社会系统工程，具有很强的综合性特征。加之社会保险内容纷繁复杂，涉及劳动者的

社会保险管理是通过特定的组织机构和制度安排，对社会保险的各个计划和项目进行组织管理、监督实施，以实现社会保险政策目标的管理系统总称。主要包括社会保险管理体制、社会保险管理服务、社会保险运行与监督管理。

切身利益，更使社会保险管理中统盘考虑综合协调至为重要，否则可能影响社会保险计划的实施效果。

尽管世界各国社会保险计划的主要内容和资金来源大同小异，只是实施范围、标准和重点有所不同，但是各国社会保险的法律规定和管理体制却千差万别，呈现多元化的特点。主要是因为不同国家的社会保险制度的建立和发展都有各自的经济、社会和政治环境，有不同的社会历史背景、文化传统和风俗习惯。

社会保险包括养老保险、医疗保险、失业保险等子项目，每一项目均包括保障范围、保险金、给付结构、财务机制和基金管理，并有相应的特点，因而使社会保险的管理呈现出复杂性的特点。如何协调各项目中运行机制的不同要素，实现机制的稳定运行是社会保险管理的核心内容，同时还须协调各保险项目之间的关系，从而服务于社会保险政策目标。

（二）社会保险管理的主要内容

从纵向上看，社会保险管理包括立法管理、行政管理、业务管理和基金管理。社会保险立法管理即根据社会保险法及各项单独法律的规定对社会保险的各个方面，如费用征缴、保险金给付、基金营运与管理、社会保险业务的监控等依法进行管理，并根据法律条款的变更进行及时的调整。社会保险行政管理是指制定社会保险政策、解释法令、检查和监督社会保险政策法令的正确实施、受理社会保险业务中出现的申诉和争议、调解并依法裁决社会保险的各种纠纷。社会保险业务管理是指对社会保险计划的登记、建卡、审查，社会保险费用征缴，保险待遇计发与审查，组织协调与社会保险机关的各种业务活动和相应的有关社会服务工作。社会保险基金管理则是对各项社会保险基金的运行条件、基金管理模式及资产负债实行全面规划和系统管理的总称。

从横向上看，社会保险管理包括对各项保险业务的管理。

1. 养老保险管理。包括对养老保险的个人建账、基金营运、保险金给付等一系列的管理。作为一项长期性的社会保险业务，养老保险管理最为复杂，是各项管理的重中之重。

2. 医疗保险管理。包括对医疗保险计划缴费、津贴发放、医疗费用报销、费用控制等项目的管理。由于医疗保险涉及各方利益，其管理也具有相当难度。

3. 失业保险管理。包括对失业保险费用征缴、失业资格审查、津贴发放、基金等项目的管理，同时还包括再就业培训、职业介绍等方面的管理内容。

4. 工伤保险管理。包括对工伤保险费用征缴、伤残资格与等级审查、津贴发放、费用管理等内容。

20 世纪 90 年代中期以来，为加强各项社会保障制度的统一规划和社会保障基金的管理、监督，我国对社会保障管理体制进行了一系列改革。把过去由多个行政部门分别管理的社会保险转变为由劳动和社会保障行政部门统一管理，各级劳动和社会保障行政部门也建立了相应的社会保险经办机构，承担社会保险具体事务的管理工作。过去由企业承担的社会保险事务逐步转变为由社会机构管理，即社会保险待遇实行社会化发放，社会保险对象实行社区管理。我国加强了对社会保险基金的行政管理和社会监督工作。社会保险基金被纳入财政专户，实行收支两条线管理，专款专用。各级劳动和社会保障行政部门专门设立了社会保险基金监督机构，负责对社会保险基金的征缴、管理和支付进行检查、监督，对违法违规问题进行查处。此外，还通过强化基金征缴和提高社会保障支出占财政支出的比重等一系列措施，努力拓宽社会保障资金的来源。2014 年上半年，财政用于社会保障和就业的支出为 9 653. 6 亿元。2000 年，我国专门成立了全国社会保障基金理事会，负责通过减持国有股所获得的资金、中央财政投入的资金及其他各种方式筹集的社会保障资金的营运和管理。作为国家一项重要的战略储备基金，2015 年底，全国社会保障基金理事会管理的基金资产总额达 19 139. 76亿元，基金权益 17 968. 05 亿元。①

二、社会保险管理的主要模式

世界各国的社会保险管理因各国不同的政治、经济、社会背景和历史传统呈现出差异很大的管理体制。如果按一些主要特征进行归类，可以划分为几大类型的管理模式，虽然在各大类的管理类型中又存在彼此交叉混合，但仍可勾勒出几种管理模式的基本轮廓。

（一）社会保险的集中管理模式

社会保险的集中管理模式是把养老、失业、医疗与工伤以及其他社会保险项目全部统一在一个管理体系内，建立统一的社会保险管理机构，集中对社会保险的各项险种基金营运、监督等实施统一管理的模式。英国、新加坡等国是实施集中统一社会保险管理模式的典型。英国由卫生社会保障部负责实施对社会保险各项业务的集中统一管理。新加坡则由中央公积金局负责实施对养老、住房、医疗、教育等项目的集中管理，并对社会保险基金的投资营运实施集中管理，实现了经济发展与经济保障并举的目标，收到了较好的管理绩效。

集中管理模式的优点是：第一，有利于社会保险的统一规划、统一实施，能够较好地避免政出多门产生的诸多利益冲突。第二，有利于社会保险各项目、社会保险运行机制各方面的相互协调，有利于社会保险基金在一定范围内的相互调剂。第三，有利于实现社会保险的有效管理，降低管理成本，更好地实现社会保险政策目标。第四，有利于实施社会保险计划的改革调整，增强信息管理、业务管理和基金管理的透明度。

集中管理模式的局限在于，对某些保险项目的管理与政府业务主管部门难以协调，如对失业保险、工伤保险的管理与劳动就业部门的就业促进、工伤预防等工作往往难以协调配合，进而影响管理效果。此外，这类管理模式以国家行政管理为主，使社会保险经费收支受政局变动或政府更迭影响较大，同时以行政管理的方式管理基金营运，相当程度影响了基金管理效果，并导致一些国家社会保险基金的流失。

（二）社会保险的分散管理模式

分散管理模式的特征是不同社会保险项目由不同政府部门管理，各自建立起一套保险执行机构、资金营运机构及监督机构，各个保险项目相互独立，呈现出较大的自主性。德国社会保险管理体系是分散管理模式的典型，并获得了很大成效。德国社会保险机构的设置，实行以行业组织管理与地区管理相结合，保险机构由劳资双方共同参与、自治管理，政府一般

① 谢旭人：“务实创新科学管理进一步促进社保基金事业发展”，全国社会保障基金理事会第五届理事大会第三次会议，2016 年 3 月 25 日。

不直接管理社会保险，只是设立专门的机构对社会保险进行监督，并根据各类保险项目的财务状况进行必要的财务平衡，确保社会保险制度的稳定运行。

这种管理模式的优点在于：(1) 管理机构具有较高的自主性和独立性。(2) 管理效率较高、透明度较大。(3) 管理法规明细、周全。(4) 管理程序与方式更能满足社会生活的实际需要。

这种模式的不足之处在于，管理成本较高，因机构庞杂和相互独立导致重复乃至资源的浪费。

（三）社会保险集散结合的管理模式

集散结合的管理模式是指将社会保险共性较强的项目集中起来，实行统一管理，而将特殊性较强的若干项目单列，由相关部门进行分散管理。较为普遍的形式是将养老保险、医疗保险、遗属保险等集中起来，由某一专门部门管理，而将失业保险、工伤保险交由劳动部管理。如美国、加拿大、日本等都采用这一模式。

集散结合的社会保险管理模式的优点体现在：第一，它既能体现社会保险社会化、一体化的要求，又能兼顾个别项目的特殊性要求。第二，有利于提高管理效果，降低管理成本。第三，有利于在多层次社会保险制度中，对不同层次保障计划采取不同的管理模式。当然，这种管理模式的顺利运行需要有较为有利的内外部条件和管理环境。

资料与案例

从社保大国转变为社保强国

国际劳工组织2011年发布的《世界社会保障报告》指出，在全世界范围内，几乎所有的国家都提供了一定程度的社会保障，但只有少数国家建立了门类齐全的社会保障制度，许多国家的社会保障仅局限于少数几个保障项目。据估计，全世界只有20%的劳动年龄人口（及其家庭）真正被综合性社会保障制度所覆盖，实际享受到比较健全的社会保障。

中国作为一个发展中国家和世界上人口最多的国家，建立覆盖全民的社会保障体系的目标任务十分艰巨。尽管如此，经过长期的社保改革与发展，特别是“十二五”时期在社保领域深化改革与超常发展，我国已经建立了比较健全和非常庞大的社会保障体系，基本上涵盖了国际劳工组织上述公约所涉及的各类社会保障项目。目前，我国已经形成以社会保险、社会救助、社会福利为基础，以基本养老、基本医疗、最低生活保障制度为重点，以慈善事业、商业人身保险为补充，并且包括社会优抚、军人保险、住房保障等在内的社会保障制度体系。

在社会保障法制建设方面，我国已经形成以《社会保险法》、《收养法》、《职业病防治法》、《军人保险法》为基本法律，以《失业保险条例》、《工伤保险条例》、《城市居民最低生活保障条例》、《社会保险费征缴暂行条例》、《农村五保供养工作条例》、《廉租住房保障条例》、《社会救助暂行办法》等相关法规和规章以及规范性文件为配套的社会保障法律体系。我国社会保障体系建设正在逐步纳入法制化轨道。

我国社会保障制度体系的核心是社会保险。我国早在2009年就已经基本实现全民医保，各项基本医疗保险制度（包括新农合）覆盖人数总计达到12.31亿人。到2015年末，全国各项基本医疗保险制度覆盖的总人数超过13亿人，参保率保持在95%以上，全民医保继续得到巩固和发展。同时，参加各项基本养老保险的总人数达到8.56亿人，参保率达到82%以上。此外，城镇职工工伤保险参保人数达到2.13亿人，失业保险和生育保险参保人数分别达到1.73亿人和1.78亿人。全年各项社会保险基金总收入4.7万亿元，基金总支出3.9万亿元，基金累计结余超过5万亿元。就覆盖人数和基金规模而言，我国已经成为名副其实的社保大国。

与此同时，我国在社会保障发展方面还存在着一些问题，在社会保险领域主要表现在以下几个方面：

一是近年来各项社会保险基金支出增长率持续超过基金收入增长率，不少统筹地区特别是中西部地区养老保险当期征缴收不抵支，需要依靠财政补贴和动用历年累积结余确保养老金发放。在今后一段时期内，基金收支失衡状况将进一步加剧。

二是中断缴费或蓄意少缴费现象相当严重。近年来，每年都有3 000多万参保人员中断缴纳养老保险费；在职工养老保险参保人员中，实际缴费人数占比约为85%左右；还有一些用人单位少报缴费基数和参保人数、逃避或拖欠缴费的问题也相当严重。

三是由于改革初期没有妥善解决转制成本或历史债务问题，导致城镇职工基本养老保险费率过高。

四是在城乡居民基本养老保险、医疗保险（包括新农合）的筹资与待遇之间失衡。80%以上参加城乡基本居民养老保险的人选择最低档次缴费，过度依赖政府发放的基础养老金；在城乡居民医疗保险筹资结构中，80%左右来源于财政补助，个人缴费占比过低。

五是城镇职工退休年龄较低，提前退休的现象比较严重，同时，在职人员与退休人员之间的抚养比逐年提高。

六是尚未建立兼顾各类群体、合理的养老金调整机制。

七是多层次养老保障体系建设严重滞后，作为第二支柱的企业年金在绝大多数企业都没有建立，成为三支柱养老保障体系中的一个短板。

八是城乡居民基本医疗保险仍然处于制度分设，不仅出现重复参保、重复补贴的现象，而且加大了政府管理成本和负担，不利于社会公平，不利于人口跨城乡流动。

九是降低社会保险费率的压力增大。目前，由于不少企业生产经营比较困难，企业以及政府都迫切要求降低人工成本，包括降低社会保险费率。但是，在目前不少地方的养老保险、医疗保险基金当期收不抵支的情况下，如果降低费率，将进一步加大基金收支失衡的压力。

十是失能、半失能人员老年人口不断增多，对这类人员的长期护理问题日益突出，目前还缺乏相应的保障制度。

上述问题反映了目前我国社会保障制度运行质量并不高，在多年来追求外延式的大规模扩张过程中，在某些方面一定程度上未遵循社会保障发展的客观规律，出现超常规发展、超能力保障的现象，不利于社会保障公平可持续发展。

在“十三五”时期，我国应当从社保大国逐步转变为社保强国。

各级政府有关部门以及社会各界应当积极促进社会保障领域的改革与发展，力争在我国社会保障领域实现建成社保强国的中国梦！

资料来源：金维刚：《从社保大国转变为社保强国》，载《中国劳动保障报》，2016年1月8日。

思考题

1. 什么是社会保险保障范围？它受哪些因素制约？
2. 社会保险给付结构的制约因素有哪些？
3. 简述社会保险给付公式的种类与特点。
4. 社会保险筹资模式有哪些特点？
5. 简述社会保险税的构成及其作用。
6. 实施基金部分积累筹资模式财务机制的约束条件是什么？
7. 社会保险管理主要包括哪些内容？
8. 社会保险管理模式的类型与特点是什么？
9. 我国社会保险宜采用哪种管理模式？
10. 构建社会保险运行机制有何重要意义？

第四章
社会保险基金与基金管理

本章知识结构

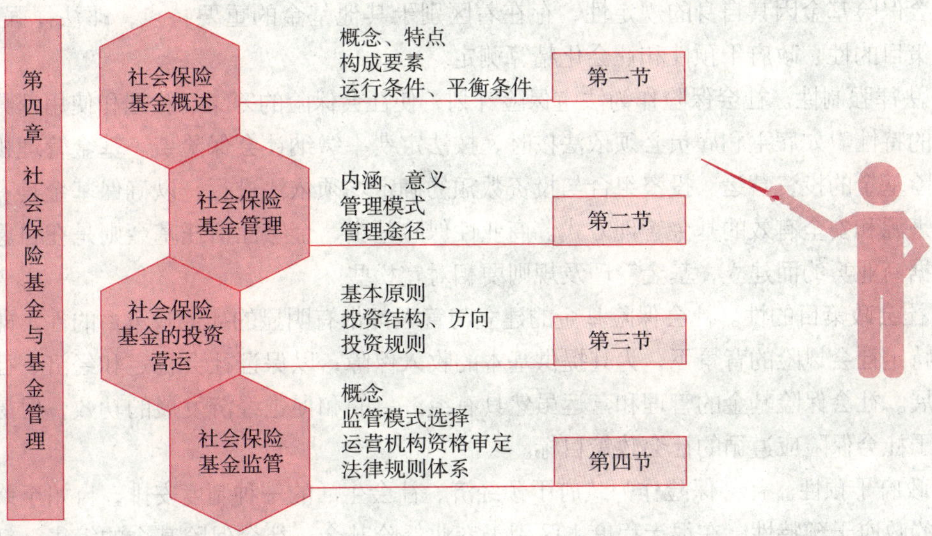

学习目标

- 掌握社会保险基金的概念、特点和构成要素，理解其运行条件和平衡条件。
- 掌握社会保险基金管理的内涵、意义；熟悉其管理模式和管理途径。
- 掌握社会保险基金投资营运的基本原则、投资结构、投资方向和投资规则。
- 了解社会保险基金监管的概念，熟悉基金监管的模式选择和内容。

第一节　社会保险基金概述

一、社会保险基金的概念及特点

（一）社会保险基金的概念

社会保险基金是社会保险运行的经济基础，是实现社会保险各项政策目标的物质保证，对社会保险制度具有至关重要的制约作用。

社会保险基金是根据三方负担原则和在经济精算估计基础上依法筹集的用于社会保险政策目标的基金项目总称。

社会保险基金由养老金基金、医疗保险基金、失业保险基金、工伤保险基金和其他社会保险项目的基金构成。社会保险基金最早出现于德国1883年颁布的《疾病社会保险法》，通过雇员与雇主共同缴纳社会保险费的方式构成法定社会保险基金的基本形式。虽然经过了一百多年的发展，社会保险基金依然通过雇主与雇员缴费，国家在税收、利率和财政上资助的三方负担原则来筹集社会保险基金，并主要通过货币支付形式提供各类险种的社会保险金。因此，在社会保险制度中，社会保险基金的作用越来越重要，与社会保险的发展、改革调整及其未来的命运休戚相关。

（二）社会保险基金的特点

社会保险基金因其自身的规定性，存在着区别于其他基金的重要特点，即法律强制性、社会政策目的性、政府干预性和社会化精算测定。

1. 法律强制性。社会保险作为法定保险计划，使社会保险的筹集、管理和使用都具有法律强制的特性。如雇主和雇员必须依法按时、按法定费率缴纳社会保险费。基金管理机构对社会保险基金的投资营运、投资组合与投资数额的确定均须依法进行，以确保基金具有稳定的资金来源和安全有效的基金管理方式。商业性保险基金、金融性信托基金则是在自愿的基础上依据商业契约而建立，基金管理及规则要相对宽松些。

2. 社会政策目的性。社会保险基金的建立与管理都带有明显的社会政策目的性，即国民在遭受特定社会风险的背景下，为其提供基本的收入保障，以保证社会稳定和经济、社会的协调发展。社会保险基金的管理和营运虽然具有经济目的和促进经济发展的功效，但最终均应服从于社会保险应遵循的社会政策目标。

3. 政府干预性。社会保险作为政府干预经济、社会生活的一种制度安排，自始至终表现出极强的政府干预特性，在很大程度上区别于商业保险基金。社会保险基金的筹集、精算测定原则都体现了政府所应承担的社会保险责任，并且，这种责任不仅体现在三方负担的筹资方式和出资比例上，而且体现在政府以隐性债务方式承担的劳动者代际间收入再分配的责任。因此，决定了社会保险具有极强的政府干预特性，社会保险基金收支的短期平衡乃至长期平衡，只有在政府干预下方能实现。

4. 社会化精算测定。诚然，保险计划得以运行的一个重要技术基础是精算测定，而社会保险计划的精算测定则是在社会的范围内对若干人口与经济变量进行精算与经济预测，远较一般商业保险公司的精算测定复杂，加之社会保险计划更受政策因素和人为因素的制约，使社会保险的精算测定结果存在更大的不确定性。这一特点对社会保险基金运行有很大的影响。

二、社会保险基金运行的构成要素

（一）社会保险基金的来源与筹资模式

建立社会保险基金，首先涉及基金来源问题。大体上，社会保险基金主要来源于个人缴费、企业缴费、政府资助或补贴、基金的投资收益四种方式。

1952年，国际劳工组织制定的《社会保障（最低标准）公约》（第102号）对成员国社会保障基金来源规定了几个基本原则。一是由集体负担社会保险费；二是由个人缴纳社会保险费，必须保证个人不能因此遭受更大经济困难；三是个人缴纳的保险费率不能超过总费率的一半。个人缴费、企业供款、政府补贴的三方负担筹资方式，作为社会保险制度资金来源的基本渠道，已为许多国家所采纳。但三方负担的具体形式和数量比例，对于不同国家和不同的保险项目而言，则有所不同。表4－1提供了欧美等发达国家社会保险计划企业和个人缴费比例的资料。政府出资资助社会保险基金，各国采取不同形式，有的国家按一定比例出资直接投入，如德国、日本等国；有的国家采取在需要时政府资助，以实现社会保险基金的收支平衡，如美国。

如前所述，社会保险基金的筹资模式通常包括现收现付筹资模式、基金完全积累筹资模式和基金部分积累筹资模式（混合筹资模式）。

表4－1　部分工业化国家社会保险缴费比例一览表　单位：%

国别	个人缴费率	企业缴费率	国别	个人缴费率	企业缴费率
奥地利	17.20	25.15	卢森堡	12.45	12.20
比利时	13.07	24.8	荷兰	23.2	19.12
加拿大	6.73	7.44	新西兰	30.80	1.85
芬兰	7.99	22.39	挪威	7.80	14.10
法国	9.9	32.68	葡萄牙	11.00	23.75
德国	20.425	20.845	西班牙	6.25	31.08
希腊	12.05	22.60	瑞典	7	20.92
冰岛	4.00	15.79	瑞士	13.25	13.35
爱尔兰	4	4.25	土耳其	15.00	21.50
意大利	9.19	31.78	英国	12.00	13.80
日本	13.122	13.772	美国	5.65	9.7

资料来源：Social Security Programs Throughout the World: Europe/Asia and the Pacific/ The Americas -2012/2011，U. S. Social Security Administration, 2013.

在选择社会保险筹资模式时，首先应当考虑不同社会保险项目的支出特点。社会保险项目按支付期限的长短分为短期支付项目和长期支付项目，前者一般选择现收现付筹资模式，因为不定期支付的支付规模和时间变动较频繁，后者一般选择基金完全积累筹资模式和基金部分积累筹资模式。其次，应考虑人口年龄结构的变化趋势。现收现付筹资模式的一个基本约束条件是相对稳定的人口结构比例，在人口老龄化的背景下，基金完全积累筹资模式和基金部分积累筹资模式具有更大的吸引力。最后，筹资模式的选择还应考虑社会保险基金运行的经济条件以及它对社会经济发展的影响。在进行基金部分积累筹资模式的选择时既应考虑实现社会公平目标的最低保障需要，同时也要考虑增进效率、促进经济发展方面的需要，二者在什么比例上结合，则受到相应的社会经济条件的影响。

（二）社会保险基金支付方式

社会保险基金支付是指社会保险基金管理机构按法律规定的条件、标准和方式支付各类社会保险金，以保障实现基本生活目标。因为社会保险的根本目标在于保障工薪劳动者在遭到特定社会风险、失去经济来源或无法获得基本生活保障时，为其提供一种基本经济保障。这种保障功能最终体现在社会保险基金的支付环节上。因此，社会保险基金转化为各种社会保险金给付，才是社会保险政策目标的最终实现。社会保险基金的最终支付，主要是以货币形式支付，如养老保险金、失业保险金和部分医疗保险津贴等，部分是以实物形式和服务形式支付。

三、社会保险基金的运行条件与平衡条件

社会保险制度的正常稳定运行离不开基金的运行条件和平衡条件。我们知道，社会保险筹资存在三种运行模式，尽管在技术机制上这三种运行模式各有不同，但都须遵循一个基本条件，即社会保险的各项资金来源应与社会保险金的各项支出项目保持某种程度的平衡。社会保险基金平衡既应包括短期平衡，也应充分考虑中长期平衡问题。

由于社会保险基金的特殊性，基金的运行条件和平衡条件受到诸多因素的制约，主要有人口精算、经济预测、法律制度等。

1. 人口精算。由于社会保险基金规模直接受制于纳费人数与受益人数，以人口估算为基础的纯精算估计具有十分重要的意义。一般而言，直接影响社会保险基金规模及其运行的精算估计因素，包括人口出生率、死亡率、移民率和农村人口入城率等。人口出生率的增减将会影响未来社会保险纳费人的数量和构成，死亡率的下降、平均寿命的延长将增加未来领取保险金的人数，不同年龄段的人口比例将直接影响费用提取比例和基金供求平衡条件。因此，以人口数量和年龄结构变化为基础的精算估计因素在很大程度上制约了一国社会保险基金的运行与收支平衡状态。

2. 经济预测。社会保险基金的收支状况及其平衡条件都与若干经济因素有着非常密切的内在联系。在传统的经济估计因素中，将工资及收入增长率、通货膨胀率、利息率或投资收益率、失业率视为制约社会保险基金运行条件和平衡条件的极为重要的因素。尽管如此，由于若干动态经济因素的高度复杂性和不可控性，经济预测因素在很大程度上会制约和影响社会保险基金的精算测定结果，影响社会保险基金平衡条件的实现，这是特别需要强调的。另外需要指出，在现收现付筹资模式中，因储备基金规模小，利率对基金运行的影响较小，但在基金部分积累筹资模式下，随着基金规模增大，利率会构成制约基金平衡运行的重要因素。

3. 法律制度。作为法定的社会保险计划，基金运行与平衡条件亦受制于若干重要法律条款的调整与变化，如保险金给付结构的调整、退休年龄的规定、保险金指数调节的范围与幅度等。同时，从社会保险立法、调整到实施过程中的时滞因素亦会程度不同地影响社会保险基金的短期收支平衡。此外，若干非经济的制度因素也对社会保险基金运行产生潜在而重要的制约作用。

综合起来，上述因素从不同侧面影响和制约社会保险基金的收支平衡状态。如在职劳动者与退休劳动者的比例变化，将从两个方面制约保险基金规模和基金供求条件；收入增长、通货膨胀将不同程度地增大社会保险基金的需求；相反，较高投资收益率又有助于增强基金实力，有效抵御通货膨胀对社会保险基金的侵蚀；基金积累率的高低又无疑从现实和长远两

方面制约基金的运行条件与平衡条件。不仅如此，社会保险基金运行状况将最终取决于经济发展与经济增长。因此，寻求能促进经济发展的社会保险基金运行模式，已成为各国社会保险基金管理的重要研究课题。

第二节 社会保险基金管理

一、社会保险基金管理的内涵及其意义

（一）社会保险基金管理的内涵

社会保险自身的特点，决定了社会保险基金管理应该是一个综合的管理系统，它不仅包括作为长期和短期货币收支计划的基金管理制度和方式，而且涉及经济、社会、法律、人口尤其是财政、金融领域的诸多复杂领域。社会保险基金管理的绩效直接关系到社会保险制度的成败，并对一国的社会稳定经济发展，财政收支状况，金融市场的繁荣稳定具有重大影响作用。

社会保险基金管理是为实现社会保险的基本目标和制度的稳定运行，对社会保险基金的运行条件、管理模式、投资营运、监督管理进行全面规划和系统管理的总称，是社会保险基金制度运行的核心环节。

1. 社会保险基金管理的法律体系。社会保险基金作为国家社会保险制度的重要经济基础，对其管理必须纳入法制轨道。不同国家社会保险基金管理的立法不尽相同，大体分两种情况：一种是在社会保障法或社会保险法中对基金管理的问题有专门的法律条文，一种是通过专门的社会保险基金投资法或退休基金法规定社会保险基金的收缴、投资营运、投资组合及监管条款，如智利、波兰等国都颁布有专门的退休基金法。① 受政治、经济、社会及文化传统方面的限制，各国的社会保险基金管理的法律基础也不尽相同。必须从本国实际出发，借鉴有益的国际经验，逐步完善适合各国国情的社会保险基金管理法律体系，构成社会保险基金管理的一项重要内容。

社会保险基金不同于一般货币收支计划，不但具有政府强制征收的基本特征，而且涉及几代劳动者的经济利益、收入分配关系和几十年的时间跨度。因此，社会保险基金的运行条件和平衡条件构成基金管理的重要内容。我们知道，社会保险的三种筹资模式在具体的运作方式和侧重点上各有不同，但都必须奠立于人口精算估计、经济预测与估计、法律制度条件和特定金融市场条件的基础之上，都必须遵循一个基本原则，即社会保险的各项资金来源（包括预期投资收益）应与社会保险金的各项支出项目保持短期平衡和中长期平衡，必须立足于长期发展战略和制度的可持续发展进行制度设计，而实现基金供求的平衡必须高度重视社会保险基金运行条件和平衡条件的实现程度。

2. 社会保险基金管理模式选择②。对于规模庞大的社会保险基金，通过什么方式实施管理，是政府专门机构直接管理，还是委托有关金融服务机构进行管理，或是通过私营化、经

---

① 李珍：《社会保险制度与经济发展》，179 页，武汉，武汉大学出版社，1998。

② 林义：《社会保险基金管理》（第三版），第二章，北京，中国劳动社会保障出版社，2015。

营化的方式进行管理，乃是社会保险基金管理的核心内容之一。不仅如此，如何根据各国自身的经济、政治、社会、法律及人文条件，探索适合各国国情的社会保险基金管理模式更是基金管理的枢纽之点。显而易见，社会保险基金管理绝非技术机制的简单移植，而在深层次受制度条件的制约。目前，社会保险基金管理存在多种模式，有强调政府集中管理的模式，如新加坡；有强调按委托代理机制而建立的信托基金管理模式，如美国、日本；也有按直接私营竞争性原则运作的基金管理模式，如智利。多层次社会保险模式已成为各国在 21 世纪的目标模式，选择不同类型的社会保险基金管理模式，强调对基本保险和补充保险进行分层管理，对于有效实施社会保险基金意义重大，亦是国际社会保险基金管理的前沿及热点课题。

3. 社会保险基金的投资营运。随着部分积累模式和多层次社会保险基金框架的确立并受到日益广泛的关注，社会保险基金的投资营运与管理已成为基金管理的核心内容。如何在动态经济条件下实现社会保险基金的安全营运、有效投资和保值增值，成为多层次社会保险制度稳定运行的关键性约束条件之一。遵循社会保险基金投资的安全性、分散性、盈利性、流动性的原则，对社会保险基金投资营运进行有效管理，并按照现代投资组合理论与技术，实施资产负债管理、投资组合管理，体现基金投资多样化和分散化的投资理念，遵循投资项目期限匹配原则、货币匹配原则，在稳健有序的资本市场上，按照一定的投资组合规则实现基金营运安全原则下的较高投资收益。

4. 社会保险基金监管。社会保险基金监管在全球范围内是一个崭新的课题。基金监管通常是通过国家授权专门机构依法对社会保险基金收缴、安全营运、投资活动及基金保值增值等过程进行严格监控。社会保险基金监管的主要内容有三：一是建立和完善社会保险基金投资营运的各项规则，进行保险基金营运机构资格认定，制定各类监管准则；二是通过具体的监管方式和监管手段，监督实施各类基金管理规则，实施对社会保险基金投资营运的有效监管；三是通过立法监管、经济监管、行政监管和其他多种监管方式的共同作用，实现社会保险基金管理的规范、有序和稳健发展。

5. 社会保险基金管理与财政金融的互动效应。社会保险基金的征缴、保管、投资营运、保值增值以及基金监管的全过程，都程度不同地与财政金融具有非常密切的联系和很强的互动效应。社会保险基金的筹集与社会保险待遇的给付同国家财政的预算及财政管理关系密切。良好的社会保险基金营运绩效无疑会较大幅度减轻国家财政负担，反之则会增大国家财政负担。社会保险基金购买国债的投资行为不但较大程度地影响财政发行国债的规模和吸收能力，又对社会保险基金的安全营运具有积极的影响。社会保险基金同国家财政收支的密切关联及其协调，是社会保险基金的重要内容。

社会保险基金与金融市场的互动效应是基金管理非常重要的组成部分。社会保险基金介入资本市场的规模与结构，对完善金融市场发展具有重要促进作用。金融市场的规范和有序发展，又是社会保险基金投资营运的基本约束条件，尤其对基金制和统账结合的社会保险制度而言，金融市场的现状及其在未来的健康发展，更是至关重要的制度性约束。

6. 社会保险基金管理的内外部条件的协调。社会保险基金管理是一个极为复杂的系统工程。它既同经济发展、宏观经济运行乃至国际经济运行密切相关，又同金融市场、财政收支状况、法律制度环境具有十分密切的内在关联。不仅如此，社会保险基金管理的绩效，又在很大程度上取决于社会成员对各项规则的自觉遵从意识，取决于信任和信用关系的基础性制度环境的约束。在某种意义上制度文化条件的约束，对社会保险基金管理的可持续发展，具有十分关键的意义。

（二）社会保险基金管理的意义

1. 有助于社会保险制度的正常稳定运行。随着我国社会保险制度的改革与深化，保险保障面将扩大至各类企业的广大劳动者，企业和个人缴费规模会随之增大，从而会较大幅度地增大社会保险规模。同时，基金部分积累筹资模式和多层次社会保险目标模式的确定，必然会积累起规模巨大的社会保险基金。2014 年社会保险基金总收入合计为 39 592 亿元，同比增长 12.3%；基金总支出合计为 32 977 亿元，同比增长 18.1%。基本养老保险基金累计结余 35 000 亿元。① 如何管理好日益增大的社会保险基金，对社会保险制度的正常稳定运行、实现社会保险的政策目标，具有至关重要的意义。尤其是对长期性的养老保险计划而言，能否有效管理基金并促使保险基金在动态经济中实现保值增值，能否有效抵御通货膨胀的侵蚀，是实现社会保险计划承诺的关键环节。因为积累的长期性使保险基金非常容易受到通货膨胀的严重影响，导致基金的贬值，若不妥善处置则既会影响社会保险金的实际购买力，也会影响积累的社会保险基金的总体支付能力。因此，强调社会保险基金通过有效的投资营运以获得较高投资收益，是最终实现社会保险政策目标的一项举足轻重的政策主张。

2. 有助于减轻政府日益增大的社会保险费用负担。世界上许多国家社会保险制度的经验教训表明，社会保险发展到一定阶段，均会出现保障面扩大，待遇水平不断提高，费用负担急剧增长的情况，使社会保险收支出现巨大缺口。为弥补社会保险计划的资金不足，政府不得不出巨资补贴，这已成为近年来西方国家财政赤字膨胀的一个重要导因。因此，实施社会保险基金管理，注重基金的投资营运，既有助于保证基金的保值增值，又有助于增强基金的经济实力，减轻政府负担。显然，对社会保险计划而言，政府将承担最后的责任。

社会保险制度可持续发展的关键主要是财务收支的中长期平衡，基金管理的成效在很大程度上有助于实现社会保险可持续发展，亦有助于减轻政府的财政压力。强化基金管理对于减轻国家财政的社会保险支出负担具有十分重要的意义，且已成为不少国家社会保险改革中的一个重要内容。

3. 有利于促进经济发展。各国社会保险制度的运行及走势表明，它已经不再是传统意义上简单地为国民提供经济保障的一种货币收支计划，而成为制约和影响一国经济运行的不可忽略的重要方面。社会保险制度的运行对储蓄、投资、财政金融状况、金融市场乃至国民经济活动均会产生重要的影响。通过强化社会保险基金管理，提高社会保险基金的投资营运效果，注重投资方向与结构的调整，将有利于促进经济发展，促进国家基础产业的较快发展，促进金融市场的发展与完善。尤其当规模巨大的社会保险基金不是简单地用于弥补政府预算赤字，而是直接用于促进经济增长时，势必对长期经济发展产生巨大的促进作用。经济的稳

① 李忠："人力资源和社会保障部 2014 年第四季度新闻发布会"，国务院新闻办公室，2015 年 1 月 23 日，www.scio.gov.cn.

定与协调发展，又是社会保险健康发展的不可或缺的前提条件。在此意义上，注重社会保险基金管理对经济的促进作用，已成为许多国家社会保险制度改革发展的重要发展特点。

二、社会保险基金管理模式比较

社会保险基金管理模式一般划分为信托基金管理模式、基金会管理模式、商业经营性基金管理模式。

（一）社会保险信托基金管理模式

社会保险信托基金管理模式，即将社会保险基金委托给某一专门机构（如财政部）管理，并负责基金投资营运的基金管理模式。美国、日本等国的社会保险基金管理均属这种模式。

社会保险信托基金管理模式的特点：（1）社会保险基金管理与国家财政密切关联，或由财政部直接管理，或由财政部、社会保障部、劳动部及非政府人士组成的专门委员会管理。（2）社会保险信托基金主要用于购买国债，大部分基金是作为政府预算计划的一个重要支柱而投向公共部门。（3）投资风险由财政部承担，如发生基金收支失衡和投资损失，财政部必须通过政府其他收入来保证支付社会保险金。（4）社会保险信托基金的投资营运与财政收支平衡状态和国债市场密切相关，常作为弥补财政赤字的一个砝码。

通过信托基金的方式对社会保险基金投资营运进行管理，必须建立于严格的法律和规则基础之上，并形成系统的管理程序。如法国社会保险信托基金管理包括几个基本环节：（1）确定管理运行参数。信托基金机构根据有关法规的要求，确定管理运行参数，以保证社会保险支付需求的兑现。（2）预测基金投资目标。信托机构根据各种变动参数，确定基金需求的收支差额，确定投资目标及项目。（3）确定投资期限。（4）对基金投资风险和收益进行评估，以提高基金管理的效果。

（二）基金会管理模式

通过基金会形式组织管理社会保险基金是不少国家采取的管理模式。如新加坡的中央公积金局，作为一个高度集中统一的基金会组织，既负责社会保险基金的日常支付，又负责实施基金管理和投资营运。新加坡的社会保险制度是以个人账户为基础，强制储蓄、集中管理的独特模式。国家通过中央公积金局依法实施基金管理，同时作为公积金投资的信托人，遵循公积金法和信托法进行资金投放。公积金局直属劳动部管辖，并由11位董事组成的董事会负责管理中央公积金。基金投资营运主要投资于政府公债，旨在保证投资的安全和有效，同时使国家获得大笔资金投放于社会公益部门。公积金存款的80%以上用于购买国债，投入经济建设，形成了增加积累—发展经济—扩大就业—提高工资—增加积累的良性循环，实现了经济发展与经济保障目标的协调与统一。

（三）商业经营性基金管理模式

商业经营性基金管理模式是指由政府规划并授权的基金公司组织实施社会保险的基金管理模式。主要是以智利为代表、在一些拉美国家推行的社会保险基金管理模式。这种模式下的社会保险基金由专门的基金管理公司按照商业竞争性原则组织实施管理和投资营运。几十年来，智利已建立起25家私营性质的社会保险基金公司，政府依法授权这些公司管理社会保险基金，并代表投保人使用这些基金参加生产性投资及法律允许的股票、债券和金融证券投资。

智利是世界上最先推行将社会保险计划按私营或商业经营方式管理的国家，区别于新加坡的公积金局的集中管理模式，智利模式引入了竞争机制，在很大程度上改变了原有体制资金营运效益差、资金严重流失的弊端，为各国社会保险基金管理创立了一个新的模式。其主要经验在于：(1) 专人专户，一家公司负责一项基金计划，以实现基金运行的简化、透明化并强化监督管理作用。(2) 将社会保险基金的管理营运纳入严格法制化、规范化、制度化的轨道，通过规定最低准备金额、基金投资限额来实现基金的正常运行。(3) 建立有效的监控体系和制定严格的投资规则，以确保基金营运的安全性和盈利水平。智利模式的运行结果表明，商业经营性社会保险基金管理模式为不少国家提供了一些可供借鉴的经验。

需要强调的是，在构建和选择社会保险基金管理模式时，应高度重视几个基本原则：

第一，强调基金管理的自主性和相对独立性。社会保险基金的有效营运，涉及广大职工的基本生活保障，关系到社会保险制度的成败，因而国家应从立法角度对社会保险基金管理加以明确规定，不能随意挪用社会保险基金，不能简单地用以弥补政府赤字。

第二，强调基金管理的安全性和效益性原则，不论采取何种基金管理模式都应高度重视协调处理好安全性和效益性原则，二者是实现基金有效管理的前提条件。因为实现社会保险基本目标既要求社会保险基金的安全营运，又要有适度的收益性。

第三，强调预测分析和科学决策原则。尤其应使基金管理建立于短期与长期收支平衡的预测估计之上，避免基金管理中的重大失误。

三、社会保险基金管理途径

社会保险基金管理主要有财政集中型管理、多元分散型管理和专门机构型管理三条途径。

（一）财政集中型管理

财政集中型管理指以建立社会保障预算或直接列入财政预算的方式管理社会保险基金。前者强调社会保障预算与政府一般预算项目分离，作为专项预算，在政府预算中保持相对独立性，不能直接动用社会保险基金弥补政府财政赤字。后者则将社会保险收支与政府预算融为一体，当社会保险收大于支时，政府可将其用于安排其他支出，或将其用来弥补财政赤字；当社会保险收不抵支时，则通过财政预算拨款予以弥补。社会保险基金管理的这种方式侧重于通过向一级市场购买国债、定向认购社会保险特种债券或直接列入财政预算，这些体现了国家财政集中管理的特性。基金管理具有风险低、保障收益和易于操作等优点。但国家在运用资金时，也将完全承担投资风险。在较高通货膨胀率的背景下，国家应提高国债利率以保障基金价值不遭贬值。因此，财政集中的管理途径有助于保障基金实现安全投资营运，但在保值增值方面存在某些局限性。同时，积累的社会保险基金可能被用于弥补财政赤字，将社会保险责任的兑现推给未来政府承担。

（二）多元分散型管理

多元分散型管理指社会保险基金委托银行、信托公司、基金管理组织等金融机构管理营运，通过金融机构进行信托投资，并规定最低收益率。这种基金管理途径具有手续简便、收益能够保证的特点。在实际操作中，为降低社会保险基金的风险，一般采取委托人不具体指定投资对象和范围的信托投资方式，由金融机构全权经营管理，并承担风险，基金可以获得利息收益外的年终分享利润。为使社会保险基金获得较大投资回报和分散风险，一些国家委托多家金融机构进行投资，这就逐渐形成了较为完善的多元分散型基金管理途径。尽管这种管理方式强调投资收益性，但在高通货膨胀率的背景下，仍使预期投资收益水平难以实现。

目前，我国的社会保险基金绝大多数由社会保险机构委托国有商业银行划拨，存入社会保险基金账户，并由其进行投资管理。这种管理途径存在诸多问题，如对基金的保值增值难以进行有效监管，基金的征缴上存在隐性流失，基金管理与投资规则尚未健全等，这些问题在相当程度上制约了基金管理。

（三）专门机构型管理

专门机构型管理指由相对独立的社会保险基金管理公司和社会保障银行等专门机构负责社会保险基金的管理和投资营运。作为对社会保险基金进行管理的专门机构，其董事会由财政、金融、劳动、工会、社会保险机构等有关方面代表组成。在严格规范、严格监控的条件下，专门机构集中管理社会保险基金，负责投资营运和投资组合，并实现保值增值的目标。

第三节　社会保险基金的投资营运

一、社会保险基金投资营运的基本原则

社会保险基金的投资营运及其效果关系到社会保险制度能否正常运行，关系到能否实现社会保险的政策目标。因此，对社会保险基金的投资营运，各国都采取了十分谨慎的态度，制定了严格的投资规则，并特别强调遵循以下几个基本原则。

（一）安全性原则

社会保险基金投资的安全性原则是指保障基金投资风险较小，并能确保取得预期投资收益。安全性原则是社会保险基金投资必须遵循的一个最基本的原则。尽管它也是一般融资活动须遵守的基本原则，但社会保险基金所担负的特殊社会政策使命，使安全性原则尤为重要，它关系到几代人的经济保障利益，关系到社会经济、政治的稳定。如果投资风险较大，不但无法获得预期投资收益，而且容易危及社会保险的经济基础和社会基础，影响社会公众对社会保险制度的信心。因此，对社会保险基金投资安全性的要求，要高于一般融资活动。在选择投资方向和项目时，一定要慎重，应经过周密的可行性研究与反复论证，并在投资规则、准备金限额、监督管理等方面均应体现和贯穿安全性原则。

（二）盈利性原则

社会保险基金投资的盈利性原则是指在符合安全性原则的条件下，基金投资取得最大的投资收益。在动态经济条件下，强调社会保险基金投资的盈利性原则，对于抵御通货膨胀风险对社会保险基金价值的侵蚀，真正实现基金的保值增值，为社会保险计划提供更多的资产收益，减轻国家、企业和个人的负担，并从长期发展战略高度确保社会保险目标的最终实现都具有非常重要的意义。

（三）流动性原则

社会保险基金的流动性原则是指在投资中能够随时变现以支付各类保险费用。对于短期性社会保险计划而言，投资的流动性原则显得尤为重要，因而投资时应有妥善的计划、精确的计算，根据各种保险金支付需要，确定变现的额度和资金融通的灵活性。

需要指出，上述几项社会保险基金投资的基本原则，在实际运用中往往难以同时满足。如高收益与高风险相关联，安全性与低收益相关联，因而应当在全面和充分考虑的基础上，强调从总体上体现社会保险基金的安全性原则而在具体的投资项目和投资组合上灵活体现投资三原则，以便在组合的投资效益中，既体现社会保险基金安全性的要求，同时又体现较高投资收益和合理流动性的要求，从不同层面贯彻社会保险基金的投资原则。因此，在社会保险基金投资营运中，应特别注意投资期限的合理搭配和各项投资比例的合理组合。所谓投资期限的合理搭配，是指在预测社会保险基金可使用期限的前提下，确定其投资期限，进行长期、中期、短期投资项目的合理搭配，从而在保证基金专款专用的前提下，获得较好的综合投资效益。所谓各项投资比例的合理组合，是指社会保险基金用于各投资项目的比例。如对投资于政府公债、银行贷款、定期存款等项目的资金保持较合理的比例。应当进行科学合理的组合，对某些投资项目，如股票和房地产，必须规定严格的投资限额，以便在严格保证基金安全的前提下获得较高组合性投资收益。

二、社会保险基金投资营运的结构和方向

由于社会保险基金的投资营运不仅有助于基金本身的保值增值，而且有利于促进经济发展，因而无论是发达国家、经济转轨国家，还是发展中国家都十分重视社会保险基金的投资。同时，基金的保值增值、投资效益的大小，除受宏观经济环境和内外部投资环境的影响外，在很大程度上取决于基金投资营运的结构和方向。一般而言，社会保险基金投资营运的结构和方向主要有以下几种类型。

（一）政府公债

政府公债是社会保险基金投资最普遍的一个项目，尤其是众多工业化国家，社会保险基金几乎全部投资于政府债券。如美国社会保险基金几乎都用于购买政府长期国库券和短期公债；英国规定主要用于购买政府发行的公债；瑞典年金计划的基金全部投资于政府债券。拉美国家社会保险基金投资最为普遍的项目是政府债券。因为公债利率通常低于商业银行的存款利率，如果政府予以适当干预，使公债利率高于同期通货膨胀水平和商业银行存款利率，可保证投资于政府债券的基金获得一定水平的投资收益。

（二）金融资产

这里的金融资产指银行大额存单、政府担保性债券、公司债券、抵押债券、股票及不动产等这些能够使社会保险基金获得较高投资收益的投资对象。由于金融市场的发展完善和通货膨胀风险的日益突出，一些国家在严格投资规则和规定投资金融资产限额的前提下，社会保险基金允许投资于部分金融资产，以期获得较高的投资收益。一般对银行大额存单、银行存款的投资限额较宽，允许其占总额的40%左右，而对公司债券、抵押债券等的投资限额规定较严，不得超过基金的10%，以保障基金投资总体水平的安全和较高的投资收益。我国于2015年8月颁布实施的《基本养老保险基金投资管理办法》规定，银行活期存款，一年以内

的定期存款，剩余期限在一年以内的国债、债券回购等投资比例合计不得低于养老基金资产净值的5%；对投资股票、股票基金、混合基金、股票型养老金产品的比例，合计不得高于养老基金资产净值的30%。①

（三）各类贷款

社会保险基金投资的另一类项目是各类贷款，包括住房贷款、个人贷款及工商业贷款等。住房贷款是社会保险基金的重要资产，与社会保险政策结合起来运用，既可以体现投资效益，又能促进住房社会保障目标的实现。一些拉美国家允许以向个人提供贷款的方式进行投资。由于带有某种公益投资性质，因而收取较低的贷款利率，并限制贷款的具体用途。还有一些国家，如土耳其、埃及等，将社会保险基金用于向国有企业发放信贷，支持国有企业发展，实现基金的保值增值。对补充类养老保险基金投资限额相对宽松。

（四）有形资产

社会保险基金也投资于有形资产，主要用于建设医院、其他医疗设施、公寓等。绝大多数国家社会保险基金投资于有形资产的份额都比较低，只有个别拉美国家为抵御高通货膨胀风险对基金的不利影响，将社会保险基金的一半以上用于有形资产投资。如墨西哥社会保险基金的绝大部分投资于建造医院、公寓和重复修建的设施，所有项目均无投资收益可言。因此，墨西哥成为拉美国家社会保险基金投资效益最差的国家之一。

社会保险基金投资应在遵循投资原则的条件下，注意基金投向、投资数量、投资结构、投资组合的协调。社会保险基金通常投资于政府公债、金融资产、动产及不动产，但各类投资项目在风险性、收益性、流动性方面各有差异。投资政策的实施效果则较大程度地取决于如何合理、有效地处置各类投资项目。因此，应注意投资期限的合理搭配，优化投资结构，并采取适当优惠措施，促进实现基金保值与增值的政策目标。

三、强化社会保险基金投资规则

社会保险基金的各项投资规则应在立法机构颁布的社会保险法令、法规中加以体现，从法律角度严格投资规则，确保各项投资活动顺利进行。社会保险基金投资规则的主要内容包括：（1）对社会保险基金管理机构或信托投资机构的责任权限进行严格规范。如履行国家各项投资法令，保证投资项目的安全有效，并对投资活动承担经济与法律责任。（2）规定投资最高限额、投资各类项目的比例、禁止或限制投资的限额、投资准备金的规模与安全警戒线确定等投资规则，流动准备金与总准备金的比例限额等。（3）投资收益数额与税收优惠方面的规定。（4）资产管理与负债管理准则。（5）社会保险基金管理的财务会计规则。

四、完善社会保险基金管理的外部环境

社会保险基金管理除取决于正确和适当的投资政策、完善的投资规则与监督管理体系外，经济环境、金融市场条件及有关法律、人文条件也是制约和影响社会保险基金投资成败的重要因素。

首先，如同其他投资计划一样，社会保险基金的投资营运在很大程度上取决于经济发展

① 国务院关于印发《基本养老保险基金投资管理办法》的通知（国发〔2015〕48号），2015年8月24日，http：//www. ssf. gov. cn。

的客观条件，如总供给与总需求的平衡条件，国家财政、信贷收支状况等总体经济指标，另外还直接受到通货膨胀、工资收入变化情况、税收政策等因素的影响。研究这些因素的变化趋势和对短期、中长期社会保险基金营运的影响程度，具有十分重要的作用。

其次，对中国和许多发展中国家而言，缺乏完善的金融市场是制约社会保险基金投资营运的一个重要因素。无论是国家基本社会保险计划，还是补充社会保险计划，积累的基金无论以何种形式和数量规模存在，都会直接或间接参与金融市场的融资活动。因此，金融市场的发育及完善程度将直接影响规模日益扩大的社会保险基金保值增值目标的实现程度，尤其对实现基金投资项目的有效组合更具有至关重要的影响作用。

最后，完善法律体系建设，强调社会保险基金管理机构与行业自律，对强化基金管理与投资营运具有重要意义。重视社会保险基金管理中若干非经济制度因素的制约作用，对于培植良好的基金管理外部环境，具有不可低估的重要决策价值。

第四节　社会保险基金监管

一、社会保险基金监管的概念

社会保险基金监管是国家授权专门机构依法对社会保险基金收缴、安全营运、基金保值增值等过程进行监督管理，以确保社会保险基金正常稳定运行的制度和规则体系的总称。社会保险基金监管体系的主要内容包括对社会保险基金营运机构的选择与确定、制定各项监管规则、设计社会保险基金营运的指标体系、实施社会保险基金的现场监管与非现场监管、确保社会保险基金的长期稳定运行和实现社会政策目标。

社会保险基金监管在全球范围内是一个崭新的课题。由于欧美国家长期以来实行现收现付财务机制，基金的营运也需要对其进行监管，但毕竟范围和规模均相当有限，社会保险基金的监管问题并不十分突出，通常由社会保险信托基金管理机构依法对其进行监管。随着多数国家社会保险实行部分积累的财务机制，多层次社会保障的制度构架受到普遍关注，社会保险基金的规模日益扩大，基金的投资营运、基金同资本市场的互动等都使监管问题日益突出，构成各国社会保险改革进程中备受关注的热点问题之一。

社会保险基金监管是一项极为复杂的涉及几代人经济利益关系的社会系统工程，因此，社会保险基金营运系统的复杂性决定了对其监管应注重协调。基金监管的绩效，既取决于监管体系自身和各项规则的制定，又取决于与金融、经济、税收、法律等部门的综合协调与配套，社会保险基金监管的配套是提高监管绩效的重要内容。

社会保险基金监管的首要任务在于确保社会保险基金的安全营运，确保社会保险政策目标的实现。随着社会保险制度的建立健全，社会保险基金规模占资本市场的比重会日益提高，基金的营运无疑会对资本市场和经济发展带来正反两方面的影响。但与其他基金项目不同之处在于，社会保险基金作为国家社会政策的物质基础，它的运作，不仅会影响资本市场和经济发展，而更重要的并且是第一位的目标，在于实现社会保险政策目标，实现社会稳定。基金营运的失误，不仅会影响社会保险制度的稳定运行，而且会危及社会稳定，因而实现社会保险基金的长期安全营运是监管的首要任务。

二、社会保险基金监管模式选择

社会保险基金监管的有效性在很大程度上取决于基金监管模式的选择。尤其是当分析的视角不是仅仅局限在运行机制和技术层面，而是立足于各国具体的经济、政治、社会和文化等制度环境，必然会把社会保险基金监管模式选择置于重要的地位。长期以来，社会保险基金监管均是置于政府机构的直接控制之下，或由政府严格规范，委托专门机构实施监管。近年来，随着经济自由化、贸易自由化、金融保险自由化的呼声日益增大，随着社会保险基金部分筹资模式和完全筹资模式受到普遍重视，私营分散化管理，强调基金营运机构竞争的市场化管理模式成为引人注目的国际潮流，政府集中的监管模式受到较为激烈的批评。目前，形成的以智利为代表的拉美国家，以波兰为代表的东欧国家，在社会保险基金的私营分散化管理模式、投资营运绩效、投资风险控制等方面积累了重要的经验，对我国的社会保险基金监管体系的构建，具有一定的借鉴意义。

然而，对选择何种基金监管模式，则应考虑我国的具体情况。通过私营竞争性养老金基金管理公司实施第二、第三层次保险计划已成为多数高收入国家和新兴市场国家的重要趋势。在此背景下，国际经验的影响力很有可能使我们更偏重于建立分散竞争性基金监管模式，而忽略对集中监管模式适合性的深层次思考。显然，基金管理基金的选择绝非技术机制的简单移植，亦非 Know-how 即可立即奏效。选择相对集中、有较高社会公众信用基础并相对独立的社会保险银行，强调管理的相对集中性和有限竞争性原则，强调法规管理和对管理者监控相结合的管理方式，有其积极意义。探索集中与分散相结合的基金监管模式。社会保险基金监管的一些具体技术和方法，拉美及东欧经验可资借鉴。尤其是在国际金融危机的警钟声中，我们更应冷静思考危机的内在根源，2015 年 8 月，新颁布的《基本养老保险基金投资管理办法》确立了我国基本养老保险基金集中管理模式，由全国社会保障基金理事会集中受托管理，这为我国社会保险基金监管模式由集中监管向集中性与有限竞争性结合转变提供了制度空间。

三、社会保险基金营运机构资格审定

无论是采取以专门机构如社会保障银行或社会保障基金理事会的形式构建相对集中的营运机构，还是构建分散的、适度的、竞争的养老金基金管理公司，抑或委托现有金融机构实行社会保险基金的投资营运，都必须高度重视对营运机构的审批程序和严格的资格审查。一般而言，当社会保险基金管理机构只负责社会保险基金的收缴、基金账目的保管、会计事务的处理、基金收益的年度调整及信息披露等日常管理活动，而由外部机构负责投资营运时，对基金营运机构的监管主要通过对机构账目的定期审查来实现对其日常经营活动的监管。如基金管理机构同时负责基金投资经营时，对其监管包括经营资格审查（如最低资本金要求、经营业绩记录、专业基金经理的资格审定等）、投资监管（如投资组合规则及其限额、最低盈利限制等）和日常经营活动监管①。

应当强调，对社会保险基金营运机构的监管，除了制定各类规则和注重投资营运过程的

① 伊志宏：《养老金改革模式选择及其金融影响》，179 页，北京，中国财政经济出版社，2000。

监管外，对高级管理者的选拔任用和实行监管具有十分关键的意义。否则，各类监管规则的实施效果必然大打折扣。因此，加快专门管理人才的培养，是实现社会保险基金有效监管的有战略意义的重大决策取向，应当引起决策部门的高度关注。

四、建立社会保险基金监管的法律规则体系

1. 建立健全社会保险基金监管的法律监督体系。社会保险基金的收缴、保管、投资营运及保险金的给付都必须纳入法律监管体系。社会保险基金的强制性、社会政策目的性等基本特征，决定了社会保险基金监管的全过程均须遵循国家有关法律，做到有法必依、执法必严、违法必究。社会保险基金的征缴、运作和有效监管是社会保险基金监管制度构建的关键性环节，必须从立法角度予以保障，严格规范企业、个人的费用征缴。由政府专门机构对基金的保管、调拨、投资营运、风险控制及保护机制构建等，通过政府立法和各项法律制度的完善予以明确定位。我国《社会保险法》对社会保险基金监管有重要规定。

2. 发挥社会保险基金监管委员会的重要作用。国际经验表明，社会保险基金监管委员会不仅在基金日常监管方面发挥着重要作用，而且在基金投资营运的重大投资决策、长期投资战略方面发挥着重要决策咨询和监管作用，对社会保险基金的稳健营运、避免投资决策的重大失误、构筑基金投资的风险防范体系等方面具有举足轻重的作用。由于社会保险基金自身的特点，必须强调对基金的综合监管。社会保险基金监管委员会由经济、财政、金融、保险、审计、工会、工商界代表及专家组成，地位较为超脱，能够对社会保险基金投资的长期策略、投资方向及投资组合限额、基金的安全营运及风险控制作出科学评价，在基金营运的决策失误预防和风险补偿机制构建等方面，发挥非常重要的作用。

3. 构建社会保险基金监管的规则体系。社会保险基金的有效监管需要建立健全管理规则体系。欧美、拉美及东欧国家已在这方面积累了丰富的经验，如制定控制规则、资产分散规则、外部管理规则、投资组合规则、外部审计与精算规则、信息披露规则等。这些规则对于降低系统风险、代理风险和投资风险具有重要作用。控制规则一般规定董事会的构成、投票权、董事会成员的权利与义务，有助于强化基金控制和降低代理风险。制定资产分散规则的目的在于使养老金基金的收缴、集中与基金管理公司管理的资产进行分散管理，以便保护职工的利益，限制系统性风险和代理风险。社会保险基金的有效监管，需要政府对基金营运公司的信息披露作出严格的规定，实现社会公众的外部监管目标。在社会保险基金投资组合规则逐步放宽的背景下，基金投资营运的安全保障显得尤为重要。大多数国家对补充层次的养老金基金投资都规定了最低投资收益保障条款，通常以各个养老金基金投资的平均收益水平或市场投资盈利水平为参照，如智利规定最低投资收益应等于行业平均投资收益的50%，而阿根廷为70%。

资料与案例

养老金委托社保基金会运营　投资如何保安全？

广东省城镇职工基本养老保险结存资金 1 000 亿元于 2012 年正式委托全国社会保障基金理事会投资运营。长期以来，地方管理的养老金主要用于购买国债和存入银行，收益率过低，不利于

养老金保值增值。那么，这次广东千亿养老金投资方向如何？为何广东一地养老金结存资金能达千亿规模？如何投资运营，才能确保百姓养老钱更安全？

委托运营并非“入股市”

2012 年 3 月 19 日，全国社会保障基金理事会和广东省政府以及有关方面在北京签订了委托投资协议，全国社会保障基金理事会将受托投资运营广东省城镇职工基本养老保险结存资金 1 000 亿元。

对此，全国社保基金理事会新闻发言人表示，全国社保基金理事会受托投资运营广东省部分养老金，得到社会各方面的正确解读。但是，也有一些媒体和个人把“委托投资运营”误读为“委托入市”，理解为入股市，这是不准确的。

这位发言人说，长期以来，地方管理的养老金主要用于购买国债和存入银行，收益率过低，不利于养老金保值增值。“十二五”规划提出“稳步推进养老金投资运营”。经过广东省政府和全国社保基金理事会多次协商，经国务院有关部门同意，并报经国务院批准，全国社保基金理事会受托投资运营广东省 1 000 亿元基本养老保险资金。全国社保基金理事会从 2006 年开始受托管理中央财政补助 9 个省份政府做实个人账户资金，获得较高收益率。全国社保基金理事会受托投资运营广东省部分养老金，将采取更为审慎的投资方针，该项资金将主要投资于国债、银行存款、企业债、金融债等有固定收益的产品，委托人可获得不低于同期银行定期存款利息的收益。

广东为何能筹资千亿

全国社保基金理事会从 2006 年 12 月开始，受托管理中央财政补助 9 个试点省份做实基本养老保险个人账户资金。截至 2011 年底，共受托管理个人账户基金本金 543. 62 亿元，获得记账收益及风险准备金 114. 31 亿元。而此次广东委托全国社保基金理事会投资运营的资金数额高达千亿元，引发社会各方关注。广东基本养老保险结存资金何以有如此大的规模？

对此，西南财经大学保险与社会保障研究中心主任林义表示，按照国家之前的政策，地方政府管理基本养老保险要存入财政专户，但是各个省份的规模有大有小。之前全国已经有 9 个省份做实基本养老金个人账户，并将这部分资金直接委托给全国社保基金理事会运作，只是规模没有这次广东的大。而广东能拿出 1 000 个亿委托社保基金理事会进行投资，与广东经济自身发展状况好、基金积累规模较大有很大关系。

有业内人士称，目前广东退休人员较少，与之相对的是外来务工人员规模庞大，年轻劳动力多，造成基本养老金缴纳数量大，支出使用较少，因此形成了大量的沉淀资金。

还有人表示，广东城镇职工基本养老保险之所以可以结存资金达千亿元，与广东本身实现养老金更高层次的统筹有关。

据广东省人力资源和社会保障厅介绍，从 2009 年 2 月开始，广东正式启动养老保险省级统筹。通过各市自查自评和省里统一验收，目前全省 21 个地级市已全部通过养老保险市级统筹验收，实现基金市一级统收统支。同时，逐步统一全省养老保险缴费比例和缴费基数，完善社会保险费地税征收工作，并实行省级统筹基金预算管理办法，均衡了全省养老保险负担，提高了全省基金调剂保障功能，广东省养老保险运行质量得到全面提升。

广东省人社厅的数据显示，截至 2011 年底，全省企业养老保险在职参保人数达 3 233 万人，较 2009 年底增加 952 万人，增幅 41. 7%；企业养老保险基金累计积累比 2009 年底增加 63. 7%。

投资须保安全稳收益

根据人社部统计，截至2011年底，我国养老保险基金累计结余约1.9万亿元，目前这些养老金主要用于购买国债和存入银行，扣除通货膨胀率，10年年均收益率为负数，对地方养老金进行投资运营无疑将更有利于其保值增值。

人社部副部长胡晓义此前曾表示，养老金结余资金要通过安全投资，实现保值增值。随着资金积累的增加，应当考虑采取措施避免贬值。胡晓义强调，社会保险基金的投资，必须把安全放在第一位，是在确保安全的前提下争取在一个较长周期内实现保值增值。投资有多种选择，但都必须符合安全第一、收益稳定、全部收益用于参保人这几条基本原则。

林义表示，基本养老保险基金和社保基金委托的企业年金及其本身管理的战略储备基金不太一样。它和我国社保体系的运转直接关联，不能出一点差错，所以安全性应该放在第一位。如果社保基金投资业绩与风险控制不好，会直接影响社会公众对社会保障制度的信心，这是一个需要审慎对待的问题。

林义说，社会保险基金投资管理需要强调分层管理，基本养老保险基金如何保值增值要谨慎处理，作为战略储备基金的部分可以有一定比例投放资本市场，但是还是要严格保证投资运营的安全性。

对于养老金投资运营的方向，林义特别强调，养老基金更应该向实体经济如高速铁路等投资，同时，投资长期定向国债项目也是很好的选择，这样安全性得到了保证，也实现了保值增值的目标。即使美国的社会保障基金，政府管理部分仍然是购买国债。我国社会保险基金应该投资于特种国债项目，回报率比一般国债要高。

目前养老金投资是集中到中央某个部门还是分散到各个省尚有分歧，国家相关部门还在研究具体的办法。对此林义主张集中到一个部门进行运作效果更好。他解释说，如果养老金交由各个地方各个机构分别运作，受专业化的投资管理限制，风险也很难管控。但是这又涉及一些复杂的问题，比如地方政府可能更愿意把养老金留在本地，作为本地经济发展的推动力。

美国养老金投资——先保值再增值

美国养老金种类繁多、投资渠道广泛。美国养老金由联邦社保基金和形式多样的个人、企业补充养老金构成。联邦社保基金起到养老保障基本支撑作用，其风险承受能力弱，以基金保值为首要目的。各类补充养老基金，如地方政府及企业雇主发起的养老基金一般进入资本市场进行长期投资。

在美国，人们经常提到的401（K）计划就属于后者的一种。它是由雇员、雇主共同缴费建立起来的完全基金式的养老保险制度。2011年，大约60%接近退休年龄的美国人拥有401（K）账户。

金融危机中，美国养老金体系遭遇较大冲击。2008年美国养老金资产市值缩水到14万亿美元，比2007年下降22%。除联邦社保基金略好外，其他类型的养老金资产市值都大幅缩水。

对此，美国政府采取了两方面应对措施。一是直接救助，如2008年9月提供850亿美元紧急援助，接管涉足养老保险业务的美国国际集团。二是调整养老金资产配置和投资比例。2008年初，美国的养老金约57%投资在美国国内或外国的股票资产上，但到2008年底，这一比例下降到41%，债券类资产配比从27%增长到40%，现金类配比基本保持不变。

目前，美国养老金投资从偏重美国股票、债券等，转向房地产、非美国股票以及私募股权等，使养老金总体投资风险下降。此外，还开拓了不同市场资产类别的多元化配置，如基础设施、房地产、私募股权投资基金等投资渠道。

最为明显的是，美国养老金逐年增加对对冲基金的投资，去年共投资630亿美元。目前越来越多的养老金正在考虑投资对冲基金。咨询公司Cliffwater估计，未来96个美国州养老金系统中将有52个投资对冲基金，而2006年仅为21个。

此外，美国公共养老金正在加大对基础设施建设的投资。加拿大皇家银行全球资产管理部研究主管斯考特·辛哈说："基础设施建设投资需求巨大，而规模庞大的养老基金正好能够满足这一需求。"

美国工程师协会2009年发布报告称，美国至2014年将需要2．2万亿美元用于修建高速公路、港口和运输管道。

麦格理基建公司首席执行官克里斯托弗·莱斯利介绍说，目前美国有25个州的养老金已经参与到基建项目中，未来这一趋势将得到延续。（据新华社纽约3月20日电）

资料来源：《养老金委托社保基金会运营　投资如何保安全?》，载《人民日报》，2012年3月22日。

思考题

1. 什么是社会保险基金？它有何特点？
2. 简述社会保险基金的运行条件与平衡条件。
3. 试述社会保险基金管理的重要意义。
4. 试比较几种社会保险基金管理模式的特点。
5. 社会保险基金管理主要有哪些途径？
6. 如何实现社会保险基金的有效监管？

第五章
养老保险制度

本章知识结构

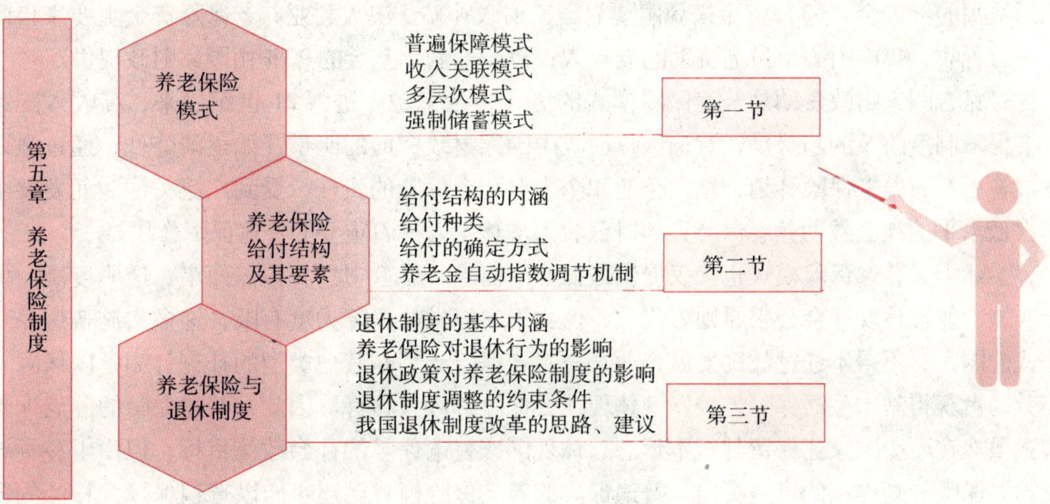

学习目标

- 熟练掌握不同养老保险模式。
- 理解养老保险给付结构的内涵和给付种类，了解养老保险给付的确定方式和养老金自动指数调节机制。
- 了解退休制度的基本内涵，理解退休政策（行为）与养老保险（制度）的互动关系；熟悉退休制度调整的约束条件。
- 了解我国退休制度改革的思路和建议。

第一节　养老保险模式

从世界各国推行养老保险制度的实践看，可以把养老保险划分为四种模式：普遍保障模式，收入关联模式，多层次模式，强制储蓄模式。

一、普遍保障的养老保险模式

这种模式强调的原则是：对不能依靠自身劳动满足自己基本生活需要的老年居民普遍提供养老保障。北欧国家及英国、澳大利亚、新西兰等国均采用此种养老保险模式。

普遍保障的养老保险模式是指国家为老年人提供均一水平的养老金，以保障其最低生活水平的养老保险计划。

普遍保障模式的特点是：（1）实施范围广。普遍保障的养老计划覆盖全体国民，甚至覆盖在本国侨居一定年限的外国居民，因而是一种人人皆养老的保障计划。（2）与个人收入状况无关。无论是不是工薪劳动者，也无论退休前工资多少，或是否有稳定的职业和收入，均为其提供均一水平的养老金。在一些国家如瑞典，普遍养老金的给付与领取者对社会的贡献大小、以往的收入、家庭生活状况以及投保时间均无关系，凡达到法定退休年龄，均可获得相同数额的养老金。（3）资金来源主要靠国家财政补贴。澳大利亚养老保险资金主要来自政府公共税收，集中财力给最需资助的老年人；丹麦养老金基金的90%由国家财政提供。

可见，国家财政资助是普遍保障模式的主要资金来源。进入21世纪以来，高收入国家社会保障制度改革的趋势是，普遍保障模式中国家财政资助的比重开始逐渐降低，通过强调发展各类补充养老保险计划，增大企业和个人对社会保险的责任，受到广泛关注。而发展中国家低水平的社会救助养老保险计划对低收入群体则发挥着重要的普遍保障作用。

实际上，普遍保障模式也仅仅提供最低生活需求。尽管它具有覆盖面广、透明度高、便于实施、能够体现社会公平原则等优点，但由于它提供的保障力度有限，许多实施普遍保障模式的国家，不得不通过鼓励发展企业补充养老保险计划和其他类型的补充计划，以保障老年劳动者获得基本生活保障，较好地体现社会保险的政策目标。因此，普遍保障的养老保险模式虽然在不少国家还保留其基本形态，体现国家普遍保障的社会政策目标，但由于各种补充养老保险计划作用的日益突出，普遍保障的养老保险模式已逐步向以普遍保障为核心的多层次养老保险模式过渡。

二、收入关联的养老保险模式

它强调纳费与收入、退休待遇相关联，并建立在严格的保险运行机制基础之上。

收入关联的养老保险模式是指通过社会保险机制为工薪劳动者建立的退休收入保险计划。

收入关联的养老保险模式是世界上大多数国家实行的老年社会保险模式。收入关联养老保险模式的基本特点如下：

1. 实施三方负担的财务机制，是社会保险筹资方式的典型形式。养老保险通过企业、个人和国家三方负担社会保险费用，是自世界第一个养老保险制度在德国建立以来，社会保险制度一直遵循的一个基本原则。按照社会保险法律，企业和个人必须按工资或收入的一定比例缴纳养老保险费，从参加保险计划之日，缴纳养老保险费就与收入相关联。具体纳费比例各国规定不同，或是规定企业和个人按相同比例缴纳，或是企业纳费比例高于个人纳费比例。缴费工资基数一般规定有最低限和最高限，对低于或高于某一收入水平者按最低限或最高限征收保险费，以体现社会公平原则。政府也应负担一定的养老保险费用，具体出资方式和水平各国有不同规定。有的国家负担1/3，如德国、日本；有的国家平时不具体规定出资额度，只是以平衡收支的方式最后出台，如美国。国家资助亦可体现在税收、利息、政策优惠方面。收入关联的养老保险模式通过三方负担的财务机制，筹集养老金基金，并经多年的营运和积累，有助于养老保险制度的正常运转。

2. 实行与收入关联的给付机制。收入关联的养老保险模式的一个重要特征，就是养老保险的给付水平与收入相关联。保险金给付机制中最主要的部分是工资挂钩养老金，它以退休者在就业期间领取的最高工资或几十年的平均工资作为计算基础，将养老保险金与劳动者就业期间的劳动贡献建立起某种关联。不仅如此，收入关联养老保险给付结构和水平的更为重要的制约因素是收入替代率。它是指劳动者领取的养老保险金占退休前收入的比例，旨在表明养老金同劳动者退休前收入的某种关联，反映劳动者领取的保险金在何种程度上体现了养老保险的保障目标。因此劳动者退休前的平均工资、收入替代水平和投保期限共同构成收入关联保险金的给付水平。由于20世纪70年代以来的通货膨胀，各国都建立了保险金的指数调节机制，使保险金与物价波动、工资增长水平等建立起某种关联。一方面使养老保险金随在职劳动者平均工资的提高而提高，另一方面防止保险金因通货膨胀而贬值。

3. 具有较强的收入再分配特性。收入关联养老保险模式在筹资方式、给付结构等方面都有别于普遍保障模式和强制储蓄养老保险模式，呈现出较强的收入再分配特性，如缴费基数下限与上限的规定。给付结构中也有明显的不同代际间、不同收入水平间的收入再分配特性。通过特定的技术机制，高收入阶层向低收入阶层进行某种程度的收入转移，从而体现养老保险的社会政策目标。

4. 集中统一管理，社会化程度很高。作为在世界许多国家推行的养老保险制度，收入关联模式在立法管理、行政管理、信息管理等方面都强调统一管理。由于它与收入、职业相关联，大都经历了工业化、城市化的发展过程，制造业、加工业、一般行业、政府机构、服务行业的发展路径扩大了保险保障面，在一般工业化国家均具有很高的社会化程度，在较大范围内，实现了养老保险的社会政策目标。在不少发展中国家，由于二元经济的特定结构，收入关联的养老保险成为在城镇起主导地位的社会养老方式，发挥了重要的作用。

三、多层次的养老保险模式

多层次的养老保险模式是国家根据不同的经济保障目标，综合运用各种养老保险形式而形成的老年经济保障制度。

多层次的养老保险模式是第二次世界大战后在一些工业化国家逐渐形成，并在20世纪80年代颇受重视的养老保险模式。虽然多种保障形式的结合事实上是不少工业化国家已有的制度安排，如北欧诸国在普遍保障基础上建立的收入关联的保险模式，美国在政府社会保险计划基础上建立的对特殊社会群体的社会救助计划等，但较为典型的多层次的养老保险模式是指瑞士等国在20世纪80年代中期重大结构性改革后形成的三个层次的保障模式：第一个层次，由国家建立强制参加的国民年金保险制度，提供最基本的老年经济保障；第二个层次，建立法定的企业补充养老保险计划；第三个层次，建立个人储蓄性养老保险，旨在提供较高收入保障。同时，各个层次的保障程度及其协调都纳入国家的总体经济保障计划。

多层次的养老保险模式在发达国家引起重视，主要根源于福利国家的危机、各国日益增大的养老保险费用支出、养老保险与经济发展的内在关联性、人口老龄化的压力及国家承担过多责任的原有制度存在的种种弊端。在此意义上，第二、第三层次的养老保险计划逐渐被纳入国家总体养老保险计划之中，并给予了广泛的关注。对众多发展中国家以及经济转轨国家而言，多层次的养老保险模式对于解决面临的养老保险制度危机具有重要的现实意义。

1997年以来，世界银行、国际货币基金组织的专家在总结一些国家多层次的养老保险模式经验的基础上，提出通过五个层次构建新的养老保险模式。

第一个层次，由国家提供的非缴费救助型养老保障计划，也叫社会养老金。旨在为老年人提供最低水平的由政府担保的养老金。

第二个层次，国家举办的、以强制储蓄计划为特征的养老保险计划。它强调和鼓励劳动者的自我保障意识，在劳动期间为日后的退休经济保障提供资金积累和准备。通过这一层次，为处置劳动者面临的长期不确定收入风险提供保险保障。

第三个层次，国家举办的以收入再分配为特征的养老保险计划。它强调社会公平原则，为那些无法通过自我积累实现养老保险目标的低收入劳动者提供基本收入保障。同时，这一层次的保障有助于克服通货膨胀风险和难以预测的收入波动风险，保障劳动者实现最低限度的退休经济保障目标。

第四个层次，由企业建立的、国家予以税收等各项政策优惠的补充养老保险计划。它强调与就业相关联和提供补充退休收入保障，作为国家基本养老保险计划的补充，发挥日益重要的作用。

第五个层次，由劳动者个人和家庭建立的以自愿储蓄或其他方式建立的补充性退休收入保障计划。不同于许多发达国家的情形，鼓励发展这一保障层次的意义不只在于提供补充收入保障，而更在于它能弥补国家举办养老保险计划之不足，为相当规模的人口群体提供某种程度的退休收入保障。

上述几个层次构成多层次的养老保险模式的基本内容。需要指出的是，每一层次的保障结构服务于各自不同的养老保险目标，然而在运行中，往往又存在某种程度的冲突。鉴于各国具体的国情不同，重要的问题在于如何根据本国基本国情和自身发展条件，有效地组合或合理配合，发挥各层次的长处，克服其不利之处，用国家可以利用的各种资源和方式，妥善解决日趋复杂的老年经济保障问题。在此意义上，多层次的养老保险模式可望成为21世纪许多国家养老保险改革发展的目标模式。

四、强制储蓄的养老保险模式

强制储蓄的养老保险模式是指通过建立个人退休账户的方式积累养老金基金，当劳动者达到法定退休年龄时，将个人账户积累的基金、利息及其他投资收入一次性或逐月发还本人作为养老保险金。

国家通过有关社会保险法，规定个人、企业按收入的一定比例存入职工的个人退休账户，由专门机构负责基金管理和投资营运，因而它是一种强制储蓄的养老保险模式。这种模式主要是在20多个亚非国家和一些拉美国家推行。强制储蓄的养老保险模式以新加坡中央公积金制度和智利商业化管理的个人账户最为典型。

（一）新加坡模式的基本特点

新加坡的中央公积金制度是由政府实施的一项旨在保障和改善人民生活，促进社会安定，有利于经济发展的强制性储蓄制度。它建立于1955年7月，其初始目的在于解决大企业工薪阶层以外的绝大多数中小企业雇员的养老保障问题。根据新加坡《中央公积金法》，任何一个雇员，每月必须按工资的一定比例上缴雇员公积金。1990年以前，雇员和雇主的纳费率都为工资的5%，1990年的纳费率雇员为23%，雇主为16.5%。公积金全部存入中央公积金局，并记入雇员的个人账户之中。当雇员到55岁退休，或丧失工作能力，或死亡时，可连本带息一次性提取。为保护会员利益，防止通货膨胀影响，公积金利率将在每年以市场利率为基础进行两次调整，并规定比同期通货膨胀率高2%左右，以保证公积金不致贬值。

随着经济发展，中央公积金制度的功能逐渐从老年经济保障的单一功能向双功能乃至多功能扩展。自1968年起，使用公积金来实现“居者有其屋计划”取得突出成就。20世纪70年代末期，公积金的使用范围进一步扩大，它的功能开始扩展到以公积金养老、购房、支付医疗费、投资股票、为子女支付高校费用等。

新加坡模式的基本特点可简述如下：

1. 强调劳动者的自我积累、自我保障意识。通过建立个人账户的方式使会员纳费与退休待遇之间具有十分密切的内在经济联系，极大地增强了该模式的内在动力。在众多工业化国家和发展中国家的养老保险制度面临严重财务危机和对日趋严峻的人口老龄化挑战一筹莫展时，新加坡模式却显示出其旺盛的生命力。

2. 实行由劳动者个人、企业共同负担养老保险费用的原则。根据经济发展状况，不断调整缴费比例，避免了国家大包大揽格局和养老保险费用支出过度膨胀的弊端，与工业化国家养老保险费用急剧上涨、国家财政难以支撑的局面形成鲜明的对比。

3. 以养老保险为龙头，带动其他经济保障计划的顺利实现。新加坡模式在建立健全储蓄养老计划的同时，相继建立起医疗保险计划、投资教育计划等各项经济保障计划，促进了各项社会政策目标的顺利实现。

4. 政府以适当方式进行宏观调控，确保公积金计划顺利实施。这种干预，不仅体现为制定有关法令法规，以确保计划的强制性，还表现为对公积金局的管理实行正确引导，以及对公积金计划长期稳定运行的利率机制进行干预与调整，使公积金利率水平保持在6.5%的水平上波动，并能适当高于同期通货膨胀率。显然，政府的这一干预对确保公积金计划的稳定运行，具有至关重要的意义。此外，政府提供的税收优惠，承担最后担保作用，是该模式运行的重要条件。

5. 不同于其他国家的传统养老保险制度，新加坡模式强调劳动者生命周期的收入再分配。通过强制储蓄的方式，将劳动者青壮年时期的收入积累引导至退休后使用，但比较忽略劳动者之间及劳动者代际之间的收入再分配。这一特性有其积极的一面，尤其在人口老龄化背景下，代际冲突日趋尖锐，其积极作用具有重要意义。当然，它在社会共济方面存在缺陷，若无其他措施，则难以实现对低收入劳动者的基本经济保障。

（二）智利模式的基本特点

智利是拉美国家中最早建立社会保险制度的国家。1981年，智利实施了举世瞩目的社会保险制度的重大改革，在养老保险领域建立起全新的以个人账户为基础、以私营化经营管理为特征的运行模式。

智利新的养老保险制度规定，职工必须按工资收入的10%按月缴纳保险费，并存入个人退休账户，企业一般不缴费。不同于新加坡中央公积金制度，智利模式强调由相互竞争的养老基金公司负责管理个人账户基金，注重基金的投资营运和保值增值。保险金待遇主要取决于个人退休账户积累额及投资收益状况。当职工达到法定退休年龄后，通过不同方式领取退休养老金，如购买年金保险或从个人账户上逐月支取。30 多年来，智利模式取得很大成就，受到国际货币基金组织和世界银行的高度重视。

智利模式的特点及成功之处可以简要概括如下：

1. 智利模式强调劳动者自我积累、自我保障原则。建立起个人退休账户式养老保险制度，使劳动者个人缴费与其退休时领取的退休待遇建立起直接的联系，既有助于调动劳动者的生产积极性，增进养老保险制度的效率机制，又在相当程度上克服了传统模式下国家企业大包大揽社会保障责任的弊端，从机制上制约了社会保险高福利发展的势头。与工业化国家难以找到抑制日益膨胀的社会保障费用的良策相比，智利模式更显示出明智之举。

2. 智利模式较好地体现了社会公平与效率相兼顾的原则。一方面通过个人退休账户强调激励与效率机制，另一方面通过国家补贴的方式帮助无法实现最低限度生活保障的劳动者获得体现社会公平原则的最低养老保障待遇水平，改变了原有体制下多数人缴费而少数特权阶层享受的严重社会不公的弊端。

3. 智利模式高度重视强化养老金基金管理，并从立法、运行机制及监控体系等方面确保基金的有效营运和保值增值。智利是世界上最先推行将社会保障计划按私营或商业经营方式管理的国家。引入竞争机制，在很大程度上改变了原有体制上资金营运效益甚差，资金严重流失和被侵吞的弊端，为各国养老金基金的经营管理提供了宝贵的经验。突出表现为：（1）以专人专户，一家公司负责一项基金计划，以实现基金运行的简化、透明，并强化监督管理作用；（2）将养老金基金的营运纳入法制化、规范化和制度化的轨道，通过规定最低准备金、年金基金资产的投资限额，并将相互竞争公司的投资营运限制在一定幅度内，以维持养老金基金的总体平衡；（3）建立有效的监控体系和制定严格的投资规则，以确保基金营运的安全性和盈利性。智利自新模式运行以来，获得了较高的投资收益，并保持了财务机制的稳定，而这恰恰是众多发展中国家各类保险模式面临的最难解决的问题。

4. 强调政府职责，确保养老保险目标的最终实现。智利模式的另一个成功经验就是高度重视政府的干预与调节作用，具体表现在：（1）通过立法，规范指导商业经营性年金基金公司的运作；（2）由政府保证实现对低收入劳动者的最低限度保障及对公司营运的最后担保；（3）由政府干预帮助实现新旧模式的顺利转轨。需要指出，由传统的现收现付向个人退休账户模式转化，在任何国家都须妥善解决原有体制下未决责任的吸收消化和明确新模式的费用负担这一高难度问题。智利率先通过发行认购退休债券的方式由政府承担部分原有体制下的未决债务，使新旧模式的转换成为可能，从而为其他国家提供了有益的经验。但智利模式对低收入老年劳动者的经济保障问题受到来自多方面的批评。养老保险与社会救助的特殊结合方式有待进一步检验。

第二节　养老保险给付结构及其要素

一、养老保险给付结构的内涵

（一）养老保险给付结构的含义

对国家基本养老保险制度而言，保险金的给付结构直接受到养老保险模式的选择、基本保障目标的确定以及若干经济变量的影响。

养老保险给付结构是指通过特定的技术机制、计算公式及法律规定确定的养老保险给付方式和给付水平。

（二）养老保险给付结构的内容

一般而言，养老保险给付结构涉及以下几个基本内容：

1. 给付范围与程度。养老保险给付范围与程度是养老保险给付结构的基本内容。通常根据不同的养老保险模式与保障目标确定不同的给付范围与给付程度。如在普遍保障的养老保险模式下，保险金的给付范围包括全体国民，给付程度在于提供均一的低水平养老金，而与领取者的实际收入无关。在收入关联的养老保险模式下，保险金给付范围和程度直接取决于保险覆盖面、劳动者收入水平、缴费期限等诸多因素，一般呈现与收入状况的密切关联程度。在社会统筹与个人账户相结合的养老保险模式下，保险金给付程度则取决于社会平均工资的某一比例及个人退休账户积累额的大小。养老保险给付水平还直接取决于具体保障目标及社会政策目标，取决于其他经济保障形式的发展程度。

2. 收入再分配与效率因素。养老保险给付结构因体现收入再分配和效率机制的不同而有差异甚大的构造。作为社会保险核心组成部分的养老保险制度，不同于普通的商业保险计划，是国家社会政策的重要方面。强调不同收入劳动者通过养老保险计划，实现某种程度的收入再分配是不少国家养老保险给付结构的一个基本内容。它体现了社会公平原则，使劳动者能够获得基本收入保障。养老保险给付结构的另一个类型是更多地体现劳动者自我积累、自我保障的效率机制，强调养老保险的效率机制，促进经济的较快发展。应当看到，单纯强调收入再分配和单纯强调效率机制的政策目标，对养老保险给付结构的设计，都容易产生一些负面效应。因此近年来各国在构造养老保险给付结构时，注意体现公平与效率的结合，即通过社会平均养老金和工资挂钩养老金的不同组合形式，兼顾不同的政策目标。

3. 给付公式的设计。养老保险给付结构一般是通过特定的养老保险金计算公式直观地表现出来。养老保险给付公式的设计，多涉及劳动者收入状况、收入替代率、就业期限、缴费期限、基金积累与投资营运等因素。虽然各国养老保险给付公式在具体设计上呈现出很大的差异，但仍可归结为几种基本类型：一种是强调收入再分配的收入关联型给付公式，一种是强调效率机制的个人账户型给付公式，再一种是兼容型给付公式。

收入关联型给付公式的设计一般包括劳动者收入水平、就业期限、缴费期限、收入替代率及调节系数等基本要素，侧重体现收入关联和收入再分配特征，使劳动者根据其退休前平均收入水平和实际缴费期限计算基本养老保险金。这一类型给付公式的设计强调不同收入水平、就业期限与收入替代率的直接关联。

个人账户型给付公式设计一般包括个人退休账户积累的数额和基金的投资收益水平，计算过程较为简单，具有较高的透明度，易于获得社会公众的理解。以个人账户储存及积累形式表现的保险金给付公式强调缴费与待遇的某种直接关联，强调基金投资营运的重要作用，而较少体现收入再分配特性。

兼容型给付公式设计一般包括两大基本部分，即体现收入再分配特性的社会性养老金与体现收入直接或间接关联的保险金。前者不论劳动者收入状况、缴费多少均获得均一水平的社会性养老金，后者则可以通过收入关联养老金给付机制，或通过个人账户积累的给付机制，为劳动者提供体现某种差异的养老保险给付水平。兼容型给付公式无疑是一种较为理想的给付公式，但在具体运作中较为复杂，有相当大的难度。

4. 规定领取养老保险金的条件。尽管在一般意义上，凡参加养老保险计划者均应获得基本养老保险金，但养老保险给付结构仍应当包含领取保险金须满足的一些基本条件。如法定退休年龄的规定，只有达到法定退休年龄者，方可按一定的计算公式获得相应水平的养老金，提前退休者可按一定比例发给减额养老金。一些国家鼓励延期退休，则规定有相应的增额养老金。同时，对于工龄或连续工龄期限、缴费年限都有明确规定。如不少国家规定须满足10～15年的最低缴费期限。这一标准近年来有所提高，如日本提高到25年，英国提高到20年。为领取全额养老金，缴费期限一般在35～40年，并有继续上扬之势。因此，规定领取保险金的基本条件也是养老保险给付结构的一个重要方面。

二、养老保险金的给付种类

（一）老年年金的给付

老年年金的给付各国均依据本国经济发展水平、保险政策和道德标准确定给付的范围、方式及项目。一般来说，给付的范围不仅包括被保险者本人，还包括无收入的配偶、未成年的子女及其他由被保险人抚养的直系亲属。给付方式大都采取工资比例制，即按投保工资数额的一定比例定期支付。亦有少数国家按固定的数额定期支付。还有的国家根据一定时期平均收入的一定百分比与保险年数之积发给老年年金。最后一种方式是将老年年金划为两部分，一部分为基本养老金，另一部分为附加养老金，对符合特定条件者，发给一个增加额。除按均一制方式给付老年年金的国家外，一般国家都确定一个基本保险金额度，其水平与本人退休前工资高低相联系，或与全国（地区）平均收入相联系。通常规定，凡达到法定退休年龄或满足其他条件者，可领得100%的基本保险金数额；对尚未达到退休年龄或未满足其他规定者，则视情节，可领取一定比例的基本保险金数额。有的国家为鼓励老年人工作，对超过法定退休年龄者，发给115%的基本保险金数额。

除基本保险金数额外，一些国家还提供：（1）低收入补贴，即对未达到最低养老金标准的人提供低收入补贴；（2）看护补贴，即对患有重病或因残废丧失生活能力的老年被保险人提供一定数额的看护补贴；（3）配偶、未成年子女及其他供养直系亲属补贴，即在基本养老金以外提供一个附加补贴，以便使退休者或养老金领取者有能力维持其家庭的日常生活；（4）超缴保费期间增发额，即被保险人在超过规定的缴纳保费的年限之后，可以领取比原规定数额更多的养老金；（5）最高与最低限额，即为使老年年金领取者的生活水平与现在在职劳动者的生活水平保持一定的平衡关系，各国大都规定有一个最高限额和最低限额。目前，我国的城乡居民养老保险制度为保证养老金最低限额，在2009年农村养老保险制度启动之初，采取待遇补贴的形式，设置了每月人均55元的全国最低限额，2015年该最低限额已提升至70元，各省市也依据此标准结合当地实际设置了不同的最低限额。总之，世界各国的经验表明，不论采取哪种方式，年金保险制度总是力争保证和提高现有老年年金的水平，使养老金明显地超过最低生活需求。

（二）伤残年金的给付

伤残年金主要是被保险人因疾病、伤害（不包括因工伤害）而造成部分残废或全部残废时，由社会保险机构发给的伤残补助金，用以维持本人及家属的生活费用。伤残年金的给付一般根据医疗后确定的完全残废或部分残废而发给不同数额的伤残年金。对完全残废者，不少国家参照老年年金的确定方法和额度发给伤残年金；对部分残废者，则根据残废程度发给一定数额的伤残年金。除此之外，几乎所有国家对完全残废者都发给一定数额的长期护理补贴，其数额为收入的一定比例。还有的国家对完全残废者的供养亲属进行补助，对从事艰苦工作或危险性较高职业者给予较高的给付标准。有的国家还为伤残人员建立了各种康复医疗和职业培训等措施，促使其尽快恢复和重返工作岗位。

伤残年金的领取必须经过医疗部门的严格检查，并出具被保险人部分残废和完全残废的证明。但残废的确定往往比退休和死亡的确定要困难得多，尤其是一些慢性疾病，如严重心脏病、晚期癌症等患者往往要占领取伤残年金人数的75%～80%。由于确定伤残程度的难度很大，不少国家要综合考察被保险人的医疗情况、教育程度、职业种类、工作经历和年龄等，同时规定有一个等待期间，以确定属于何种伤残程度，给付不同额度的伤残年金。所以，伤残年金的范围及其给付标准受到多种因素的影响，是一个较为复杂和需谨慎处置的问题。

（三）遗属年金的给付

根据对50个国家的调查统计，被保险人或老年年金、伤残年金领取者死亡时，大多数国家对符合遗属保险条件者都发给遗属年金。遗属年金通常由遗孀恤金、孤儿恤金和丧葬费三部分构成。遗属年金的发放一般按照已故被保险人死亡前所领取养老金或伤残抚恤金的百分比确定。遗孀恤金发给符合条件的遗孀，其数额为已故丈夫基本年金的50%～70%，有的国家高至100%，如美国规定，65岁的遗孀即可领取已故丈夫基本年金的100%。遗孀年金享受的时间，对年老和病残遗孀一般支付到死亡为止；遗孀再婚时，就停止支付年金。孤儿恤金一般发给18岁以下的、父母一方死亡或双方死亡的子女和孤儿，但对上学的孤儿、学徒孤儿或丧失劳动能力的孤儿，年龄限制要稍宽些，对病残孤儿则完全取消了年龄限制。孤儿恤金的数额通常按劳动者死亡时收入的50%～100%计发。父母一方死亡的子女的恤金标准一般在50%以下。此外，还有一些国家计发的遗属年金根据遗属的多少，分别按死者收入的一定百分比发给，最多不超过100%。但前苏联对连续工龄在10～15年的死亡者遗属另加发15%的遗属恤金。

三、养老保险金给付的确定方式

（一）收入关联的养老保险金的确定方式

在收入关联的养老保险给付结构中，基本保险金计算公式的设计应遵循两个重要原则，一是计算公式的设计首先应该体现社会保险保障被保险人基本生活的目标——使参加社会保险的全体劳动者均能从社会保险计划获得最基本的经济保障；二是计算公式的设计应尽可能地体现被保险人纳费与保险金给付的一定程度的精算联系，并使从总体上分析的被保险人纳费水平与保险金给付水平具有某种比例的、内在的精算平衡关系。当然，要使每一个被保险人通过所设计的基本保险金计算公式领取的保险金都完全体现上面的两个基本原则，这在事实上是很难做到的。重要的问题在于使大多数被保险人能够在上述原则的基础上，获得一定水平的保险金。

在收入关联的养老保险模式中，基本保险金的计算既与劳动者一定时期的平均收入相关，又与一定的收入替代率相关。基本保险金事实上是这两个要素在一定水平上的组合结果。但问题的关键在于各自比例的确定。毋庸置疑，由于劳动者就业期限的长短、受教育程度的高低、能力的大小、身体素质与家庭负担程度等种种因素不同，事实上存在着收入水平的差异，有些收入水平高些，有些低些，并且，不同收入水平劳动者的收入替代率也各不相同。如果将为被保险人提供基本经济保障作为首先要考虑的因素，那么公式的设计要反映较低收入劳动者、中等收入劳动者和较高收入劳动者均能获得维持基本生活水平的基本保险金。欲达到这一目的，就必须考虑不同收入档次劳动者的不同的收入替代率，尤其是在基本保险金要反映劳动者劳动期间平均收入的条件下设计计算公式，就应该按照不同档次的收入替代率与不同的收入水平计算不同数额的基本保险金额度。需要指出的是，公式设计中收入替代率确定为多高，分若干档次与之相适应的平均收入的额度又如何确定等取决于多种复杂的因素。

暂时撇开价格变化等动态经济不论，除了我们一再强调的保障劳动者基本生活需要这一重要因素外，还需考虑到被保险人纳费与领取保险金数额之间存在的一定程度的精算联系和社会保险的精算财务机制的稳定。诚然，社会保险不同于商业性的人寿保险，它强调的是权利与义务的社会均衡，而不是单个被保险人纳费与保险金给付的较严格意义上的对等关系。这意味着一部分被保险人的纳费数额可能高于获得的保险金给付数额，而另一部分被保险人的纳费数额可能低于其获得的保险金给付数额。尽管如此，社会保险的保险机制决定了被保险人的纳费与保险金给付存在着某种对等关系和精算联系，尤其是总体上的社会保险基金聚集与保险金给付数额之间的精算平衡关系。所以，基本保险金的计算还必须着眼于整个社会保险计划在长期的财务机制中的稳定，尤其是在社会保险费率一定的情况下，从精算平衡上的考虑就显得十分重要。

基于上面的分析，基本保险金的计算一般根据这样的思路来设计，即基本保险金应等于：（1）较高收入替代率与月平均收入指数的最初较低数额之积，加上（2）适度平均收入替代率与月平均收入指数的较高数额之积，再加上（3）较低的收入替代率与月平均收入指数的较高数额之积。

首先，每一部分收入替代率的确定与选用，每一部分月平均收入指数的确定都必须在对全国一定时期需要领取保险金的人数、保险基金支出的规模、收入水平、经济发展水平等因素进行周密分析和精算的基础上才能确定。上述计算公式基本确定后，还可以视具体情况进行适当的调整。在一般情况下，月平均收入指数提高，基本保险金亦会提高，但计算保险金的收入替代率可能会有所降低。其次，通过基本保险金计算公式，一方面，保险金的数额将随物价水平的变化而调整，如某一时期价格上涨10%，基本保险金也相应上涨10%，以确保生活水平不致降低；另一方面，通过月平均收入指数的计算，劳动者在退休前的平均收入将随全国平均工资水准的提高而上涨，也能正确地反映劳动者的平均收入水平。最后，基本保险金计算公式中，平均收入水平和收入替代率都可以随各种因素的变化而进行调整。就收入替代率而言，可以根据不同的情况进行全部调整，亦可以进行部分调整。部分调整的情形中，调整较低档次与较高档次的收入替代率所计算的基本保险金对不同收入水平劳动者将产生不同的影响。由于基本保险金计算公式设计的基本思路中，考虑了与被保险人平均收入水平、保险金数额紧密相关的收入替代率，及其他若干因素和变化趋势，所以它能够较好地反映基本保险金数额的主要方面，有助于全面反映被保险人从社会保险计划中获得保险金的数额，并体现社会保险的基本原则和计算基础。

（二）个人账户模式养老金给付的确定方式

在个人账户养老保险模式下，养老金给付数额的计算过程较为简易，具有较高的透明度，养老金给付数额一般取决于劳动者缴费积累数额及基金的投资收益状况。对于缴费数额，可以由企业和劳动者个人按收入的一定比例存入个人账户，如新加坡模式；也可以仅由劳动者个人按收入的一定比例存入，如智利模式。缴费的具体数额须根据一定时期的收入状况、在职劳动者和退休劳动者比例、基金投资营运状况、未来收入增长、人口出生率与死亡率变化幅度、利率水平等因素进行精算估计之后方可确定。如智利养老保险制度规定，劳动者须按工资的10%缴费并记入个人账户，较之于新加坡模式企业和个人在较高水平上记入个人账户数额则明显偏低，主要是基于较高的投资收益预期和适度保障目标的考虑。如假定缴费期限40年，退休后领取保险金20年，并实施养老保险金的指数调节机制，在预期基金投资收益高于工资增长率3%的条件下，10%的缴费水平将可以维持相当于55%~60%的工资水平上的养老保险待遇。但如果基金投资收益率仅接近或等于实际工资增长幅度，养老金给付数额则仅相当于工资的20%~30%。可见，保险金给付数额既取决于由精算估计确定的缴费比例及相应的积累数额，更取决于基金投资营运业绩和动态经济的发展走势。

个人账户模式下，保险金给付公式可以简单地表示为个人账户基金累计额与基金投资收益率之积。在较准确精算、估计缴费数额和较好、较稳定投资收入预期的条件下，养老保险金的确定较有把握，而且较易操作。但由于动态经济中诸多不确定因素的影响，尤其是对未来基金投资预期更具有相当大的不确定性，因而未来养老金给付数额的确定具有一定风险。通过什么方式转嫁这一风险，或政府通过何种方式提供最后担保，则是个人账户下养老金给付数额确定中尚未解决的一个难题。

四、养老保险金指数调节机制

制约养老保险金给付结构的另一个重要因素是为适应动态经济变化，尤其是处置通货膨胀风险而建立的保险金自动指数调节机制。指数调节机制最早产生于实施全面保障计划的北欧国家。丹麦1930年的《社会保障法案》就规定了建立保险金的自动生活费用调节机制，瑞典亦在1950年建立了指数调节机制，目的在于弥补因价格上涨所导致的保险金实际货币购买力降低的损失。然而，典型意义的保险金自动指数调节机制主要用于收入关联的养老保险模式，并且涉及非常复杂的调节过程。这里至少涉及两种类型的调整，一是要考虑养老保险金计发基数的收入水平。在很多情形下，退休者领取的养老保险金往往是依据退休时的工资水平，而不是实际劳动生涯期间的收入水平。二是要寻求有效的方式以防止未决的养老保险金实际购买力因物价和工资水平的大幅度变化受到影响，保证退休劳动者的经济利益。

经验表明，在经济发展进程中，通货膨胀和收入波动是不可避免的经济现象。自20世纪70年代以来，各工业化国家养老保险制度发展的一个重要特点是普遍建立起保险金自动指数调节机制，以克服通货膨胀产生的不利影响。当然，由于各国情况各异，具体调节程序和选择调节指标有所不同。通过对工业化国家养老保险制度的比较研究我们发现，少数国家实行以工资变化为基础的指数调节机制，另有一些国家则采用以价格和工资变化为基础的指数调节机制。在调节的期限上，一般以年度调节和半年度调节为多，也有一些国家调节较为频繁，实行季度调节机制。现有研究表明，各国采用指数调节机制无疑为退休劳动者领取的养老保险金的实际货币价值提供了某种程度的保障。但是，也不可否认，普遍采用指数调节机制，尤其是较为松动的指数调节，亦是导致社会保险费用急剧膨胀的一个重要因素。在年度内调节次数越频繁，将越有助于受益人，而这将加大运行机制的成本，最终导致养老保障费用的膨胀。

在动态经济条件下，对养老保险金实行不同的指数化的调节机制，可能会产生某种不同的政策效果。一方面，就平均趋势而言，工资增长幅度快于价格上涨幅度，价格指数调节机制将逐渐导致未来退休群体养老保险金的收入替代率下降，亦会减少养老保险金的总体支付水平，而工资指数调节机制就其实质而言，则可使收入替代率保持稳定，至少计量分析可以证明。另一方面，如果假定在较长时期内，价格涨幅快于工资增长水平，价格指数调节机制则可能提高劳动者退休时的收入替代水平，而工资指数调节机制仍可使收入替代率保持稳定，但为不至于较大幅度地降低劳动者生活水平，国家可能采取其他政策方面的调整，而不单纯依靠工资指数调整。因此，价格指数与工资指数调节的政策效果，离不开具体的动态经济背景。无论通过什么方式进行保险金的指数调节，其目的均在于为劳动者提供基本退休收入，抵御通货膨胀的不利影响。

第三节　养老保险与退休制度

一、退休制度的基本内涵

退休是一个特定的经济概念，它不仅仅是指劳动者经过青年、壮年的劳动生活而步入老年，逐步退出生产劳动领域这一经济现象，而更主要的是指在特定的社会保险制度下，劳动者达到法定退休年龄，可以领取养老保险金的具有特定经济内涵的现象。

退休制度是养老保险制度的一个重要内容，并一直与养老保险制度相关联。退休制度包括规定劳动者法定退休年龄、通过何种方式退出生产劳动领域、领取养老保险金方式等基本内容。退休制度的核心在于规定法定退休年龄和退休方式。各国退休制度一般都规定有法定退休年龄，如东南亚的一些国家通常规定在60岁便可正式退休，享受有关退休养老待遇。就退休方式而言，大多数国家采取统一退休制度，即达到法定退休年龄后，一律退出劳动领域，依法享受养老保险待遇。也有一些国家采取弹性退休制度，即在退休时间、退休方式、享受待遇水平等方面存在某种弹性。

确定法定退休年龄是退休制度的核心内容，它主要考虑以下几个基本因素：

1. 老年人的平均预期寿命及身体状况是确定正常退休年龄的重要基础。对绝大多数劳动者而言，都须遵循少年—青年—壮年—老年的生命周期规律。到老年阶段，人的各种生理指标逐渐退化，生理及身体状况使老年人不宜承担过重的劳动，而应逐步退出生产劳动领域。只是具体在哪一特定年龄段退休，则主要取决于劳动者的身体状况、平均预期寿命等基本因素。欧美国家一般将法定退休年龄规定为67岁，而亚洲国家的退休年龄则在50~60岁之间，非洲一些国家的退休年龄在50岁。这些规定都与特定地理环境下老年人平均预期寿命密切相关。如瑞典人在1901—1910年的平均寿命男性为54.5岁，女性为56.9岁，1946—1950年分别为69岁和71.5岁，到1980年又分别上升为73.3岁和78.8岁。随着人均寿命的延长，瑞典的退休年龄有从65岁增加到67岁的发展趋势。据统计，2014年，人类平均预期寿命已从1990年的64岁上升到70岁。其中发达国家80岁左右。中国人均寿命已由20世纪50年代的57岁，上升到2014年的76岁。平均预期寿命的延长，卫生条件的改善，受教育时间的延长，尤其是人口老龄化对养老保险制度造成的巨大压力，使得提高法定退休年龄成为一个国际性的发展趋势，大多数国家纷纷修改立法，逐步提高法定退休年龄3~5年。因此，劳动者身体状况和平均预期寿命是决定法定退休年龄的基本制约因素。

2. 经济因素是确定法定退休年龄的另一个重要因素。在劳动者的生命周期中，老年阶段是最需要经济保障的阶段。养老保险计划的实行是减轻老年劳动者贫困的重要途径，但确定在何种年龄退休需要考虑养老保险制度的经济承受力。我们知道，无论选择何种养老保险模式，都应有足够的经济实力为退休劳动者提供业已承诺的基本收入保障。显然，考虑到劳动者就业、教育等诸多因素，如果退休年龄规定过低，即就业期限相对缩短，而领取养老金的时间相对延长，必将增大养老保险费用负担。随着人均寿命的延长，享受待遇期限延长，势必加大保险金的需求和费用负担。因此，经济承受能力是确定退休年龄时需要考虑的一个重要因素。同时，经济发展状况，尤其是失业率高低是制约法定退休年龄的重要因素。工业化国家为对付20世纪70年代以来的严重失业问题，都不同程度地调整法定退休年龄，以缓解劳动力市场的供求矛盾。尽管这一规定的调整给各国养老保险运行机制带来了严重后果，但也表明经济因素对确定和调整法定退休年龄具有重要的影响作用。

3. 其他因素对确定法定退休年龄的制约。经济社会体制、文化传统、价值观念、养老方式、家庭保障程度等都是制定退休政策，确定退休年龄时需要考虑的重要因素。通过对各国退休年龄的比较分析不难发现，除劳动者身体素质、平均寿命和经济因素外，劳动者退休年龄的确定与调整因特定经济社会制度、文化传统、价值观念和传统养老方式等具有密切关系。例如，在原实行计划经济的诸多国家，退休年龄都低于国际水平，苏联、捷克、波兰等国的退休年龄在55~60岁之间。在东方文化背景下的国家，如日本和一些东南亚国家，到20世纪80年代中期退休年龄仅为55岁，更是明显低于国际平均水平。东方文化、传统价值观念及这些国家家庭保障计划的作用均是制约退休年龄的一个重要因素。

二、养老保险对退休行为的影响

1. 养老保险的给付结构将直接影响退休行为并将诱发提前退休。在收入关联的养老保险制度下，不同的养老金计算基础及计发办法将不同程度地影响人们的退休行为。如一些国家的养老保险给付结构是以劳动者退休前一年的收入作为计发基数的。这种忽略劳动者平均收入的计发基数，使企业可能会以种种理由在劳动者退休前为其增加工资，而促使其提前退休。有关研究表明，提高养老保险的收入替代率将极大地影响和诱发劳动者提前退休。一些工业化国家20世纪70年代以来普遍存在的提前退休大都与这些国家不同程度地提高收入替代率、提高退休工资、提高养老保险待遇水平密切相关。

2. 养老保险的财务机制将影响劳动者的退休行为。养老保险制度采用不同的财务机制时，纳费与养老保险金的内在经济与精算关联程度存在较大区别。就现收现付财务机制而论，着重体现劳动者代际之间的经济与精算关联性和代际间某种程度的交换对等性。对单个劳动者而言，自身纳费与领取养老金的内在联系并非十分紧密，加上特定养老保险制度所体现的收入再分配特征，使劳动者纳费与保险金的内在经济联系并非十分直观。在此背景下，老年劳动者容易形成退休前的劳动实绩与其退休年金并无紧密联系的看法，乐意选择提前退休享受闲暇，而不是继续工作以增加退休后收入。在一般意义上，现收现付财务机制较易诱发人们提前退休。相反，账户积累式的财务机制则比较充分地反映和体现了劳动者纳费积累与退休后保险金数额的内在经济与精算联系。因此在相对意义上，它有助于鼓励劳动者继续工作，增加退休后收入，而不是助长劳动者提前退休。所以不同的财务机制对劳动者退休行为具有不同程度的影响。

3. 退休待遇与退休年龄的调整机制会程度不同地影响劳动者的退休行为。我们知道，许多国家的养老保险制度都建立起了退休待遇与退休年龄间的调整机制，对早于正常法定年龄退休者，按一定比例减少其退休金数额，以示惩罚；对晚于正常法定年龄退休者，按一定比例增加退休待遇，以示鼓励。然而，这一调整机制在具体实施过程中，对提前退休所应承担的部分费用的精算估计偏低，使提前几年退休将产生的退休待遇减少的影响力较小。暂且不论其他因素可能诱发提前退休，至少这种调整机制的影响力度有限，难以真正充分体现通过这一调整机制达到抑制提前退休的目的。当然，对那些养老保险制度并未建立这类调整机制的国家而言，更谈不上对提前退休者予以适当抑制，提前退休更是非常普遍并且非常容易的经济行为。

4. 其他因素的制约和影响。一些国家的养老保险制度实行收入检测，对于超过某一收入水准的老年劳动者将征收高差额税率。如20世纪90年代美国养老保险制度规定：对年收入超过7 080美元的老年在职人员，征收50%的差额税率。这一措施对老年劳动者的退休行为产生了重大影响，事实上降低了老年劳动者继续就业的愿望，程度不同地促使其提前退休。

三、退休政策对养老保险制度的影响

前面着重分析养老保险制度怎样和在何种程度上影响劳动者的退休态度、退休行为，这里讨论退休政策对养老保险运行机制的制约和影响程度。

（一）提前退休对养老保险制度的影响

从经济学角度分析，提前退休可归结为多种原因驱动，如劳动者健康原因、经济收入原因、经济运行周期原因、养老保险运行机制自身的原因等。由于诸多原因的影响，许多国家养老保险制度自20世纪70年代以来，规定了不同种类的提前退休条款，允许劳动者在特定条件下，如减少养老保险待遇、超过35年的就业期限、较严重失业压力等，可以提前退休。然而，不论劳动者提前退休的原因如何复杂，可以肯定的是，提前退休这一经济行为将对养老保险运行机制乃至特定条件下的经济发展产生重大的影响。

1. 提前退休将对养老保险财务机制产生重大影响。一方面，提前退休意味着大批劳动者退出生产劳动领域，直接减少养老保险纳费人数，进而影响养老保险的收入规模。另一方面，大批劳动者退休意味着对养老保险金的需求会直线上升，直接增大养老保险金支出规模。尽管一些国家采取一定的调整机制，适当降低提前退休者的养老金数量，但它不会根本改变对财务机制产生的巨大压力。美国的一项研究表明，退休劳动者的退休期限每提前一年，将使养老保险制度的预算赤字增加5 000亿美元，为维持由此产生的庞大费用支出，不能不极大地提高未来养老保险制度的纳费水平。

2. 在日趋严峻的人口老龄化背景下，即使是按正常退休年龄实现的收支平衡条件也会因严重失衡的生产性劳动者与退休劳动者比例而不复存在。显然，若不加以抑制普遍存在的提前退休，势必加速和恶化养老保险的财务危机。但由于退休政策变化调整的时间因素，使其对养老保险运行机制更具战略性影响。人们的退休行为如同某些逆向经济行为一样，有某种逆向性效应，即提前退休会即刻受到普遍接受和认可（若不过多影响其退休待遇），而延期退休则只能是一个渐进过程，通常需十几年的时间方能为人们所普遍接受，在这一背景下的政策措施才有可能收到预期效果。笔者认为这种逆向性退休政策的效应，揭示了退休政策调整需建立于长期发展战略的基点之上。

3. 普遍存在的提前退休以及对提前退休的鼓励政策又有可能进一步加压于较宽松的退休条款，使提前退休实行的精算费用降低效应，从而会影响人们的提前退休行为，促进更广范围的提前退休，最终会极大地增加养老保险运行机制的费用负担。

（二）延期退休对养老保险制度的影响

随着人口老龄化趋势的加速发展，现行养老保险制度存在的潜在财务危机，促使许多国家考虑适当延长法定退休年龄，以缓解日趋尖锐的矛盾。第二次世界大战后工业化国家劳动者平均寿命延长与较为普遍的提前退休是制约养老保险费用大幅度上升的重要因素之一。于是，提高或逐步提高法定退休年龄成为养老保险制度改革的一项重要内容。这一政策措施的重要性体现在：

1. 在一定程度上缩短了劳动者退休期限，相对延长了就业期限，抑制了急剧上升的养老保险费用支出。

2. 退休年龄的适当延长可以缓解养老保险资金供求的矛盾，在一定时期增大纳费人比重，其效果可视同降低养老保险的纳费水平。

3. 提高法定退休年龄有助于协调、实施养老保险金的指数调节机制。一般情形下，通货膨胀的压力是老年劳动者不愿过早退出劳动领域的一个重要因素，如规定对某一退休年龄劳动者实行较有利的指数调节机制，既有助于充分实现延期退休的政策效应，又在某种程度上有助于指数调节机制的实施。

4. 实施渐进式延迟退休年龄，采取弹性退休政策有助于调整和优化老年劳动力市场结构，缓解老龄化背景下劳动力短缺的矛盾。

四、退休制度调整的约束条件分析

退休制度调整的约束条件包括经济条件、政治条件，而社会条件、文化心理条件对退休制度的调整也具有重要的制约作用。

（一）经济条件是退休制度调整的重要约束条件

作为养老保险制度的重要组成部分和养老保险政策目标的具体体现，退休制度成为维持老年劳动者基本生活的重要制度安排，它构成养老保险的一个基本制度化特征，既影响退休人群养老保险待遇水平及经济保障程度，又相当程度地对在职人员具有长期性嵌入性影响和约束作用。人们选择何时退休必然同当时及未来的收入状况、生活水平、家庭经济负担程度等密切相关。直到目前，公共养老保险制度提供的退休待遇在欧美国家仍然是占主导地位的收入来源。美国退休协会的一项调查显示，在10个发达国家退休状况的调查中，81%的受访者认为，公共养老保险制度提供的退休金是退休后收入的重要来源，其次是补充养老保险待遇占28%，雇用所得占26%，个人储蓄占25%①。人们的收入状况和维持退休后的生活水平不至于大幅度降低是制约退休制度调整的重要因素，也会直接影响人们的退休行为和退休决策。就宏观层面而言，一国劳动力市场供求的总量与结构，则会直接对退休制度调整具有重要约束作用。一般而言，如果劳动力市场供求矛盾尖锐，那么，提前退休的政策调整较易实施，而在政治决策层面的阻力也较小，但延长退休年龄的政策调整则会受阻，并在相当长时间内步伐缓慢。曾经有过一些国家将提前退休作为缓解就业压力的一种政策思路，如美国、德国、奥地利等国。但这一政策思路既导致养老保险费用支出的大幅度上升，同时并未对减少就业压力产生预期的明显效果。提前退休者仍可通过各种方式重新就业、临时就业或兼职就业，因而在人口老龄化压力日趋严峻的背景下，这一政策只是被审慎使用。无论怎样，都说明劳动力市场供求状况是退休制度调整非常重要的经济约束条件，必须给予高度关注。

此外，收入分配制度、工资制度、经济金融环境、物价波动等都会程度不同地对退休制度调整产生直接或间接的影响作用。在经济金融危机背景下，人们对危机后果的预期具有较大的不确定性，从老年劳动者稳定收入的角度看，则较有利于延长退休年龄，而从金融危机导致矛盾尖锐的角度看，政府则难以实施延长退休年龄的政策主张。再则，如果退休前后的收入会出现较大波动，也对退休制度调整具有重要的影响。因此，经济发展、收入水平、物价波动、经济金融稳定等相当长时期内都会对退休制度调整具有直接或间接的作用。退休制度调整并非一种简单或单一政策调整，需要通盘考虑，统筹兼顾，协调配套。

---

① AARP全球退休问题调查，2006。

（二）政治因素和政治决断是制约退休制度调整的关键性约束条件

作为一项涉及面广而又极为敏感的社会政策，退休制度调整往往需要政策制定者的反复权衡，择机推出，因而，一国政治体制、决策机制和决策过程等均会对退休制度调整产生重要甚至关键性影响作用。一些国家较快推出退休年龄调整方案，一些国家则长期处于讨论和商议之中，议而不定，或定而不行，均与一些国家的政治决策进程密切关联。一些国家退休制度调整方案则引起政坛动荡，如法国、日本等。这都表明退休制度调整与政治体制、政治决策高度关联，并构成关键性约束条件之一。除国内政治因素外，国际组织的推进作用也不可小视，如经济转型国家、拉美国家近年来较快推出退休制度调整方案，则同世界银行、国际货币基金组织等国际金融机构贷款援助政策的推进有关，不少转型国家都相继延长了法定退休年龄。因此，国际政治因素对退休制度调整也会发生重要的制约和影响作用。

（三）社会文化、行为习惯、社会心理等对退休制度调整具有不可忽视的重要约束作用

作为一项影响深远的社会政策，退休制度调整既涉及人们收入状况等经济方面，也涉及人们的生活习惯、工作态度、行为方式、个体差异、社会心理指向等社会文化层面。人们对退休制度的认知和了解程度，也将直接影响人们的退休行为。有关调查表明，即使在欧洲发达国家，一般民众对退休制度的了解仍不是太多；美国、加拿大、英国等国民众对退休制度的了解较多，也比较乐观；德国人对退休制度了解较多，但只有不到1/3的人对退休制度持乐观态度；瑞典、法国、意大利等国民众对退休信息了解不多，支持率也较低，尤其对老年长期护理费用的能力信任度很低。由于人们对退休制度的认知度很低，所以多数国家除德国外，对延长退休年龄的方案都表现出不愿接受的意愿①。这说明退休年龄调整必须在一个较长时期内缓慢推进，逐渐调整退休年龄延长在人们心理上的不适应状况。毕竟退休年龄的延长，既同人们的收入状况有关，又与人们的职业环境、职业意愿、对职业的满意度密切相关。同时，退休制度调整也与人们对工作与闲暇的态度有关，涉及人们行为模式调整的社会文化与社会心理方面，仍需进行深入的理论分析和实证研究。退休制度调整任何简单化和短期化的政策思路，都可能招致异乎寻常的反对，导致退休制度调整方案难以实施。需要指出，现行退休制度的基本模式，乃是基于工业化生产方式下的养老保险制度作出的种种制度安排。在信息化时代的生产方式、生活方式出现重大调整的背景下，退休制度也呈现出灵活性、多样化、多元化的发展趋势，人们希望有更富有弹性的退休年龄、更有弹性的退休方式、有一定弹性的退休收入，如果退休制度调整能够更多地反映社会公众的多样化需求，推行这一改革政策就要容易得多。

五、我国退休制度改革的思路与建议

关于我国退休制度的改革问题，目前已受到普遍关注，学术界也有比较多的探索和研究成果②，提出了逐步提高法定退休年龄、抑制提前退休、建立弹性退休制度等政策思路。随着近年来提前退休问题的普遍蔓延，以及人们始料不及的我国养老金基金收支失衡的严重问

① AARP全球退休问题调查，2006。

② 林义：《我国退休制度的经济思考》，载《当代财经》，1994（1）；李珍：《关于中国退休年龄的实证分析》，载《中国社会保障》，1998（4）；陈凌、姚先国：《退休、养老和劳动力供给决策》，载《中国经济问题》，2000（1）。

题，使退休制度改革成为各界关注的重要问题之一。

鉴于我国基本国情的内在制约、养老保险的制度构建现状、劳动力市场供求近期及中长期的矛盾以及我们正面临的极为复杂的国际国内的宏观经济和政治格局，笔者认为，在我国退休制度的改革调整问题上，需要进一步立足国情、解放思想、拓宽思路、积极创新，通过综合性的改革思路，推进我国退休制度的改革。其基本思路是立足于我国养老保险制度和退休制度的现状和未来发展走势，改革完善我国的退休制度，推行抑制提前退休、提高法定退休年龄、注重发挥人力资本作用的弹性退休制度，从长期发展战略的高度构建可持续发展的退休制度。同时，不囿于国外既有的退休制度改革调整的经验与借鉴，拓宽思路，从发展模式、就业模式和退休模式转变上着手，充分考虑体现我国基本国情、体现国民心理和文化特征，注重和完善家庭保障的新的退休制度，逐步突破欧美国家现存退休模式，真正实现我国退休领域的制度创新。目前，十八届三中全会《关于全面深化改革若干重大问题的决定》确定的我国将采取的渐进式延迟退休年龄方式，以一年提高几个月的“迈小步”的方式推进改革，相关细节和实施的具体方案正待审核论证中。

（一）逐步调整和完善我国的退休制度

1. 逐步提高法定退休年龄。现行职工退休年龄，显然已远不适应于我国经济、社会及人口发展的客观需要。我们应当立足国情，借鉴国际经验，将职工的退休年龄从现在的男职工60岁（女50岁）提高到65岁（女60岁）作为今后一段时间内我国退休制度改革完善的主要任务。这一政策思路似乎已逐步获得更多人的认同。人均寿命的普遍延长、健康状况的进一步改善，使提高退休年龄的身体和生理方面的客观条件得以满足。同时提高退休年龄无疑可能较大幅度地增加养老保险金的资金供给，较大幅度地减少养老保险金的资金需求，对于我国现行养老保险制度的可持续发展是一个极为关键的政策调整变量，具有异常重要的政策效应。

应当指出，我们所讨论的关于提高法定退休年龄的政策主张，并非是一个在短期实现的政策调整，而是逐步生效的较长期过程。这是由退休制度的逆刚性特点决定的，人们对业已习以为常的原有退休年龄的心理调整，往往有较长时期的调整适应期，既包括经济方面的考虑，更包括心理方面的接受、适应和调整。因此，在我国人口老龄化的压力下，退休年龄的调整宜早不宜迟，这一政策调整及其实施，具有重大的社会经济方面的积极效应。

具体的调整步骤应考虑我国人口老龄化进程的时间和空间分布特征，根据我国经济社会的区域性特征以及劳动力市场供求的总量、结构和区域特征，制定不同的调整时间表和实施步骤。在东西部地区，允许存在一定的时间顺序差异（1~3年），这样既有助于分步骤实施退休制度的调整，又可以避免较长时间引起的退休年龄的地域和空间不平衡性，有助于调整的顺利实施。

另外，选择提高退休年龄的具体时间，应当充分考虑我国不同时期、不同地域劳动力市场供求矛盾及其发展走势，在进行总量分析、结构分析和区域分析的定性定量分析的基础上，选择较佳切入点，实现新旧体制的平稳过渡，尽量减轻新旧体制交替时部分劳动者经济利益的损失。同时要注意防范和化解劳动力市场供求尖锐而引发的社会风险。

2. 逐步推行弹性退休制度。弹性退休制度是指允许劳动者在退休年龄、退休方式和退休收入方面具有某种弹性的较为灵活的退休制度。弹性退休制度已成为许多欧美发达国家应付人口老龄化挑战、实施劳动力市场结构调整的重要政策主张，并将发挥越来越重要的作用。在我国地域辽阔、经济社会和人口态势发展相当不平衡的基本国情的约束下，逐步改革传统的“一刀切”的退休制度，逐步实施弹性退休制度不失为一种较为明智的决策。

实行弹性退休制度，可以充分考虑某一时期的劳动力市场供求状况、老年劳动者的收入与心理状况，一方面可以减轻劳动力市场供求压力，缓解失业矛盾，妥善协调处理就业、照顾家庭、安排退休生活的关系，另一方面可以通过退休方式和退休收入方式的调整，建立更适合老年人心理状态的退休制度。这对于老年人的生活安排、照顾家庭及退休收入调整，均具有积极意义。更为重要的作用还在于，随着人们受教育时间的延长，在职教育、终身教育日益重要的知识经济时代的到来，如何最大限度地发挥人力资本的作用，对促进经济、社会的发展意义重大。对专业技术人员的退休时间、退休方式允许有一定弹性，对于充分发挥智力劳动者的潜力，具有重要意义。有学者建议，按工龄的长短（42 年）作为确定退休年龄的基本参数之一，有助于避免人力资源的浪费。若在此基础上再考虑一定的弹性幅度，会有利于促进经济发展。

另一方面，采取弹性退休方式，由部分退休、部分工作的弹性退休方式逐步过渡到完全退休，可以减轻劳动者退休综合征的压力，也可避免劳动者因通货膨胀而导致的收入的突然降低，体现退休制度的灵活性。同时，如能有效配合劳动力市场的结构性调整，退休方式的伸缩性还有助于缓解劳动力市场供求的巨大压力。

3. 采取有效措施，坚决抑制提前退休。如果说，提高法定退休年龄和逐步推行弹性退休制度的效果需要较长的时间和周期方能体现，那么，采取果断措施，有效抑制日趋普遍化的提前退休，则具有重要而显著的政策效应，即可以抑制退休费用的不正常增长，减轻企业和职工的负担，抑制提前退休对在职劳动者的负面影响。当务之急，是在完善失业保险制度和社会救助制度的同时，建立专项基金，对于失业 5 年以上，而又临近法定退休年龄的劳动者，提供一定程度的经济资助，帮助其度过退休前的缓冲区，而不是简单地让其提前退休，进入退休大军，过早地长期领取养老保险金。这一政策措施既有助于临时安置失业期限较长、年龄较大的劳动者的基本生活，又有助于解决因种种原因引起的老职工的下岗失业问题。随着劳动力市场的结构性调整，宏观经济形势的逐步好转，可以为失业下岗的老职工安排适当的工作，尤其应避免将提前退休作为一种一劳永逸的政策手段。转型时期的社会问题需要能体现综合配套的政策思路，临时性专项基金有助于妥善处理部分老职工的下岗失业问题。

（二） 推行标本兼治的退休制度改革策略

由于我国国情的特殊性，传统的退休制度改革思路（以欧美国家退休制度改革为蓝本的政策思路）存在某些局限性。显然，我国养老保险制度构建进程及其未来走势，今后几十年劳动力市场供求矛盾的日益尖锐化，人口老龄化的自身演化规律，均使我国退休制度的改革面临种种困境，一个突出之点在于按照现行发展模式，我国劳动力市场中的巨大就业压力、失业压力同养老保险及退休制度构建的内在冲突，难以轻易克服，提前退休（无论厂内退休还是正式提前退休）将会是长期困扰。提高法定退休年龄的政策主张，在具体实施中难免同劳动力市场供求矛盾相抵触，其效果尚不能过分乐观。因此，应当拓宽视野，力求在养老保险和退休制度之外寻求综合配套的改革思路，尤其是联系发展模式、就业模式的改革进行更为广泛深刻的调整。

1. 发展模式和就业模式的调整是退休制度改革的根本着眼点。我国现行的发展模式和就业模式乃是西方现代化模式中国化进程中的一种体现，基本态势表现为资源扩展型、城市化的发展道路。如果现行发展模式没有一个根本转变即从以资源扩张向以人为本的战略转移，从以城市为中心向以乡镇为中心发展模式的转变，那么，这一发展格局中的退休制度的调整空间总是非常有限的。同时，必须着眼于中国人口众多、劳动力资源充裕的基本国情，发展中间技术，发展劳动密集型产业，使我们具备退休制度调整的广阔空间和调整余地，扬长避短地推进中国式发展模式和就业模式。那么，按现行思路设计的我国经济社会发展进程中的诸多困境，均可以从根本上得以缓解。退休制度调整与劳动力市场供求矛盾的两难困境，亦有一种更为清晰的思路和措施。应当指出，这一战略性调整，乃是对未来国际国内发展宏观形势客观估计的基础上的一次重大政策调整，关系到我国在未来国际政治大格局中的基本定位，具有重大战略意义。

2. 退休制度改革应同我国就业政策调整相配套。我国经济转轨时期的失业下岗及其特点同原有体制下的低收入、高就业模式相关联，职工失业下岗的行业分布既与产业结构相联系，又嵌入中国传统文化的自身特点，受中国家国一体的社会结构制约，受长期积淀的社会心理和社会习惯的内在制约，呈现出很强的中国特色，已远非国外理论所能诠释，更难想象用西方经济理论来引导改革进程而不陷入困境。显然，退休制度调整的一个基本的制度依托和政策依托，乃是从更广泛的经济、政治、文化的联系中，真正把握中国式发展模式的内在轨迹。应当在花大力气构建社会保障体系，包括建立强有力的社会救助基金的同时，逐步调整现行就业政策和实现经济增长方式的转变。实行以就业为中心的经济增长模式，强调以就业为中心的政策导向，固然有积极意义，但当前实施这一政策思路的内外部环境非常有限。因此，实行高收入和低就业的就业模式，或许是未来长期困难背景下的被动选择之一，如逐步实施每户2/3的家庭成员就业的模式，调整就业结构及其分布，以便从根本上缓解劳动力市场的供求矛盾，缓解失业压力，保证社会稳定。这对于照顾家庭、子女培养，营造物质和精神协调发展的、更富人情味的家庭生活和社会生活具有重要意义，也可为从根本上巩固作为中国经济、社会和政治结构核心的家庭制度根基，创造必要的条件。同时，这是发展社会生产力、改善人民物质文化生活的一个根本着眼点和归属，亦是固守中国文化根基的战略突破口，其意义不仅在当代，而且在今后的发展进程中将会愈加显著。

资料与案例

积极理性看待渐进式延迟退休

只有结合计划生育政策调整、劳动力供求状况变化、产业结构优化与就业政策调整，以及考虑到社会公平取向、人口老龄化及健康因素等，才能正确理解渐进式延迟退休年龄的重要性和必要性。延迟退休年龄备受社会关注，关系到尚未退休者的切身利益，也关系到经济社会的可持续发展。十八届三中全会通过的《关于全面深化改革若干重大问题的决定》明确提出，研究制定渐进式延迟退休年龄政策。各界从多方面进行分析讨论，但也存在一些误解、误读，有的甚至认为延迟退休仅仅是为了缓解养老金压力。对此，应该在认识上予以澄清。

其实，这项重大公共政策决策是在综合考虑多种因素基础上稳妥审慎作出的，不应将其目的解读为应对当前并不存在的养老金支付压力。只有结合计划生育政策调整、劳动力供求状况变化、产业结构优化与就业政策调整，以及考虑到社会公平取向、人口老龄化及健康因素等，才能正确理解这项政策的重要性和必要性。

首先，我国劳动力供求关系正在发生新的变化，劳动力供给总量已经越过了顶峰开始逐年减少，20 年后出现劳动力供给不足将是难以避免的。那时完全有可能出现日本自 20 世纪 90 年代以后的劳动力紧缺状况，现在研究制定渐进式延迟退休年龄正是未雨绸缪。其次，我国人均预期寿命和受教育年限持续延长，决定了人生工作周期也需要作出相应调整。再次，必须促进性别平等。现在女性退休年龄大幅度低于男性，不仅过早地剥夺了女性的工作权利，也过早地剥夺了女性的发展机会与发展空间，并直接影响到其经济利益与福利待遇。最后，必须维护养老保障制度代际负担的公平，即在人口老龄化的进程中，需要微调退休年龄，以避免下一代人负担过重，这是制度公平与可持续发展的需要。如果没有上述多重因素的影响，仅仅将延迟退休年龄视为解决养老金收支缺口的权宜之计，是不可取的。

作为一项战略选择，延迟退休不是立即要采取的政策，也不是在短期内大步迈进的政策，不是单一因素可以决定推进的政策，也不会是完全不顾不同类型劳动者差异性的政策，而是一个需要长期渐进的过程。笔者建议，从以下几方面采取措施，以尽量减少延迟退休可能对现行社会造成的影响。

一是坚持小步渐进。即每年以延长 2 至 6 个月的工作时间，经过 30 年左右的推进，实现男女 65 岁同龄退休。这种小步渐进方式更多的是应当考虑劳动力供求变化及其对就业的影响，绝不应当是服从填补所谓养老金收支缺口的需要。小步渐进将是一个长达数十年的过程，其实质影响将在 20 年以后，提前作出相应的准备是理性的举措。

二是应当提前出台政策，间隔一定时间后再正式实施，以便人们在预期清晰的条件下能够从容地安排好工作与退休生活。比如 2015 年前作出决定，2017 年以后开始付诸实施，到 2040 年前后达到预期目标，中间还可以考虑根据相关要素的变化分段推进。

三是女先男后或者女快男慢，以便逐渐实现退休制度与养老保险制度中的性别平等。就男性及被城乡居民养老保险制度覆盖的人口而言，现行规定是 60 岁退休，延迟退休的空间并不大；而职业女性则被分成若干等级，低于规定级别的女干部与知识分子是 55 岁退休，而女职工的法定退休年龄是 50 岁。因此，女性延迟退休的空间要大于男性，需要先行或快行延迟退休才能最终实现男女同龄退休，进而实现平等的工作权益与福利权益。

四是兼顾特殊，允许有一定的弹性。尽管从公平出发必须确立基准退休年龄，但考虑到不同类别、不同性别以及身体状况不同的劳动者的实际情况，应当设立相应的弹性空间，供劳动者选择。同时，还应当兼顾工作年限的长短照顾工龄长的劳动者，如工龄达到 30 年以上者应当区别对待，或允许按照现行政策退休，或者可以自主选择退休。总之，制定能够兼顾特殊的弹性政策，将能够确保这一公共政策更能被接受。

五是强化利益激励机制，让劳动者逐渐愿意选择多工作一段时间。必须改变劳动者工作报酬长期偏低的现状，让劳动者在岗期间真正实现劳有所值、劳能共享。强化养老保险制度多缴多得的激励导向，延迟退休者应当在养老金水平上得到补偿，不能让延迟退休者多缴少领而蒙受利益损失。还应当规范退休人员再就业政策。

资料来源：郑功成：《积极理性看待渐进式延迟退休》，载《经济日报》，2013 年 11 月 27 日。

思考题

1. 简述养老保险模式的类型及其特点。
2. 多层次养老保险模式的内容及其重要意义是什么？
3. 试述智利养老保险模式的特点及其对我国的启示。
4. 简述养老保险给付结构的基本内容。
5. 简述养老保险金给付的确定方式及其制约因素。
6. 养老保险金指数调节机制的含义和途径是什么？
7. 简述养老保险与退休制度的内在关联性。
8. 试分析改革我国退休制度的政策思路。

第六章 养老金计划[①]

本章知识结构

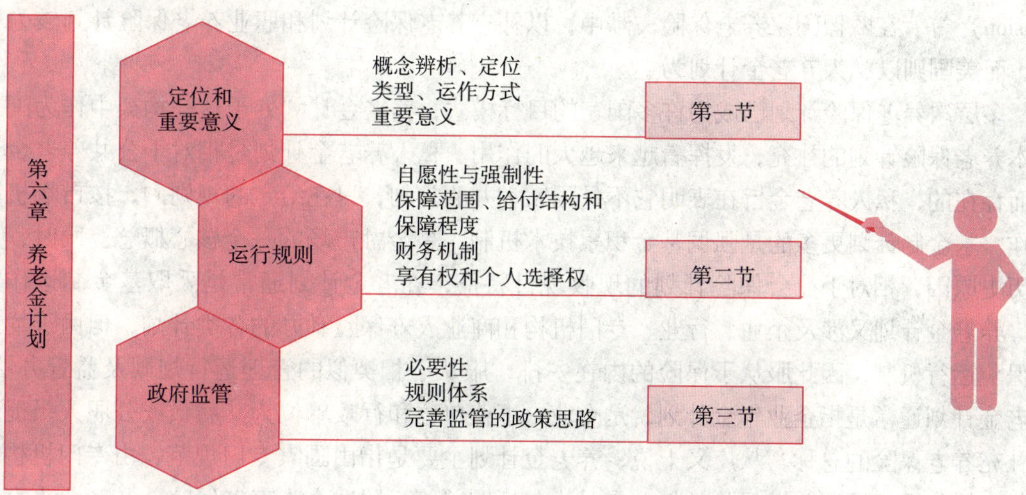

学习目标

- 熟悉养老金计划的概念、定位、类型和运作方式；了解发展养老金计划的重要意义。
- 理解养老金计划的运行规则。
- 了解退休制度的基本内涵，理解退休政策（行为）与养老保险（制度）的互动关系；熟悉退休制度调整的约束条件。
- 了解政府对养老金计划监管的必要性、规则体系和完善思路。

第一节　养老金计划的定位和重要意义

发展养老金计划已成为欧美发达国家、拉美及东欧国家以及许多发展中国家备受重视的

① 本章讨论的养老金计划主要是指补充养老保险计划。

改革发展思路。然而，首先需要回答的问题是，养老金计划的基本结构是什么，与政府社会保险计划的内在联系如何，政府如何规范、管理养老金计划，有哪些基本约束条件。从欧美国家养老金计划发展及政府对其规则管理的实践看，不但养老金计划自身结构、体系非常复杂，而且涉及财政、税收、金融、法律体制条件等一系列问题，如果对养老金计划的若干基本约束条件缺乏充分估计和系统深入的可行性分析，可能会给处于初创阶段的养老金计划的健康发展带来不利的影响，对此必须予以高度关注。

一、养老金计划概念辨析与定位

在欧美国家，养老金计划一般称为补充养老保险计划（supplementary pension schemes；complementary schemes），通常与其他术语并用，如私人保险金（private pension）、职业保险金（occupational pension）及第二层次养老金（second pill pension ）、自愿保险金（voluntary pension）等。在欧盟国家养老保险文献中，以补充养老保险计划和职业养老保险计划较为普遍，而美国则以私人养老金计划为主。

多层次养老保险计划已成为许多国家的目标模式，养老金计划处于这一构架中作为国家基本养老保险计划的补充，发挥着越来越大的作用。私人养老金计划是相对于公共养老金计划而存在的，私人养老金旨在表明它不是国家举办的计划，只在给定的规则内，按市场机制运作。基金制计划更多的是强调基金积累技术机制，是金融市场的一个核心概念。同时，由于历史原因，相对于社会保险计划的现收现付特征，养老金计划通常是采取基金制运作方式。养老金计划又涉及企业、行业、专门机构和商业人寿保险举办的各类计划，但由于均采用保险运行机制，因此服从于保险的内在安排，服从于相类似的管理运行规则及监管办法。养老金计划通常是指企业年金计划，是企业、事业单位和行政单位为其雇员或公职人员提供的补充养老保险的总称。从广义上说，养老金计划主要是指由国家专门规范、由专门机构管理与实施的第二层次养老保险计划。有时也包括覆盖第三层次个人养老保险以及商业人寿保险的有关计划。

在多层次养老保险构架中，第一层次国家基本养老保险计划的作用在于为社会成员提供最基本的退休收入、体现国家的社会政策目标和固有的收入再分配特征。第二层次养老金计划通常是在政府的鼓励下，发挥重要的补充作用，兼顾体现一定的社会政策目标，但主要考虑计划自身的稳定与效率。企业年金由企业和员工共同出资，政府在税收优惠、监控和提供最低限度帮助方面发挥十分关键的作用。公职人员养老金的筹资模式则由财政补贴及职工缴费构成。养老金计划不但作为重要的经济保障制度发挥日益重要的作用，而且对发展和完善金融市场、促进经济发展也发挥越来越重要的积极作用。第三层次养老保险通过建立个人养老保险计划和发展商业人寿保险以便为高收入阶层提供较高退休收入和为社会公众提供更加灵活的经济保障机制。由于第二、第三层次的诸多相同的特征，以及第二、第三层次的内在联系，在不少情形，第二层次的补充保险计划会以购买商业寿险公司的年金合同实现保障目标。所以，2000 年以来，英国、瑞典、意大利等国都非常关注第二、第三层次养老保险制度的构建。1997 年 7 月，英国对现行养老保险制度进行全面评估，考虑推出强制性个人第二层次养老保险计划。同时，为扩大补充养老保险覆盖面、弥补养老金待遇鸿沟，多数发达国家引入匹配缴费模式（Matching Defind Contribution，MDC），英国于 2002 年在补充养老保险层次开始启动基于 MDC 模式的“Saving Gateway”计划；德国的里斯特养老金改革（Riester Pensions Reform）也是深化补充养老保险层次发展的典型。在其他欧盟国家中，这也是一个异常活跃的研究领域。欧盟国家养老保险发展的经验说明，政府第一层次的保障拓宽和加强第二、第三层次保险计划的范围和力度，计划越是周密、保障范围越宽、保障程度越大，第二、第三层次的补充保险计划的发展就越会受到相当限制，如奥地利、意大利等国。近年来各国改革的一个重要特点是，逐步缩小第一层次的保障，这也是今后一个时期国际养老保险制度改革发展的一个重要趋势，应给予充分关注。

二、养老金计划的类型及运作方式

（一）养老金计划的类型

许多国家业已存在的养老金计划，可以概括为两种基本形式，即以强调缴费为特征的确定缴费型养老金计划和以强调保险金给付为特征的确定给付型养老金计划。在具体实施中，这两类计划存在较大程度的差异。

确定缴费型（DC）养老金计划是通过企业建立养老保险账户的方式，由企业和职工（多数计划仅指企业）定期按一定比例缴纳保险费，职工退休时的养老金计划水平取决于资金积累规模及其投资收入。它侧重于评价企业退休账户上的现有资金规模。

确定缴费型养老金计划的基本特征在于：（1）简便易行，有较高的透明度。（2）纳费水平一般规定为企业职工收入的一定比例，并根据企业经营与收入状况作适当调整。（3）企业与职工缴纳的保险费均免予征税，投资收入予以减免税优惠。（4）职工退休时可获得一次性保险金给付或用于购买商业性年金保险。（5）由企业职工承担有关投资风险，企业在原则上不负担超过定期纳费以外的保险金给付义务。（6）该计划属于全基金型年金保险计划。

区别于确定缴费型养老金计划，确定给付型（DB）养老金计划侧重于职工退休时将能领取的保险金给付水平。它一般取决于职工特定的收入水平和劳动就业年限两个基本因素，如某一百分比的退休前收入水平与劳动年限之积，构成补充退休金的给付水准。

确定给付型养老金计划的基本特征在于：（1）这类计划在实施中具有一定难度。（2）通过确定一定的收入替代率，以保障职工获得补充性退休收入。（3）通常与社会保险计划的保险金给付结构具有非常密切的联系，并往往根据社会保险金的给付水平确定补充保险金的给付水平。（4）保险基金的积累规模和水平将随工资增长幅度进行调整。（5）企业承担因无法预测的社会经济变化引起的收入波动风险。

在 DC 计划中，参加的职工定期缴费，最终的给付由总缴费额和积累的投资收益决定。相反，在 DB 计划中根据职工的服务年限、年给付率（利息率）和工资水平对参加的职工承诺一定的给付额，职工在预定的基础上定期缴费，而雇主根据投资收益和其他因素调整他们的缴费额度。

DC 计划通常根据个人资金账户提供全额的累积的、全额的所属的和全额的可携带的给付。瑞典和其他国家近年来引进了非基金 DC 计划基础的包含概念上的账户和收益的养老金制度，虽然对它们来说，DB 计划可以在基金或非基金基础上运行，但因为需要在精算假设的基础上计算给付的现金价值，DB 计划很难提供全额的累积的、全额的所属的尤其是全额的可携带的给付。

无论是确定缴费型养老金计划抑或是确定给付型养老金计划，虽然存在较大差异，但都在为企业职工提供补充退休收入保障方面发挥着各自的作用。有关研究表明，第二次世界大战后工业化国家的养老金计划有了很大发展。由于种种原因，绝大多数国家的养老金计划是保险金确定给付型计划。在美国，确定给付型养老金计划是确定缴费型养老金计划的 2 倍以上，加拿大 95% 以上是确定给付型养老金计划，日本的所有养老金计划均是确定给付型养老金计划。但近 10 年来的发展趋势表明，确定缴费型养老金计划在美国有异军突起之势，约有 40% 的养老金计划同时采用两种形式，形成二者相互配合、补充的格局：由确定给付型补充养老保险计划提供最低限度的补充退休收入，由确定缴费型养老金计划提供较高程度的补充退休收入。国际金融危机引起的养老基金缩水风险，导致 DC 计划的增长放缓。

在欧美国家，养老金计划采取多种形式，如 DB 与 DC 计划，强制与自愿计划，基金与现收现付计划，公司、行业及专门养老金基金公司等形式。表 6－1 反映了主要欧盟国家养老金计划的主要类型情况。

表 6－1　欧盟国家养老金计划类型简表

国　别	DB/DC	强制/自愿	基金/现收现付
比利时	DB（为主）	自愿	基金
丹麦	DC（为主）	强制（集体谈判）	基金
芬兰	DB	强制（第一层次）	
法国	DB	强制（主要）	现收现付
德国	DB（为主）	自愿	基金（账户准备金）
希腊	DB	自愿	基金
爱尔兰	DB	自愿	混合
意大利	DB	自愿	基金
卢森堡	DB	自愿	基金（账户准备金）
荷兰	DB	强制	基金
葡萄牙	DB（为主）	自愿	基金
西班牙	混合（DC 为主）	自愿	基金
瑞典	DB	强制（集体谈判）	基金
英国	DB（为主）	自愿	基金

资料来源：经济合作与发展组织（OECD），1998。

（二）养老金计划的运作方式

表 6－1 对欧盟国家养老金计划的主要类型、举办方式及筹资模式给予了较全面的反映，有助于我们从总体上进行分析比较。由于养老金计划自身的复杂性，还必须同时考虑一些具体运作规则和实施方式，如企业通过内部筹资抑或是外部筹资，对计划拥有资产的收益权，等等。从某种层面分析，企业或行业构建一个或多个补充计划选择 DB 或 DC 计划，遵循有关部门运行规则，如享有权、可携带性及资格条件等，运用精算技术合理配置资源为计划稳

定运行提供财力支撑，保险金的类型，逐月领取还是一次性领取，如何在计划运行过程和职工领取保险金以后抵御通货膨胀风险，如何对养老金计划实行监管等，都是发展完善养老金计划需要认真考虑的问题。

首先，养老金计划的建立，必须明确是由企业自行管理还是由外部机构管理养老金基金。很显然，养老金基金及其所反映的对未来员工养老金的责任必须高度防范对基金侵蚀的风险，通常在没有法律严格规范对基金分散管理的企业，风险无疑更大。当然，如果企业能够有效管理营运养老金基金，分散管理也并非保障兑现养老金的先决条件。一些欧盟国家如德国、瑞典、芬兰、卢森堡等国一直采取账户准备金制的方式直接管理基金，也未强调二者不许分散管理。当然，这些国家防范风险也采取了强制破产保险的方式。强制破产保险对投资风险的规定已在2005年推行。同时，也存在另一些保障机制如强制集体担保防止养老保险机构破产，奥地利要求雇主必须将账户准备金的50%存入奥地利银行。但日本养老金计划则对账户准备金既无保障安排，又未提供任何安全防范措施，使日本养老金计划面临不少潜在风险。

按照国际惯例，对养老金基金实施分散管理原则，不但是保险行业和金融行业的第一道防线，而且也贯穿于投资规则方面。许多国家对企业拥有的基金严格限制其自主性投资的范围、规模与领域。对基金的分散管理对于企业因经营不善或其他原因面临破产的，可以为其提供重要的保障。同时，分散管理也有利于防止企业管理人员对养老金基金的侵蚀，防止基金的流失。

其次，养老金外部管理的方式。如果养老金基金是建立在企业之外，对其管理通常通过以下方式：(1) 自行管理方式。国家可以为养老金的企业或行业自行管理制定专门法令、法规，或参照对寿险业的监管条例进行某种修改或调整，以强化自行监管。(2) 由专门的金融机构如保险公司、银行或投资管理公司负责管理和营运。在许多国家，补充基金的投资营运都是采取这种方式，保险公司发挥着非常重要的作用。(3) 企业通过购买团体保险方式建立养老金，这样可以将有关风险转嫁给保险公司。保险公司可以同企业签订DB或DC养老金保险合同，养老金的管理服从于保险业的有关法令、法则，有利于增强基金的保障程度和安全系数。当然，这将涉及保险公司与企业在有关业务的竞争问题，需要根据新的变化形势制定新的规则。

最后，欧美国家养老金计划到目前为止是以DB计划为主、DC计划为辅，虽然近年来一些国家的改革趋势表明，DC计划有增多的迹象，但需有一个较长的发展和满足有关条件。同时，DB和DC计划并存趋势在一些国家较为明显，如DB计划从安全角度考虑允许适当调整缴费额度与保险水平，而DC计划日益关注提供最低保险金。在一个企业内同时并存DB和DC计划的格局也有进一步发展，通过DB计划提供某一收入的最低补充养老金，通过DC计划予以适当补充。在此情形下，DB计划强调安全条款，DC计划强调最低保障。因此，混合计划吸取了DB和DC计划的一些优点，受到人们的关注。

三、发展养老金计划的重要意义

20世纪90年代以来，无论是工业化国家，还是在经济转轨国家，都特别重视大力发展养老金计划。社会保险与商业保险及各类补充保险计划的融合，构成这一时期乃至今后国际社会保险发展的一个重要趋势。20世纪七八十年代养老金计划在部分工业化国家曾经有一个显著的发展时期，如美国20世纪80年代以来各类养老金计划的数量增加156%，参加人数增长76%，保险总资产增长455%。随着各国社会保险制度改革进程的深化，尤其是经济转轨国家面临的共同问题，以及智利模式在全球范围内受到关注，养老金计划问题重新成为国际社会保险领域的试点和前沿课题。养老金计划受到关注的基本理由在于：(1) 工业化国家固有社会保险制度危机并未根本解决，而养老金计划作为缓解政府社会保险计划的压力及财政日益严重负担的政策调整手段仍将长期受到重视。(2) 在人口老龄化加速发展的前景下，多层次养老保险的基本思路势必受到更大程度的关注。补充保险计划虽然在不同制度框架内的定位和形式有所不同，但其保障作用的扩大则无疑是发展重心之一。(3) 社会保险与经济发展的一体化战略构想，使基金制社会保险模式、基金制运行的养老金计划模式在促进经济发展中将扮演更为重要的角色。(4) 对于经济转轨国家而言，通过发展完善部分基金制社会保险计划和补充计划，将有助于促进经济发展走出低谷，对促进金融市场发展，乃至帮助经济走出困境具有十分重要的意义。正因如此，养老金计划的问题受到决策者的关注，并仍将成为一个非常重要的发展领域。

需要指出，从我国的情况来看，当人们的分析视角不是仅限于社会保险的现有分析框架，而是联系经济、社会、文化等诸多因素审视具有中国特色的社会政策发展道路及与之相适应的制度安排时，不难发现，养老金计划必将发挥比现有设定的制度框架内要重要得多的作用。

1. 受经济、社会及文化等诸多因素的制约，中国的企业制度无论怎样变化，都难以从根本上改变固有的受文化内核及基本国情制约的发展轨迹。从某种意义上看，企业虽然具有多种职能，但扩大了的家庭保障职能则是我国企业无法不面对的重要的职责之一，可以说是与企业共生共亡的重要因素。以企业为家的概念乃是在中国的企业职工中根深蒂固的文化心理定式，与西方社会结构下的企业制度存在着根本差异，因而中国的企业最终必然形成以互助形式或其他形式构成的企业保险、保障制度。借助于保险的技术机制，通过职工缴费、单位补贴、政府扶持，为企业职工建立起一定程度的经济保障机制。应当说，这种企业保险制度是中国特有企业文化的延伸和体现，具有自身的优势和特点。对企业职工而言，这一计划的吸引力，远比其他保障计划更为突出。如果政府能够因势利导加以政策扶持和必要的保护，它就能够以一种非常重要的保障形式发挥优势，形成一股独具中国特色的经济保障力量，从而具有潜在的生命力和毋庸置疑的发展空间。

2. 尽管提供经济保障是各类保障计划的重要目标和基本内容，但对东方型养老模式，尤其是中国养老模式而言，则应当充分关注物质保障和精神慰藉的结合。应当说，这是区别于西方养老模式而更能体现中国特色的重要之点。养老金计划作为体现物质保障和精神慰藉相结合的载体，能够更好地体现中国养老金计划自身的特色，因而在未来长期发展中的地位和作用不应低估。笔者认为，这应该是大力发展养老金计划的重要决策价值所在。

3. 工业化国家能否克服由来已久的社会保险制度危机，从种种改革措施看，尚难以预料。如果不是从单纯的技术机制、运行机制的角度分析，而是深入到制度层面，应当指出，工业化国家社会保险危机乃是制度安排中的深层次问题。中国社会保险模式构建如何避免工业化国家社会保险制度的普遍危机，显然不能单纯从技术机制的设定和调整中寻求发展道路。①

第二节　养老金计划的运行规则

发展养老金计划，无论是在欧盟国家还是在经济合作与发展组织国家，均需妥善制定若干规则，规范其运作，一些基本的规则如自愿还是强制、享受养老金的资格、补充计划与员工流动的规则及其协调、养老金计划的成本等都是各国养老金计划运行的一些基本规则。虽然，在具体的条款和规则方面，各国存在较大差异，但仍可以从中找出一些各国共同遵循的规则，为我们提供有益的参考。建立规则的基本目的在于为参加计划的员工提供保护，尤其是对员工获得合理养老金待遇提供保障，同时，制定规则的另一个目的在于保障计划运行的安全与稳定。政府在对养老金计划制定规则、实行监控的同时，也对计划予以补贴，而大多数国家是通过税收优惠的方式体现的。

对养老金计划规则的制定着眼于计划稳健运行和增强员工的信任，计划的作用，养老金计划的社会经济效应，计划运行机制的若干问题如计划的提供者、产品的特征、财务机制等，同时还须关注计划运行的日常风险、企业生产状况、基金侵蚀以及日益变化的对补充保险金的不同需求。

必须强调指出的是，养老金计划的健康发展及其若干重要规则的制定，均必须贯穿政府的干预过程。不同于市场经济的其他诸多领域，政府可以更多强调市场机制的作用，如为其创造一些基本条件、制定最低规则即可，但养老保险计划的支付问题自计划建立之日就代表一种承诺，不论因何种原因导致计划的支付承诺落空，都会造成十分严重的后果及社会影响，因此，发展养老金计划必须把防止或限制破产摆到十分重要的位置，如规定计划必须参加破产保险或通过签订最低养老金保障合同的方式提供安全保护（英国1995年改革前的做法）。在非常情形，政府须对计划提供财力支持乃至紧急救助，承担最后保护人的责任。

一、养老金计划的自愿与强制性问题

在我们考察的14个欧盟国家养老金计划中，有9个国家是采取自愿性计划，有5个国家是采取强制性计划（见表6－1）。对于计划的自愿与强制设定涉及诸多方面的考虑。这同各国的制度环境、社会保险发展等因素有关。一般而言，养老金计划由于运行机制和所担负的提供补充退休收入的责任，同商业保险计划有着更大的相似性，而商业人寿保险均是按照自愿原则建立和组织实施的，体现了市场机制的诸多原则，因此，大多数国家的养老金计划采取自愿方式。

养老金计划采取强制性方式，可能有多种理由。其一，作为社会保险计划的补充，也应采取强制性方式。其二，强制性方式有利于防止企业和员工的短视病和使企业更易服从政府

① 林义：《养老保险改革的理论与政策》，成都，西南财经大学出版社，1995；林义：《社会保险制度分析引论》，成都，西南财经大学出版社，1997。

鼓励其实现的社会政策目标。其三，有利于克服自愿保险市场普遍存在的市场风险。其四，强制性计划较易获得政府税收优惠和获得政府的最后保护人的支持。

另一个决定私人养老金监管结构的重要因素是强制的性质。私人养老金是自愿的还是强制的，如果是后者，是像瑞士一样对雇主强制，还是像近来的澳大利亚和中国香港要求雇主为雇员建立养老金计划，或者它是对职工强制，如模仿智利的正在改革的拉丁美洲国家的情况。

区别于商业人寿保险计划，欧盟国家的补充保险虽然主要是自愿性保险，但大多数计划均遵循政府对处置风险的种种最低规则，有些国家如荷兰允许政府以适当方式干预，实施一定条件的强制规划。另一类案例如英国通过退出合同的方式部分由强制性计划转为自愿性计划。强制性计划更多是规范雇主必须参加，对雇员要求强制参加的国家有匈牙利、瑞士和法国等，但并不多（经济合作与发展组织，1998）。当然，即便是强制性计划，也往往是建立在集体谈判基础上，综合考虑了多方面利益并达成一定妥协基础上的强制计划。在一些欧美国家，强制性计划并不表明企业必须承担补充保险的义务，但一旦在集体谈判基础上达成通过强制性方式事实，企业也就必须承担有关义务和遵循相应的规则。

通过对欧美国家自愿与强制性养老金计划的考察，未来的发展趋势因目前放松管制的经济、金融环境，仍将会向自愿性计划的方向发展。当然，受各国自身条件的限制，具体规则的制定，在一些国家可能会更严格些。在实施自愿性计划的条件下，对员工的教育和培训将发挥更重要的作用，以便其能较全面正确地认识养老金计划的作用之后，对这一计划更具信心并积极参与。

二、养老金计划的保障范围

区别于社会保障制度的较为广泛的保障范围，养老金计划的覆盖面由于种种因素而要狭窄得多。即便在社会保障制度十分发达的一些工业化国家，养老金计划的保障面除瑞典、瑞士、法国等少数几个国家达到 80% ~90% 外，其余国家均在 50% 以下。有些国家如奥地利、意大利，保障面在 10% 以下。养老金计划保障面普遍小的主要原因在于，这些国家社会保障制度的保障面较高，并且在第二次世界大战后普遍实行高福利的社会政策，养老金计划的发展受到不同程度的限制。不仅如此，养老金计划的保障范围主要指向大中型企业、新兴发展产业及高薪阶层的职工，而一般小企业、服务行业及收入较低者大都未在保障之列。

在欧美国家，养老金计划日益受到重视，同时也提出要强化规范以保障计划顺利运行并为员工提供适当的安全保护。政府逐步缩小公共养老保险计划的比重，而加大养老金计划的比重，并不意味政府会放松补充计划的监管和规则的制定。相反，由于补充计划承担了政府社会政策的部分任务，政府更应加强对其管理。当然，管理和规则允许具有一定弹性。各国正在进行的改革表明，政府通过公共养老保险直接提供最低养老金将随着补充养老计划迅速发展而逐步缩小。在此意义上，养老金计划不应简单地划归一般经济领域来看待，而应作为一个重要的社会稳定机制加以特别地规范和管理。

20 世纪 90 年代以来，欧盟国家中，政府提供的基本养老保险计划虽然仍占绝对优势，但我们可以看到养老金计划发展较快，表 6 - 2、表 6 - 3 的数据反映了部分欧盟国家养老保险和补充保险覆盖面的情况。

表6-2 公共养老保险金占养老保险金总额的比例 单位：%

国别	比例
德国	78
瑞典	75
法国	68
荷兰	66
英国	62
意大利	61

资料来源：经济合作与发展组织，1998。

表6-3 欧盟养老金计划（第二层次）的保险覆盖面 单位：%

国别	比例
比利时	31
丹麦	80
法国	100
德国（合并前）	42
希腊	5
爱尔兰	40
意大利	5
卢森堡	30
荷兰	90
挪威	66
葡萄牙	15
西班牙	15
瑞典	90
英国	50

资料来源：Davis，1995；经济合作与发展组织，1998。

养老金计划的建立与发展变化涉及一些基本问题，如税收优惠问题、强制与自愿的规定、年龄限制、工资限制、性别规定（退休年龄），尤其是对员工能否参加养老金计划，各国均有一些限制，如计划的最低参加人数至少为50个雇员和占企业雇员总数的40%。除参加计划有限制以外，不少国家对领取养老保险金的资格和条件还有较严格的规定，如领取年龄、参加计划年限、就业年限等。欧美近来关注的一个重要问题，就是通过欧洲法院对各国养老金计划存在的差异进行协调，以尽可能减少欧盟内国与国之间的限制。

三、养老金计划的给付结构和保障程度

养老金计划的保险金给付结构在很大程度上取决于实行何种类型的保险计划。确定缴费型养老金计划的保险金给付水平最终受制于积累基金的规模和基金的投资收入，并且，它大多表现为一次性地购买商业年金保险或按一定的标准逐月支取。确定给付型补充养老保险计

划的保险金给付则取决于两个基本因素，即退休前职工的收入水平和就业年限。

确定给付型养老金计划的保险金给付公式又区分为单位保险金给付公式和均一保险金给付公式。单位保险金给付的做法是职工退休前收入的一定百分比（如1% ~1.5%）与就业年限的乘积。职工退休前收入的计算基数可以按就业期间的平均收入计算，亦可按退休前3~5年的平均收入计算。由于受工资、价格和通货膨胀等因素的影响，以职工退休前平均收入为计算基数的较为普遍。均一保险金给付公式是指职工退休时可领取特定金额的企业年金，如按职工退休前收入的20% ~40%确定。只要职工达到最低10~15年（如美国）的服务年限，即可按此标准领取退休保险金，而不论具体就业单位和服务类别。需要指出，无论采取何种给付方式，补充保险金的标准往往与社会保险的给付结构相联系。尤其是确定给付型补充养老保险计划，大都根据特定时期社会保险金的给付水平，调高或降低补充保险金的给付标准，提供一定程度的退休收入保障。

需要指出，对于养老金计划提供保险金的最大影响，莫过于通货膨胀。在一般社会保险计划中，由于实施保险金的自动指数调节机制，可在一定程度上使养老金的调整幅度能大体适应工资或价格水平的调整，以保证一定水平的货币购买力。然而对养老金计划而言，如何建立反通货膨胀的指数调节机制，仍然是悬而未决的难题。我们知道，确定给付型补充养老保险计划和确定缴费型养老金计划实行不同的技术机制。对后者而言，如果能够提高资金营运效果，实行有效投资，若在投资收益率高于通货膨胀率的条件下，则有助于抵制通货膨胀的不利影响，但这在相当程度上取决于资金市场的发达程度和资金营运效果。对确定给付型补充养老保险计划而言，由于保险金给付水平是以劳动者停止就业时收入水平的一定比例确定的，收入基础不再扩展并因通货膨胀率提高而不断缩小，从而容易导致养老金购买力程度不同地降低。但由于种种原因，对养老金计划的养老金尚未全面建立起指数调节机制。

在欧美国家，养老金计划是作为国家基本养老保险制度的一种重要补充而获得重视和发展的。当然，这种补充计划的定位和保障程度视其在一国社会保障中的地位而有所不同，也因各国社会保障制度的基本模式而存在较大差异。补充计划保障的适度性还因员工的收入水平、缴费高低、与其他退休收入相比较而存在差异。但一般而言，养老金计划的适度保障涉及一些基本因素，如缴费与待遇联系更密切、保险金的指数调整、一次性养老金给付的数量。

再一方面，对DC计划而言，如果能够提高基金营运效果，实行有效投资策略和合理的投资组合，有可能有效抵御通货膨胀对补充养老金的影响，提高保险金的保障能力，但需由雇主和雇员承担投资风险，保险金保障的适度性最终取决于一国金融市场条件和基金投资绩效。欧美国家养老金投资业绩的实践表明，在国际金融危机的投资环境下，养老基金的投资回报受到巨大挑战。但统计数据并不能充分揭示未来经济发展走势、通货膨胀及其政策调整对DC计划保险金保障程度的影响。明智的决策是充分估计到DB计划和DC计划可能面临的风险，如DB计划企业破产风险。制定对补充计划安全性的最低要求，以确保养老金计划目标的实现，提供适当的退休养老金。

表6-4反映了欧盟国家20世纪90年代养老金计划替代率（包括社会养老保险）及养老金给付上限的有关情况，有助于我们从总体上把握欧盟国家养老金计划的给付水平。

表6－4　部分欧洲国家社会保险金替代水平　　单位：%

国　别	平均总替代率
比利时	52.2
丹麦	52.6
芬兰	51
法国	54.2
德国	51.2
希腊	49.5
爱尔兰	49
意大利	52.5
卢森堡	46.4
荷兰	49.3
葡萄牙	49.4
瑞典	53.3
英国	51.4

资料来源：Social Security Programs Throughout the World: Europe －2012，U. S. Social Security Administration, 2013.

四、养老金计划的财务机制

许多国家的经验表明，养老金计划的财务机制一般有两种基本形式，即现收现付和各种类型的基金制。

现收现付是指由企业或工业行业实行的旨在实现短期财务收支平衡，并根据未来一定时期保险金给付及指数调节情况进行调整的财务收支计划。

基金制主要采取以下几种方式：（1）统筹基金制。即规定企业按统一费率提留或缴纳保险基金，由有关机构统一调配和支付养老保险金。统筹基金制的作用在于保障中小企业的补充养老保险计划得以正常运行。（2）全基金制。即规定预提积累的保险基金应足以支付未来特定水平的养老保险金给付，它多见于以单一企业为基础建立的保险计划和典型的确定缴费型补充养老保险计划。（3）部分基金制。即保险金的提留和积累旨在实现最低水平的补充保险金给付的目标。（4）簿记准备金制。即在企业内部建立的一种特殊的年金基金形式，它是在企业财务收支平衡表反映和提留的部分养老保险责任准备金。但实际上，积累的基金是作为企业的一项重要投资收入来源。企业在职工退休时，将对其提供一定程度的补充退休收入。在一般情形下，保险计划的负债准备金部分应参加保险市场的再保险计划。这在德国是非常普及的较为特殊的年金基金形式。

养老金计划的经费来源主要由企业负担，有些国家规定个人须缴纳少量的保险费，费用负担的比例视企业的实际情形而定。除企业经营状况的好坏以外，决定养老金计划资金积累规模的一个不容忽视的重要因素是税收方面的优惠，即对企业和个人缴纳的保险费（包括投资效益）予以减免税。事实上，如果将企业缴纳的保险费视为一笔延期税收的话，无疑将极大地促进养老金计划的发展。相反，则可能限制其健康发展。这已为许多国家发展养老金计划的经验所充分证明。此外，高度重视保险基金的投资，有效处置通货膨胀对养老金计划的不利影响，亦是保证其财务稳定应考虑的重要因素。需要指出，养老金计划财务机制绝非简单意味着保险费的收缴与保险基金聚集，更重要的是如何实现有效的投资营运与管理，以及有效地处置通货膨胀风险，这是关系到能否实现其保障目标的关键环节之一，因而在构造养老金计划时应引起高度重视。

五、养老金计划的享有权和个人选择权问题

应当指出，养老金计划中享有权（vested right）和流动性问题较为复杂，也较难确定。员工享有权是养老金计划的员工在什么条件下最有退休养老金的享有权。补充养老金保险计划在不少情形被视为职工的一种延期收入水平。如何能够领取延期工资，各国具有不同规定，有些国家规定一旦参加补充计划，即享有基本权利，如比利时规定雇员一大半参加缴费即拥有这种享有权，而雇主则需缴费1年；荷兰规定员工缴费1年，英国规定缴费2年，而德国规定需缴费10年，方有养老金计划的享有权。显然，享有权问题的确定与否，直接影响劳动力的正常流动，影响劳动力市场的健康状况。因此，发展养老金计划，应当考虑根据各国劳动力市场的状况设计和规范享有权问题。

与这一问题直接关联的另一问题是养老金计划与员工变换工作岗位所引起的有关问题即养老金的可携带性。当职工调换工作岗位，能否和如何将原所在企业的养老金计划转到新企业或新的补充计划。诚然，企业建立养老金计划的一个出发点是通过员工福利计划调动并充分发挥员工的生产积极性，使企业的发展与个人利益密切相关，但在市场经济条件下，劳动力的合理流动亦是促进经济发展的重要条件之一，因此养老金计划应当充分考虑员工合理流动的问题。自20世纪80年代以来，欧美一些国家开始确认职工对养老金计划待遇的有条件的享有权和可携带性，使职工即使在达到退休年龄之前，因各种原因离开所在企业可视情形享有养老金计划的权利。如美国1984年的立法规定职工年满21岁并有10年以上就业年限者，有权享受100%的补充退休养老金，如果职工在退休前离开该企业，则按标准折算并转移到另一企业或另一养老金计划。这种转移如在同类企业的联合养老金计划中进行则非常容易，但进入其他企业的计划则相对困难得多。因此，为克服养老金计划因职工流动而给企业和职工个人带来的问题，一些国家采取由多个企业联合建立养老金计划的办法，这至少对职工在同一行业中的内部流动提供了某种方便。

在过去20多年，在欧美国家和其他工业化国家，养老金计划的有关权益问题受到关注。如在英国，职工平均在其就业生涯中变换至少5次工作，只有少数职工直到退休时均在原企业并领取补充养老金；大约有60%的全日制男职工、53%的全日制女职工，参加了养老金计划并大都实行DB计划，但可携带性和员工的保护问题较为严重。一项关于养老金可携带性问题的研究报告指出，由于员工经常变换工作和转移养老保险计划，职工获取养老金的正常权利受到很大的影响，并限制了劳动力的正常合理流动。不仅如此，养老金的正常权利还受到其他因素的制约，如养老金的权利通常是以每一类工作的最后收入确定，对通货膨胀的影响仅有有限的调节。在DB计划中，通常面临雇主缴费的隐性截留，当职工中年以后转入DC计划时，他可能会丧失部分养老金，因为原雇主缴费部分实际上并未转入。再则，如果雇员在参加计划的2年之内离开，则可能丧失补充保险金的享受资格。其他一些技术原因或计算方式上的影响，也可能使员工的养老金权益受到影响。

一般而言，员工提前离开企业，其日后领取养老金将面临两类损失，一类是现金等值损失，即员工转移的补充养老金不是以最后收入而是以时下收入单位为计算基础，于是可能造成员工补充养老金的部分损失。另一类是截留损失，即面临补充计划中雇主缴费因职工工作的流动而遭截留，这对于员工从 DB 计划转到 DC 计划会产生较大的影响。

对于补充养老金的可携带性及其相应权益保护问题，荷兰较好地降低了因员工流动而造成的损失，美国处理较差，而英国、加拿大和日本则介于二者之间。荷兰对早期离开计划员工的延期享有保险金不断提供通货膨胀指数调整，尽管这不是强制要求，但由于大家都共同遵循这一规则，对早期离开和较长停留均一视同仁。

我们知道，克服养老金计划中职工流动带来的某些问题，较好的方式是建立一个中心清算机构，以便集中处理有关职工流动和转移养老金计划事宜，并将职工应享有的退休待遇转到其退休前所在职业的计划中。荷兰和日本建立了这一类清算中心。荷兰的大多数大的补充计划都分别参加五个职工流动清算中心，通过中心来处理延期养老金的转移问题。1987 年政府曾出面警告，如果未能妥善解决员工流动所造成的养老金权益保护问题，政府将专门通过立法来解决。早期离开计划的员工允许在原有计划中保留合法权益，也可将其转到清算中心。通过这一清算中心，可以保证员工领取按平均最后收入计算的养老金和按其参加计划的实际时间计算养老金。当然，通常需要扣除 4% 的手续费。需要指出，荷兰这个中心能够有效运作，是同荷兰养老金的给付结构在不同的计划间具有较高程度的统一性密切相关的。日本建立的清算中心由养老金基金管理协会（PFA）管理。对于至少有 10 年服务期的员工，提前离开补充计划的，养老金自动进入中心；若员工愿意，10 ~ 15 年服务期的员工的补充养老金也可以进入清算中心。保险金现值依据离开计划之前就业期间平均收入计算，并扣除 5.5% 的折扣率。一旦转移到清算中心，雇主则不再承担任何责任。日本雇员完全退休时，通常支付一次性养老金。

相对于欧盟国家，美国养老金计划的流动性问题最大。美国大多数 DB 计划是非缴费型，如果员工没有达到享有权的规定离开计划，工作调动则可能丧失养老保险金的权益。在美国 1974 年《员工退休收入保障法》颁布之前，许多员工不得不等到退休时才享有权益，而大多数员工则须有 40 年就业及服务期限才保证拥有享有权。20 世纪 90 年代以来，美国新的《退休储蓄与保障法》在一定程度上增强了计划的流动性和保障性。职工参加养老金计划，无须等待 1 年以上；职工也有权将计划中已有的权益转入新雇主的补充养老计划。《退休储蓄与保障法》对 401（K）计划的员工流动性限制更宽松，为个人退休账户提供税收优惠，允许小企业承包建立新的、更简易的 401（K）计划（全国雇员储蓄信托局）并充分流动。另外，《退休储蓄与保障法》为养老金计划尤其是 401（K）计划的养老金资产提供了进一层的安全保障。

第三节　政府对养老金计划的监管

如何对养老金基金投资进行有效监管，如何制定投资规则，创造基金营运的有利条件，如何确保基金的安全等，是近年来备受关注的热点及前沿领域。各国的具体政策措施和政策调整可能存在不少差异，但在强化养老金基金监管的一些主要原则、重要规则方面，仍然具有不少共性，对我国养老金基金的投资与监管，具有重要的借鉴意义。

一、政府对养老金计划监管的必要性

（一）养老金计划面临的种种风险

1. 投资风险是指养老金基金投资过程中由于主观原因（投资决策失误、投资组合选择不当）及客观原因（工商业的周期变化、利率波动、政府政策变化等）造成的投资收益率不确定性的风险。资本市场的发育程度越低，投资工具越少，市场运作的规范程度越差，投资的风险性越大。资本市场的不断完善、政府适当的监管及基金投资管理的逐渐成熟都会降低投资风险，但不会使之消除。

2. 通货膨胀风险是指由于通货膨胀，养老金基金经过长期积累后其实际购买力下降。通货膨胀是现代经济中的客观现象，往往随经济的周期性波动而呈现出周期性变化的特点。由于养老基金积累的长期性，通货膨胀会对其实际购买力造成很大威胁。为了抵御通货膨胀风险，金融市场创造了很多通过指数调整以对抗通货膨胀风险的金融产品，为养老基金提供了有效的保值工具，也推动了金融工具的创新。

3. 偿付能力风险则是指基金管理公司由于经营不善或其他原因陷入财务危机而不能偿付委托人的应计债权的风险。在养老金基金的营运管理中，如果将基金的投资营运委托给基金管理公司等金融机构，养老金基金就可能面临偿付能力风险。实践中，通过政府的担保或基金管理公司的保险可以在一定程度上降低这种风险。

4. 对大多数国家而言，养老金基金面临的主要风险可归结为基金破产的风险。多种因素可能导致养老金计划的失败，如对 DB 计划而言，风险因素有条款计算上的重大失误包括由多种原因导致的投资决策失误等；对 DC 计划而言，则更涉及投资方面的种种风险，如基金投资模式、投资方式的选择，委托私人保险公司也存在某种程度投资风险，尽管对其有较严格的规范和安全措施。基金管理是内部管理还是具有较大独立性的外部管理，对计划的营运影响极大，因为企业的生产经营状况和是否破产会严重地影响养老金计划的正常运行。精算估计方式的失误或财务风险对养老金计划也会产生严重影响。通常，不少国家采取严格的防范措施，以降低和化解计划面临的破产风险。

对于日益引起重视的 DC 计划而言，财务风险如投资、利率和通货膨胀风险是最需关注的风险，因为在大多数情形下，养老金给付责任的最终兑现，直接取决于基金的投资状况。较高的投资收益既可保证较高的退休待遇水准，又有助于降低缴费水准。相反，如果基金投资效益太差，必然使计划面临很大的风险，尤其当基金大量投资于投机性金融资产时，甚至可能导致计划破产的风险。亚洲金融危机给养老金计划发展带来了重大影响，无论对实施 DC 计划还是对实施 DB 计划的企业均有重要的警示作用，使养老金计划的风险防范和安全策略显得日益重要和突出。需要建立风险防范机制、严格的资产负债管理、基金的分散管理、资产组合管理等，以便增大计划的安全系数。对养老金计划而言，通货膨胀是尤应关注的重要风险。政府通常为社会保险计划建立比较全面的指数调节机制以抵御通货膨胀的影响。但对养老金计划，利率波动和通货膨胀风险将会严重制约补充计划的正常运行，尤其是对职工领取补充养老金保险待遇之后，如何处置这类风险，各国尚未找出十分有效的方法，补充保险计划的指数调节机制尚未建立和健全，这成为各国关注的一个重要课题。

养老金计划的安全性同企业生产经营状况密切相关，同时，与一些工业部门行业的发展状况密切相关。企业破产，通常会导致 DB 计划的终止，亦会导致 DC 计划保险金水准的大幅度降低，对实施账户准备金式计划的企业亦会造成明显的资金不足的后果。同时，对养老金计划影响较大的基金侵蚀风险应引起高度关注。对企业或基金管理而言，都存在挪用和侵蚀基金的问题，尤其在基金和企业经营尚未分散管理和缺乏对基金有效监管的情形下，时常会出现这类风险。在欧盟一些国家，养老金计划通常采取购买保险公司团体保险和年金保险的方式实施，如芬兰。这类计划，也需考虑在寿险领域普遍面临的种种风险，如生命表风险（相比生命表预测的，更多个体将存活到退休时间）、长期风险（退休者有比生命表预测的更长寿命，投资风险、投资收益率低于预定利率水平）、投资组合等策略的失误以及管理费的大幅度上升等。

（二）政府对养老金计划调节与干预的主要内容

如同国家在社会保险及其他包括商业保险在内的各种保险计划中扮演重要角色一样，在养老金计划中，涉及的保障面狭窄、各类计划之间缺乏协调、巨额基金的投资及十分有限的通货膨胀调节能力，更需政府的调节与干预。

1. 政府在法令法规方面的重要作用。尽管在一般意义上说，养老金计划在法令的强制性方面远不及社会保险，在许多方面也与商业人寿保险公司不同，但通常却是国家通过有关专门立法，决定采取强制性或自愿性计划，确定其所应达到的目标保障面，明确与社会保险计划的关系，制定养老金计划运行的基本规则、投资规则及管理规则等。

2. 政府在财务运行机制方面的作用。养老金计划的运行机制在很多方面类似于商业人寿保险公司，因而在这一领域政府对财务机制的干预显得尤为重要。具体表现为对资产负债的监督管理，对预算平衡的技术监督，对资金投资营运的监督、指导和管理。强调政府干预的意义在于，一方面保护职工的经济利益，不致因该计划资金的无效营运或企业倒闭受到影响。为此目的，有的国家还以立法形式保障最低退休收入或通过政府特殊保险计划分散有关风险。另一方面，有助于监督企业合理地管理、营运养老金计划，恰当地利用税收优惠政策，实现而不是偏离既定目标。

3. 合理界定政府的责任。许多国家养老金计划发展的经验表明，税收政策方面的优惠对刺激其发展具有特别重要的意义。实际上，实行优惠税收政策亦表明政府在养老金计划中承担了部分责任，因为这一举措意味着财政收入的某种程度的减少。当然，对其实行税收优惠的程度，取决于各种考虑，尤其是协调发展社会保险与其他保障形式的关系，以及社会保险提供保障的程度及未来的发展趋势，养老金计划能发挥作用的限度及发展潜力等。所以，税收优惠政策是政府干预的重要表现。

4. 政府干预与处置通货膨胀。如前所述，由于技术机制及其他方面的原因，如何抵御通货膨胀的影响，对养老金计划而言仍是一大难题。较好的形式可能是实行某种程度的政府干预，或者通过政府的影响力促使社会公众了解通货膨胀对养老金计划的负效应及其程度，从而采取某些措施进行补贴，或者发行部分指数关联的债券，以适当减轻通货膨胀的影响，达到某种程度的资金保值效应。这方面，英国和加拿大推行的政府干预下的局部指数调节机制，已引起其他国家的广泛重视。

二、养老金基金监管的规则体系

（一）养老金基金的投资规则和投资组合规则

实现养老金基金有效监管的一个核心内容是构建基金投资规则体系。为实现养老金基金投资的安全性、盈利性、适度选择性、流动性原则，欧美国家和一些拉美国家制定了较为严格的基金投资组合规则。一般分为几种类型①。一类是美国、英国、加拿大等盎格鲁一撒克逊国家。这些国家对养老金基金（主要是养老基金）的投资组合没有太严格的限制，主要是遵循谨慎人原则选择投资工具。即强调养老金基金的投资托管人有义务像对待自己的资产一样，谨慎地为养老金基金选择一个最有效分散风险的资产组合。但谨慎人原则的重要制度条件是需要较完善的资本市场体系和完善的相关法律作支撑。另一类是在欧洲大陆各国实行的对资产组合中的证券、房地产和外国资产等规定比例。表 6－5 提供了 14 国养老金基金投资组合的信息。

表 6－5　14 国养老金基金投资组合限额规定

国　别	投资组合规则（占基金资产的比例）
比利时	自我投资不超过 15%，房地产投资不超过 40%，单项存款不得超过 10%
丹麦	股票、房地产投资比例不超过 40%，政府债券、抵押信用券不低于 60%
法国	不低于 50% 的资产投资于欧盟公共债券，贷款项目不得超过 30%
德国	指导性规则，投资欧盟股票不超过 30%，投资欧盟房地产不超过 25%，非欧盟债券不超过 6%，外国资产不超过 20%，自我投资不超过 10%
爱尔兰	实行严格的谨慎人原则，自我投资需批准
意大利	由基金董事会制定投资的政策，政府债券不超过 90%
日本	投资债券不低于 50%，投资股票不超过 30%，投资房地产不超过 20%，投资外国资产不超过 30%，投资单一公司的资产不超过 10%
荷兰	投资股票达 33.5%，自我投资不超过 5%，自由准备金可达到 10%
挪威	投资股票达 32.3%，投资股票不得超过 20%，投资未担保贷款不超过 30%
葡萄牙	政府债券 30%，房地产投资不超过 50%，自我投资 15%，投资股票、房地产不超过 40%
西班牙	投资股票比例为 10%，投资金融资产比例 10%，投资于列名债券、存款、房地产抵押贷款项目不超过 90%
瑞典	投资股票达 12.8%，大部分养老金资产只允许投资于债券、抵押债券等
英国	自我投资不超过 5%，实行谨慎人原则
美国	实行谨慎人原则

资料来源：Davis，1995；Pension fund achieve high returns in most OECD countries in 2012. Global Pension Statistics, 2012. http://www.oecd.org.

① 李绍光：《养老制度与资本市场》，173～174 页，北京，中国发展出版社，1998。

从表6－5可见，实施较严格投资组合规则的国家，一般按照资产分类制定基金投资的最高限额，也有一些国家规定单一资产投资上限和持有资产的最低限额（主要是政府债券）。

再一类国家规定严格的投资组合限额，如拉美国家和东欧改革国家。例如，智利、阿根廷、秘鲁3国规定投资政府债券的资产分别不超过35%～50%、50%和40%，投资于私营部门债券和定期存单的资产分别不超过30%～50%、28%及35%～50%，投资于股票资产不超过35%～50%、35%和30%。此外，智利还规定投资于单一金融机构的资产不超过养老金基金的15%，投资于非金融机构的债券不应超过70%①。受多种因素的制约，智利等拉美国家投资组合的限制有一定松动，主要体现在投资股票的限制由20世纪90年代初的10%放松到35%～50%，投资国外资产的比例限制也有所松动。尽管实行严格的投资组合限制，拉美国家对股票投资的限制较松，呈现出较高的投资收益。如智利在1981—1998年的18年中，平均投资收益率达到11%，阿根廷近年获得13%的投资收益率。

私人养老金基金投资于股票市场则较为普遍，1996年10个经济合作与发展组织国家（美、英、德、瑞士等）投资于股票的养老金基金达到32%。拉美国家的秘鲁和阿根廷，私人养老金基金投资于股市的比例在1997年分别为22%和35%，智利的比例超过30%。养老金基金投资于国外普遍受到限制，如日本小于1%，毛里求斯小于5%，瑞典小于2%。1997年，菲律宾立法允许公共养老金基金的7.5%可投资于国外，但这一政策在1999年做了调整。相反，经济合作与发展组织国家私人养老金基金投资于国外资产的比例从1990年的12%上升到1996年的17%，并呈继续上升的趋势。

对欧美国家来说，实行谨慎人原则的养老金基金投资的收益率一般高于实行严格投资限制的养老金基金投资的收益率，前者在股票投资方面限制较少。如英国1995年养老保险金法规实行最低基金要求，补充养老金基金投资于股票的比例达到70%左右，曾在20世纪90年代初期高达83%，因此，从1980年以来，英国的养老金基金的投资收益率平均高达18%。继智利模式之后，不再单纯以投资收益率的高低来评判投资规则限制的方式的优劣。谨慎人原则强调发达完善的资本市场条件，需要有更完备的法律及规则体系作支撑，需要有高度透明的监管体系。同时，社会公众对制度运行的原则予以充分的理解和对规则自觉遵循成为重要的制度条件。相反，对资本市场不够发达、法律法规不够健全、监管体系较为落后的国家，严格投资限制的方式更有利于基金的安全营运。近年来有不少学者主张，养老金基金投资限制的规则应当放开，谨慎人原则可能会更受欢迎，并认为智利等拉美国家经历了一段时期严格投资限制的实践之后，亦应逐步放松管制，向基金营运市场化的方向迈进。这一趋势也许适合于欧美、拉美、东欧国家，对东南亚广大的国家和地区，由于不同的经济、政治、历史及文化等制度环境的制约，对投资营运方式的选择及市场化发展走势，则可能呈现出更强的政府主导型发展模式的特征。应当立足国情，认真探索并谨慎决策，而不是国际经验的简单模仿、盲从。

国际经验表明，强化养老金基金的投资规则，确定其投资方向和投资限额，是实现养老金基金保值增值的重要前提。养老金基金投资规则，一般建立在三个不同的水平上。其一是

① 林义：《养老保险改革的理论与政策》，213页，成都，西南财经大学出版社，1995。

确定法定投资项目的总额，力求避免对职工的贷款，限制对低效益项目的投资。其二是确定单一投资项目的投资限额，以避免风险集中。其三是对不同风险类别的投资项目限制投资数额，通常根据投资项目的不同风险特征划分不同档次，严格控制高风险项目的比例。匈牙利将养老金基金投资项目划分为四个风险等级：（1）现金，1 年期定期存款和国库券。（2）政府长期债券、央行债券、抵押债券、国际金融机构发行的较长期债券，一般不低于总资产的 30%。（3）上市公司股票、公司债券，一般单一股票、债券的比例不得超过基金总资产的 5%。（4）未上市股票、向职工贷款及房地产。通常对第四类的投资限额非常严格。捷克近年来的养老金基金投资组合主要是集中在银行债券、公司债券及存款（各项分别占 25% ~ 30%）上，股票维持在 10% 左右。较之于拉美国家智利、阿根廷的经验，东欧国家养老金基金的投资限额和投资组合情况，可以说是总体趋同，但在具体的投资限额和组合上有所不同，如政府公债的投资限额，匈牙利规定不低于 30%，对股票、债券的投资限额为 62%。捷克养老金基金投资组合中，公司债券和银行债券所占比重较大，而政府公债投资数额较低。目前，东欧国家尚未允许养老金基金投资于外国债券，估计此项限制在今后几年内会有所松动。

值得注意的是，有关投资组合理论与实践的最新发展显示，养老金基金投资组合限制正突破单纯考虑收益与风险的单一投资组合，而向综合投资组合方向发展。如考虑不同年龄段职工的不同风险偏好，以及收益性、安全性、流动性等综合因素，制定不同的投资组合及其限额；又如考虑年轻职工的高风险、高收益心理偏好和老职工低风险、高流动性需求，建立新的综合性投资组合理念，或建立不同层次、不同类别的投资组合政策，以便在投资收益及风险防范等方面提供更大的发展空间。当然，这一新的发展趋势，存在一些管理和技术上的障碍。

（二）养老金基金监管规则

政府制定养老金计划与基金监管的规则以确保计划安全与有效实施，是大多数欧盟国家关注的中心议题。虽然基本目标都是一致的，但具体的制度安排和规则体系则存在较大差异。尤其是一些国家的税收部门、监管部门和会计部门出于对养老金计划的不同理解，往往在规则的制定上存在某种分歧，如税收部门认为补充计划不应有较多超过保险金支付需要的资金，而保险监管部门却恰好认为这部分超额基金是确保计划稳定和安全的前提条件之一。因此，各部门的协调是促进养老金计划健康发展的重要约束条件。

构建养老金基金监管规则体系最近成为许多国家决策机构关注的重点问题。由于近年来补充计划破产的案例和计划财务稳定问题的日益突出，促使各国考虑建立健全养老金计划及其基金运作的监管体系。美国《员工退休收入保障法》成为最为复杂的管理 DB 补充计划的范例，而英国颁布的《养老保险法》则特别关注基金管理问题。概而言之，欧盟国家养老金基金营运与监管体系涉及准入规则、资产分散化规则、分散化投资规则、最低基金要求规则、资本及自有基金条款、计算方法及监管等方面的内容。

1. 准入规则。由于养老金计划发挥越来越重要的社会、经济和金融作用，应当对其给予特殊的关注。最近欧洲委员会发布的绿皮书强调，尽管欧盟各国存在差异甚大的养老金计划，但养老金基金营运的若干基本特征需要权威机构予以授权和批准。是否允许建立养老金计划，需要满足若干基本的条件，如养老金基金管理者的能力，基金资产的保管者、存款人和受委托人的资信与资格，基金的法律形式等均需达到要求。显然，补充保险计划的准入不应仅仅包括上述注册时的若干基本规定，同时还应包括基金营运证明、准备金情况、精算技术条件及基金预期增长报告书。此外，还应服从适用于保险公司的有关法律、会计、技术和管理方面的预设条件。禁止采用现收现付财务机制和防止缺乏足够担保（如再保险）的情形出现。

养老金计划的批准需要满足若干基本的约束条件，尤其是涉及税收方面的考虑，如税收管理部门对养老金计划的税收减免规则。同时，补充计划的准入规则通常与保险公司和其他退休计划的准入规则有类似之处。在大多数国家，准入规则由财政部制定，而保险监管部门通常负责实施。熟悉现行的保险准入规则，有助于更好地认识和把握养老金计划的准入规则。

2. 资产分散化规则。养老金计划的一个基本原则是基金计划必须独立于企业的生产经营活动，除非建立特殊的保护机制，一般不允许将基金计划与企业生产经营捆绑在一起。资产分散化规则应当强化，参加基金计划是一种权利亦是一种责任，资产分散化规则普遍适用于大多数欧盟国家。当然，也有一些国家例外，如德国、奥地利、卢森堡、瑞典等国家采取账户准备金式补充计划，并未严格遵循分散化规则。因此，这类计划面临较大程度的破产风险，计划的担保、保护和再保险机制显得格外重要。如德国设立有破产保险机制，奥地利规定部分存款或建立集中再保险机制。另一类养老金计划，并未采取基金制，也未专门设立准备金，而是独立于企业一般预算计划建立补充计划，如爱尔兰、挪威在不少情形通过现收现付的模式筹资。但这类计划通常具有较大风险，不少国家禁止采用或在强调有力保护机制的情况下，有选择性地限制采用。

3. 分散化投资规则。分散化投资是指将基金分散投资于性质不同、期限不同、地区不同的投资工具，以取得风险与收益的最佳组合。在补充保险基金的投资组合中，既要包括固定收益金融工具，又要包括权益工具；既要包括低风险的投资工具，又要包括高风险、高收益的投资工具；既要有中长期工具，又要有短期工具；为了分散国别风险，社会保险基金还可以投资于不同国家或地区的金融工具。分散化投资可以规避非系统性风险，根据统计研究，在股票市场上投资的股票数量在20～30只时，可以分散掉大部分非系统性风险。

4. 控制规则。对于分散的基金管理模式，养老金基金管理公司的董事会对基金的投资策略具有重要作用。控制规则一般规定董事会的构成、投票权、董事会成员的权利与义务，有助于强化基金控制和降低代理风险。无论是美国养老金基金的控制规则，还是英国1995年《养老保险法》，均强调明晰各位董事的职责和注重对管理者的教育培训。在大多数经合组织国家，对养老金基金的控制，在很大程度上凭借特定的法律制度实施，如通过信托法更大限度地强调个人责任。对于由管理公司运作的开放式基金，管理规则强调，基金管理公司必须忠实于养老金基金管理职责，不允许分散和转包其管理职能，每一经理只允许管理一只基金。在一些拉美和东欧国家，养老金基金的控制规则都相当严格，对确保基金的安全营运，具有十分重要的作用。

尽管高风险的投资工具可以带来高收益，但由于高风险同时还意味着巨大的不确定性及投资失败后的巨额损失，因此，社会保险基金投资通常会对所投资的金融工具的风险等级有所控制。比如，对于企业债券，由于企业的资信状况不同因而会有不同的信用等级。按照国际通行的评级标准，信用等级在BBB级以上的称为投资级债券，信用等级在BB级以下的称为投机级债券，亦称高收益债券或“垃圾债券”。社会保险基金一般不允许投资于投机级债券，有些国家甚至规定社会保险基金只能投资于A级以上的债券。再比如在股票投资中，成熟行业、带有某些自然垄断性质的行业（如公用事业、自然资源行业）、大企业的股票通常更具稳定性，股息收入较高，而新兴产业、高科技产业、小企业的股票则更具成长性，因而风险更高。社会保险基金的股票投资中，通常也会对投资股票的类型有所限制。

5. 资产分散规则和外部管理规则。制定资产分散规则的目的在于使养老金基金的收缴、集中与基金管理公司管理的资产进行分散管理，以便保护职工的利益，限制系统性风险和代理风险。资产分散规则一般适用于由基金管理公司运作的开放式基金，也适用于满足特定要求的养老金基金，但不适用于由保险公司和银行管理的养老金计划。强调将基金收缴同基金投资营运严格分散管理，有利于实行风险控制。

另一项旨在降低代理风险的基金监管规则是外部管理规则。通过恰当的外部管理安排，避免基金管理者和资产管理者直接合法地持有养老金基金，从而限制基金被挪用和流失的机会。外部管理规则也有助于实施谨慎管理条款，避免和防范投资交易过程中的种种风险和暗箱操纵。当然，外部管理的有效性还取决于严格控制基金从职工向基金和资产管理者的无间断资产流量。

6. 信息披露规则。养老金基金的有效监管，需要政府对基金营运公司的信息披露作出严格的规定，实现社会公众的外部监管目标。一般而言，信息披露要求涉及诸多重要的规则，如资产评估规则，资产评估的变化情况，以及向基金会成员投资的有关收益、成本、资本与准备金水平等方面的重要信息。虽然，对金融部门而言，均需要满足有关信息披露条件，但对确定缴费型的个人账户计划而言，由于职工承担未来长期中的投资风险，并且一些国家允许个人可以拥有选择权，信息披露显得更为重要。在不同国家，不同的养老金基金监管模式下，对信息披露有不同的要求。对养老金计划而言，经合组织国家对信息披露的要求不十分严格，有些国家虽然要求相关部门披露投资信息，但仅限于年度财务报告书。拉美国家则要求内容广泛和详细的信息披露，如提供日常资产价值信息，每年提供几次会计报告，公布监管部门要求披露的其他若干详细信息。

7. 安全保障规则。在养老金基金投资规则逐步放宽的背景下，基金投资营运的安全保障显得尤为重要。大多数国家对第二层次的养老金基金投资都规定了最低投资收益保障条款，通常以各个养老金基金投资的平均收益水平或市场投资盈利水平为参照，如智利规定最低投资收益应等于行业平均投资收益的50%，阿根廷为70%，乌拉圭规定最低投资收益率为2%。安全保障基金通常按管理资产的1%～2%提取。若基金营运出现偿付能力不足的风险，则将收益的一定比例作为安全保障基金。瑞士规定4%为正常最低投资收益率，并由中央保障基金作后备，建立最低风险准备金。

构建安全保障基金应注意考虑用于处置何种类型的风险，考虑保障是过度还是不足，同时要考虑安全保障基金的数量，使之能够在必要时发挥稳定基金运作的重要作用。对于系统性风险和非系统性风险较大的发展中国家，注重构建安全保障基金对于有效防范风险，实现基金的有效运作和增强职工对养老金计划的信心，具有十分重要的意义。

三、完善我国养老金监管体系的政策思路

（一）构建高效的养老金监管平台，积极推进养老金的发展

由于我国养老金的监管体系和管理体制尚未理顺，部门之间的合力监管不但难以实现，分歧和争执不断，事实上制约了养老金计划的健康发展，影响了我国养老金的良好发展势头，并对养老金的可持续发展和有效的风险控制，带来严重隐患。当务之急，在于理顺管理体制，基于混业经营与混业监管的发展趋势，构建更高层次、更具权威性的高效运转的养老金监管平台，成立由人保部、保监会、财政部、证监会、银监会、全国总工会等部门领导组成养老金监管办公室，以强化养老金的综合监管能力，完善各部门的沟通与协商机制，打破养老金发展中的停滞局面，促进养老金的较快发展。理顺管理体制，构建高效监管平台，是发展我国养老金的重要决策议题，也是强化保险业参与养老金市场的一条重要制度保障。我国金融改革和养老金改革的经验表明，如果缺乏一个强有力的并能体现高效综合监管的制度平台，改革目标的实现程度将大打折扣。中国人长期以来形成的重纵轻横的思维定式，使各部门之间的横向沟通和协调成为很大障碍，部门间的利益冲突往往会严重影响养老金的监管绩效。

显而易见，养老金管理的绩效直接取决于计划运作各方面内在的复杂关联，取决于从整体性、系统性的角度把握养老金基金管理的独特的复杂过程，取决于企业、监管部门和运营机构对养老金作为一项长期退休收入计划的高度认同，取决于养老金法律和制度框架的完善程度，取决于养老金高级管理人员的高度责任意识。对养老金管理模式的简单化和短期化行为和价值取向，对于养老金的稳健运行具有很大的风险，而且难以有效实现养老金的社会保障功能。

（二）选择适合我国实际的养老金营运模式，允许选择多元化的运营机制

我国养老金的制度框架采取信托模式，实施严格机构准入，严格划分受托人、账户管理人、投资管理人等的责任，以谋求有效的风险控制绩效。这种模式在欧美完善的法律制度环境下，具有合理性，也有助于隔离风险，实现高效运作。但在我国的法律制度环境下，信托模式的有效性必将大打折扣，养老金运营的实际效果将与制度的预期目标存在相当大的距离。现行制度框架不允许保险契约型模式则更是限制了保险业长期以来形成的既有优势，养老金借助不规范的运行方式，使保险业的优势业务严重受阻，企业和客户对养老金的认知出现偏差，只重视养老金的短期投资回报，而忽略计划作为长期性、补充性退休收入的保障功能，淡化了保险在营运养老保险业务方面的既有行业优势。对 DC 模式的盲目认同，既加剧了将养老金计划简单等同于投资计划的认识误区，混淆了企业及职工对养老金计划在构建多层次养老保险制度中的地位和作用，又可能强化企业对养老金的短期性决策取向，并给少数企业借养老金之名的违规行为提供了诱致性机会与可能。

因此，在我国养老金营运模式的选择中，应当允许保险契约模式、职工互助保险模式的存在，并给予足够的生存发展空间，重视发展 DB 型模式和混合模式，最大限度地发挥保险业在构建多层次养老保险制度中的重要作用。我国保险业在过去 20 多年的发展进程中，在

机制构建、市场培育、产品设计、服务意识、人才培养等方面积累了丰富经验，对构建具有我国特色的多层次养老保险制度、实现有效社会风险管理等，发挥了重要的作用，在构建第二层次补充养老保险机制方面，仍将发挥重要作用。在我国社会公众保险意识较差，法律环境欠完善的现实条件下，保险业无疑最具行业优势。唯有扬长避短地发挥各金融机构在促进养老金计划中的积极作用，才有助于寻求养老金稳健发展的格局，避免我国养老金发展中的大起大落，为养老金的可持续发展创造必需的制度环境。

（三）重视养老金治理结构的制度文化约束，实施有效的风险控制

如何立足我国实际，建立科学的养老金治理结构，对于提升养老金的运行绩效、有效控制养老金营运及投资过程的风险具有十分关键的意义。养老金的治理问题已成为经合组织国家养老金制度设计与改革中的中心议题之一，这既是一个复杂的机制问题，又涉及法律制度及文化习惯等领域①。法律制度因素事实上发挥着重要的乃至关键性的约束作用。目前国内外有关养老金治理结构的研究，更多停留在运行机制层面，而相当程度忽略制度文化层面。无论是信托模式抑或是保险契约模式，能否有效地构建企业与外部管理机构在养老金计划营运几十年的时间跨度内的委托代理关系，堵塞漏洞和防范风险，取决于能否在治理结构的正规制度安排与若干非正规制度约束之间建立起同向发展的平衡机制，取决于法律、制度、文化及习俗方面的潜约束。运行机制及技术机制的简单移植，如果存在来自非正规制度约束方面的巨大牵引力，那么，不论移植的治理结构的正规制度安排如何精巧或逻辑严密，都难以避免这种治理机制的真正失效。人们或许指望通过引入技术因素强化正规制度安排的约束力，以缓冲人为因素的干扰，以确保科学治理目标的实现。应当承认，在引入若干高技术因素的背景下，的确可以强化机制的作用，也可以一定程度上避免人为因素的干扰。但这种基于技术设计的约束往往难以长期奏效。毕竟设计和运用技术的机制的主体是人，人的行为受制度演化过程被给定或锁定的个人或群体的行为模式的影响，如果技术设定的影响力干扰了受诸多潜规则约束的人的行为，人们将主动或被动地修改或重新设定技术指令或参数，使之为我所用而不是被技术设计所困。在此意义上，我们强调，建立科学的养老金治理结构，制度文化的约束力应强于技术机制的约束力，唯有在充分关注制度文化约束下建立的养老金治理结构才更具备实施有效性和可持续发展的条件。若干重要的制度文化约束，如企业和机构对养老金计划的认同度和支持度，企业或机构行为的长期化，长期稳定的经济、政治和社会环境，良好的社会信任关系和社会的和谐度等，都是建立科学的养老金治理结构应当充分关注的制度文化约束。

（四）养老金的运营和监管需要强调实施综合配套的思路

养老金是一项涉及面广的异常复杂的退休收入计划，既涉及养老金发起人企业与职工的激励机制和复杂的利益分配机制，又涉及计划外部管理、账户管理、投资管理、风险控制、资金市场环境、政府监管等诸多错综复杂的关系网络②。因此，养老金的管理尤需要高度重视综合配套、协调合作发展的营运与管理思路。如果缺乏系统动态和综合的风险管理思维和

① OECD：*Guidelines for Pension Funds Governance*，pp. 6－7，2002.

② Hinz，Richard：*Understanding International Practice in Pension Supervision*，World Bank，2004.

战略思维，养老金营运绩效必将大打折扣，而且会产生难以估计的后果。由于养老金的独特营运方式，不少国家的财政税务部门、劳动保障部门、保险监管部门、金融管理部门直接参与养老金运营的监管和风险控制，美国则由劳动部负责实施养老金的监管①，因而，建立起由若干政府机构参与的制度化的养老金多方协调机制，对于有效发挥政府对养老金的监管，对于我国养老金的健康发展和风险控制均具有重要意义。应当尽快建立制度化的养老金的部际协调机制，尽快推进综合配套的改革思路。不仅如此，养老金的营运与监管必然打破金融分业的现行格局，混业经营与混业监管必然成为养老金发展中的一个重要议题，唯有强调综合配套的思路才更有助于实现养老金的政策目标和有效实施风险控制。

资料与案例

美加强养老投资保护　最大基金市场将洗牌

美国个人养老账户资产约7.3万亿美元，企业年金账户约6.7万亿美元。收费模式变化，导致个人养老账户更趋向于选择低费率产品，指数基金、ETF等将成为受益者；据了解，美国个人养老账户是美国养老制度最为成功的一环，账户跟随投资者个人而非所在公司，机制灵活广受欢迎。

美国个人养老账户资产约7.3万亿美元，企业年金账户约6.7万亿美元。

由产品导向的佣金抽成收费模式将变成资产规模导向的收费模式；收费模式变化导致个人养老账户更趋向于选择低费率产品，指数基金、ETF等将成为受益者；一些低成本基金公司如贝莱德、领航、道富也会从中获益。

美国拥有全球最大的基金市场，作为其重要支撑的养老金将发生重大政策调整，深刻影响到参与养老金投资的华尔街的经纪商和基金公司，预计超过10万亿美元的养老资金市场将迎来重构。

上周，美国劳工部颁布了一项新政策，要求所有金融中介机构在帮助个人养老账户资金投资时，更好地代表投资者利益，并将加速改变原有中介依赖交易佣金的收费模式。这一政策最快可能在2017年初实施。

据了解，目前美国个人养老账户的资金可以交由经纪人、第三方理财以及基金公司打理，但许多投资顾问往往会收取过高佣金，如让投资人选择有隐形佣金的产品，或者推荐一些流动性不高的资产。这一新政的出台，将可能抑制投资公司与投资者之间目前存在的利益冲突，大幅度削减个人养老账户资产的佣金收入，从而导致个人养老账户的基金产品发生较大转变。

新政要求按资产总额收费

目前，美国养老金制度采取国家、企业和个人相结合的方式。除了国家统筹的部分外，还包括由雇主发起的401（k）等企业年金，以及个人养老账户IRA（Individual Retirement Account）。据美国投资基金协会的统计，截至2015年底，个人养老账户约有7.3万亿美元资产，企业年金账户规模为6.7万亿美元，这意味受政策调整影响的资产多达14万亿美元。

---

① Demaestri，Fierro：*Integrated Financial Supervision and Private Pension Funds*，OECD Supervising Private Pension，pp. 109－110，2004.

按照新政策，负责个人账户养老资金的投资公司不再按照产品买卖佣金收费，而是按照个人养老账户的资金规模的百分比收费，这一比率每年最高可以达到账户资金规模的 1%。之前的由产品导向的佣金抽成收费模式将演变成资产规模导向的收费模式。

据了解，美国个人养老账户是美国养老制度最为成功的一环，账户跟随投资者个人而非所在公司，机制灵活广受欢迎。在投资人换工作时，可以将前一企业的年金提取出来，转到个人养老账户或转移到下一企业的年金账户；同时，养老金也可以自行开设个人养老账户作为企业年金外的辅助投资。

不过，个人自由选择具有资质的中介开设该账户也存在不少弊端。如在缴纳 401（k）等企业年金时不用支付佣金或管理费，而当投资人将资金从企业年金转到个人养老账户时，除了要缴纳佣金外，还有不菲的费用，且投资顾问推荐的产品可能存在误导。

依照新政，向个人养老账户提供投资顾问的投资公司，需要向投资人声明费用的合理性以及投资策略的适当性，而且要披露潜在的利益冲突，并在任何交易之前签署最大化投资人利益的协议，以确保该部分养老资金的收益合理最大化。

市场人士认为，之前对养老账户的投资顾问的产品推荐仅仅要求是恰当的，而在美国劳工部推出新政后，投资顾问还将承担法律上的责任，需要尽到受托责任，两种责任层级完全不同。

低成本基金受益　高佣金及保险产品遭殃

伴随着收费模式的变化，个人养老账户的产品也将更趋向于选择低费率的产品，如原来投资的可变年金、房地产以及商品投资的比重将会降低，投资顾问会更多地推荐指数基金、ETF 等产品。同时，养老人将资金从企业年金如 401（k）转向个人养老账户时，费用更低，投资策略也会更加贴合养老人需求。而即使发生问题，新政也会保护养老投资者起诉投资公司违约。

市场分析人士认为，从产品端到公司来看，这种影响将是 20 多年来美国资产管理行业遇到的最大变革之一，依赖佣金的小公司以及发行传统年金的保险公司将面临很大压力；而发行大量低成本指数基金的大型基金公司则会从该政策中受益。

最大的受益方当属指数基金公司。在要求缩减开支的前提下，投顾会倾向于低成本的产品，这将促使资金流向指数基金和 ETF。一些低成本基金巨头如贝莱德、领航、道富可能会从引起的资金迁移中获益，诸如 WsisdomTree 投资等新兴的指数产品公司也会分得一杯羹。

此外，新兴的在线投顾，如财富前线（Wealthfront）、Betterment 等也会受益，这些公司在网上向投资者提供基于 ETF 的自动化、低成本投资组合，并协助投资者投资。

另外，费用较高的主动管理基金以及保险产品则会面临较大的压力。相比而言，收费较低而业绩扎实的主动产品受到的影响有限，但业绩表现不佳的基金则可能受到冲击。

发行大量可变年金的保险公司将会受到较大冲击。可变年金是美国市场上投资股票或债券基金的税收递延保险的一种，许多产品即使投资收益不佳也保证每年有一些固定现金收入，许多保险和投顾愿意销售此类保险，也正是因为此类产品的佣金高达 5% 到 7%。

过分依赖高佣金以及需要大量开支符合新政的公司都会受影响，一些大公司已经开始进行调整，大摩的财富管理部门已经有 40% 的客户按照资金规模收费，2015 年产生了 85 亿美元的收入。

资料来源：张桔：《美加强养老投资保护　最大基金市场将洗牌》，载《中国基金报》，2016 年 4 月 11 日。

思考题

1. 简述养老金计划的类型与特征。
2. 发展养老金计划有何重要意义?
3. 养老金计划如何定位?
4. 什么是养老金计划的运行规则?
5. 试分析养老金计划的投资营运特点与监管思路。
6. 如何有效实施养老金计划?

第七章
我国养老保险制度改革与发展

本章知识结构

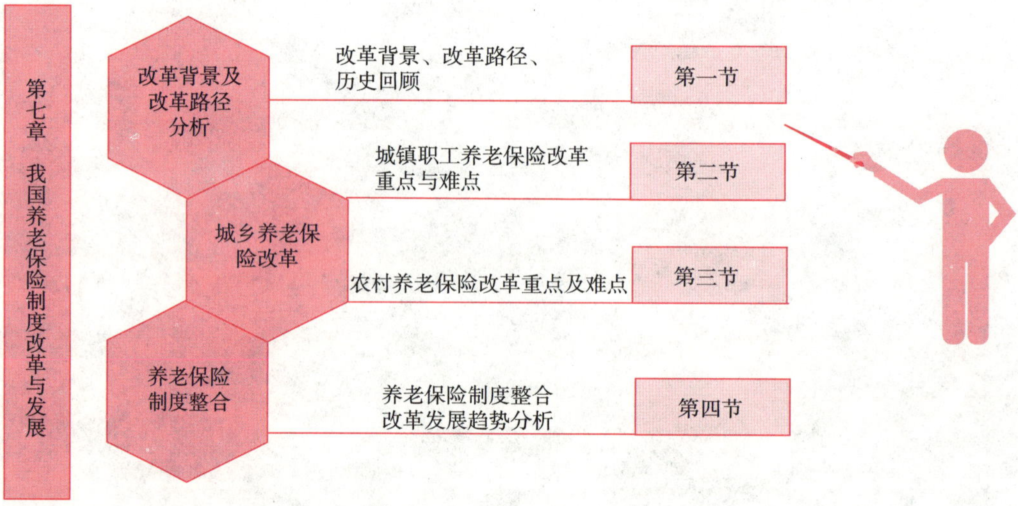

学习目标

- 熟悉我国城乡养老保险的背景及其主要改革路径；培养历史分析的视角。
- 掌握我国养老保险改革的重大事件和重要改革节点。
- 理解养老保险改革发展的主要经验教训与熟悉养老保险改革的成绩和面临的困难。
- 关注养老保险的改革热点问题。

第一节　我国城镇养老保险制度改革路径演进

一、我国城镇养老保险制度改革背景分析

（一）我国人口老龄化与养老保险制度改革

人口老龄化是人口出生率降低、人口增长速度减慢、人均寿命延长的一种状态或趋势。人口老龄化不但对消费行为、储蓄行为、收入分配等各种经济行为产生影响，而且深深地制

约着未来经济模式、经济制度结构以及老年经济保障制度的演进和发展。我国社会从年轻型、成年型过渡到老年型只用了20多年时间（而世界发达国家的过渡时间都在50年至100年），其老年人口增长速度高于世界平均水平。2013年我国老年人口数量已达2.02亿，人口老龄化水平达到14.9%。我国是在经济还不发达的时期就面临着比发达国家还要严重的老龄化问题。

人口老龄化进程必将大幅度提高老年人口赡养率、负担率。若继续沿用早期现收现付制度，则难以解决规模庞大的老年人口退休养老费用（特别是在老年化高峰时期）。因此，人口老龄化在更深层次上对社会保险制度的严峻挑战，养老保障与经济发展如何实现良性互动，是我国养老保险制度改革面临的基本现实和内在动力。

（二）建立社会主义市场经济与养老保险制度改革

在建立社会主义市场经济的进程中，协调好社会动力机制与社会稳定系统至关重要。立足于社会主义市场经济与养老保险制度改革，养老保险改革有利于企业经营机制的转换，把企业推向市场，促进现代企业制度的真正建立和完善。通过建立养老保险制度，实现由企业保障向社会保险的转变，可以均衡企业负担，为企业创造公平的平等竞争环境。有效的养老保险制度改革，有利于统一的劳动力市场形成，实现社会劳动力资源的合理配置，发挥社会人力资本对经济增长与经济发展的推动作用。有效的养老保险制度改革有助于协调公平与效率的关系，实现养老保险在社会经济生活中的稳定器功能，进而实现经济与社会的可持续发展。

（三）传统城镇养老保险制度面临的种种危机

从传统养老保险制度本身而言，制度本身的不完善也是养老保险制度改革的重要原因所在。我国传统养老保险制度是在20世纪50年代初，适应产品经济和高度集中统一的计划管理体制的要求，仿效苏联的国家保险模式形成的计划经济产物。该制度就业与保障高度重合，国有企业及事业单位就业者往往终身享有养老保险保障，形成了包括集体经济等其他经济成分在内的事实上的不公平。养老金基金采取国家和企业包揽的现收现付制筹集模式，养老保险层次单一，保障范围狭窄，补充养老保险和个人储蓄养老保险制度缺失，国家和企业承担的养老金责任过重，在相当程度上制约着经济的发展。政出多门的管理体制致使部门间在决策和管理上的摩擦与矛盾，在工作上相互扯皮、久拖不决，分割管理的体制在基金管理上造成基金分散在多个部门，基金融通调剂困难，养老金基金增值营运难以有效实现。传统养老保险制度面临的种种困境表明，社会保险改革已是客观现实之必然。

二、我国城镇养老保险制度改革的路径演进

（一）20世纪80年代初期至1991年6月：养老保险制度改革初期

自1984年开始，与企业劳动制度改革相配套，在国有企业中进行退休费用社会统筹，建立固定职工养老金基金的试点。该试点先是在市县一级统筹，以后逐步发展到地市一级统筹乃至全省统筹。到1985年底，广东省的73个县、市，江苏省的无锡市、苏州市，四川省的自贡市，辽宁省的鞍山、锦州、兴城、锦西、义县等市、县实行了退休统筹；福建

省工交企业实行了全省统筹①。到1986年底，全国各地基本上建立了国有企业固定职工养老金基金。同年，国务院颁布了《国营企业实行劳动合同制暂行规定》，建立了劳动合同制工人养老保险制度。按照《国营企业实行劳动合同制暂行规定》，企业、个人、国家三方共同缴纳养老金基金，企业按照工人工资总额的15%缴费，工人按不超过本人标准工资的3%缴费。

1991年6月，在总结各地改革经验的基础上，国务院发布《关于企业职工养老保险制度改革的决定》，对企业养老保险制度改革作出了如下原则性规定：第一，建立基本养老保险制度、企业补充养老保险制度和职工储蓄性养老保险相结合的制度。改变养老保险由国家、企业包揽的办法，实行国家、集体、个人三方共同负担。第二，基本养老金基金按照以支定收、略有结余、留有部分积累的原则统一筹集。第三，企业缴纳的基本养老保险费，按本企业职工工资总额和当地政府规定的比例税前提取；职工个人缴纳基本养老保险，开始时不超过本人标准工资的3%，以后随着经济的发展和职工工资的调整逐步提高，职工退休后的基本养老金计发方法目前不作变动。第四，企业补充养老由企业根据自身经济实力为职工建立，所需费用从企业自有资金中的奖励、福利基金内提取。个人储蓄性养老保险由职工根据个人收入情况自愿参加，国家提倡、鼓励企业实行补充养老保险和职工参加储蓄性保险，并在政策上予以指导。

（二）1991年6月至1995年3月：养老保险改革发展期

针对原有基本养老金发放的不足，劳动部于1992年5月提出了改革方法，基本养老金由社会性养老金和缴费性养老金两部分组成，社会性养老金按全省平均工资的25%发放，缴费性养老金以指数化月平均缴费工资为基数，年缴费1%，每缴费1年，按1%发放。1993年10月，劳动部发出《关于基本养老金计发办法改革试点工作的通知》，与此同时，深圳、海南、广东、福建、上海、天津、厦门和宁波等地也陆续开始了此项改革的探索。

1993年中共十四届三中全会通过的《中共中央关于建立社会主义市场经济体制若干问题的决定》指出，“城镇职工养老和医疗保险金由单位和个人共同负担，实行社会统筹和个人账户相结合”，明确了养老金基金实行“社会统筹和个人账户相结合”的原则，为养老保险制度的进一步改革指明了方向。

1994年底，国务院召开全国企业职工养老保险制度改革试点工作会议，会议决定1995年重点进行基本养老保险统筹和个人账户相结合的试点。1995年3月，国务院发出《关于深化企业职工养老保险制度改革的通知》，提出了深化养老保险制度改革的11项要求，主要内容是：（1）企业职工养老保险改革的目标是：到20世纪末，基本建立起适应社会主义市场经济体制要求、适用城镇各类企业职工和个体劳动者、资金来源多渠道、保险方式多层次、社会统筹与个人账户相结合、权利与义务相对称、管理服务社会化的养老保险体系。基本养老保险逐步做到对各类企业和劳动者统一制度、统一标准、统一管理和统一调剂使用资金。（2）深化企业职工养老保险制度改革的基本原则是：保障水平与我国社会生产力发展水平及

---

① 《当代中国丛书》编辑部：《当代中国的职工工资福利和社会保险》，334页，北京，中国社会科学出版社，1987。

各方面的承受能力相适应；社会互济与自我保障相结合，公平与效率相结合；政策统一，管理法制化；行政管理与保险基金管理分开。（3）基本养老保险费用由企业和个人共同负担，实行社会统筹和个人账户相结合。建立基本养老金正常调节机制，基本养老金可按当年职工上一年平均工资增长率的一定比例进行调整。（4）国家鼓励建立企业补充养老保险和个人储蓄性养老保险。企业补充养老保险和个人储蓄性养老保险，由企业和个人自主选择经办机构。

《关于深化企业职工养老保险制度改革的通知》原则上肯定了社会统筹和个人账户相结合的办法（包括"办法一"和"办法二"），要求各地结合当地实际，进行试点，推出自己的办法。上海等7省市选择了实施"办法一"，北京等5省市选择了实施"办法二"，山东等其他多数地区在吸收"办法一"和"办法二"基础上制定了"办法三"。

"办法一"基本上采纳了上海市于1993年2月颁布的《上海市城镇职工养老保险制度改革实施方案》。该方案基本养老金实行个人缴费，由国家、单位和个人共同承担养老费用。个人缴费比例，开始时按不低于个人缴费工资基数（当地职工平均工资的60%～200%）的3%的比例缴费，以后按每两年提高1个百分点，最终达到个人账户养老保险费的50%。

企业按职工工资总额的一定比例缴纳基本养老保险费。个人账户按职工工资收入的16%左右的费率计入，包括职工本人缴纳的全部养老保险费的3%，从企业缴纳的养老保险费中按个人缴费工资的8%左右划转计入的部分，从企业缴纳的养老保险费中按当地职工当月平均工资的5%左右划转计入的部分。

职工在退休前或退休后死亡，其基本养老保险个人账户的储存额尚未领取或未领完部分，其余额中的个人缴费部分，按照规定发给职工的受益人或法定继承人，从企业缴纳的养老保险费中计入的部分，归入社会统筹基金。职工退休后基本养老保险个人账户的存储额已领完时，由社会统筹基金按规定标准继续支付养老金，直至死亡。

职工在到法定退休年龄时，凡个人缴费期满15年，或本办法实施前参加工作（包括缴费年限）满10年的人员，均可享受基本养老保险待遇，按月领取养老金。基本养老金的计发办法是以个人账户累计储存（包括本金和利息），按退休后的预期平均生存年限按月计发。计算公式为

月基本养老金＝基本养老保险个人账户储存额÷120

"办法二"是按劳动部提出的"结构式"养老金发放方法，后经1994年完善，加上个人账户的内容形成的。该方案的基本养老保险费由企业和职工个人共同缴纳，职工本人上一年度月平均工资为个人缴纳基本养老保险费的基数，企业以全部职工缴费工资基数之和为企业缴费基数，职工月平均工资低于当地职工平均工资60%的，按60%计算缴费工资基数；超过当地职工平均工资30.5%的部分，不计入缴费工资基数，也不计入养老金的发放。

按照社会统筹与个人账户相结合的原则，为每一个参加基本养老保险的人员建立基本养老保险账户。个人账户包括：职工个人缴费的全部或一部分；企业缴费中，职工缴费工资基数高于当地职工平均工资200%以上至300%部分，可以全部或部分计入个人账户。

缴费年限10年以上的，按以下办法计发养老金：社会性养老金按当地职工平均工资的

20%～25%计发，具体比例由当地政府决定；缴费性养老金中个人及企业缴费每满1年，按缴费工资基数的1.0%～1.4%计发，具体系数由当地政府决定；个人账户养老金中计入个人基本养老保险账户的储存额（包括本金和利息）归个人所有，职工符合退休条件后，可以选择一次或者数次或者按月领取。职工和退休人员死亡后，其个人账户储存额的结余部分一次发给其指定的受益人或法定继承人。

（三）1995年3月至2000年12月：城镇养老保险制度统一规范期

1995年以后，企业职工养老保险制度改革进一步深化，“统账结合”的制度框架基本建立，一些地区随着个人缴费的增加，企业的缴费比例有所降低。但从总的实施情况看，基金的统筹层次低，调剂能力差，企业负担较重，缴费率下降，基金被挪用等问题严重。同时，由于多种养老保险办法同时举行，政策缺乏统一性和权威性，不仅给实际操作带来较大困难，而且地区间、部门之间待遇水平相互攀比，并且对劳动力的跨地区、部门之间流动形成新的障碍①，在此背景下，国务院1997年7月16日发布了《关于建立统一的企业职工基本养老保险制度的决定》，统一了个人账户的规模、使用和管理的主要内容以及统一的基本养老金的计发条件和计发方法。

1. 统一规范企业和职工个人的缴费比例。企业缴费比例一般不超过工资总额的20%，具体比例由各地政府根据实际情况加以确定，确需要提高缴费比例的，应报劳动部和财政部审批；个人缴费比例1997年不低于本人工资的4%，以后每两年提高1个百分点，最终达到8%。

2. 统一个人账户规模。各地都应按职工本人工资的11%为每个职工建立个人账户，个人缴费全部记入个人账户，不足部分由企业缴费中划入，随着个人缴费比例的提高，企业划入部分应降到3%。

3. 统一养老金计发方法。养老金支付分为两部分，第一部分是基础养老金，月标准为当地职工上年度月平均工资的20%，第二部分是个人账户养老金，月发放标准为个人账户累计储存额除以120（见表7－1）。

《关于建立统一的企业职工基本养老保险制度的决定》归纳和总结了多年来改革的实践经验和教训，构建出社会主义市场经济体制下的企业养老保险制度的基本框架，标志着我国养老保险制度进入了一个新的发展阶段。同时，实行企业基本养老保险制度的统一，有利于尽快结束我国企业职工养老保险多年来存在的行政决策、组织管理、基金管理、基金营运等方面的分散局面，为进一步深化改革进而建立多层次的养老保险体系打下了坚实的基础。

① 当时全国出现了三种“统筹结合”的比例，大个人账户为职工工资的16%，小个人账户为3%，中个人账户为12%，由于地区的个人账户比例不同，职工在地区间调动时，个人账户转移的问题就很多。

表7-1 关于统一方案（办法）与其他三种方案（办法）的比较

项目 类型	基金结构				计发方法
	个人账户			社会统筹	
	总比例	个人缴费	企业缴费	企业缴费	
方案一	16%，其中按个人工资计入11%，按社会平均工资计入5%	3%，逐步提高到8%	8%，相应减少至3%，另按社会平均工资计入5%	当地政府确定缴费比例	个人账户储存额÷120
方案二	8%，按个人工资缴纳	3%，逐步提高到8%	0	同上	20%~25%社会平均工资+缴费性养老金+个人账户储存额÷120
方案三	10%~12%，按个人工资缴纳	3%，逐步提高到7%~9%	7%~9%，相应减少至3%	同上	25%社会平均工资+个人账户储存额÷120
统一方案	11%，按个人工资缴费	4%，逐步提高到8%	8%，相应减少至3%	同上	20%社会平均工资+个人账户储存额÷120

注：缴费性养老金为个人及企业缴费每满一年，按缴费工资基数的1.0%~1.4%计发，具体系数由地方政府确定。

资料来源：《关于建立统一的企业职工基本养老保险制度的决定》。

1998年3月成立了劳动和社会保障部，使社会保险事业的管理体制更加规范。

1998年6月，国务院发布《关于实行企业职工基本养老保险省级统筹和行业统筹移交地方管理有关问题的通知》，要求加强基本养老金基金管理和调剂力度，确保企业离退休人员基本养老金的按时足额发放，加快实行企业职工基本养老保险省级统筹，并将铁道部、交通部等11个行业基本养老保险移交地方管理。该年12月底，全国范围内实现省级统筹。2000年，个人账户规模调减为8%，社会统筹调增至20%。

在配套改革方面，为扩大养老保险覆盖面，劳动和社会保障部提出要在1999年6月基本实现养老保险的"广覆盖"，参加职工要从1998年底的8 400万人，增加到1.1亿人，净增2 600万人。在加强养老金基金管理方面，1997年发布的《关于建立统一的企业职工基本养老保险制度的决定》明确提出要改变过去养老保险机构从基金中提取管理费的办法，规定基本养老金基金实行收支两条线管理，确保专款专用。1998年初，发布《企业职工基本养老金基金实行收支两条线管理暂行规定》。同时，在实现养老金基金管理社会化、保障下岗人员和机关分流人员的基本养老保险待遇方面作出了具体规定，对下岗职工实行基本生活保障制度。

第二节　我国城镇养老保险制度改革的深入发展

一、我国城镇养老保险制度改革的深入发展（2000 年 12 月至 2013 年 12 月）

（一）逐步扩大试点，做实基本养老保险个人账户

1997 年我国正式实行部分积累模式以来，由于养老保险个人账户中的资金被用来弥补统筹基金的不足，个人账户仅仅成为虚拟账户，"空账"数额越来越大（见表 7－2）。

表 7－2　2007—2013 年基本养老个人账户空账额度

年份	2007	2008	2009	2010	2011	2012	2013
空账额度（亿元）	10 957	12 737	14 988	17 577	22 156	26 048	30 955

资料来源：《中国养老金发展报告》（2012—2014 年）。

国务院于 2000 年 12 月 25 日印发了《关于完善城镇社会保障体系的试点方案》，决定 2001 年在辽宁全省和其他各省确定的部分市进行试点。在基本养老保险制度方面，试点方案调整了个人账户的规模，将个人账户的规模从相当于个人工资的 11% 降为 8%，将个人缴费比例从 5% 进一步提高到 8%，个人账户完全由个人缴费形成。原来规定的企业的缴费比例 20% 不变，但不再划入个人账户，全部形成为社会统筹基金。试点方案提出把个人账户做实，实行社会统筹基金与个人账户基金分开管理，个人账户实账运营。

2001 年辽宁成为中国首个做小做实个人账户养老保险体制改革的试点省份，2004 年试点扩大到黑龙江和吉林两省。2001 年至 2003 年，中央财政每年定额补助辽宁省 14.4 亿元，2004 年和 2005 年中央财政每年定额补助黑龙江、吉林两省 18.2 亿元。辽宁省和黑吉两省分别按照"补缺口"模式和"补账户"模式运作。

辽宁模式按照"补缺口"的模式运作。根据收支两条线的原则，将个人账户和财政补助"划清界限"。先将市县个人账户基金向省个人账户专户归集，由省社保经办机构监督管理。个人账户完全记清，一方面做到账人对应，另一方面要求与基金总数严格对应。与此同时，中央补助下放到省财政专户，然后按照另一条线路，参照各地需求和地方财政补助同时下拨到市县财政专户，由地方社保部门负责划拨，直接补充统筹账户的发放缺口。中央补贴额度如果少于统筹发放缺口，还需要地方政府自筹资金补足。

黑龙江、吉林两省模式按照"补账户"的模式运作。黑吉两省个人账户基金并未由县市向省社保部门归集，而是留在地方，直接弥补当期统筹账户发放缺口，因此个人账户形式上仍为"空账"。同时，中央给予黑吉两省的财政补助，由上级国库下拨至省国库专户独立存放，每年登记一定的记账利息，这便与仍为"空账"的个人账户遥相对应，形成"补账户"模式。由于中央财政补贴未能及时拨付到位，地方上不得不先拿个人账户应急，事后再补账户。另外，由于财政补贴按照做实前一年社会平均工资为基数进行测算，少于实际做实个人账户所需金额，因此个人账户资金一经征缴齐全，便被用于保证当期发放。

2005年底，国务院试点工作小组对辽宁模式和黑龙江、吉林两省模式进行评估。评估报告认为两省个人账户并未真正做实。无论采取“补缺口”还是“补账户”的模式，都是由于资金紧缺所致，两种模式会产生相似的结果，或者社会统筹基金不足，或者个人账户不能做实。黑吉模式基金的分头管理问题也得到关注，中央财政补助资金由中央集中管理，在此之外的个人账户基金由各省（区、市）投资运营，这就意味着基本养老保险个人账户基金分两处管理，需要制定两个不同的运营办法和监督管理办法。

2006年做实养老保险个人账户的试点地区扩大至天津、上海、山西、山东、河南、湖北、湖南、新疆8省（区、市）。试点地区统一要求按3%起步做实个人账户，并要求2006年底做实资金要确保到位。中央财政对中西部省份的试点进行补助。

十八届三中、五中全会以来，政府致力于强调完善个人账户制度，通过组合政策，划转部分国有资本充实社保基金，拓宽资金筹集渠道，增强基金自身的收支平衡能力。

（二）企业年金——补充养老保险制度步入发展轨道

2004年4月四部委联合发布《企业年金试行办法》和《企业年金基金管理试行办法》，两办法出台拉开了企业年金规范管理的序幕。《企业年金试行办法》规定企业年金基金实行完全积累，采用个人账户方式进行管理，企业年金基金可以按照国家规定投资运营，企业年金受托人应选择具有资格的商业银行或专业托管机构作为企业年金基金托管人。《企业年金基金管理试行办法》对企业年金基金的受托管理、账户管理、托管以及投资管理进行了规范。

2004年8月12日，《企业年金管理指引》发布，提出了法人受托和年金理事会受托模式的两大范畴。2004年9月29日，劳动和社会保障部与中国证监会联合发布《关于企业年金基金证券投资有关问题的通知》，《企业年金基金证券投资登记结算业务指南》也同时发布。2004年12月31日，《企业年金基金管理机构资格认定暂行办法》《企业年金基金账户管理信息系统规范》出台。

2011年修订的《企业年金基金管理办法》于2011年1月11日审议通过，新办法自2011年5月1日起施行。《企业年金基金管理办法》明确了集合年金计划的法律地位，扩大了企业年金投资范围，资产配置比例限制进行了调整，对企业年金的监督和理事会治理要求进行了完善。

2013年12月6日，财政部、人力资源和社会保障部、国家税务总局联合发布《关于企业年金职业年金个人所得税有关问题的通知》，实施企业年金、职业年金个人所得税递延纳税优惠政策。该通知规定：

第一，企业和事业单位（以下统称单位）根据国家有关政策规定的办法和标准，为在本单位任职或者受雇的全体职工缴付的企业年金或职业年金（以下统称年金）单位缴费部分，在计入个人账户时，个人暂不缴纳个人所得税。个人根据国家有关政策规定缴付的年金个人缴费部分，在不超过本人缴费工资计税基数的4%标准内的部分，暂从个人当期的应纳税所得额中扣除。

第二，年金基金投资运营收益分配计入个人账户时，个人暂不缴纳个人所得税。

第三，个人达到国家规定的退休年龄，在本通知实施之后按月领取的年金，全额按照

"工资、薪金所得"项目适用的税率，计征个人所得税；在本通知实施之后按年或按季领取的年金，平均分摊计入各月，每月领取额全额按照"工资、薪金所得"项目适用的税率，计征个人所得税。

企业年金获得一定规模发展，2009—2014 年 8 年间企业年金几何平均收益率为 5.06%（见表 7 - 3）。但企业年金的参保比率还相对较低，以 2014 年为例，拥有企业年金的职业人数占比还不到 7%，而且企业年金计划大多集中在大型企业和国有企业。

表 7 - 3　2009—2014 年企业年金发展状况

年份	企业数（万户）	参保职工数（万人）	累积结存（亿元）	投资收益
2009	3.35	1 179	2 533	7.78%
2010	3.71	1 335	2 809	3.41%
2011	4.49	1 577	3 570	0.78%
2012	5.47	1 847	4 821	5.68%
2013	6.61	2 056	6 035	3.67%
2014	7.326	2 292	7 698	9.3%

资料来源：2009—2013 年人力资源和社会保障公报；2009—2014 年度全国企业年基金业务数据摘要；人力资源和社会保障部网站。

（三）城镇职工基本养老保险制度的进一步改革

2005 年底，国务院发布了《关于完善企业职工基本养老保险制度的决定》（国发〔2005〕38 号），自 2006 年 1 月 1 日起开始实施，主要内容有以下三方面。

1. 逐步做实个人账户。个人账户的规模统一由本人缴费工资的 11% 调整为 8%，全部由个人缴费形成，单位缴费不再划入个人账户。

2. 改革养老金计发方法。基本养老金仍由基础养老金和个人账户养老金两部分组成，但基础养老金由原来按上年度社会平均工资的 20% 计发，改为与上年度在岗职工平均工资、参保人员本人缴费年限和缴费水平三个因素挂钩，体现出缴费时间越长、缴费工资基数越大，基础养老金水平就越高。个人账户养老金的计发由原来的个人账户储存额除以 120，调整为个人账户储存额除以计发月数（计发月数根据 2000 年全国人口普查城镇人口平均期望寿命、利率等因素确定，每个年龄段的人的计发月数从 56 个月到 233 个月不等）。

3. 统一城镇个体劳动者和灵活就业人员的缴费政策。城镇各类企业职工、个体工商户和灵活就业人员都要参加企业职工基本养老保险。当前及今后一个时期，要以非公有制企业、城镇个体工商户和灵活就业人员参保工作为重点，扩大基本养老保险覆盖范围。要进一步落实国家有关社会保险补贴政策，帮助就业困难人员参保缴费。城镇个体工商户和灵活就业人员参加基本养老保险的缴费基数为当地上年度在岗职工平均工资，缴费比例为 20%，其中 8% 计入个人账户，退休后按企业职工基本养老金计发办法计发基本养老金。

2015 年推进养老保险双轨制改革，出台机关事业单位养老保险改革办法，开始迈出了破解养老保险双轨制的改革步伐。

（四）《社会保险法》的颁布实施

从1995年开始拟订的《中华人民共和国社会保险法》（以下简称《社会保险法》），于2010年10月28日由十一届全国人大常委会第十七次会议表决通过，《社会保险法》自2011年7月1日起施行。以此为标志，我国社会保险制度立法保障进入了规范发展的新阶段。

《社会保险法》明确了劳动者与公民的社会保险权，明确了社会保险的责任分担机制。《社会保险法》规定了对困难群体以及基金收不抵支时政府的责任，政府应是担保人角色，承担财政兜底责任。《社会保险法》明确了社会保险的制度框架，即基本养老保险，工伤保险、生育保险、医疗保险、失业保险五大保险项目。《社会保险法》明确了社会保险的运行监督机制，明确了各主体的法律责任。《社会保险法》对劳动者的权益提供了有效的保护。如《社会保险法》第十六条规定：参加基本养老保险的个人，达到法定退休年龄时累计缴费不足十五年的，可以缴费至满十五年，按月领取基本养老金；也可以转入新型农村社会养老保险或者城镇居民社会养老保险，按照国务院规定享受相应的养老保险待遇。

《社会保险法》确立了广覆盖、可转移、可衔接的社会保险制度，从法律上破除了阻碍各类人才自由流动、劳动者在地区之间和城乡之间流动就业的制度性障碍，有利于形成和发展统一规范的人力资源市场；《社会保险法》进一步规范和明确了劳动者和用人单位的社会保险权利义务关系，有利于促进劳动关系的稳定与和谐。《社会保险法》的出台，与以前颁布实施的《劳动法》、《公务员法》、《劳动合同法》、《就业促进法》、《劳动争议调解仲裁法》一起，构成了我国人力资源社会保障法律体系完整的顶层架构，对推进人力资源社会保障事业在法制轨道上实现科学发展具有重要意义。

二、我国城镇养老保险制度改革有待解决的若干问题

（一）解决隐性债务，渐进做实基本养老保险个人账户

从理论上讲，现收现付制是政府承担的一种隐性债务或责任，政府在其中承担了长期性的代际交换合同的责任。① 隐性债务的偿还或隐性债务显性化责任应由政府承担，目前隐性债务偿还的主要方式有：

1. 从国有资产或土地地租收入中划出一块转入养老金基金。目前的国有资产很大程度上是老职工长期低工资的积累，将这部分资产用于他们的养老金应该是较为合理的债务偿还。国有资产的变现方式有两种，即产权交易和股权转让。产权交易就是把国有企业的产权作为商品，通过兼并和出售等方式，转让或盘活国有存量资产；股权转让就是全部或部分出售国家持有的国有企业股票，国家在减持国有股的过程中可通过国有股配售、股票回购、缩股流通、拍卖和股权转债权等方式进行。

2. 通过增加税种或提高税率的途径。如在制度完善和条件成熟时开征特种增值税、消费税、遗产税，适当提高某些特定消费品的消费税税率，甚至还可以考虑实施个人所得税附加、特许权使用收入、捐赠收入等方式筹资解决养老保险隐性债务。

3. 适度调整财政支出结构，在财政能力可承受的前提下，适当增加政府财政转移支出安排，根据宏观经济景气状况，逐步有序地填补养老金基金隐性债务。

---

① 林义：《社会保险制度分析引论》，153～154页，成都，西南财经大学出版社，1997。

4. 发行养老保险隐性债务融资债券。在对宏观经济不形成较大冲击的情况下，适度发行养老保险隐性债务融资债券，如智利的认购债券（又称为认账券或承认债券），智利 1987 年法律许可个人可以将认购债券出售给保险公司，1990 年又许可背书转让，到 1994 年 AFPs 也可以购买认购债券，自此认购债券开始正式在市场交易。

5. 完善基本养老保险制度本身。改革完善现行退休制度，逐步提高退休年龄，这也是减少隐性债务的可行途径（当然这必须考虑到宏观经济变动周期、劳动力供求等多种因素）。适度降低替代率，增强养老金基金管理，实现养老金基金的有效管理，在与我国金融市场发育程度相一致的前提下保证养老金基金最大限度的保值增值。

（二）基本养老保险基金投资管理与监督管理已经提上议事日程

1997 年国务院发布《关于建立统一的企业职工基本养老保险制度的决定》，明确规定“基本养老金基金实行收支两条线管理，要保证专款专用，全部用于职工养老保险，严禁挤占挪用和挥霍浪费。基金结余额，除预留相当于两个月的支付费用外，应全部购买国家债券和存入专户，严格禁止投入其他金融和经营性事业”。2005 年出台的《国务院关于完善企业职工基本养老保险制度的决定》并没有对基本养老保险个人账户基金作具体表述和要求，只是提出“国家制订个人账户基金管理和投资运营办法，实现保值增值”。

由于基本养老个人账户基金的集中度水平还较低，个人账户中存在部分空账，个人账户是否有条件做实还存在不确定性，这些客观现实都给基本养老个人账户投资管理模式选择带来挑战。专家学者对我国基本养老个人账户基金管理提出了全国集中管理、省级个人账户管理中心管理、市场化第三方投资管理等模式。也有少数学者提出将基本养老个人账户基金合并到企业年金（职业年金）中。

2015 年 8 月 23 日，国务院发布《基本养老保险基金投资管理办法》。该《办法》明确，养老基金实行中央集中运营、市场化投资运作，由省级政府将各地可投资的养老基金归集到省级社会保障专户，统一委托给国务院授权的养老基金管理机构进行投资运营。该《办法》明确，投资股票、股票基金、混合基金、股票型养老金产品的比例，合计不得高于养老基金资产净值的 30%；参与股指期货、国债期货交易，只能以套期保值为目的。

在投资管理主体和投资管理模式确定的情况下，需要明晰基本养老保险基金的投资规则（包括战略性资产配置与战术性配置技术、投资策略等）、风险评估和风险控制、合理的治理结构、风险收益绩效管理办法、最低收益担保（是绝对收益担保还是相对收益担保）与风险准备金的建立、有关佣金和费用的收取比例规定、相关的信息披露制度（包括财务管理制度等）。

（三）改革我国现行退休制度，引入渐进式退休制度和弹性退休制度

退休制度与养老保险制度是相互依存的范畴。养老保险制度模式、养老保险财务机制选择与给付结构形式以特定的退休制度为基础，特定退休制度的完善程度深深地制约着养老保险制度的制度绩效和运行机制的有效性。因此，养老保险制度改革与退休制度改革是动态整合过程中的两个方面。

我国现行退休制度的基本制度框架仍是 20 世纪 50 年代的制度设计，这种退休制度已滞后于现行经济、社会发展需要，退休政策的调整改革已滞后于社会保险改革进程。目前由于

就业者教育时间延长导致工作时间缩短，为了有效地发挥目前就业者的人力资本以及“中老年”劳动力资本，提前应对人口老龄化高峰期劳动力供给降低对宏观经济带来的不确定性影响，有效地降低人口老龄化高峰期养老金的缺口，提高法定退休年龄，抑制非合理的提前退休，减少退休制度中的道德风险与逆选择行为。十八届三中、五中全会都对实施渐进式延迟退休年龄政策改革提出指导原则，2016 年出台相关退休政策改革文件。

立足于未来发展维度，未来条件成熟时可逐步推行弹性退休政策，改变现行退休制度“一刀切”的弊端，建立退休与养老金给付紧密关联的精算动态系统，使退休制度的灵活性与宏观经济景气状况、劳动力供求保持动态协调性。同时实现劳动者财务自由、退休选择自由、工作选择自由与政府养老金收支精算平衡的有机统一。

第三节　我国农村养老保险制度的改革与发展

一、民政部方案下的农村养老保险制度

根据国务院的决定，民政部于 1992 年颁布了《县级农村社会养老保险基本方案（试行）》，先在山东等地试点，在取得一定成效的基础上，逐步在全国有条件的农村地区推广。该制度已经经历了 10 余年的发展、调整与整顿，截至 2006 年底，中国农村养老保险制度的覆盖率（参保人数与农村总人口比）走势逐年降低，由 1999 年的 9.75% 降到 2006 年的 7.29%（见表 7－4）。

表 7－4　1999—2006 年中国农村养老保险基本数据

年份	1999	2000	2001	2002	2003	2004	2005	2006
参保人数（万人）	8 000	6 172	5 995.1	5 462	5 428	5 378	5 442	5 374
基金累积（亿元）	184	195.5	216.1	233.3	259.3	285	310	354
人均累积保费（元）	230	316.8	360.5	427.1	477.7	529.9	569.6	658.7
农村总人口（万人）	82 038	80 837	79 563	78 241	76 851	75 705	74 544	73 742
农村覆盖率（%）	9.75	7.64	7.54	6.98	7.06	7.10	7.30	7.29

资料来源：相关年份劳动和社会保障部年报、国民经济和社会发展统计公报。

该制度的内容主要包括以下几个方面：

1. 建立农村社会保险制度的基本原则。从我国农村的实际出发，以保障老年人基本生活为目的；坚持资金缴纳个人为主，集体补助为辅，国家予以政策扶持；坚持自愿为主，互济为辅；坚持社会养老保险与家庭养老相结合；坚持农村务农、务工、经商等各类人员社会养老保险制度一体化的方向；由点到面，逐步发展。

2. 保险对象。非城镇户口、不由国家供应商品粮的农村人口，一般以村为单位确认（包括村办企业职工、私营企业、个体户、外出人员等），组织投保。乡镇企业职工、民办教师、乡镇招聘干部、职工等，可以以乡镇或企业为单位确认，组织投保。外来劳务人员，原则上

在其户口所在地参加养老保险。缴纳保险年龄不分性别、职业，为20周岁至60周岁。领取养老保险金的年龄一般在60周岁以后。

3. 资金筹集坚持以个人缴纳为主、集体补助为辅和国家给予政策扶持的原则。个人缴纳要占一定比例，集体补助主要从乡镇企业利润和集体积累中支付，国家予以政策扶持，主要是通过对乡镇企业支付集体补助予以税前列支体现。

4. 建立个人账户。个人缴费和集体补助分别记在个人账户名下，实行个人账户积累制度，乡镇企业职工的个人缴费、企业补助分别记账在个人名下，建立职工个人账户。企业对职工及其他人员的集体补助，应按工资总额的一定比例税前列支。

5. 月缴费标准设2、4、6、8、10、12、14、16、18、20元十个档次，供不同的地区以及乡镇、村、企业和投保人选择。各业人员的缴费档次可以有所区别。可以选择缴费标准范围以及按月缴费还是按年缴费，保险费可以补缴、预缴或停缴。补缴后，总缴费年数不得超过40年，预缴年数一般不超过3年。投保人在缴费期间身亡的，个人缴纳的全部本息退给其法定继承人或指定受益人。

6. 投保人领取养老金，保证期为10年。领取养老金不足10年身亡的，保证期内的养老金余额可以继承。无继承人或指定受益人的，按农村社会养老保险管理机构的有关规定支付丧葬费用。领取养老金超过10年的长寿者，支付养老金直至身亡为止。

7. 基金以县为单位统一管理。保值增值主要是购买国家财政发行的高利率债券和存入银行，不直接用于投资。县（市）农村社会养老保险机构在指定的银行设立农村社会养老金基金专户，专账专管，专款专用。民政部门和其他部门都不能动用资金。

运行实践表明，民政部方案下的农村养老保险制度存在其内在的制度缺陷。

1. 该制度的保障力度不足，难以为制度参与者提供养老保障。以1998年数据为例，该年养老金领取者人均年养老金42元，月均养老金3.5元①。对于1995年40岁的人来说，按人均每年150元交费水平，且按当时复利12%累计计息，至60岁退休每月领取养老金15元②，而在目前利率背景下，由于农村养老保险投资的特定约束，还不能保证到期月养老金额为15元（未考虑通货膨胀因素）。农村社会养老保险的个人账户模式从根本上不能解决中国占70%人口的农民养老保障问题，不能有效应对和解决农村的贫困问题。

2. 民政部方案下的农村养老保险制度实际上更接近于商业保险制度。尽管我国农村社会养老保险制度坚持以“个人交纳为主，集体补助为辅，国家予以政策扶持”为基本筹资原则，大部分地区农民参加养老保险缺乏集体补贴，政府实际上没有投入资金，农民基本上是个人交费、自愿参加。因此，现行农村社会养老保险制度实际上是一种鼓励性的储蓄制度，实际上具有储蓄性商业养老金计划的特征。按照国内外社会保险理论的共识，基本社会保险与商业保险的根本区别主要体现在强制性和再分配两个方面，再分配因素中不但包括收入群体之间的再分配，而且包括政府在其间对低收入者的转移支付分配部分。目前的农村养老保险制度实际上是商业保险制度的运作和体现。

---

① 刘书鹤：《农村社会保障的若干问题》，国研网，2002-07-23。

② 乔晓春：《未来农村养老问题的估计与判断》，载《市场与人口》，2002（5）。

3. 具有商业保险特征的农村社会养老保险制度却没有商业保险运作的机制。商业保险从保费的收取、保险金额的确定、保险资金的管理与营运、保险投资的多元化选择及其风险控制、偿付能力监管等方面都具有较成熟而稳健的制度安排，而目前的农村养老金基金管理与营运，在相当部分地区无专门的机构进行管理，养老基金管理人才缺乏与管理制度缺失，基金投资主要是购买国家财政发行的高利率债券和存入银行，其保值增值受到约束，加之一些地区养老基金的挪用，客观上导致目前农村养老金基金管理风险难以得到有效控制。

二、我国农村新型农村社会养老保险发展的改革实践

按照《劳动和社会保障事业发展“十一五”规划纲要》关于“探索建立与农村经济发展水平相适应、与其他保障措施相配套的农村社会养老保险制度”的要求，劳动和社会保障部于2006年1月选择北京市大兴区、山东省烟台招远市、山东省菏泽市牡丹区、福建省南平市延平区、安徽省霍邱县、山西省柳林县、四川省巴中市通江县、云南省南华县等8个县市区，启动了新型农村社会养老保险制度建设试点工作。

2009年9月，《国务院关于开展新型农村社会养老保险试点的指导意见》出台，我国新型农村社会养老保险试点在全国铺开，标志着我国农村养老保险制度建设进入一个崭新时期。

（一）新型农村社会养老保险制度的内容

新型农村社会养老保险的内容主要包括:①

1. 基本原则。新农保试点的基本原则是“保基本、广覆盖、有弹性、可持续”。一是从农村实际出发，低水平起步，筹资标准和待遇标准要与经济发展及各方面承受能力相适应；二是个人（家庭）、集体、政府合理分担责任，权利与义务相对应；三是政府主导和农民自愿相结合，引导农村居民普遍参保；四是中央确定基本原则和主要政策，地方制订具体办法，对参保居民实行属地管理。

2. 参保范围。年满16周岁（不含在校学生）、未参加城镇职工基本养老保险的农村居民，可以在户籍地自愿参加新农保。

3. 基金筹集。新农保基金由个人缴费、集体补助、政府补贴构成。

（1）个人缴费。参加新农保的农村居民应当按规定缴纳养老保险费。缴费标准目前设为每年100元、200元、300元、400元、500元5个档次，地方可以根据实际情况增设缴费档次。参保人自主选择档次缴费，多缴多得。国家依据农村居民人均纯收入增长等情况适时调整缴费档次。

（2）集体补助。有条件的村集体应当对参保人缴费给予补助，补助标准由村民委员会召开村民会议民主确定。鼓励其他经济组织、社会公益组织、个人为参保人缴费提供资助。

（3）政府补贴。政府对符合领取条件的参保人全额支付新农保基础养老金，其中中央财政对中西部地区按中央确定的基础养老金标准给予全额补助，对东部地区给予50%的补助。

地方政府应当对参保人缴费给予补贴，补贴标准不低于每人每年30元；对选择较高档次标准缴费的，可给予适当鼓励，具体标准和办法由省（区、市）人民政府确定。对农村重

① 以下内容摘自于2009年9月颁布的《国务院关于开展新型农村社会养老保险试点的指导意见》。

度残疾人等缴费困难群体，地方政府为其代缴部分或全部最低标准的养老保险费。

4. 建立个人账户。国家为每个新农保参保人建立终身记录的养老保险个人账户。个人缴费，集体补助及其他经济组织、社会公益组织、个人对参保人缴费的资助，地方政府对参保人的缴费补贴，全部记入个人账户。个人账户储存额目前每年参考中国人民银行公布的金融机构人民币一年期存款利率计息。

5. 养老金待遇。养老金待遇由基础养老金和个人账户养老金组成，支付终身。

中央确定的基础养老金标准为每人每月55元。地方政府可以根据实际情况提高基础养老金标准，对于长期缴费的农村居民，可适当加发基础养老金，提高和加发部分的资金由地方政府支出。

个人账户养老金的月计发标准为个人账户全部储存额除以139（与现行城镇职工基本养老保险个人账户养老金计发系数相同）。参保人死亡，个人账户中的资金余额，除政府补贴外，可以依法继承；政府补贴余额用于继续支付其他参保人的养老金。

6. 养老金待遇领取条件。年满60周岁、未享受城镇职工基本养老保险待遇的农村有户籍的老年人，可以按月领取养老金。

新农保制度实施时，已年满60周岁、未享受城镇职工基本养老保险待遇的，不用缴费，可以按月领取基础养老金，但其符合参保条件的子女应当参保缴费；距领取年龄不足15年的，应按年缴费，也允许补缴，累计缴费不超过15年；距领取年龄超过15年的，应按年缴费，累计缴费不少于15年。

（二）新型农村社会养老保险制度的特点

新型农村养老保险制度采取基础养老金和个人账户相结合的基本制度框架，在总体上保持了与城镇社会统筹与个人账户相结合这一制度框架的某种一致性，体现了城乡社会保障制度的继承和延续性，为今后实现覆盖城乡居民的社会养老保障制度模式奠定了重要制度基础。考虑到我国农村社会经济结构和条件的差异性，区域发展的不平衡性，新型农村社会养老保险制度以国家财政全额补贴为主体的最低标准基础养老金，个人缴费形成个人账户积累。

1. 国家财政全额支付最低基础养老金，体现了国家对农村基本养老保险的责任，体现了新农保制度的基本性、公平性和普惠性。对于大多数国家而言，在解决农村养老保险问题上，政府财政均有程度不同的投入，否则农村养老保险制度难以为继。

2. 实行个人缴费、集体补助、政府补贴相结合的筹资办法，地方财政对农民缴费实行补贴。通过建立个人账户方式体现个人承担的责任，尽管不完全等同于传统意义上社会保险责任分担方式，但在地方财政补贴机制设计和基金保值增值上增强对农民缴费的吸引力，有助于提升农民长期缴费意愿，也符合农民的长期利益。

3. 通过基础养老金和个人账户结合的模式，有利于解决农民社保关系转接的难题。个人账户随人转移，账户资金存量与增量随人转移。应该说这是制度设计中坚持个人账户制的一个优点。

4. 这一制度设计对接近领取养老金年龄的农村老人而言，具有更大的吸引力。如果在机制设计中，考虑对贫困地区子女为父母缴费提供一定比例的缴费补贴，可以吸引更多的农民参保，既有利于扩大社保覆盖面，又鼓励和提倡子女对父母承担养老义务，强化家庭的和谐关系。

三、我国农村养老保险保障制度发展的几个问题

（一）纳费型养老保险制度与非纳费型养老保险制度的协同发展

不管是早期民政部推行的农村社会养老保险制度，还是后来推进的新型农村社会养老保险制度，都无法给非纳费者提供最基本的养老保障安排。国际养老保障经验表明，对没有缴费能力的低收入农民群体，应合理安排和运用非缴费型养老保险制度。立足于农村社会养老保障的全面发展，应注重纳费型社会养老保险制度与非纳费型社会养老保险制度的协同发展。

非纳费型社会养老保险制度在相当程度上是对家庭保障与土地保障功能弱化的一种互补，该制度与家庭保障、土地保障、纳费型的社会养老保险制度以及农村商业养老保险制度的有机结合，正好形成一个注重公平、兼顾效率、层次分明的养老保障制度体系。在该制度体系中，非纳费型养老保险制度与家庭保障、土地保障的有效整合，形成一个有效的具有养老保障功能与社会保护功能的保障基础层。非纳费型养老保险制度作为重要的再分配功能载体主要适用于终身贫困者和非正规部门，该制度承担消除老年贫困、提高农村家庭收入、促进农村经济增长等功能。

普遍保障型的非纳费型养老保险制度不是对目前正在实施的最低生活保障制度的简单替代，因为非纳费型养老金制度的目标群体主要是农村的老年群体，其目的也是解决农村老年群体包括农村贫困老人的养老保障，而对其他的非老年贫困群体，仍可运行目前正在实施的农村最低生活保障制度。随着非纳费型养老保险制度的积极作用日渐凸显，政府要适当地减少非纳费型养老保险制度的保障力度，引导农村劳动者参与纳费型养老保险制度，最终形成一个以纳费型养老保险制度为主体的农民群体的养老保障制度。

非纳费型养老保险制度与纳费型养老保险制度在中国的动态整合，还与中国的城镇化程度相关。随着城镇化程度的进一步提高，农村人口越来越少，进入城镇体系的原农村劳动者，如果是农民工，其城镇就业期间有一定的社会养老保障；如果是通过失地农民养老保险制度进入城镇体系的，土地转让收入或者土地经营权的收益形成其纳费型养老保险制度的主要融资来源。因此，随着中国农村城镇化水平的逐步提高和中国农村经济发展水平的日渐提高，非纳费型养老保险制度的保障功能会相对弱化。

（二）正规养老保障制度与非正规养老保障制度的协调发展

1. 家庭保障在较长时间内是农村老年养老保障的重要主体。家庭和国家在农村社会保障特别是养老保障方面应该实现功能互补。农村家庭在养老保障问题上所扮演的角色应当是较多的生活照料和精神抚慰以及较少的经济扶助，国家则由于大多数农村家庭经济能力的有限性而应该主要承担起财力和政策上的责任。家庭保障是人的生命周期权利与义务的实现形式，家庭保障机制就是以代际之间的互惠为伦理基础，赡养帮助自己年迈的父母实际上也是为自己年迈时得到下一代人的照料奠定道德基础。家庭保障机制还得到道德力量的强化，中国家庭关系中渗透着传统的道德力量，特别是对于老年人的关心，形成了以孝为基础的伦理秩序。家庭资源的再分配不会产生社会保障制度中转移支付过程的管理成本，这就使得家庭

保障机制具有国家社会保障机制不可替代的效率。①

家庭规模从总体上走向核心化和小型化，家庭保障功能在物质方面的保障力度还有所下降，但是农村特别是落后地区的家庭规模还相对较大，家庭作为个人风险和家庭管理的传统载体，在农村养老保障中还具有重要的作用。居家养老仍将是我国今后主要的养老方式，它符合多数老年人及家庭成员的意愿，便于家庭成员为老年人提供生活照料，可以保持老年人生活的相对独立性，养老成本相对较低。

2. 土地保障在目前仍然是农村养老保障的重要基础。土地是农民收入的主要来源，是农民实现自身保障和家庭保障的基础，国家赋予的土地承包经营权是农民相对于城镇的一大天然的可再生的资源优势，农村应把握住相对的优势，强化土地保障功能。在坚持农户对土地承包权不变的前提下，将土地集中耕种，规模经营，农民依据自己的土地承包权得到用以保障基本生活的相应收益，土地保障为农村社会保障体制的建立提供了最为可靠的物质基础。

保障农村居民对土地的使用权。土地使用权是广大农村居民最基本的生活保障，要把政策规定、合同约定的农民土地承包经营权法定为农民长期而有保障的具有物权性质的土地财产权利。确保农民对土地使用的处置权利，完善土地流转制度，杜绝土地流转中的侵权现象。发挥土地的养老保障作用，明确老年人对土地使用的所有权，并保障其获得土地收益的权利。

3. 充分重视其他非正规养老保障制度的作用。社区服务是家庭保障的重要支持和补充。社区服务成本相对较低，服务方式多样化和个性化。社区服务有两个重要职能：一是为居家老人提供照料服务；二是为家庭照料人提供支持服务，维系和增强家庭照料功能。社区养老服务刚刚起步，现实需求水平较低，但表现出一定的需求潜力。

满足特定需求是机构养老的发展方向。在养老资源有限的情况下，养老机构的目标应该针对有特殊需求的老年人群，如农村“三无”人员，失去生活自理能力、需要长期照料的老人，在养老需求分析的基础上，确定机构养老发展的规模和目标，将有限的公共资源投入到最需要的地方。农村公共福利的投入在人口老龄化结构下必须增加。

（三）农村养老保障制度可持续发展的动力机制构建

农村财政支持、农村金融发展（含小额信贷）、资产建设计划（农民资产的积累）、农村教育投资（对农民的战略性投资）、农村反贫困计划、农业保险计划的部分或全部整合，可形成农村社会养老保险可持续发展的动力机制。

农村金融在宏观层次上应加强对农业的政策性金融支持，加大农村的公共项目和基础项目建设，提高农业生产技术，改善农业生产条件；发挥小额信贷金融服务的反贫困功能，加强信用环境建设，使小额信贷真正成为贫困地区广大农民致富的有效工具。

政府财政除直接增加对农业生产的财政支持外，应着重于农村教育发展、农村卫生条件改善、农村反贫困计划的财政投入。加大对农业基础设施建设和科技进步的支持力度。建立小型农田水利补助专项资金。加大对产粮大县的财政支持力度。中央财政安排专项资金，对产粮大县和财政困难县实行转移支付。加大扶贫开发和农村社会事业投入力度。

---

① 方青：《我国农村家庭保障机制的局限与改善》，载《学海》，2003（1），99～100页。

资产建设计划（农民资产的积累）。如通过质押借款项目等方式把取之农民的资金重新借贷给农民，让他们直接参与资金的管理与运营。把农民个人账户单一的养老功能转变为具有综合功能的发展账户。在确保实现养老功能的同时，鼓励农民把个人账户上的资金投资于他们当前急需的教育、医疗和其他创收活动。

加大对农村教育的战略性投资，特别是偏远落后地区的基础教育设施的投入，提高农村的教育水平，增强对农村农业生产技术培训的投入，有序提高农民的技术水平。强化对失地农民再就业的就业培训，提高他们的就业能力。充分发挥农业保险对稳定农民收入、减少农业灾害损失的积极作用。建立农业风险准备金，用于发生巨灾时的大额保险赔付。

第四节 我国城乡养老保险制度的整合发展

从2014年开始，我国城乡养老制度进入整合发展阶段。城乡居民养老保险制度的整合、城镇企业职工与机关企事业单位养老保险制度整合、城镇企业职业统筹基金的全国统筹整合，促进了我国养老保险制度的整合统一发展。

一、我国城镇居民和农村居民养老保险制度整合发展

2014年2月，国务院印发《关于建立统一的城乡居民基本养老保险制度的意见》，《意见》要求将新农保和城居保两项制度合并实施，在全国范围内建立统一的城乡居民基本养老保险（以下简称城乡居民养老保险）制度。年满16周岁（不含在校学生），非国家机关和事业单位工作人员及不属于职工基本养老保险制度覆盖范围的城乡居民，可以在户籍地参加城乡居民养老保险。国家为每个参保人员建立终身记录的养老保险个人账户，个人账户储存额按国家规定计息。

1. 指导思想与任务目标。

（1）指导思想。按照全覆盖、保基本、有弹性、可持续的方针，以增强公平性、适应流动性、保证可持续性为重点，全面推进和不断完善覆盖全体城乡居民的基本养老保险制度，充分发挥社会保险对保障人民基本生活、调节社会收入分配、促进城乡经济社会协调发展的重要作用。

（2）任务目标。坚持和完善社会统筹与个人账户相结合的制度模式，巩固和拓宽个人缴费、集体补助、政府补贴相结合的资金筹集渠道，完善基础养老金和个人账户养老金相结合的待遇支付政策，强化长缴多得、多缴多得等制度的激励机制，建立基础养老金正常调整机制，健全服务网络，提高管理水平，为参保居民提供方便快捷的服务。“十二五”末，在全国基本实现新农保和城居保制度合并实施，并与职工基本养老保险制度相衔接。2020年前，全面建成公平、统一、规范的城乡居民养老保险制度，与社会救助、社会福利等其他社会保障政策相配套，充分发挥家庭养老等传统保障方式的积极作用，更好地保障参保城乡居民的老年基本生活。

2. 基金筹集。城乡居民养老保险基金由个人缴费、集体补助、政府补贴构成。

（1）个人缴费。参加城乡居民养老保险的人员应当按规定缴纳养老保险费。缴费标准目

前设为每年 100 元、200 元、300 元、400 元、500 元、600 元、700 元、800 元、900 元、1 000元、1 500 元、2 000 元 12 个档次，省（区、市）人民政府可以根据实际情况增设缴费档次，最高缴费档次标准原则上不超过当地灵活就业人员参加职工基本养老保险的年缴费额，并报人力资源社会保障部备案。人力资源社会保障部会同财政部依据城乡居民收入增长等情况适时调整缴费档次标准。参保人自主选择档次缴费，多缴多得。

（2）集体补助。有条件的村集体经济组织应当对参保人缴费给予补助，补助标准由村民委员会召开村民会议民主确定，鼓励有条件的社区将集体补助纳入社区公益事业资金筹集范围。鼓励其他社会经济组织、公益慈善组织、个人为参保人缴费提供资助。补助、资助金额不超过当地设定的最高缴费档次标准。

（3）政府补贴。政府对符合领取城乡居民养老保险待遇条件的参保人全额支付基础养老金，其中，中央财政对中西部地区按中央确定的基础养老金标准给予全额补助，对东部地区给予 50% 的补助。地方人民政府应当对参保人缴费给予补贴，对选择最低档次标准缴费的，补贴标准不低于每人每年 30 元；对选择较高档次标准缴费的，适当增加补贴金额；对选择 500 元及以上档次标准缴费的，补贴标准不低于每人每年 60 元，具体标准和办法由省（区、市）人民政府确定。对重度残疾人等缴费困难群体，地方人民政府为其代缴部分或全部最低标准的养老保险费。

3. 养老保险待遇及调整。城乡居民养老保险待遇由基础养老金和个人账户养老金构成，支付终身。

（1）基础养老金。中央确定基础养老金最低标准，建立基础养老金最低标准正常调整机制，根据经济发展和物价变动等情况，适时调整全国基础养老金最低标准。地方人民政府可以根据实际情况适当提高基础养老金标准；对长期缴费的，可适当加发基础养老金，提高和加发部分的资金由地方人民政府支出，具体办法由省（区、市）人民政府规定，并报人力资源社会保障部备案。

（2）个人账户养老金。个人账户养老金的月计发标准，目前为个人账户全部储存额除以 139（与现行职工基本养老保险个人账户养老金计发系数相同）。参保人死亡，个人账户资金余额可以依法继承。

4. 养老保险待遇领取条件。参加城乡居民养老保险的个人，年满 60 周岁、累计缴费满 15 年，且未领取国家规定的基本养老保障待遇的，可以按月领取城乡居民养老保险待遇。

新农保或城居保制度实施时已年满 60 周岁，在本意见印发之日前未领取国家规定的基本养老保障待遇的，不用缴费，自本意见实施之月起，可以按月领取城乡居民养老保险基础养老金；距规定领取年龄不足 15 年的，应逐年缴费，也允许补缴，累计缴费不超过 15 年；距规定领取年龄超过 15 年的，应按年缴费，累计缴费不少于 15 年。

城乡居民养老保险待遇领取人员死亡的，从次月起停止支付其养老金。有条件的地方人民政府可以结合本地实际探索建立丧葬补助金制度。社会保险经办机构应每年对城乡居民养老保险待遇领取人员进行核对；村（居）民委员会要协助社会保险经办机构开展工作，在行政村（社区）范围内对参保人待遇领取资格进行公示，并与职工基本养老保险待遇等领取记录进行比对，确保不重、不漏、不错。

5. 基金管理和运营。将新农保基金和城居保基金合并为城乡居民养老保险基金，完善城乡居民养老保险基金财务会计制度和各项业务管理规章制度。城乡居民养老保险基金纳入社会保障基金财政专户，实行收支两条线管理，单独记账、独立核算，任何地区、部门、单位和个人均不得挤占挪用、虚报冒领。各地要在整合城乡居民养老保险制度的基础上，逐步推进城乡居民养老保险基金省级管理。

城乡居民养老保险基金按照国家统一规定投资运营，实现保值增值。

二、我国城镇企业职工和机关事业单位养老保险制度并轨整合发展

（一）我国城镇企业职工与机关事业单位养老保险并轨改革

2014 年 12 月 23 日全国人民代表大会常务委员会审议了国务院关于统筹推进城乡社会保障体系建设工作情况的报告。报告指出，我国将推进机关事业单位养老保险制度改革，建立与城镇职工统一的养老保险制度。2015 年 1 月 3 日，国务院颁发了《国务院关于机关事业单位工作人员养老保险制度改革的决定》（下文简称本决定），从 2014 年 10 月 1 日起，对按照公务员法管理的单位、参照公务员法管理的机关（单位）、事业单位及其编制内的工作人员进行养老金并轨改革。

机关事业单位养老金并轨改革坚持“一个统一、五个同步”改革原则。“一个统一”即党政机关、事业单位建立与企业相同基本养老保险制度，实行单位和个人缴费，改革退休费计发办法，“五个同步”即机关与事业单位同步改革，职业年金与基本养老保险制度同步建立，养老保险制度改革与完善工资制度同步推进，待遇调整机制与计发办法同步改革，改革在全国范围同步实施。①

1. 实行社会统筹与个人账户相结合的基本养老保险制度。基本养老保险费由单位和个人共同负担。单位缴纳基本养老保险费（以下简称单位缴费）的比例为本单位工资总额的 20%，个人缴纳基本养老保险费（以下简称个人缴费）的比例为本人缴费工资的 8%，由单位代扣。按本人缴费工资 8% 的数额建立基本养老保险个人账户，全部由个人缴费形成。个人工资超过当地上年度在岗职工平均工资 300% 以上的部分，不计入个人缴费工资基数；低于当地上年度在岗职工平均工资 60% 的，按当地在岗职工平均工资的 60% 计算个人缴费工资基数。

个人账户储存额只用于工作人员养老，不得提前支取，每年按照国家统一公布的记账利率计算利息，免征利息税。参保人员死亡的，个人账户余额可以依法继承。

2. 改革基本养老金计发办法。本决定实施后参加工作、个人缴费年限累计满 15 年的人员，退休后按月发给基本养老金。基本养老金由基础养老金和个人账户养老金组成。退休时的基础养老金月标准以当地上年度在岗职工月平均工资和本人指数化月平均缴费工资的平均值为基数，缴费每满 1 年发给 1%。个人账户养老金月标准为个人账户储存额除以计发月数，计发月数根据本人退休时城镇人口平均预期寿命、本人退休年龄、利息等因素确定。

本决定实施前参加工作、实施后退休且缴费年限（含视同缴费年限，下同）累计满 15

---

① 以下内容出自于《国务院关于机关事业单位工作人员养老保险制度改革的决定》和《机关事业单位职业年金办法》。

年的人员，按照合理衔接、平稳过渡的原则，在发给基础养老金和个人账户养老金的基础上，再依据视同缴费年限长短发给过渡性养老金。具体办法由人力资源社会保障部会同有关部门制定并指导实施。

本决定实施后达到退休年龄但个人缴费年限累计不满15年的人员，其基本养老保险关系处理和基本养老金计发比照《实施〈中华人民共和国社会保险法〉若干规定》（人力资源社会保障部令第13号）执行。

本决定实施前已经退休的人员，继续按照国家规定的原待遇标准发放基本养老金，同时执行基本养老金调整办法。机关事业单位离休人员仍按照国家统一规定发给离休费，并调整相关待遇。

3. 建立职业年金制度。2015年4月6日，国务院颁发《机关事业单位职业年金办法》。该《办法》规定，从2014年10月1日起实施机关事业单位工作人员职业年金制度。

职业年金所需费用由单位和工作人员个人共同承担。单位缴纳职业年金费用的比例为本单位工资总额的8%，个人缴费比例为本人缴费工资的4%，由单位代扣。单位和个人缴费基数与机关事业单位工作人员基本养老保险缴费基数一致。根据经济社会发展状况，国家适时调整单位和个人职业年金缴费的比例。

职业年金基金采用个人账户方式管理。个人缴费实行实账积累。对财政全额供款的单位，单位缴费根据单位提供的信息采取记账方式，每年按照国家统一公布的记账利率计算利息，工作人员退休前，本人职业年金账户的累计储存额由同级财政拨付资金记实；对非财政全额供款的单位，单位缴费实行实账积累。实账积累形成的职业年金基金，实行市场化投资运营，按实际收益计息。职业年金基金投资管理应当遵循谨慎、分散风险的原则，保证职业年金基金的安全性、收益性和流动性。

4. 养老保险基金管理和监督。建立健全基本养老保险基金省级统筹；暂不具备条件的，可先实行省级基金调剂制度，明确各级人民政府征收、管理和支付的责任。机关事业单位基本养老保险基金单独建账，与企业职工基本养老保险基金分别管理使用。基金实行严格的预算管理，纳入社会保障基金财政专户，实行收支两条线管理，专款专用。依法加强基金监管，确保基金安全。

5. 做好养老保险关系转移接续工作。参保人员在同一统筹范围内的机关事业单位之间流动，只转移养老保险关系，不转移基金。参保人员跨统筹范围流动或在机关事业单位与企业之间流动，在转移养老保险关系的同时，基本养老保险个人账户储存额随同转移，并以本人改革后各年度实际缴费工资为基数，按12%的总和转移基金，参保缴费不足1年的，按实际缴费月数计算转移基金。转移后基本养老保险缴费年限（含视同缴费年限）、个人账户储存额累计计算。

（二）我国城镇企业职工与机关事业单位养老保险并轨整合改革意义

1. 养老金并轨改革实现了企业与机关事业单位基本养老保险制度的公平性。机关事业单位工作人员承担与企业职工一样的缴费义务，实现的是同样的待遇计发办法，这不仅是我国社会养老保险制度走向统一的关键性一步，也是整个养老保险制度向公平方向迈进的关键性一步。机关事业单位与企业单位基本养老保险制度实施相同的缴费和给付的制度安排，既体现出机关事业单位与企业相同的社会统筹与个人账户的制度结构，又实现了企业单位与机关事业单位基本养老保险制度的公平性。养老金并轨既是我国企业与机关事业单位养老金双轨制的终结，也是机关事业单位内部编制内人员与编制外人员养老金制度双轨制的终结。

2. 有利于企业和机关事业单位的养老金转移及劳动力的流动。改革前的机关事业单位员工如果流入企业，其在机关事业单位的养老金权益不能携带，如果转入到企业，其养老金权益只能重新以企业缴费年限算起。企业与事业单位养老金制度并轨后，相同的缴费方式与给付制度促进了企业与机关事业单位的养老金转移和劳动力的合理流动。立足于机关事业单位人事制度改革而言，机关事业单位工作人员能进能出，有利于机关事业单位人事制度的进一步改革。着力于社会人力资本优化配置视角，企业与机关事业单位养老金互通，有利于实现社会人力资本的优化配置，如企业高管有较好的企业管理经验，更适合承担或从事企业的政策制定与政府对企业的服务管理工作。

3. 为中国建立统一的国民养老保险制度奠定制度基础。在城乡居民养老保险制度整合的基础上，再次实现企业与机关事业单位养老金制度并轨，这为中国社会养老保险制度下一步的整合（即城乡居民养老保险制度与企业机关事业单位养老保险制度整合）奠定了坚实的基础，为我国统一的养老保障制度包括全民统一的国民年金制度创造了极其有利的积极条件。

4. 在一定程度上减轻了人口老龄化高峰期政府集中的财政负担。在企业与机关事业单位并轨改革前的制度构架下，人口老龄化高峰期，政府要承担公务员事业单位的退休工资给付，同时还要承担企业养老保险制度中的隐形债务，以及农村社会养老保险制度基础养老金财政负担的部分，这无疑形成人口老龄化高峰期政府集中的财政负担。企业与机关事业单位养老金并轨后，机关事业单位养老金个人账户与职业年金的部分已经形成一定额度的实账基金，相对于是政府提前承担未来该类群体的部分养老基金，因此在一定程度上减轻了人口老龄化高峰期政府集中的财政负担。

此外，企业与机关事业单位养老金并轨，也为其他制度改革如城乡居民养老保险制度整合改革预留相对良好的空间，如政府可以渐进增加城乡居民养老保险制度统筹账户政府补贴的比例与额度。

5. 基本养老金投资管理以及职业年金投资管理提到了更高日程。机关事业单位养老保险的个人账户和职业年金账户做成实账的条件下，基本养老个人账户以及职业年金的投资管理提到最高议事日程。在选择有效的个人账户投资管理和企业年金投资管理模式下，养老基金、资本市场、经济发展的互动性更加值得关注。职业年金基金和个人账户基金在实现养老基金与资本市场的良好互动条件下，养老基金投资将为经济增长和经济发展提供资金资源支持和人力资本激励支持，这无疑也有利于促进我国资本市场和经济的良性发展。

三、我国城镇企业职工养老保险由省级统筹整合到全国统筹整合

《社会保险法》第64条规定，基本养老保险基金逐步实行全国统筹。《国民经济和社会发展第十二个五年规划纲要》和《社会保障“十二五”规划纲要》提出：“全面落实城镇职工基本养老保险省级统筹，实现基础养老金全国统筹”，2015年作为“十二五”规划的最后一年，也是养老金全国统筹的时间窗口。2015年中央政府工作报告中也明确提出，推进城镇职工基础养老金全国统筹。

（一）从省级统筹至全国统筹的战略意义

1. 城镇职工基本养老保险统筹账户全国统筹是养老保险制度改革和发展的必然。城镇职工基本养老保险统筹账户现收现付机制的基础是基于城镇职工全国范围内“以支定收”的收支平衡，这是城镇职业社会基本养老保险统筹账户财务平衡的精算基础。

从我国城镇职工养老保险统建筹账户运行的实践来看，目前从全国范围来看，养老基金的征缴收入仍然大于支出。但是，有相当部分省份的养老保险已经收不抵支，要靠财政补贴弥补收支缺口。与此同时，部分外来人口多的省份的养老基金每年都有非常多的结余。目前省级统筹条件下各省无法实现统筹基金收支平衡，且形成较多的负面结果，如养老基金有结余的地区往往统筹缴费费率低于全国平均水平，养老基金统筹账户存在缺口的地区个人账户部分空账。在制度改革条件具备的条件下，唯有全国统筹才能满足城镇职工基本养老统筹账户的精算条件，进而实现统筹账户的收支平衡。

2. 实现全国统筹时各省的缴费比例将趋向统一，不同地区企业的养老负担更公平。个别省城镇企业职工单位统筹缴费比例为13%～15%，而一些省城镇职工养老保险单位缴费比例为20%。目前，中西部和东北一些省份的企业的养老负担实际上高于沿海发达地区。统一各省养老保险缴费比例，可以在一定程度上减轻中西部和东北地区较多企业的养老负担，有利于促进区域之间更平衡的发展。

3. 养老基金在地区之间调剂具有合理性。全国统筹看起来是让结余多的省份补贴收不抵支的省份，但实际上，收不抵支的主要原因是人口流出，结余多的主要原因是人口流入。如果养老保险实行全国统筹，养老基金在各省之间调剂，短期内就可以解决一些省份收不抵支的问题。

4. 养老保险全国统筹，有利于人口的跨省流动和制度覆盖面的扩大。全国统筹之后，养老保险关系就可以跨省转移，他们不用担心因为跨省流动而丧失一部分养老金。目前很多人在非户籍所在地工作，如果他们回到户籍所在地，只能转移个人账户的养老金，部分转移统筹账户的养老金，这使他们缴纳养老保险费的意愿低，这是阻碍社会养老保险扩面征缴的因素之一。实现全国统筹后，统筹基金跨省流动则更为便利，进而有利于扩大养老保险制度覆盖面。

5. 养老保险全国统筹，有利于未来社会保障费税改革、国民年金制度建立。城镇职工基本养老保险统筹账户全国统筹后，以现收现付为财务基础的统筹账户的资金来源则可以通过社会保障（险）税的方式进行征缴，在国民基本养老保险制度全国统一后，则可以将目前的统筹账户基础养老金制度转换为国民年金制度，进而为实现我国基本养老保险制度终极目标形成良好的制度条件。

（二）全国统筹整合实现过程中的关键问题

1. 城镇职工基本养老保险统筹基金全国统筹应坚持养老统筹基金全国统收统支。在统一制度、统一管理机构、统一缴费比例、统一养老金计发办法的基础上，实现统筹养老金的统收统支。经办机构统一负责征收基本养老保险费，通过全国联网的信息系统，直接汇总到中央养老保险经办机构，由中央养老保险经办机构根据各地区对养老金支出的实际需求统一划拨资金。养老保险基金的统收统支是实现全国统筹的本质体现，也是城镇职工基本养老保险统筹基金全国统筹的实现标志之一。

2. 建立全国统一集中的基本养老保险经办体制。建立全国统一集中的经办机制，在统一经办机构性质、名称的基础上，实现组织和人事上的垂直管理，下级经办机构对上级经办机构负责，地方经办机构对中央经办机构负责，地方经办机构负责征缴养老保险费，中央经办机构负责制定全国范围内养老保险基金的收支预算。

3. 建立基本养老保险专项预算制度。在基本养老保险单独预算制下，由养老保险行政管理部门负责根据各地的参保人数和工资水平确定当地预算年度的养老保险费征收额，根据各地退休人员人数确定当地预算年度的养老保险金支出额。地方养老保险经办机构根据预算确定的征收额征缴养老保险费，并全部上缴至中央养老保险经办机构，中央养老保险经办机构再根据预算支出额将资金分配到各地。

4. 明确中央与地方政府之间的责任分担机制。各地养老保险基金支出缺口特别是个人账户缺口在很大程度上由转轨成本所致，各级政府对当期缺口都应当承担补贴责任。应当根据各地的经济发展水平和老龄化程度，制定统一的缺口补助财政分担计算办法，明确各级财政的支出责任，有序承担养老保险制度历史上的转型成本。实现全国统筹时，城镇职工基本养老个人账户新缴保费（增量）争取做实，以奠定城镇职工基本养老保险制度较好的财务基础。个人账户增量资金做实后，增量个人账户基金如何有效投资，个人账户历史上的记账额度部分如何实现账户所有人权益最大化，这都与全国统筹实现程度息息相关。

一旦制度转轨完成，中央政府就应当成为养老保险基金运行的最后担保人，中央财政和国家养老保险战略储备基金就应当承担起补助养老金支出的主要责任。①

四、我国养老保险制度未来全面整合发展的长期战略目标

我国养老保险制度整合发展的长期战略目标，是在目前城乡居民养老保险制度和城镇职工与机关事业单位整合的基础上，实现城乡居民养老保险制度和城镇职工与机关事业单位制度的高级整合，进一步整合为全国统一的国民基本养老保险制度，进一步促进社会公平，进一步增进养老保险制度的风险分担与互助共济功能。随着全国范围内的社会经济的统筹发展，地区差距与群体差距将显著缩小，统一的国民基本养老保险制度将为国民提供待遇基本一致的基础性养老金，全国基本养老保险制度可适时转变为国民年金制度。同时，整个社会公共服务十分发达，养老服务产业获得充分发展，养老服务质量不断提高，老年人能够享受的体面生活。②

资料与案例

加快推进我国多层次养老保险制度建设

加快推进我国多层次养老保险制度建设，应将其纳入改革的顶层设计。

---

① 郑功成：《尽快推进城镇职工养老全国统筹》，载《经济纵横》，2010 年第 9 期。

② 郑功成：《中国社会保障改革与发展战略—理念、目标与行动方案》，北京，人民出版社，2008 年版，第 138～139 页。

一是将多层次养老保险体系构建纳入国家经济社会可持续发展的战略框架之中，从经济社会协调发展的高度重视养老保险体系构建。人口老龄化发展进程中的养老保险体系构建，已成为制约一国经济社会可持续发展的关键性议题，备受各国关注。而由于人口老龄化问题的严重性和养老保险体系构建的长期性、复杂性、敏感性，对此更应从国家战略发展的高度给予高度关注。

二是强调经济的长期持续稳定发展是我国多层次养老保险制度可持续发展的重要物质基础。任何一种形式的养老保险制度都不可避免地要触及国民产出和合理分配问题，无论养老金权益的积累方式是采取现收现付制还是基金积累制运行，对于整个社会而言，最终都需要通过变现购买经济活动人口所生产的物品和服务来保证劳动者退休后的生活。从宏观层面来看，随着人口老龄化程度的不断加剧，老年人口数持续增加，经济活动人口数持续减少，在劳动生产率基本不变的情况下，整个社会所能够提供给老年人口的消费品和服务将减少，而这将势必加剧代际之间的矛盾。从微观层面来看，只有国民经济的持续健康发展才能使政府掌握雄厚的财力，并将其用于资助养老保险制度的改革与发展。也只有这样，才能使政府有能力不断偿还各种历史债务，并保证新债务的发行不断得到民众的支持和信任，才能使企业和个人有足够的缴费能力。因此，对我国职工基本养老保险制度而言，只有实现国民经济的持续健康稳定发展，才能在人口老龄化背景下提供足够的国民产出，以满足其可持续发展的需要。经济发展程度决定了养老保险制度可持续发展的水平。基本养老保险制度的运行模式如果缺乏可持续发展的关键要素，则可能导致养老保险制度长期财务平衡上难以为继。养老保险制度与国民经济良性互动机制的确立，是养老保险制度可持续发展的需要长期关注的内在要求。如何合理划分政府责任和更好发挥市场补充性保障作用的边界，明晰政府在基本养老保险制度中的基本责任，在此前提下，应积极探索多元化、多样化的老年经济保障和服务保障制度。

三是在对多层次养老保险制度的制度模式、实施步骤及推进的时序进度等战略问题进行周密论证的基础上，加快推进。需要强调的是，与欧美发达国家养老保险制度相比的重大差异在于，我国的养老保险制度目前仍处于制度建立与完善的初创时期，调控空间较大，而这恰好也是加快推进多层次养老保险改革发展的重要时期。只有抓住目前短暂的机遇窗口，加快建设我国多层次养老保险制度，我们才有可能赢得基本养老保险制度可持续发展的战略主动。如果忽略多层次养老保险的战略目标，忽略其在养老保险顶层科学设计中的战略定位，忽略重视多层次养老保险制度治理结构的科学设计；那么，我国基本养老保险改革发展将面临较大的运行风险，政府公共财政也将面临巨大的潜在压力。不但未来战略调整的空间将变得非常小，而且战略调整进程的推进也将非常困难。对此值得重视的一条重要国际经验是，养老保险制度具有很强的路径依赖特征，其制度演化发展的惯性极大，改革调整极为困难。

四是积极突破制度和政策障碍，着力发展各类补充养老保险制度，通过税收优惠、政策扶持，强化监管，积极推进企业年金、职业年金、家庭年金、个人年金和商业人寿保险计划，加快多层次养老保险制度建设步伐，科学合理界定政府责任、市场作用、个人及家庭责任的合理边界，切实转变政府承担养老保险无限责任的既有思路。通过结构调整锁定政府在基本养老保险中的有限责任，鼓励公职人员和城乡居民承担养老保险责任，强化政府对多层次养老保险制度的激励机制，以有效避免人口老龄化高峰期政府财政负担过重的被动局面，实现养老保险制度的可持续发展目标。政府需要在保障职业年金、企业年金的安全运行、风险控制方面承担更大的责任。多层次养老保险制度设计这一理念，必须体现在养老保险的战略目标、战略框架之中，必须体现在我国养老保险体系建设的过程中，必须是养老保险长期战略顶层设计务必遵循的一条极为重要的准则。整合体现企业、单位及个人责任的缴费型养老保险制度，形成补充养老保险的企业年金、职业年金体系。逐步形成以个人缴费为主、市场化运作、强化基金积累与有效增值、体现个人责任和有差异的养老保险重要补充支柱。积极推进和建立职业年金制度。同时，需要政府在税收优惠、政策扶持、有效监管方面发挥积极作用。

五是实现我国多层次养老保险改革的战略目标，必须从战略高度上重视覆盖城乡的养老保险管理体系的改革与重构。城镇职工养老保险制度之所以长期未能真正实现省级统筹，区域之间的不平衡发展，各部门之间、地区之间、行业之间利益机制和管理体制是其重要原因。基于全国统筹的基础养老金目标的实现程度，在具体实施中面临诸多现实困难。即使相关政策出台，而其实施效果在很大程度上取决于新的管理体制的构建及其有效运行。如果没有管理体制上的大调整，多层次养老保险制度发展进程与制度可持续发展的目标实现也将大打折扣。因此，从战略高度重构社会保险管理体制，强化基本保障与补充保障机构的协同及有效监管，重视基层社会保险管理平台建设，高度重视对城乡社会保险管理干部的系统培训和能力建设，应当成为我国多层次养老保险改革中需要考虑和协同的一个重要方面。这是我国养老保险发展战略的一项长期而艰巨的任务，在现实背景下更具紧迫性。

资料来源：林义：《加快推进我国多层次养老保险制度建设》，载于中国社会保障学会网站，作者系中国社会保障学会副会长。

思考题

1. 我国养老保险改革经历了哪几个阶段？有哪些经验教训？
2. 我国养老保险改革面临的主要问题是什么？
3. 试分析我国基本养老保险个人账户“空账”的原因及其解决思路。
4. 你认为我国基本养老保险个人账户资金投资管理应采用什么模式？为什么？
5. 了解国外非纳费型养老保险制度的发展状况与发展经验，并分析其在我国农村养老保险制度构建中的适用性。
6. 在实现统一的国民养老保险制度战略目标过程中，需要解决养老保险制度整合发展过程中的哪些重大问题？

第八章

医疗保险制度

本章知识结构

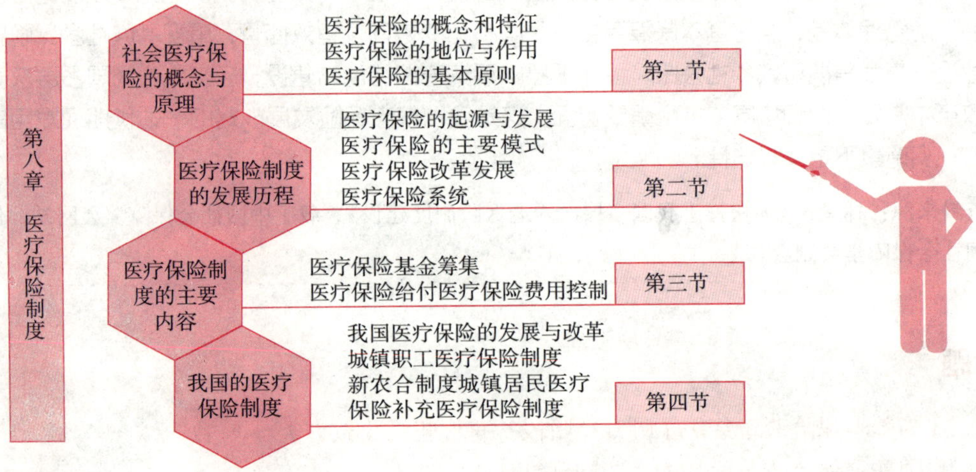

学习目标

- 掌握医疗保险的概念、原则及其重要作用。
- 理解医疗保险的主要模式和运行原理。
- 掌握医疗保险基金筹集与给付原理。
- 了解我国医疗保险制度的主要内容及其改革发展。

人类在进行物质资料生产和日常生活当中，不可避免地会遭受意外事故所致的身体伤害和各种致病因素引发的健康损害。这些身体伤害和健康损害又会导致一定的经济损失，主要是收入的减少和救治所需的医疗费用支出。对个人来讲，要独立承担上述经济损失有时是非常困难的，但却可以依靠集体的力量，利用强制保险的方式筹集一笔医疗保险基金，对因非职业伤害和健康损害导致的经济损失进行补偿，以保证劳动力的再生产和社会生产的正常进行，这就是医疗保险制度建立的依据。

第一节　社会医疗保险的概念和原理

一、社会医疗保险的概念和特征

（一）社会医疗保险的概念

关于社会医疗保险（social medical insurance）的概念，国内外有很多不同的表述方式，甚至连社会医疗保险名词本身也有多种称谓，有人称之为医疗社会保险，国外则常用社会健康保险（social health insurance）的称谓。在社会医疗保险的各种定义中，具有代表性的主要有以下几种：

第一种定义认为社会医疗保险是对国民收入进行分配和再分配，形成专门的医疗消费基金，对劳动者非因工受伤或因病医治造成的经济损失给予一定补偿的社会保险制度。这一定义强调社会医疗保险除了是一种补偿劳动者伤病造成经济损失的社会保险制度外，还是一种国民收入再分配的形式。

第二种定义认为社会医疗保险是通过国家立法，强制性地由国家、单位和个人缴纳医疗保险费，建立医疗保险基金，当个人因伤或因病需要接受医疗救治时，由医疗保险机构按规定提供一定费用补偿或医疗服务的社会保险制度。这一定义强调了社会医疗保险是强制参加、多方缴费筹措医疗保险基金并向参保者提供医疗服务或经济补偿的一种社会保险制度。

第三种定义认为社会医疗保险是向法定范围内的劳动者部分或全部提供预防和治疗疾病的费用，并保证其在病假期间的经济来源，保障其基本生活需求的社会保险项目。这一概念强调了社会医疗保险在补偿劳动者的治疗费用和收入损失，以及在组织预防和治疗服务等方面的责任。

从以上对社会医疗保险概念的不同表述可以看出，社会医疗保险应该具备政府行为、社会责任、健康保障权利、强制参加和保险补偿等几个关键要素。

因此，我们认为，社会医疗保险（以下不特别指明，均简称医疗保险）可以简单地定义为由国家负责建立的，为解决全体公民或所有社会劳动者因为疾病和非因工负伤的治疗和生活问题给予物质补偿的一种社会保险制度。

（二）医疗保险的特征

由于伤病风险和医疗服务的特殊性，和其他几种社会保险制度相比，医疗保险有一定的自身特点，其特征主要体现在以下几个方面。

1. 保障对象广泛。由于伤病风险存在的普遍性，医疗保险的保障对象也具有广泛性。每个社会成员，不管性别、年龄、贫富和地位如何，都会面临伤病风险的威胁，也都有权利获得医疗保障。比较而言，工伤、生育和失业保险的保障对象则比较局限，保险金给付的对象就更少了。因此，医疗保险在各项社会保险制度中保障对象和给付范围都最为广泛。

2. 涉及面广，结构复杂。医疗保险制度的涉及面广，结构复杂，实施过程与医疗机构有着非常密切的关系。反观其他几种社会保险制度，往往只涉及投保和管理机构两方面，而医疗保险除了受到政府、企业、劳动者个人的影响外，还受到医疗服务供方和医疗服务过程的影响。为了对医疗机构的行为进行规范和引导，医疗保险机构必须建立起非常复杂的管理机制，这在其他社会保险制度中是不常见的。

3. 保障的服务性。与其他社会保险制度中强调保险金的现金给付不同，医疗保险提供的保障主要是使劳动者在非因工受伤和生病后能够得到及时和必要的医疗救治，即保障的核心是医疗服务，因此，在医疗保险中，保险基金可以直接将保险金补偿给医疗机构，甚至可由政府和全社会直接利用保险基金来组织并向劳动者提供必要的医疗服务。

4. 给付频率高、费用控制困难。由于每个人都可能遭遇伤病风险，有的人还会多次遭遇伤病的打击。因此，医疗保险的保险金给付频率远高于工伤、生育和失业保险。此外，医疗保险实行的费用补偿也与其他社会保险项目中的定额给付不同，由于伤病本身的复杂性，保险金给付额在人与人之间也有很大差别，加上医疗服务提供方的影响，费用控制非常困难。

二、医疗保险的地位和作用

（一） 医疗保险的地位

在各国的社会保险体系中，医疗保险都是一项非常重要的制度内容。在养老、医疗、工伤、生育和失业五大保险构成的社会保险体系中，医疗保险制度是涉及面最广、保障内容最多和运行机制最复杂的社会保险项目。在整个社会保险体系中占有非常重要的位置。

由于医疗保险制度与人民群众的健康和生命质量息息相关，所以一直受到政府、民众和媒体的广泛关注。人类要战胜伤病，恢复健康，必须具备一定的物质基础，首先必须要有一个能为全体社会成员提供防病、治病服务的卫生服务体系，同时还要有一个能够支撑这一服务系统的卫生资源筹资和分配机制。医疗保险制度作为目前最重要的一种卫生筹资和分配机制，在提高人们与疾病作斗争的能力和保障劳动者身体健康方面发挥着非常重要的作用。

（二） 医疗保险的作用

1. 促进社会生产。医疗保险制度保证了劳动者的身心健康能够得到定期的照顾，维护了劳动力的正常再生产，解除了劳动者的后顾之忧，使其能够安心工作，从而可以提高劳动生产率，促进生产的发展。医疗保险是社会生产发展到一定阶段的必然结果，反过来，医疗保险制度的建立和完善又会进一步促进社会生产的发展。

2. 促进社会进步。医疗保险还是促进社会文明进步的重要手段。医疗保险是强调社会互助和共济的一种社会保险制度，通过在被保险人之间分摊疾病的治疗费用，体现了人与人之间一种相互关心、相互帮助的新型社会关系，有利于促进社会文明进步。

3. 实现社会公平。医疗保险也是一种重要的收入再分配手段，它通过征收医疗保险费和偿付医疗服务费用来调节收入差别。在医疗保险基金的筹集过程中，单位和个人都要承担缴费的责任，一般来讲，收入高者多缴，收入低者少缴，个别收入极低者不承担缴费责任，个人缴纳的保险费与其身体状况无关。对于符合条件的劳动者来说，享受医疗保险的机会和待遇却是依病情而定的，不受其他因素的限制和影响。因此，医疗保险制度在一定程度上实现了医疗资源的公平分配，有利于修正市场机制造成的不平等，实现了社会公平。

4. 维护社会安定。医疗保险对患病和受伤的劳动者给予经济补偿，有助于消除因劳动者受伤或患病带来的不安定因素，是调整社会关系和社会矛盾的重要机制。劳动者及其家庭的生活主要依靠劳动报酬维持，而健康的身体又是劳动者获取劳动报酬的先决条件，劳动者一旦受伤或患病，正常收入就会中断或减少，还要面对医疗费用支出的压力。此时，医疗保险可以向其提供必要的物质帮助，使其尽快恢复健康和工作，可以有效地防止劳动者陷入“因病致贫”和“因贫致病”的恶性循环。

三、医疗保险的基本原则

1. 强制性原则。医疗保险必须坚持强制性原则，即任何单位及全体社会劳动者都必须参加，医疗保险管理机构也必须接受任何单位和所有符合条件的个人投保，双方都不能有所选择。因此，医疗保险制度通常由国家立法，强制实施，以国家强制力建立医疗保险基金，以解决劳动者因患病或受伤带来的财务损失。强制性原则保证了医疗保险的投保规模，又避免了自愿投保所带来的逆选择风险，对医疗保险制度的建立和实施都有非常重要的意义。

2. 共济原则。共济原则又称互助原则，根据这一原则，投保人缴纳的保险费依据其经济能力而定，而与其年龄、性别和健康状况无关，这样，身强力壮者缴纳的保险费用于补助体弱多病者，年轻人缴纳的保险费用于补助老年人，从大多数人身上筹集到的医疗保险基金用在少数有伤有病的人身上，减轻了他们的经济负担，相当于大多数人分摊了少数人的伤病风险。

3. 福利性原则。医疗保险有很强的福利性，建立医疗保险制度的宗旨是保障劳动者的身心健康、促进经济发展和维护社会稳定，不以盈利和赚钱为目的。医疗保险基金的筹集采用以支定收的原则，医疗保险基金的结余和积累也不能像商业保险公司的盈余一样进行分配，只能积累下来以备后用，这与商业医疗保险是截然不同的。

4. 效率和公平统一原则。医疗保险强调待遇公平，即劳动者在患病后就医和用药等治疗方面的待遇是平等的，所有的治疗服务和医疗费用补偿都是根据病情作出的，不受参保者收入、职业和地位等的影响。但是，由于效率和公平始终是一对矛盾，近年来，由于医疗费用的恶性增长，人们越来越认识到，除了要坚持公平的原则外，还要重视医疗保险基金筹集、使用以及医疗服务过程中的效率，以减少卫生资源的浪费。因此，实现医疗保险待遇的公平仍然要以兼顾效率为原则。

5. 基本保障原则。虽然人们对医疗保障的需求是多层次的，但医疗保险保障的应该是最基本的医疗服务。与商业医疗保险相比，医疗保险一般只能提供对基本医疗服务的费用补偿。基本医疗服务应该是劳动者必需的，医疗机构能够常规提供的，而且是社会保险基金能够支付得起的规定范围内的医疗服务。超过基本医疗服务以外的保障问题，只能通过各种补充医疗保险来解决，当然，基本医疗服务的标准在不同国家和地区间，在社会经济水平发展的不同阶段上是各不相同的。

6. 保障水平与社会生产力水平相适应原则。医疗保险制度中确定的保障水平要与该国或该地区的社会生产力水平相适应，还受政府、单位和个人等各方的财务承受能力的影响。国家财力的大小和社会经济发展水平决定了医疗保险的保障程度。这一原则近年来越来越受到人们的重视，许多发达国家医疗保险制度改革的经验和少数发展中国家医疗保险制度发展中的教训都深刻地说明了这一点。

第二节 医疗保险制度的发展历程

一、医疗保险制度的起源与发展

（一）医疗保险制度的起源

虽然医疗保险制度的雏形可以追溯到古希腊、古罗马时代各种互助组织对其成员患病或受伤后的帮助，真正意义上的医疗保险制度却是资本主义工业革命完成后，在产业工人队伍不断壮大的基础上，首先在欧洲大陆上发展起来的。

最早的医疗保险制度直接来源于欧洲中世纪就开始的各种行会组织。很久以来，各种手工业行会就通过每个会员定期缴纳会费的筹资方式对其成员提供医疗补助，帮助病人渡过难关。到 18 世纪末 19 世纪初，这些互助团体甚至开始与医生签订合同以保证会员能够得到医疗服务。随着劳工运动的发展，雇主和政府也开始意识到劳动者因伤、病导致收入减少的威胁应该是一种需要全社会共同分担的风险。于是政治家们开始采取积极的态度推行医疗保险制度，以鼓励雇主改善工人的健康状况，也作为安抚工人的一项重要手段。

1883 年，德国政府颁布了《疾病保险法》，标志着世界上第一个强制性医疗保险制度诞生了。这项法令明确规定了某些行业中工资少于限额的工人应强制加入疾病保险基金会；基金会强制征收工人和雇主缴纳的保险费。劳动者只有按规定缴纳了保险费才能拿到相应的疾病津贴并受到医疗照顾。这种制度获得了工人及其家属的广泛支持，因为它解除了劳动者的后顾之忧，也体现了政府和社会在维护劳动者健康方面的责任。

（二）医疗保险制度在工业化国家的发展过程

继德国之后，许多欧洲国家也相继建立了自己的医疗保险制度，其中奥地利在 1887 年，挪威在 1902 年，英国在 1910 年，法国在 1921 年。到 20 世纪 30 年代，大多数欧洲国家都建立了医疗保险制度。亚洲国家中日本也在 1922 年出台了《健康保险法案》，建立了德国式的医疗保险制度。

1911 年国际劳工组织（ILO）成立以后，很快就成为各国讨论医疗保险政策的论坛，它创立了多项有关医疗保险的国际劳工公约，并促请各成员国积极采纳，这对整个欧洲和世界其他地区相关法律和制度的建设起了很好的推动作用。如 1944 年国际劳工组织通过《医疗服务建议》（第 69 号），呼吁各国政府应满足“公民对医疗服务和设施的需要，以便恢复健康和预防病情进一步恶化，以及减轻疾病所带来的痛苦，并进一步保护和改善健康状况”。此后，国际劳工组织又进一步明确了医疗保险的基本原则，包括医疗服务的资金应由被保险人、雇主和政府共同筹集；凡收入不低于贫困线的成员均应缴纳保险费；被保险人缴纳的最高保险费应控制在不造成其生活困难的范围内；政府应为生活在贫困线以下者支付保险费；医疗保险支付范围外的医疗费用应由自己负担等。这些指导原则使得医疗保险制度在世界范围内得到了巩固和发展。

在医疗保险制度的建立过程中，许多国家采取了政府直接组织向全体公民提供医疗服务，经费主要由国家税收和财政支付。如匈牙利在 1920 年，苏联在 1935 年都建立了这种制度，英国在1948年也开始实行这种体制。此后，东欧国家都仿效前苏联的模式，而加拿大、新西兰和瑞典、挪威、芬兰、冰岛、丹麦等北欧国家则采用了与英国类似的模式。在西方工业化国家中，美国一直是商业医疗保险占优势，直到1965年，才出现了由政府开办的针对老人和贫困人口的社会医疗保险。

（三）医疗保险制度在发展中国家的发展过程

1924年，医疗保险扩展到发展中国家，南美洲的智利最早建立了医疗保险制度。第二次世界大战结束以后，亚洲、非洲和拉丁美洲的许多发展中国家，包括印度、土耳其、埃及、阿尔及利亚、突尼斯、韩国、古巴、利比亚和尼加拉瓜等国都先后建立了自己的医疗保险制度。

由于社会经济环境不同于发达国家，这些发展中国家在建立医疗保险制度时都结合自己的实际情况采取了不同于欧洲国家的制度模式。由于这些国家的卫生服务体系都不完备，政府必须首先建立健全医疗服务体系来向被保险人提供医疗服务。其次，由于这些国家的经济不发达，医疗保险制度的建设也采取了先从大城市开始再逐渐推广的方式。此外，这些国家还很重视由被保险人选出代表或董事会来参与医疗保险的管理。随着时间的推移，这些国家的医疗保险制度也在不断地进行调整，不断变化的政局也是某些国家制度模式发生变更的原因。近年来，随着经济的发展，非洲、东南亚和加勒比海地区的部分国家也逐渐开始建立自己的医疗保险制度。这其中政府的支持和国际组织的帮助起了非常重要的作用。

二、医疗保障的主要模式

发达国家的医疗保障制度历经了一百多年的发展与演变，已日趋成熟与规范。目前，世界各国医疗保障主要有以下几种制度模式。

（一）国家医疗保险模式

其中以英国为代表的又被称为国家卫生服务（National Health Services，NHS）模式，其医疗保险资金主要来源于政府财政税收，医疗卫生机构为国立机构，医务人员为国家工作人员，该模式强调中央政府的集权管理，由国家和各级地方政府来组织医疗服务和分配医疗资源。

国家医疗保险（National Health Insurance，NHI）模式又称为全民健康保险模式，它是通过税收或国家预算方式筹集医疗保险基金来为全体国民提供免费医疗服务的健康保障模式。

其他一些代表国家，如加拿大以及北欧的福利国家等，筹资与英国相似，但是健康维护服务的提供者不一定以政府出面设立的公立医院为主，而可能以私营机构或私人医生为主，相当于政府是最大的买家，向私人购买健康服务（特别是门诊服务和家庭医生等）。

这种面向全民的国家医疗保险模式最大的优点是国家的介入。由于政府是卫生服务的直接组织者或最大的买家，从理论上讲在控制成本方面有很大的优势。但实际上这种模式也面临着财政支出加剧、服务短缺、医疗服务质量差和医生缺乏成本意识导致的严重浪费等问题。

（二）社会健康保险模式

目前，世界上有上百个国家都采用这种模式，其中德国是这种模式的代表。德国是世界最早实行强制性医疗保险的国家，也是医疗保障体系最完整的国家。其制度特点是保险费按收入的一定比例进行征收，劳动者、雇主和国家一起筹集保险费，对于月收入低于一定水平的工人，保险费则全部由雇主承担。医疗保险管理机构的组织形式是各种各样的疾病基金会，它是由私人管理、独立核算的非营利性组织，但其财务核算、业务管理和费用补偿机制等一直受到联邦法令的严格监督。每个基金会负责某一地区或一个特定的职业人群。每个劳动者都有权加入社会保险系统，但可以自由选择保险组织及医疗服务的提供者，劳动者家属也自动享有医疗保险，年收入超过一定水平的国民可以不参加强制参保的社会医疗保险而通过商业医疗保险获得保障。

社会健康保险（Social Health Insurance, SHI）模式是通过国家立法强制实施，由雇主与雇员按一定比例缴纳保险费，政府酌情补贴，建立社会医疗保险基金，然后按照社会统筹和互助共济的原则对劳动者及其家属接受的医疗服务进行补偿的一种健康保险制度。

（三）私营健康保险模式

在医疗保险市场上，卖方是指营利性或非营利性的私人医疗保险机构，买方既可以是企业、社会团体，也可以是政府或个人。这种模式的特点是投保自愿，保障灵活，能满足投保方多层次的医疗需求，但公平性较差，容易导致医疗总费用的失控。

私营健康保险（Private Health Insurance, PHI）模式是一种完全依赖于市场规律的模式，筹资主要来源于参保者个人或其雇主缴纳的保险费。

美国是采用商业医疗保险模式的代表。政府只开办针对某些特殊人群的社会医疗保险计划，如军人医疗保险、平民医疗保险（medicaid）和老人医疗保险（medicare），其他大量人群都要依靠其雇主或自己投保商业医疗保险来解决医疗保障问题。这种以商业医疗保险为主、按市场法则经营的医疗保险制度，优点是被保险人可以获得高质量的医疗服务，但它往往拒绝接受健康条件差或收入低的投保者，因此其公平性较差，而且效率不高。比如虽然美国的医疗总费用已占到国内生产总值的14%，是世界最高的，但仍有3 000万人得不到任何形式的医疗保障。

（四）医疗储蓄模式

新加坡采用的就是这种医疗储蓄模式。雇员的医疗储蓄金由雇主和雇员分摊。政府还拨款建立医疗信托基金，用于支付贫困国民的医疗费用。这种医疗储蓄模式有效地解决了劳动者的医疗保障问题，减轻了政府的压力，促进了新加坡经济的良性发展。其不足之处是医疗储蓄只强调自己的储蓄和积累，缺乏互助和共济，某些重病患者可能因积累不足而耽误治疗。因此，新加坡还出台了“健保双全计划”，即以医疗储蓄为基础，同时建立大病保险计划，在强调个人责任的同时，又发挥了社会共济的作用。

医疗储蓄（Medical Saving Account,MSA）模式是根据法律的规定，强制性地把个人消费的一部分以储蓄的方式转化为医疗基金，自储自用，但只能用于支付医疗服务消费的模式。

三、医疗保险制度改革与发展的趋势

到20世纪50年代，西方各国，特别是发达国家都已建立了相对完善的医疗保险制度。这些制度的建立，对于维持劳动力再生产、缓和劳资冲突和稳定社会都起到了积极的作用。

但是，20 世纪 70 年代以后，西方工业化国家由于受通货膨胀和经济停滞的影响，医疗保险制度中存在的问题日益突出，加上医疗费用的恶性增长愈演愈烈，医疗保险基金面临入不敷出的困境。为此，整个世界范围内掀起了一股对原有医疗保险制度进行改革和调整的浪潮，许多国家和地区医疗保险的制度模式和管理方式都发生了一定的变化，主要有以下几个明显的趋势。

1. 强调私营化管理和市场机制的作用。在许多国家的医疗保险制度中，国家和政府的作用逐渐淡化，管理上的私营化已成为改革和发展的方向。由于大部分西方国家，特别是所谓的福利国家过分强调扩大医疗保险的覆盖范围和保障程度，越来越多的公用资金被用于医疗保险。但医疗费用的上涨、人口的老龄化和经济发展速度下降已使这些国家的政府不堪重负。为此，各国都开始减少政府的责任和负担，积极引进私营管理模式，试图避免政府管理医疗保险组织和医疗机构所造成的资源浪费、效率低下和服务质量差等问题。

此外，国家分配卫生资源并直接组织和提供医疗服务虽然有其公平性，但医疗服务的效率是不高的。为此，许多国家在改革中都试图在医疗服务体系中引进市场和竞争机制。力图在保证公平的前提下，提高医疗服务的效率，甚至把加强保险组织之间的竞争作为提高效率的一项重要手段。同时，由于完全靠市场机制来调节医疗服务过程也是行不通的。以商业医疗保险为特征的美国，反而开始强调医疗机构间“有管理的竞争”，对以往完全市场化的医疗保险管理模式也进行了相应的调整。

2. 费用控制成为制度建设的重点。20 世纪 70 年代以后，许多西方发达国家的经济增长减缓，同时人口老龄化、疾病谱改变和医疗技术的进步等诸多原因，导致医疗费用持续上涨，给医疗保险基金带来了沉重的经济负担，为了控制医疗费用的过度增长、减少卫生资源浪费、提高卫生资源的利用效率，一系列医疗费用的控制方法被相继采用，费用控制成为医疗保险制度建设的重点。

近年来，国外对医疗费用的控制已开始从过去以控制需方为主发展到兼顾供需双方的行为，控制方式则从事后审查发展到事前和事后相结合，控制关系也从以第三方为主的松散管理模式发展到保险机构和医疗机构间相互协同的紧密结合模式。

3. 医疗储蓄模式受到推崇。医疗费用支出的过度膨胀使得现收现付制的医疗保险基金筹措方式面临巨大的冲击。由于不可能无限制地增加税收或提高医疗保险的筹资比例，基金积累制的医疗保险筹资模式越来越受到人们的重视。以新加坡为代表的医疗储蓄模式开始受到人们的推崇。在医疗储蓄模式下，患者是用自己储蓄账户上的钱来支付医疗费用，大大降低了其对医疗服务滥用的机会，同时，医疗储蓄模式还避免了现收现付制中下一代人为上一代人支付医疗费所造成的代际冲突，这在人口老龄化趋势不断增强的现实环境中更有意义。最后，医疗储蓄模式强调个人责任，减轻了政府和社会的负担。当然，如果将医疗储蓄和现收现付制模式相结合，则更能发挥两者的优势，因此，近年来个人医疗储蓄和共济基金相结合的“统账结合”模式越来越受到人们的推崇。中国的城镇职工基本医疗保险制度即实行的是“统账结合”模式。

第三节　医疗保险制度的主要内容

一、医疗保险系统

（一） 医疗保险系统及其组成

按照系统论的观点，医疗保险系统应该包括医疗保险制度的相关主体，即医疗服务的消费者（或被保险人）、保险人或医疗保险机构（基金的管理者和运行者）、医疗服务的提供方和政府等。其中医疗保险机构、被保险人和医疗服务提供者这三方是医疗保险系统里最核心的组成部分。当然政府在其中也起着不可或缺的作用，制度的建立、维持、监督和运行都离不开政府。在医疗保险系统中还有一些关系方，如参与缴费的单位或雇主，还有医药卫生资源（包括药品、医疗器械等）的供应方等。

在医疗保险核心系统中最受关注的无疑是医疗保险机构，它应该是独立的公益性质的机构或组织，仅代表参保者的利益且只为参保者负责。医疗保险机构从总体而言，可能是按行政区或者按行业而设置的，在我国基本上都是按行政区划分的，发达国家按行业设置是多数是因为传统，但近年来按行政区来划分医疗保险机构已成为一种趋势。

医疗保险机构的职能主要有两个，第一是筹集和管理基金，在我国就是基金征缴工作，包括缴费制度设计、缴费比例确定等。基金管理更多涉及技术层面，如投资和财务管等内容，但在我国当前由于政策限制的原因，技术层面作用较小。第二是医疗服务供给，包括医疗卫生服务的内容、范围、质量、结算办法和医疗费用的审核与控制等。以上筹集和管理基金的功能和其他的社会保险制度是相似的，而保证医疗服务供给的职能则和其他社会保险不同。

（二） 医疗保险系统中各方之间的关系

医疗保险系统中医疗保险方与被保险方是一种保险关系，两者的联系表现在保险费的征缴和医疗费用补偿上。被保险方与医疗服务提供者的关系为医疗消费关系，两者的联系表现在提供服务、接受服务与支付服务费用上。保险机构与医疗服务提供者之间的关系为服务购买关系，保险机构为参保人确定医疗服务的范围，并通过一定的支付方式向医疗服务提供者支付费用，同时对服务质量进行监督。此外，政府会也会通过对医疗保险组织、参保人和医疗服务提供方的管理与控制，保障参保人的基本医疗，同时通过第三方付费，由医疗保险机构监控医疗服务提供者的行为，使其合理用药、合理施治，将医药费控制在合理范围内。

（三） 医疗保险系统与其他系统的关系

1. 与卫生系统的关系。卫生系统是为社会人群提供预防、保健、医疗、康复等卫生服务，保护人们健康的社会子系统。医疗保险的特点是第三方付费，就是将医疗服务提供者与患者之间双向的经济关系变成了有医疗保险机构介入的三方关系，由医疗保险机构代替患者对医疗服务提供方进行费用补偿。从这个角度来说，医疗保险可以看成是卫生系统的经费保障子系统。两者密不可分，医疗保险系统中不能缺少医疗服务的提供方，卫生系统也不能没有医疗保险的费用补偿。同时，二者也有相对的独立性。医疗保险系统除了和卫生服务打交道，还包括医疗保险资金筹集、管理和运用等。卫生系统除了提供医疗服务外，还包括卫生防疫、疾病控制、妇幼保健等方面内容，其经费来源除了医疗保险外，还包括国家财政投入、社会筹资和个人出资等。

2. 与社会保障系统的关系。社会保障是指与社会保障功能有关的各个方面所形成的一个社会系统，在国家层面，进行国民收入再分配，保障人民群众的基本生活，实现社会公平与企业生产和劳动力再生产，推进经济体制改革，促进社会安定，是社会经济发展过程中的稳定机制，包括社会保险、社会救济、社会福利和优抚安置四个子系统，社会保险是其中重要组成部分。社会保险由医疗保险、养老保险、失业保险、工伤保险和生育保险五部分组成。可以看出，医疗保险系统是社会保障系统中提供医疗服务、维护人民健康的社会子系统。

二、医疗保险的基金筹集

（一）医疗保险基金及其筹资来源

医疗保险是将医疗保险费集中起来，建立医疗保险基金，用于支付劳动者医疗费用的一种社会补偿机制。其中，医疗保险基金的筹资和建立是医疗保险制度能够正常运行的物质基础和前提条件。

从医疗保险基金的来源上看，主要有职工个人和企业（或雇主）缴纳的保险费、政府补贴、基金的投资收益和企业缴纳的滞纳金及罚金等。在以上各种收入来源中，以一定缴费费率向职工和用人单位收取的医疗保险费是基金最主要的收入来源。国家对医疗保险基金的补贴主要体现在对基金减免税收和对各类医疗机构直接或间接的投入上。

从医疗保险基金的筹资方式上看，主要有现收现付制、基金积累制和混合制三种模式。现收现付制的特点是以支定收，每年筹集的基金用于应付当年的各种医疗给付和运行支出。基金积累制的特点是以收定支，即被保险人将来的保险金给付水平完全由基金积累的情况决定。混合制的筹资方式则是两者的结合，既在一定人群中进行横向积累，又利用个人账户等进行纵向积累。目前医疗保险基金的筹集方式仍以现收现付制为主。

（二）医疗保险基金筹集的原则

医疗保险基金筹集的原则是收支平衡原则，即在一定期限内，社会保险基金筹集到的资金与需要支付的各项开支要维持平衡。虽然对每个人来讲，何时会得病，医疗费会花多少等是难以准确预测的，但通过对面临同样风险的个体进行大量观察，就可以发现疾病等风险事故发生的规律并对其发生概率和平均损失额进行较准确估计，在此基础上即可估计出医疗保险基金每年的医疗给付及其变动范围。利用收支平衡原则将所有的医疗给付和相应的管理费用分摊给每个计划参加者就可以确定社会保险基金相应的筹资比例。

（三）筹资比例的测算方法

在确定医疗保险的筹资比例时，既要考虑以往的医疗费支出情况，又要考虑参保人群风险特征的变化和医疗费上涨等因素的影响。测算筹资比例时最常采用的是群体法，即不考虑人口特征和健康状况等造成的医疗费用差异，直接根据基线期医疗费用总额并考虑其变动趋势测算医药补偿费，即

$$\text{医药补偿费} = \text{基线期年度医疗费总额} \times (1 + \text{医疗费年增加比例})^t \times \text{保险因子} \times \text{补偿比例}$$

式中：保险因子反映的是引进保险机制后使医疗需求和费用增加或减少的效应；r 为测算期距离基线期的年数。

如果用 C 表示医药补偿费，以医疗保险费 p 计提管理费和风险储备金的比例分别为 r_1 和 r_2，则医疗保险费的计算公式为

$$p = \frac{C}{1 - [1 - (r_1 + r_2)]}$$

若当年职工的年度工资总额为 w，则医疗保险基金的缴费比例 p' 为

$$p' = \frac{C/w}{1 - [1 - (r_1 + r_2)]}$$

若根据基线期职工年人均医疗费测算，则只需将上述公式中基线期年度医疗费总额改为基线期人均医疗费即可。

根据基线期医疗费总额或人均医疗费进行保费测算的方法没有充分考虑影响医疗服务利用率和医疗服务费用的因素及其作用，一般仅适用于医疗保险制度建立的初期。由于医疗费用由医疗服务利用率和次均费用两个因素决定，而两者的影响因素和变动趋势并不一致，有时也分别估计测算期住院（或门诊）的利用率和次均住院（或门诊）费用并根据其变动趋势测算保险费。实际运行过程中，要保证医疗保险基金能够收支平衡，还需要对参保人群的主要风险因素水平进行动态监测。当收支出现较大的差异时，要设法对筹资比例或支付水平加以调整，如对保险金的偿付范围进行调整，或对医疗机构的行为进行规范，必要时还需要提高医疗保险的筹资比例。

三、医疗保险的给付和费用控制

（一）医疗保险给付的概念和内容

医疗保险承担被保险人非因工受伤和疾病发生后的医疗花费和收入损失的风险，建立这一制度的最终目的就是在必要的时候履行相应的给付责任。此外，医疗保险给付还是涉及保险机构、参保职工和医疗机构等各方利益的敏感环节，其重要性是不言而喻的。

医疗保险的给付，是指社会保险机构按照事先规定的待遇标准向被保险人提供医疗服务或补偿其医疗花费和收入损失的过程。在医疗保险中，医疗保险给付是被保险人应该享有的权利，每一个被保险人，不管其缴费多少，都有获得医疗津贴和接受医疗救治的权利。

医疗保险的给付可以分为疾病津贴和医疗服务两大类。疾病津贴是对被保险人的现金补助，主要用于补偿其收入减少的部分。疾病津贴的给付大都有一定的时间期限，而且在生病后还要等候一段时间才开始领取。在有些国家的社会保险系统中，疾病津贴由医疗保险以外的其他社会保险部门支付，也有按相关法规要求由用人单位支付的。

提供医疗服务或对其进行补偿是医疗保险给付的主要形式，而医疗服务主要包括以下项目：（1）住院期间的诊疗服务；（2）社区健康和门诊中通科医生的诊疗服务；（3）各种实验室和仪器检查服务；（4）特殊的专科治疗服务；（5）护理服务和康复治疗；（6）牙科检查和口腔修复等治疗服务；（7）视力检查和配镜服务；（8）心理咨询和精神疾病治疗等精神卫生服务；（9）健康体检和计划免疫等预防保健服务；（10）处方药和非处方药。

医疗保险最初只对住院和门诊期间的诊疗、检查和处方药物等服务项目进行补偿，康复、牙科、视力、精神卫生服务和非处方药等都没有列入医疗保险的给付项目，预防保健和法定传染病的治疗则被认为属于公共卫生的范畴。目前大部分发达国家医疗保险的给付都包含了以上列出的所有项目。在广大发展中国家，由于经济不发达，卫生资源缺乏，医疗保险的给付一般都限定为初级医疗服务项目，即最基本的诊疗和救治项目。近年来，诊疗技术的进步和医疗成本的上涨对医疗保险给付造成了极大的压力。许多国家都意识到，少数人接受复杂、先进的诊疗服务的花费可能远超过为大多数人提供预防保健等基本医疗服务的花费，同样的医疗花费产生的总体效益并不相同。这种个人权利和社会公平间的现实冲突使得许多发达国家也开始对其原有的给付项目和方式进行调整。

（二）医疗费用偿付方式

医疗保险提供医疗服务的方式有直接提供和间接提供两种方式。直接提供医疗服务是由保险机构直接组织并提供医疗服务。这种方式可以有力地保证医疗服务的实现，还可以有效地控制医疗费用，但医疗服务的质量和效率经常受到人们的质疑。大多数情况下医疗保险机构还是采用间接提供医疗服务的方式，即借助于机构外部的医疗机构对被保险人提供医疗服务，然后由医疗保险机构对医疗服务的成本进行补偿，对医疗机构的偿付方式主要有以下几种。

1. 按服务项目付费。按服务项目付费（fee for service）是根据医疗机构向被保险人提供医疗服务项目的多少，参照每种项目的价格向医疗机构支付费用的方式。这种方式使医院或医生的收入与其提供的服务量直接相关，极易诱导过度医疗服务的提供，保险机构只能事后对服务项目和账单进行审核，难以有效地控制费用。

2. 按平均费用标准付费。按平均费用标准（standard average expense）付费是根据预先确定的每床日住院费用和每次门诊费用等支付标准，结合实际的住院日数和门诊次数等对医疗机构进行补偿。该法鼓励医院降低每日或每次服务的成本，但仍不能有效控制医疗服务的总费用。

3. 按人头预付。按人头预付是按接受服务的人数和规定的收费定额预先向医院或医生支付一笔固定费用，在此期间，医院和医生负责提供合同规定范围内的一切医疗服务，不再收费。按人头预付使医疗服务提供方能自觉采取控制费用的措施，有利于管理机构控制费用，但必须采取相应措施监督医疗服务的质量。

4. 总额预付。总额预付法是由政府或保险机构和医院协商，根据医院规模、服务量、通货膨胀率和医院经营情况等确定每个医院的年度总预算，此预算一旦确定，医院的收入便不随服务量的增加和住院日的延长而增加。这种偿付方式能使医院事先安排计划，有效利用资源，从而达到控制费用的目的。然而，该支付方式也使得医院在医保年度末有推诿病人的可能性。

5. 按疾病诊断相关组付费。按疾病诊断相关组（Diagnosis Relative Groups，DRGs）付费是一种按疾病诊断分类定额预付的方法。最先在美国的老年医疗保险中得到应用，后经多次修改，1992 年公布的 AP－DRGs Ⅲ由 607 个疾病诊断相关组构成。这种支付方式鼓励医院降低经营成本，有利于控制费用。缺点是只能控制同病种的医疗服务价格，仍无法对服务总量进行有效控制。

实际上，对医疗机构的偿付方式还有其他多种形式。医疗保险机构往往会根据具体情况和实际需要，选择不同的偿付方式或相应的组合来达到费用控制的目的。

（三）医疗保险的费用控制

费用控制是医疗保险制度运行过程中一项非常重要的工作。从某种意义上讲，许多国家和地区对原有医疗保险制度进行改革的目的就是为了更好地进行费用控制。费用控制的方法可以分为需方控制和供方控制两大类。

1. 医疗费用的需方控制。医疗费用的需方控制是指利用费用分担机制，增加消费者的费用意识和需求弹性，减少道德损害（moral hazard），限制不必要的需求。常见的费用分担形式有：

（1）起付线（deductibles）。起付线又叫免赔额，即被保险人到社保机构报销前，先自付一笔小额费用，起付线以上的医疗费用才由社保机构承担。在医疗保险中合理规定起付线可以抑制一部分被保险人的服务需求，从而降低保险金的给付。

（2）比例共付（coinsurance）。比例共付是保险机构对被保险人的医疗花费按一定比例进行补偿，剩余部分由被保险人自付，即被保险人和保险机构都承担一定比例的医疗费用。自付水平越高，医疗服务的利用越少，总费用越低。一般认为，自付比例达到25%时，医疗服务需求即有明显降低。

（3）支付限额。医疗保险的支付限额是对医疗花费规定费用或服务量的封顶线，限额以内由医疗保险基金支付，限额以外由被保险人自付。这样做可以降低筹资比例，但不适合大病患者和重病患者。

实践中常将上述费用分担方法结合使用，对被保险人滥用卫生资源有一定的限制作用。

2. 医疗费用的供方控制。如果说被保险人伤病发生的概率主要由其自身特征和健康状况决定，每次看门诊和住院的医疗花费则主要是由医疗服务的供方所决定的。因此，要做好医疗费用控制工作，除了对需方的控制措施外，关键还在于对供方的控制，因为医疗消费的质和量主要还是由供方决定的。医疗保险机构对医疗服务供方的控制主要是通过选择合理的医疗费用偿付方式来实现。

在医疗保险制度建立的早期，医疗保险管理机构与医疗机构间的费用结算大多采用按项目付费和按平均费用标准付费等后付制。由于这些支付方式容易诱导需求，不利于控制费用。随着医疗保险制度改革浪潮的不断高涨，与医疗机构间的费用偿付方式越来越多地采用按人头、按病种或按疾病诊断相关组等预付制。实践表明，各种预付制的偿付方式确实起到了控制医疗机构行为并最终节省医疗费用的目的。

第四节 我国的医疗保险制度

一、我国医疗保险制度及其改革历程

（一）公费、劳保医疗制度及其改革

中华人民共和国成立伊始，党和政府就很重视保护劳动者健康的工作。1952 年，根据政务院发布的《关于全国各级人民政府、党派、团体及所属事业单位的国家工作人员实行公费

医疗预防的指示》建立了公费医疗制度。公费医疗的经费由各级政府财政预算拨款。享受公费医疗的对象是各级政府机关、党派、人民团体及教科文卫等事业单位的工作人员及部分伤残军人，后来又扩大到高等学校的在校学生。劳保医疗制度是根据1951年政务院发布的《中华人民共和国劳动保险条例》建立的，享受对象是全民所有制企业正式职工及其供养的直系亲属。经费主要来源于企业的福利基金。劳保医疗提供的医疗服务内容与公费医疗基本相同。享受劳保医疗待遇人员的门诊、住院医疗费用，除个人按规定自付的部分外，其余的均由劳保医疗经费支付。

多年来，公费和劳保医疗制度在保障城镇职工的身体健康、维护社会稳定、促进经济建设方面，都曾发挥过非常积极的作用。但随着社会主义市场经济体制的建立和国有企业改革的不断深化，旧制度的弊端日益暴露。主要表现为：国家和用人单位对职工医疗费包揽过多，财政和企业不堪重负；对医患双方缺乏有效的制约机制，医疗费用增长过快、浪费严重；覆盖范围过窄，只包括国家机关工作人员，事业单位职工和国有、集体所有制企业职工，不能适应多种所有制经济共同发展的实际情况；费用主要来自政府和用人单位，社会互济和社会化管理程度都很低。为此，改革开放以后，党和政府开始对公费和劳保医疗制度实施改革，不断寻求符合市场经济要求的新的医疗保险模式。

1989年3月，国务院正式批准在吉林四平、辽宁丹东、湖北黄石、湖南株洲4个中等城市进行医疗保险制度改革的试点工作。1992年春，中国第一个医疗保险的专门管理机构——深圳市医疗保险管理局正式组建，同年8月，深圳市职工医疗保险在沙头角镇4个月试点的基础上在全市全面实施。

从1994年3月起，社会统筹与个人账户相结合模式的新型医疗保险制度在江苏镇江和江西九江进行试点，俗称“两江医改”。1996年，国家体改委等四部委提出《关于职工医疗保障制度改革扩大试点的意见》，要求各省、自治区、直辖市选定两个以上中等城市作为扩大试点城市，标志着医疗保险制度改革试点工作由镇江、九江两市推向全国57个城市。

1998年底，在总结各地试点经验和广泛征求意见的基础上，国务院出台了《关于建立城镇职工基本医疗保险制度的决定》，决心用3至5年时间，在我国逐步建立起城镇职工基本医疗保险制度，以覆盖城镇全体劳动者。到2014年底，参加城镇职工基本医疗保险的人数已达28 296万人。

（二）农村合作医疗制度及其改革

农村合作医疗制度是在我国农村地区按照“风险共担、互助共济、自愿参加”的原则，通过集体和个人力量共筹资金，用以减轻农村居民在接受医疗、预防和保健服务时的经济负担，具有医疗保险性质的一种互助共济制度。

早在抗日战争时期，解放区就出现过农民集资兴办的合作医疗，如1938年党中央在陕甘宁边区创办的保健药社和卫生合作社。1944年，边区政府应群众要求委托大众合作社代办医疗卫生事业，其资金由大众合作社、保健药社、团体和私人筹集，这种民办公助的公共卫生服务方式，是我国农村合作医疗制度的最初萌芽。

1955年初，山西省高平县米山乡以社员出资和合作社补助相结合的办法建立了新中国第一个合作医疗保健站，成为我国历史上第一个正式确立的农村合作医疗制度，并得到了卫生部的肯定和推广。此后，1956年河南正阳县王店团结农庄创建了社办合作医疗制度，同期，湖北麻城县、河南登封县、河南正阳县吕河店、山东商河正店等地也办起了社办合作医疗。

1959年11月，卫生部在山西省稷山县召开了全国卫生工作会议，首次肯定了农村合作医疗的办医形式，并组织全国农村卫生工作者认真交流、总结和推广这一经验。至此，社办合作医疗在全国得到了快速的发展，到20世纪60年代初，由生产大队举办的合作医疗已经达到了全国范围内40%的覆盖率。

1965年9月，中共中央批转卫生部《关于把卫生工作重点放到农村的报告》，强调要加强农村基层卫生保健工作，使农村合作医疗保障事业更加普及。到1976年，全国农村约有90%的行政村实行了合作医疗保障制度，形成了集预防、医疗、保健功能于一身的三级医疗预防保健体系，从基本上解决了广大农村社会成员看病难的问题。由于农村合作医疗制度发展了一个成功的基层卫生保健服务系统，能够向农村居民提供低廉的医疗保健服务，满足大多数人的基本卫生需要，因此被世界卫生组织和世界银行誉为“中国模式”，并向广大的发展中国家推广。

1976年之后，随着农村家庭联产承包责任制度改革的进行，原有的“一大二公”、以生产队为基础的人民公社组织形式逐步解体，农村合作医疗失去了集体经济的支持，制度运行难以为继。统计资料显示，1985年全国仍继续坚持实行合作医疗的行政村由过去的90%猛降到5%，1989年，这个比例再降为4.8%①，农村合作医疗制度跌入低谷时期。因为缺乏资金支持，农村合作医疗在全国范围内迅速衰退，农民不得不又开始自己掏钱看病，这给农民特别是中西部欠发达地区的贫困人口带来了沉重的经济负担，引起了中央的高度关注。1991年1月，国务院批转了卫生部、农业部等部委《关于改革和加强农村医疗卫生工作的请示》，指出要稳步推行合作医疗制度，为实现人人享有卫生保健提供社会保障。1993年11月，中共十四届三中全会决定明确指出要发展和完善农村合作医疗制度。1996年12月，中共中央、国务院召开了第一次全国卫生工作会议，再次强调了合作医疗对于提高农民健康、发展农村经济的重要性。1997年，中共中央、国务院发布了《关于卫生改革与发展的决定》，明确指出新时期卫生工作的方针和政策，各地也积极开始了恢复和重建合作医疗制度的研究和探索工作。

2002年10月，中共中央、国务院下发了《关于进一步加强农村卫生工作的决定》，提出到2010年，要在全国农村基本建立起适应社会主义市场经济体制要求和农村经济社会发展水平的农村卫生服务体系和农村合作医疗制度。2002年底，国家决定在浙江、吉林、湖北、云南4省先恢复这一制度，并称为“新型农村合作医疗制度”（简称“新农合”）。2003年1月，国务院办公厅转发了卫生部、财政部、农业部联合发布的《关于建立新型农村合作医疗制度的意见》，要求各省、自治区、直辖市至少要选择2~3个县（市）先行试点，取得经验后逐步推行。2004年4月，国务院办公厅又转发了卫生部等11部委《关于进一步做好新型农村合作医疗试点工作的指导意见》，要求各地要切实加强组织管理工作，保证试点工作顺利进行。2007年，经国务

① 顾涛、石俊仕、郑文贵、单杰：《农村医疗保险制度相关问题分析及政策建议》，载《中国卫生经济》，1998（4）。

院研究部署决定新型农村合作医疗从试点转入全面推进阶段，明确要求新型农村合作医疗制度年内要覆盖全国80%以上的县（市）农村人口。截至2013年底，全国有2 489个县（市、区）开展了新型农村合作医疗，参合人口数达8.02亿人，参合率为98.7%。

（三）城镇居民基本医疗保险改革

除城镇职工基本医疗保险制度和新型农村合作医疗制度以外，国家还在2007年开始推行覆盖城镇非从业人员（含学生）的城镇居民基本医疗保险。当年7月国务院颁布了《关于开展城镇居民基本医疗保险试点的指导意见》（国发〔2007〕20号），全国79个城市作为首批试点城市拉开了城镇居民基本医疗保险的建设序幕。2008年2月1日，劳动和社会保障部发布的《国务院城镇居民基本医疗保险部际联席会议关于认定2008年城镇居民基本医疗保险扩大试点城市名单的批复》（劳社部函〔2008〕24号）将城镇居民基本医疗保险试点范围扩大到全国229个城市和地区。至此，我国城镇居民基本医疗保险试点工作已全面展开，该政策试点计划到2010年要实现覆盖全国城镇居民的目标。截至2014年底，城镇居民基本医疗保险的参保人已经达到31 451万人，基本覆盖了城镇非从业人口。

（四）医疗保险制度的配套改革

目前，一个覆盖全体国民的基本医疗保险制度体系已初显雏形，但医疗保险制度不仅是单纯的筹资和分配问题，医疗保险制度的成功运行还有赖于医疗保险经办机构与定点医疗机构和定点零售药店建立有效的协调机制，明确规范医疗保险用药范围、诊疗项目、支付标准和医疗保险费用结算管理方法。与此同时，合理控制医疗费用也是贯穿医疗保障制度改革的一条主线，应积极开展多种形式的费用控制工作，从总体趋势来看，我国各类基本医疗保险支付方式已经开始由“按项目付费后付制”向“定额+总额控制预付制”转变，这些支付方式的采用既方便了参保患者，也为抑制医疗费用的过快上涨起到了积极作用。

未来深化医药卫生体制改革的总体要求是统筹协调医疗卫生、药品生产流通和医疗保障体系的改革和制度衔接，充分发挥医疗保险体系在筹集医疗资金、提高医疗质量和控制医疗费用等方面的作用。进一步转变政府职能，加强区域卫生规划，健全医疗服务体系。建立健全卫生行业标准体系，加强对医疗服务和药品市场的监管。规范医疗服务行为，逐步建立和完善临床操作规范、临床诊疗指南、临床用药规范和出入院标准等技术标准，充分发挥社区卫生服务和中医药服务在医疗服务中的作用。

二、我国现行的基本医疗保险制度

（一）城镇职工基本医疗保险

城镇职工基本医疗保险的保障对象既包括机关事业单位和国有企业的职工，也包括非国有企业，特别是“三资”企业和私营企业的职工。其保险费由用人单位和个人共同缴纳，用人单位缴费率控制在职工工资总额的6%左右，职工缴费率一般为本人工资收入的2%。这种用人单位和职工个人共同缴费的方式不仅可以扩大医疗保险资金的来源，同时也增强了个人的自我保障意识。

城镇职工基本医疗保险实行社会统筹和个人账户相结合的筹资模式，个人缴费全部划入个人账户，单位缴费按30%划入个人账户，其余部分建立统筹基金。统筹基金和个人账户有各自的支付范围。个人账户主要用于支付门（急）诊费用、到定点零售药店购药费用以及基本医疗保险统筹基金起付标准以下及按比例应由个人负担的医疗费用。统筹基金则主要支付住院费用和某些治疗费用较高的特殊疾病或特殊治疗的门诊费用。统筹基金支付住院医疗费用规定有起付标准和支付限额，分别为当地社会平均工资的10%和4倍左右，共付比例约为20%，不仅如此，城镇职工基本医疗保险还规定了三大目录——即药品目录、诊疗目录和耗材目录。因此，现行的城镇职工基本医疗保险是与我国当前经济发展水平相适应的一种社会保险制度，其保障范围仍然是相当有限的，所以我国在2013年以后又出台了关于“大病保险”的相关制度。

（二）新型农村合作医疗

新型农村合作医疗制度是由政府组织、引导、支持，农民自愿参加，个人、集体和政府多方集资，以大病统筹为主的农民医疗互助共济制度。根据有关规章制度，农民以家庭为单位，自愿参加新型农村合作医疗，参保人要按时足额缴纳合作医疗经费，乡（镇）、村集体要给予资金扶持，中央和地方各级财政每年要安排一定的专项资金给予支持。新型农村合作医疗制度坚持以收定支、保障适度的原则，既要保证制度持续有效运行，又使农民能够享有最基本的医疗服务。随着农村社会经济发展和农民收入的增加，新型农村合作医疗制度的社会化程度和抗风险能力正逐步提高。

新型农村合作医疗一般采取以县（市）为单位进行统筹。省、地级人民政府成立由卫生、财政、农业、民政、审计、扶贫等部门组成的农村合作医疗协调小组。各级卫生行政部门内设专门的农村合作医疗管理机构。县级人民政府成立由有关部门和参加合作医疗的农民代表组成农村合作医疗管理委员会，负责有关组织、协调、管理指导等工作。委员会下设经办机构，负责具体业务工作。新型农村合作医疗制度实行个人缴费、集体扶持和政府资助相结合的筹资机制。2004年农民个人每年每人缴费不低于10元，经济发达地区可在农民自愿的基础上，根据农民收入水平及实际需要相应提高缴费标准。2004年中央财政对中西部地区除市区以外参合农民每年每人补助10元，中西部地区各级财政对参合农民的资助总额不低于每年每人10元，东部地区各级地方财政对参合农民的资助总额应争取达到每年每人20元。此外，政府鼓励社会团体和个人资助新型农村合作医疗制度。截至2013年，新农合的筹资水平已经超过每人每年300元。

为了强化对农村医疗卫生机构的行业管理，积极推进农村医疗卫生体制改革，不断提高医疗卫生服务能力和水平，使农民得到较好的医疗服务，各级新型农村合作医疗管理机构非常重视在农村卫生机构中择优选择合作医疗的服务机构，并通过完善落实各种诊疗规范和管理规章制度来保证服务质量，提高服务效率，控制医疗费用。

（三）城镇居民基本医疗保险

城镇居民基本医疗保险主要解决城镇非从业人员，特别是大中小学生、婴幼儿、城镇居民中未参加职工基本医疗保险的老年人、残疾人及城镇其他非从业人员等群体的看病就医问题。城镇居民基本医疗保险政策作为城镇居民医疗保障制度的一种具体形式，实质是一种社区医疗保险，该制度坚持低水平起步，根据经济发展水平和各方面承受能力，合理确定筹资水平和保障标准，实行住院和门诊特殊疾病医疗费用社会统筹，按照比例共付原则，重点保障城镇居民的大病医疗需求。该制度以家庭（户）为单位参保，参保居民按规定缴纳基本医疗保险费，国家对个人缴费和单位（或者集体）补助资金制定相应的税收优惠政策，鼓励有条件的用人单位对职工家属参保给予补助；基金实行属地管理原则，逐步向省级统筹靠近，基金筹集的原则是量入为出，收支平衡，略有结余。

目前，城镇居民基本医疗保险和新型农村合作医疗的一样，虽然都坚持自愿参保原则，但在每一级政府都有一个明确的参保率要求，迫使执行单位花费大量的管理成本。就制度建设的长远来看，这种违背社会保险强制性原则的自愿参保，将给城镇居民医疗保险和新型农村合作医疗制度的有效实施埋下"隐患"。由于上述两种制度已经具备了社会保险制度的再分配性和政府主导特征，改自愿原则为强制原则，进一步明确政府在其中的具体管理职能和财政投入责任是一种必然趋势。

由于基本医疗保险制度的重点在于保障参保人的住院和门诊大病等基本医疗支出，上述各类基本医疗保险制度都有比较严格的起付标准、支付比例和最高支付限额，其他费用仍然需要通过补充医疗保险等方式来解决。

三、补充医疗保险

（一）补充医疗保险的概念和功能

所谓补充医疗保险，是指基本医疗保险之外的所有医疗保险形式，即为了满足更高层次的医疗消费需求，由用人单位或个人根据自己的经济收入水平和疾病严重程度，自愿参加并起补充作用的各种医疗保险计划的总称。补充医疗保险是基本医疗保险的必要补充，体现了医疗保障水平的差异性、权利和义务在更高程度上的统一性和保障方式的多样性，由此也决定了不同补充医疗保险方式的相对独立性。对于整个医疗保障体系建设而言，补充医疗保险是在市场经济条件下完善医疗保障体系的重要组成部分，具有与基本医疗保险不同的功能。由于筹资水平和医疗服务支付范围等方面的限制，现行的医疗保险制度只能保障基本医疗服务。实施补充医疗保险可有效减轻政府的财政负担、满足个人多层次的医疗保障需求，还可以增加卫生投入，促进卫生事业的发展。为逐步过渡到全民医疗保险作准备。

（二）补充医疗保险的种类

由于我国各地区、企业与单位之间社会经济差异很大，加之补充医疗保险处于发展阶段，各地实施的补充医疗保险种类繁多，形式多样。按医疗保险服务项目可将补充医疗保险分为住院补充医疗保险和门诊补充医疗保险；按是否营利可分为营利性补充医疗保险和非营利性补充医疗保险；按参保范围可分为公务员医疗补助和企业补充医疗保险等；按照承办机构的不同，补充医疗保险划分为社会医疗保险机构单独承办、社会医疗保险机构和保险公司联合承办、企事业单位或行业承办、保险公司单独承办的补充医疗保险等。下面就此分类进行介绍。

1. 国家对公务员实行的医疗补助。根据国务院《关于建立城镇职工基本医疗保险制度的决定》，国家公务员在参加基本医疗保险的基础上享受医疗补助政策。这种医疗补助政策实际上就是适用于公务员的一种补充医疗保险。实行这种补充医疗保险的目的在于保障国家公务员的医疗待遇水平，使其与改革前相比不下降。

2. 社会医疗保险机构开办的补充医疗保险。这种方式是由社会医疗保险机构在强制参保的基本医疗保险基础上开办自愿参保的补充医疗保险，其补偿范围可与基本医疗保险的支付范围和支付限额紧密衔接，起到保障风险、减轻患者经济负担的作用。执行中应注意补充医疗保险基金和基本医疗保险基金之间应相互独立，不得互相透支，同时应积极扩大投保规模以提高补充医疗保险基金的抗风险能力。

3. 企业或工会自身举办的互助保险。补充医疗保险还包括由企业或工会组织经营的职工互助保险，主要是利用原有的工会组织系统开展互助保险业务。实践中职工互助保险是对城镇职工基本医疗保险制度的有力补充，有利于提高参保人员的医疗保险水平，抵御更大的医疗费用风险，从而形成我国城镇职工保障方式多层次、保障资金多渠道的医疗保险体系。

4. 保险公司开办的商业医疗保险。这种方式是由已投保基本医疗保险的单位和个人向保险公司投保，针对超过基本医疗保险规定范围外的服务需求，保险公司可通过提供如住院津贴保险和特定疾病保险来补偿患者的自付费用和收入损失。对于基本医疗保险支付限额以上的医疗费用，保险公司可通过提供大病高额费用保障来给予补偿。目前国内大部分保险公司已经积极地介入了补充医疗保险市场，除重大疾病保险和住院补贴保险外，与基本医疗保险制度衔接的补充高额医疗保险以及门诊医疗保险等产品纷纷出现，但由于商业医疗保险的经营风险大，管理难度高，整个商业医疗保险的发展仍处于初级阶段。

2014 年 8 月 10 日，国务院正式发布了《关于加快发展现代保险服务业的若干意见》（国发〔2014〕29 号），明确指出未来商业保险要逐步成为个人和家庭健康保障计划的主要承担者和企业发起的健康保障计划的重要提供者、社会保险市场化运作的积极参与者，充分发挥商业保险对基本医疗保险的补充作用。鼓励保险公司大力开发各类医疗、疾病保险和失能收入损失保险等商业健康保险产品，并与基本医疗保险相衔接；发展商业性长期护理保险，提供与商业健康保险产品相结合的疾病预防、健康维护、慢性病管理等健康管理服务；支持保险机构参与健康服务业产业链整合，探索运用股权投资、战略合作等方式，设立医疗机构和参与公立医院改制。

如今，一个多层次、多支柱的医疗保险制度体系已初步建成并开始惠及 13 亿中国人民。根据国家发展改革委 2008 年出台的《关于深化医药卫生体制改革的意见》，我国医疗保障体制改革的中长期发展目标也已经确定，就是要到 2020 年建立覆盖全体城乡居民的基本医疗保障体系，实现人人享有社会医疗保障。

资料与案例

社区医疗保险（Community－based Health Insurance，CHI）是指依靠社区力量，按照“风险分担、互助共济、自愿参加”原则，在社区范围内多方面筹集资金，形成医疗保险基金，用来支付参保人及其家庭的医疗、预防、保健等服务费用的一项综合性医疗保健措施。这个模式既有社会医疗保险的特征又有商业医疗保险的特征。从投保上是自愿的，而投保时又不像保险公司提供的医疗保险那样按照被保险人的风险大小来交费，不论年老年幼、健康还是体弱，均缴纳人头费。近些年社区医疗保险模式在国外比较流行，被认为是用于解决发展中或低收入国家，特别是农村欠发达地区居民医疗保障的一种有效方式。

泰国的“健康卡”就是一种针对农民和非正式部门员工的自愿性社区医疗保险制度。它建立于1983年，当时只是为乡村妇幼保健事业筹集基金所做的一项实验。购买健康卡的家庭在进行一般的简单治疗、妇幼卫生保健以及疫苗接种时可以享受免费服务，1987年健康卡覆盖了全部人口的4.7%。1994年健康卡制度开始从中央政府财政中获得配套资金补助，一户一卡，每个家庭花500铢购买一张健康卡，政府提供500铢的配套补助，购卡家庭任何成员均可持卡到定点公共卫生机构免费就诊。当基层医院认为需要转诊时，可转到上一级医院。每户1年可免费就诊8次（同一种病多次就诊算1次，每次限2000铢，超过部分自理）。卡内的资金可以累积到下一年度使用，到1998年，健康卡制度的覆盖率达到13.9%。这种制度对于保障农民的健康起到了很好的作用，但也存在资金有限，覆盖人群少，抗风险能力弱等明显的缺点。

实际上，国外不少私营医疗保险产品也采用社区医疗保险类似的经营和费率模式。目前我国正在推行的新型农村合作医疗和城镇居民基本医疗保险（有些地区合并为“城乡居民基本医疗保险”）就是社区医疗保险的一种具体形式。在上述保险计划中，农村居民和城镇非从业人口自愿参加，不论个体风险大小，交费标准都是一样的，为吸引参保人自愿参保，筹资上政府常以财政补贴的方式进行保费补助从而形成一定规模的医疗保险基金。

资料与案例

湖南郴州大病保险理赔服务典型案例

涉及险种：大病医疗保险

风险类型：健康风险（医疗费用）

赔付金额：6 700万元

案件摘要

湖南郴州市城乡居民大病保险政策实施以来，均由中国人寿郴州分公司承办，2015年为全市414万人提供大病保险保障服务，其中新农合344万人，城镇居民70万人。通过采取“直接结算”、“合署办公”的模式，极大方便了百姓办理大病医疗保险的报销，患者出院时只需支付个人自付部分费用，避免了客户在社保机构和保险公司之间周折往返。截至2016年2月，全市共计赔付1.5万人次，赔付金额6 700多万元。当地大病医疗保险机制实施，有效缓解了因病致贫，因病返贫的现象。

案件特点：该案实现了商业保险与社会保险的无缝对接，便于医保和大病的报账；理赔时效做到极致，避免了社保和商保之间来回跑；“医院直补”模式突破了传统的先治病后赔付的模式。

专家点评：

大病保险涉及参保人员的切身利益，是一项重大民生工程和民心工程，保险业统筹规划、精心组织，切实做好大病保险各项工作，努力做到让政府放心，让百姓满意。本案例有力证明了引入商业保险机制参与社会保障公共服务，有利于提高服务水平，方便参保民众，为广大参保人员提供便捷服务。

资料来源：中国保险行业协会。

思考题

1. 与其他几种社会保险制度相比，医疗保险制度有何特点？
2. 当前国际上医疗保险制度改革的趋势是什么？
3. 如何做好医疗保险的费用控制工作？
4. 我国城镇职工基本医疗保险制度的特点是什么？
5. 我国城镇居民基本医疗保险制度的主要内容是什么？
6. 新型农村合作医疗制度与原有的农村合作医疗有哪些差异？
7. 补充医疗保险的功能是什么？

第九章
生育保险制度

本章知识结构

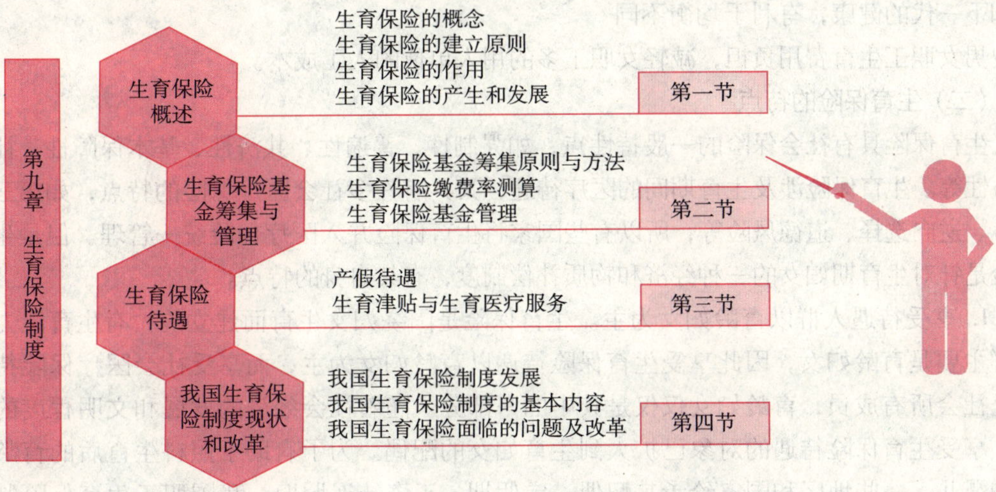

学习目标

- 掌握生育保险的基本概念。
- 理解生育保险的基本内容。
- 掌握生育保险基金筹集的原则及途径。
- 了解我国生育保险的改革发展。

现代妇女具有双重职能，既要从事生产劳动，又要生育子女，承担人口再生产的责任，她们既是劳动者，又是劳动力的直接再生产者，国家、社会有责任给予她们更多的关心，生育保险制度因此而建立。生育保险给生育期间的妇女提供基本生活保障和医疗服务支持，直接关系到妇女身体健康和下一代人口素质，关系到男女就业平等，关系到妇女的合法权益，也为企业创造公平竞争的环境，在我国更是贯彻落实计划生育基本国策的重要措施。

第一节　生育保险概述

一、生育保险的概念和特点

（一）生育保险的概念

生育保险是通过社会保险立法，筹措一定的资金，对生育期间暂时丧失劳动能力的妇女给予一定的经济和物质补偿，保障其生活、工作和健康权利的一种社会保险制度，是社会保障体系的重要组成部分。

生育保险解决妇女生育、照料婴儿期间，因工作中断、工资收入中断的生活保障问题，解决妇女生育过程必要的医疗服务问题，有利于促进妇女和下一代的健康，有利于均衡不同行业男女职工生育费用负担，减轻女职工多的用人单位的人工成本。

（二）生育保险的特点

生育保险具有社会保险的一般特性点，如强制性、普遍性、共济性、基本保障性、社会效益性等。生育保险涉及生育期间的医疗待遇，又具有许多社会医疗保险的特点，如第三方服务、逆向选择、道德风险等，所以有些国家将生育保险并入医疗保险统一管理。但是生育保险是针对生育期妇女的一种经济和物质补偿制度，有其自身的特点。

1. 享受待遇人群以育龄妇女为主。生育保险是围绕妇女生育而建立的，有生育能力的人群主要是育龄妇女，因此享受生育保险待遇以育龄妇女为主，而享受社会医疗保险待遇的是社会所有成员，育龄妇女仅仅是其中的一部分。随着社会经济的发展和文明程度的提高，享受生育保险待遇的对象已扩大到生育妇女的配偶。为了有助于照料生育后的育龄妇女和婴儿，一些地区和国家给予其配偶一定假期，工资待遇照旧。我国职工生育保险制度的保障对象是达到法定结婚年龄的已婚女职工，且必须符合国家计划生育政策规定，对不符合法定年龄的女职工生育和非计划生育者，一般不享受生育保险待遇。在我国针对城镇非职业人群的城镇居民医疗保险制度（以下简称居民医保），针对农村居民的新型农村合作医疗（以下简称新农合）明确要求支付生育医疗费用，这时的生育保障成为了医疗保制度的一部分。

生育保险与年龄有密切关系，享受待遇主要是 20～35 岁的育龄妇女，而享受社会医疗保险待遇可以是任何年龄组，享受养老保险待遇的更多集中在退休后的老年人。

2. 医疗待遇以生育医疗服务为主。由于生育行为是人类正常的生理过程，不是疾病，一般不需要进行特殊治疗，生育所需的医疗服务与疾病所需要医疗服务明显不同。一是正常生育过程一般不需要复杂的医疗技术，同时产前和产后的医疗照顾更多带有保健性质，因此生育医疗费用与疾病医疗费用在构成上有差异；二是由于正常生育过程所需医疗技术大同小异，所产生的医疗费用相对较低且较为稳定；三是由于正常生育过程的稳定性，所产生的医疗费用容易测算和预测，因此大多数的生育保险都采取了定额（或病种）付费方式支付医疗费用，有利于风险控制。

3. 保险期限覆盖生育事件前后。怀孕期间的妇女生理变化明显，行动不便，生产后的妇女需要身体康复和照料婴儿的时间，这期间的经济和物质支持极为重要。因此生育保险待遇在时间期限上覆盖了生育事件发生的前后，包括产前、产时和产后的全过程。其他社会保险发生作用是在相应事件发生之后，如失业保险是在失业发生之后才提供失业津贴，医疗保险是在疾病发生之后才提供医疗费用补偿。另外生育保险待遇涉及的时间范围必须根据生育时间来确定，如产假不能提前或拖后。

4. 待遇水平高于其他社会保险。生育保险针对生育妇女采取一系列保健措施，对提高下一代的素质非常重要，有利于保障劳动力再生产和人类的延续。同时生育保险只有在经济发展到较高水平以后才能有效地建立起来，具有较浓厚的福利色彩。所以生育保险与国家的人口政策密切相关，其待遇水平一般较其他社会保险要高。如在我国生育期间的医疗费用在 医疗保险药品目录、医疗保险诊疗项目等规定的范围内，一般报销比例都在 90% 以上。我国医疗保险医疗费用支付标准设有起付线、乙类药品和部分支付项目个人首付比例，但生育保险一般不涉及这些问题。在门诊进行的产前检查、住院分娩或出现高危情况下的医疗费用都可以由生育保险基金支付。

5. 基金运行风险可预见可控。生育保险费用支出一般都可进行准确的预测。按照出生人口数和自然增长率，享受待遇的人数可准确估算。待遇享受期限与法律规定的产假期限基本一致，如我国产假一般在 3 ~ 6 个月之间，享受待遇时间期限可准确界定。在我国一个参保人员基本上一生享受生育保险待遇 1 ~ 2 次，享受待遇的次数较为清楚。生育医疗费用相对稳定，生育保险对医疗费用的补偿可以较准确预估。因此，生育保险可以比较准确预测基金的支付总额，基金风险管控方面比医疗保险相对容易，是一个运行风险较低的保险险种。

二、建立生育保险的原则

建立生育保险既要遵循社会保险的一般原则，又要体现生育保险的特殊性。

1. 强制性原则。由于生育保险对国家社会的作用有其特殊性，因此生育保险的实施范围和待遇水平必须由国家法律、法规进行规定，并通过国家强制力加以实施。我国《社会保险法》规定“国家建立基本养老保险、基本医疗保险、工伤保险、失业保险、生育保险等社会保险制度”，“中华人民共和国境内的用人单位和个人依法缴纳社会保险费”，也体现了这种强制性。强制性有利于保证生育保险制度的实施，避免逆向选择，做到生育保险的广覆盖，女职工的权益才能得到根本保障。对于将生育医疗费用纳入医疗保险支付的，参保人也按医疗保险的法律法规参保，享受规定的生育医疗费用待遇，这也具有强制性。

2. 普遍性原则。生育保险要遵循保险的“大数法则”，参加保险的人数越多，建立的生育保险基金规模越大，承担风险的能力也就越大。因此要充分发动社会力量，按照相应的法律法规，在较大社会范围内筹集基金。在我国要尽可能扩大生育保险的覆盖范围，提高单位和劳动者生育保险的参保率，使城镇各类用人单位所有符合条件的女职工在生育过程中，都能得到基本的生活保障和医疗保障。只有大多数人得到了保障，社会才能稳定。《中国妇女发展纲要（2001—2010 年）》规定 2010 年我国城镇职工生育保险要实现全覆盖，即参保率要达到 90%，也是生育保险普遍性原则的具体体现。

3. 共济性原则。生育保险在整个社会范围内通过企业单位缴纳生育保险费，建立生育保险基金。生育保险基金实行互助共济、调剂使用，可均衡社会负担，有利于缓解妇女就业困难，为企业单位参与市场竞争创造公平的环境条件。这对于女职工较多的企业以及关闭破产、停产和半停产企业的女职工起到有力的保障和支持作用。纳入医疗保险支付的生育医疗费用原则上不能单独列账，不能自求平衡，而应与医疗保险基金一体化共济使用。

4. 权利与义务相等原则。生育保险虽然带有一定的福利性质，但是生育津贴需要资金支持，医疗服务需要购买。生育保险的待遇虽然比其他保险要高，但权利和义务对等原则在生育保险中仍然适用。不依法参加生育保险，不依法缴纳生育保险费者，不能享受生育保险待遇。参保单位和职工有参保的义务，也有享受待遇的权利。因此谁参保谁受益，权利和义务对等同样重要。生育医疗费用在医疗保险中支付时，一般医疗保险缴费中含有生育保险费，因此参保人员不需要另外缴纳生育保险费，但仍能享受相应的生育医疗待遇。

5. 基本保障原则。生育保险的保障范围要与社会经济发展水平一致，以保障生育期间的基本生活和基本医疗服务为原则，缴纳的保险费一般只能维持基本生活和基本医疗费用的支出。生育保险的产假时间不能过长，也不能过短，要根据生育期的生理变化来确定，要有利于生育妇女的身体康复和下一代的健康。生育津贴要考虑当时社会职工的一般待遇水平，过高基金不能承受，过低不能起到保障作用。目前医疗服务设施越来越高档，与生育无直接关系的费用越来越高，因此强调保障基本医疗服务的原则，有利于基金的平衡和制度的可持续发展。

6. 公平与效率原则。在生育保险中公平性主要体现在待遇方面：一是不同单位缴纳的生育保险费可能不同，但是享受的保险待遇一样；二是无论生育事件有多小，都享受相应的待遇；三是生育保险面前人人平等，不存在“特权阶层”和“特权人物”。从效率上讲，生育保险基金的筹集既要尽可能征集足够多的保险费，也要考虑单位的经济承受能力。生育保险基金使用必须进行科学界定，通过制定生育津贴的支付额度、生育医疗费用的支付范围和标准、医疗费用个人支付比例等政策以规避风险，保证基金安全。

三、生育保险的作用

女性生育是一种自然行为，又是一种社会行为，面临不能参加劳动，失去劳动收入的风险，面临增加医疗保健费用支出的风险，面临体力、心理和精神上的负担，甚至面临生命或机体伤残的危险。实行生育保险是对妇女生育社会价值的认同，对降低孕产妇死亡率，提高妇女生育安全性具有重要作用。

一是促进人力资源再生产。人口再生产和人口素质是社会发展的基础。生育保险为生育期的妇女提供经济和医疗费用补偿，可保障人口直接再生产者的健康。如果妇女生育期间基本生活得不到保障，必要的保健与营养水准下降，将直接影响婴儿的健康生存和成长，影响下一代人的健康素质。同时生育保险从孕产妇、胎儿和新生儿保健入手，采取一系列措施可直接保障新生婴儿健康的体魄和正常智力。因此生育保险为优生优育，提高社会劳动力素质提供了物质基础，关系到两代人的生命安全与健康，也是对人类再生产的保护。

二是保障妇女健康。生育保险通过妇幼保健机构和医疗服务机构为妇女提供产前、产时和产后服务，使妇女安全地渡过孕期、产期和哺乳期。生育津贴有利于生育期妇女身体和精神状态的康复，为日后的正常工作创造条件。孕产妇死亡率是妇女健康的重要指标。我国孕产妇死亡率从新中国成立初的1 500/10万下降到2014年的21.7/10万左右，接近中等发达国家的水平。我国2004年城镇推行生育保险制度以来的十年间，城镇孕产妇死亡率下降了14.8%，2003年实施新农合制度把生育医疗费用逐步纳入支付范围以来的十年间，农村孕产妇死亡率下降了36.9%。这些成就与生育保险、保障制度的强力推进关系密切。

三是促进妇女就业平等。生育保险制度实行生育医疗费用和生育津贴社会统筹，居民医保和新农合支付生育医疗费用，解除了职业妇女的后顾之忧。用人单位统一按照工资总额缴纳生育保险费，均衡了用人单位生育费用负担，提高了企业单位录用妇女的积极性，最大限度地避免用人单位重男轻女的行为。生育保险要求生育期间不得解除职业妇女的劳动合同，不得降低工资收入等政策，有利于维护妇女就业岗位的稳定。这些都从制度上创造了妇女就业平等机会。

四是保证国家人口政策的贯彻实施。在我国实行计划生育，控制人口数量，提高人口素质是一项基本国策。参加生育保险的人员符合计划生育政策的生育事件才能享受生育保险待遇。这样有利于参保人员从计划生育国策的高度去认识生育保险，增强生育责任感，促进计划生育政策贯彻实施。目前，一些发达国家人口出现了负增长，为了保持人口数量的稳定，这些国家制定了一系列鼓励生育的政策，也包括生育保险政策。如俄罗斯，生育子女多的妇女放产假3年，且工资奖金照发，工作岗位保留至产假期满。

四、生育保险的产生和发展

（一）生育保险的起源和演变

生育保险的起源和演变可以从最初的国际生育保护公约，发展到国家立法强制执行、制度管理体系的不断完善来加以说明。

生育保护公约。生育保护是关注妇女权益的一项国际性措施，早期的生育保险主要是从生育保护角度提出的。1919年第一届国际劳工大会上通过了《保护生育公约》（第3号公约），对女工产前和产后就业作出了规定。之后随着各国社会保障事业的发展，1952年国际劳工组织通过了《保护生育公约》（修订本）（第103号公约）。此时两个公约并存，供会员国选择批准遵循。《保护生育公约》规定了适用范围内的妇女生育子女时，享受一定时间的带薪产假及医疗服务。为了促进所有劳动力妇女享有平等就业的机会，获得公平的母子健康与安全保护，2000年第88届国际劳工大会又通过了《保护生育公约》（第183号）和《保护生育建议书》（第191号），作为对旧公约的补充和修订。第183号公约扩大生育保护的覆盖面至全体劳动力妇女，加强了对生育保护的要求，更加明确地捍卫了生育妇女的权益。

国家立法执行。随着社会的发展和进步，越来越多的妇女走出家门从事社会工作，国家以生育保护公约为依据，通过制定一系列社会政策，来保护她们在产前、产时、产后不能工作的一段时期内能得到基本的生活保障，这就是生育保险的雏形。各国实行生育制度虽然在内容、形式和标准上有所不同，但一般都是采用立法形式来确立生育保险的性质、地位、作用和运行机制。一些国家生育保险单独立法，一些国家的社会保险法中涵盖了生育保险的内容，一些国家将生育医疗费用纳入医疗保险进行管理。1883年《德国劳工基本保险法》中关于生育保险的规定为早期生育保险立法执行的代表。在已有136个国家的资料中，59个国家在20世纪50年代前，63个国家在20世纪50年代至80年代之间，5个国家20世纪80年代后立法建立了生育保险制度。到2008年，在建立了社会保险体系的165个国家和地区中，有135个建立了生育保险制度。我国2011年颁布的社会保险法明确规定国家建立生育保险制度。

制度发展完善。经过各国的长期探索实践，生育保险制度，尤其是保障待遇和保障水平取得了长足的发展。一是保险对象范围逐步实现全覆盖。2000年新的183号公约将生育保护的范围扩大到所有就业女性，包括从事依赖型非正式工作的妇女，以及在非正规部门工作的妇女。许多国家也纷纷将生育保护的范围扩大，包括农业、家庭雇佣工和个体劳动者。二是保险待遇范围不断扩展。从最初的带薪产假、医疗费用补偿扩展到就业保障。1919年国际劳工组织公布了第一个生育保护公约时，只有9个国家女职工享受带薪产假，1952年增加到40个国家。到2008年有130多个国家的法律规定提供带薪产假和医疗津贴，其中包括了绝大多数工业化国家。生育妇女的就业保障也是各国生育保险发展过程中关注的内容。2000年的183号公约明确规定，在女职工生育期间，雇主不得以妊娠、生育及照顾子女为由与其解除就业关系。各国的法律也普遍对生育妇女的就业作出了基本保证，不能因怀孕、产假而失去工作。亚洲和非洲的29个国家已经通过绝对禁止以任何理由解雇生育女工的法律。三是生育待遇水平不断提高。2000年《保护生育公约》规定产假为14周，包括六周的产后强制假期。目前全世界至少有120个国家达到了12周的标准，其中62个国家提供14周及以上的产假。1952年修订的《生育保护公约》要求产假期间的津贴不得低于产前工资的2/3，2000年的183号公约沿袭了这一规定。实际上目前只有少数国家低于1/2，大多数国家在50%~80%，韩国、阿根廷、巴西等国家还达到了100%。

（二）国际公约对生育保护的规定

国际公约生育保障主要对妇女生育期间的产假、生活津贴、医疗费用保障和劳动权益等方面给出了基本标准。

在产假方面，1919年国际劳工组织通过《保护生育公约》（第3号公约）和1952年通过的《保护生育公约》（修订）（第103号公约）均规定，产假至少为12周。2000年通过的《2000保护生育公约》（第183号公约）将产假时间上调至14周。第3号公约要求分娩前后休假各为6周，第103号公约和第183号公约均规定产后需强制休假，且不得小于6周，如因怀孕而产生疾病时，假期应予延长。

在生育津贴方面，1952年103号公约和2000年的183号公约均规定产假期间的妇女有权领取现金津贴，现金津贴应保证足以按照适当生活标准维持产妇及婴儿的健康。属于与收入挂钩的社会保险制度时，津贴不应低于原收入的2/3；支付12~13周生育津贴已获得国际社会广泛的接受，且有延长的趋势。不具备条件享受生育津贴、医疗服务的妇女，经过家庭经济调查后，应由社会救助制度予以适当补助。

在医疗服务方面，第103号公约和第183号公约规定，在法定的产假期间，医生或持有合格证的助产士应提供医疗护理服务，妇女有权领取医疗津贴，用于补偿产前、产时、产后的护理费用，以及必要的住院费用。应尊重产妇选择医生和医院的自由。产假期间的医疗津贴，或由强制社会保险提供，或由公共基金提供。

在劳动权益方面，公约规定哺乳期妇女因哺乳中断工作的时间应计为工作时间，应获得报酬。第3号公约规定，每天可为此中断工作半小时两次，第103号公约和第183号公约对此还进一步明确“妇女有每天一次或多次哺乳间歇或因哺乳而减少工作时数的权利”，并允许各成员国根据各自的实际情况予以实施。第3号公约规定，妇女在产假缺勤期间以及产假期满者，禁止雇主因妊娠、生育及照顾子女而解雇产妇。

第二节　生育保险基金筹集与管理

一、生育保险基金筹集原则

生育保险基金是社会保险基金中的组成部分，是依据国家法律规定专门筹集用来支付生育保险待遇，包括支付医疗费用和生育津贴的资金。生育保险基金既要保障生育妇女基本权益，同时又要与经济发展水平以及国家财政、企事业单位的经济承受能力相适应。世界各国生育保险基金的筹集和管理各不相同，下面着重介绍我国生育保险基金的筹集原则。

1. 以支定收，收支平衡。生育保险基金筹集的总量以生育待遇的支出总量为基础。通过制定合理的生育保险偿付标准，考虑以往生育费用的实际支出，生活消费和医疗费用的上涨，以及单位的承受能力等因素确定资金筹集的总量。一定意义上讲，就是支出需要多少就筹资多少。当然这种支出是有标准的，是合理的，是能保障基本生育待遇的。这与医疗保险的以收定支的筹资原则不同。收支基本平衡是生育保险基金运行管理的基本要求，假如入不敷出，无力偿付生育津贴和医疗费用，可能带来社会不安定，生育保险制度不可持续。我国按照1994年颁布的《企业职工生育保险试行办法》规定，生育保险根据“以支定收，收支基本平衡”的原则筹集资金。

2. 用人单位缴纳为主。生育保险费的筹集与医疗保险的单位（或财政）、个人共同分担不同，主要是由单位负担，职工个人不缴纳生育保险费。生育保险保费一般按照用人单位工资总额一定比例（即费率）缴纳。按照1994年的《企业职工生育保险试行办法》规定，我国职工生育保险费由企业按照其职工工资总额的一定比例缴纳，费率不超过工资总额的1%。根据目前我国的财政体制，生育保险费主要由国家财政预算负担和由企业等用人单位缴纳。因此生育保险费率一定要考虑到大多数单位，尤其是企业单位的经济承受能力。如果费率过高，很多单位不能承担，将影响到单位参保的积极性，其结果是覆盖面窄，生育保险基金数量少，承担风险能力低。相反，缴费率太低，筹集的基金过少，又不能起到有力的保障作用。

3. 保障基本需求。生育保险基金的筹集一定要以保障生育事件所需基本医疗费用，以及生育妇女产假期间的基本生活需要为原则。筹集资金包括生育津贴和医疗费用补偿两部分，前者一般按照企业上年度职工月平均工资及享受时间计算，后者则以在定点医院生育（包括流产、计划生育手术等）必需的基本药品、诊疗项目和医疗服务设施费用为依据。我国生育保险支付的药品费用范围必须符合《基本医疗保险、工伤保险和生育保险药品目录》的规定，支付的诊疗项目费用也必须符合基本医疗保险诊疗项目目录的规定。一些省（市）提出的“生育不花钱”也是以基本生育需求为基础的，一些高档的、特殊的医疗服务不纳入生育保险的支付范围。

4. 不强调基金积累。生育保险基金在筹资上不强调结余。这是因为生育保险与计划生育政策相衔接，生育的计划性强，风险的发生情况可以准确预测，如出生率、流产发生率、计划生育手术率等风险指标都是比较准确和稳定的。唯一例外的是生育过程中发生并发症和合并症时医疗费用可能有一定风险，但都不如一般疾病风险的不可预测性大。生育保险基金积累过多会造成基金贬值。

二、生育保险资金的筹集方法

从个人是否缴纳生育保险费，以及与生育保险待遇享受资格相联系来讲，生育保险基金的筹集模式有以下几种。

（一）个人投保制

女职工个人需缴纳一定期限和一定金额的生育保险费，才能享受生育保险待遇。由于妇女一生中生育子女的数量逐渐减少，大多数发达国家的总和生育率都在1以下，因此生育保险的投保时间期限相对比较短。一般只要求女职工生育之前一段时间投保，即女职工受孕之后实行投保，大多数国家要求在分娩之前10个月。这与其他社会保险明显不同，如失业保险要求一旦参加工作就必须投保。目前实施个人投保制的国家已经很少。

（二）单位投保制

职工个人不缴纳生育保险费，而是由所在单位缴纳。前苏联采取这种筹资模式。目前我国的生育保险筹资基本属于单位投保制，在具体的实施中有以下几种筹资模式。

1. 财政预算拨款。主要是那些国家党政机关、事业等单位，其职工的生育保险费用基本上纳入国家财政预算，以财政预算作为主要来源。由财政根据需要划拨到各单位，再由单位向社会保险经办机构缴纳。根据各地生育保险法律规定，缴费一般为职工工资总额的0.3%～0.5%。这部分人员生育期间的医疗费由生育保险基金支付，而生育津贴部分由原工资渠道解决。

2. 企业缴纳。企业缴纳生育保险费有直接缴纳和税务代征两种情况。直接缴纳，即企业直接按生育保险缴费规定直接向社会保险经办机构缴纳生育保险费；税务代征，即社会保险费（包括生育保险费）作为企业纳税（社保税）的一部分，由国家税务部门统一征收后划拨社会保险经办机构使用。

企业缴费额度计算上有费率方式和绝对额方式。费率方式计费是指企业单位按照在职职工工资总额的一定比例缴纳。2013年我国生育保险费率实际水平为0.71%，全国68.8%的省（直辖市、自治区）费率在0.6%～0.8%（见表9-1），低于0.5%的有三个省，最高的0.96%。缴费基数有按养老保险缴费基数计算的，也有按单位在职工工资总额计算的；绝对额方式是企业缴纳的生育保险费是固定的绝对额，一般是每人每月固定一个缴费额度。此办法主要在山西、河北等少部分地区实行，是生育保险开展早期的做法。

表9－1　我国生育保险费率频数分布情况

费率（%）	省（直辖市、自治区）个数	构成比（%）
0.3～	3	9.4
0.5～	6	18.8
0.6～	9	28.1
0.7～	7	21.9
0.8～	6	18.8
0.9～	1	3.1
合计	32	100.0

3. 其他模式。我国一些没有参加生育保险社会统筹的企业，由单位承担女职工的生育津贴和生育医疗费用。随着居民医保和新农合的推进，参保居民和参合农民，因生育发生的医疗费用也分别纳入居民医保和新农合的支付范围，但不享受生育津贴。从筹资角度看，参保居民和参合农民个人不单独缴纳费用，即可享受生育医疗费用报销待遇，而支付生育医疗费用的资金分别来源于居民医保基金和新农合基金。

（三）非投保制

一些国家实行的是单位和个人不需要投保，就可以享受政府举办的生育保险待遇。如澳大利亚、新西兰政府规定，只要符合国家公民资格和财产调查手续的妇女，一般都能享受生育保险待遇。这些国家基本上是把生育保险作为一种社会福利来办。

三、生育保险缴费率测算

用人单位按照费率缴纳保险费是我国生育保险计算缴费额度的主要方式，因此费率的测算直接关系到生育保险基金筹资的水平，关系到企业的负担，关系到生育保险制度的可持续发展。

（一）生育保险缴费率测算原则

1. 科学界定生育保险支出。生育保险支付的费用包括生育医疗费用和生育津贴两部分。

生育医疗费用包括住院分娩、流产、计划生育手术等产生的医疗费用，其中住院分娩医疗费用一般占80%以上。而且分娩、流产和计划生育手术的休假时间不同，生育津贴也不同，因此应分开测算。纳入生育保险基金支付范围的医疗费用一般应符合基本医疗保险药品目录、诊疗项目、医疗服务设施目录的规定。如应排除自费药品、自费诊疗项目和自费医疗服务设施费用。在测算时，生育医疗费用要根据支付的范围合理确定，净化统计过程中产生的不合理医疗费用，如营养费、超标准的床位费等。

生育津贴一般按上年度职工平均工资和产假时间长短进行测算。

2. 可不考虑风险储备金和管理费。由于生育保险基金的特有性质，也不强调留有结余，在我国也不提取管理费，因此测算时对于风险储备金和管理费用不予考虑。

3. 结合医疗费用付费方式。在定额支付标准情况下，应分别测算正常分娩、剖腹产、人工流产、中期孕引产、计划生育手术等各种生育医疗服务的人次平均费用及容许范围。

（二）生育保险缴费率测算所需的数据及其来源

1. 计划生育数据。包括计划生育指标数、上年度的实际生育数、上年度流产人次、计划生育手术人次等。这些基础数据均可从卫生计生部门获得。上年度的实际生育数，即出生数，也可来自于公安部门，一般卫生计生部门的数据更准确一些。在对这些数据进行质量评估时，要考虑统计口径和漏报的情况，必要时需要进行抽样调查来校正。

2. 参保数据。包括参保单位数、参保人数、在职职工人数、上年度在职职工工资总额等。这些数据主要来源于参保单位和个人基本信息库，一般由参保单位按规定向社会保险经办机构申报。工资总额的统计口径一般以统计部门为准。

3. 生育待遇数据。包括产假时间、生育津贴标准、生育医疗费用的补偿标准。根据《女职工劳动保护规定》产假为 90 天。计划生育手术和流产的休假没有明确规定，但可以用上年平均休假天数或进行抽样调查来获取。生育津贴标准以职工平均工资为准，医疗费用的补偿办法目前用得最多的是按比例支付和定额支付。

4. 生育医疗消费数据。包括产前检查、分娩住院、产后医疗照顾的医疗费用，以及流产、计划生育手术等与生育有关的医疗费用。数据主要来自卫生计生部门。

（三）生育保险费测算步骤

下面举例说明生育保险费的测算过程。

某市 2014 年参加生育保险社会统筹的单位为 423 个，在职职工人数为 67 541 人，其工资总额为 590 038 176 元，据统计和预测 2014 年和 2015 年与生育有关的数据如表 9－2 所示。

表 9－2　某市 2014 年住院分娩、流产、计划生育手术的基本数据

	住院分娩生育	流　产	计划生育手术
2014 年实际数	1 081	337	675
2014 年医疗费用（元）*	1 565 871	81 049	51 371
2015 年预计数	1 050	352	690
休假（天）	90	15	10

* 注：医疗费用不包含基本医疗保险规定需要个人全额自费的费用，以下同。

假定医疗费用的补偿比例为 90%，生育津贴的计算以上年度社会在职职工的平均工资为基准。该市生育保险缴费率测算过程如下：

1. 住院分娩生育保险费测算

计算步骤	计算公式	计算结果（元）
1）人均生育津贴	$\frac{\text{上年度在职职工工资总额}}{\text{在职职工总数}\times 365}\times$产假（天）	2 154.1
2）人均生育医疗费用	$\frac{\text{上年度住院分娩医疗费用总额}}{\text{上年度出生数}}$	1 449.0
3）人均补偿医疗费用	人均生育医疗费用 ×医疗费补偿比	1 304.1
4）人均生育保险费	人均生育津贴费＋人均补偿生育医疗费	3 458.2
5）保险费总额	本年度计划生育指标数 ×人均生育保险费	3 631 091.3

2. 流产生育保险费测算

计算步骤	计算公式	计算结果（元）
1）人均生育津贴	$\frac{\text{上年度在职职工工资总额}}{\text{在职职工总数}\times 365}\times$流产休假（天）	359.0
2）人均流产医疗费用	$\frac{\text{上年度流产医疗费用总额}}{\text{上年度流产人数}}$	240.5
3）人均补偿流产医疗费用	人均流产医疗费用 ×医疗费补偿比	216.5
4）人均流产生育保险费	人均生育津贴费＋人均补偿流产医疗费	575.5
5）流产生育保险费总额	本年度预计流产数 ×人均流产生育保险费	202 563.7

3. 计划生育手术生育保险费测算

计算步骤	计算公式	计算结果（元）
1）人均生育津贴	$\frac{\text{上年度在职职工工资总额}}{\text{在职职工总数}\times 365}\times$计划生育手术休假（天）	239.3
2）人均计划生育手术医疗费用	$\frac{\text{上年度计划生育手术医疗费用总额}}{\text{上年度计划生育手术数}}$	240.5
3）人均补偿计划生育手术医疗费用	人均计划生育手术医疗费用 ×医疗费补偿比	216.5
4）人均流产计划生育手术保险费	人均生育津贴费＋人均补偿计划生育手术医疗费	455.8
5）流产生育保险费总额	本年度预计计划生育手术数 ×人均计划生育手术生育保险费	160 439.4

4. 该市的生育保险费总额为

$$\begin{aligned}\text{生育保险费总额} &= \text{住院分娩生育保险费总额}+\text{计划生育手术生育保险费总额}\\ &\quad+\text{流产生育保险费总额}\\ &=3\ 631\ 091.3+202\ 563.7+212\ 407.6=4\ 046\ 062.6(\text{元})\end{aligned}$$

5. 该市生育保险缴费率

$$\text{生育保险缴费率}=\frac{\text{生育保险费总额}}{\text{在职职工工资总额}}\times 100\%=\frac{4\ 046\ 062.6}{590\ 038\ 176}\times 100\%\approx 0.69\%$$

因此根据2014年的工资水平、生育医疗费用等测算出来的该市2015年生育保险缴费率为0.69%，即所需的生育保险费用为在职职工工资总额的0.69%。

生育保险费率是动态的。上述测算中未考虑工资和医疗费用的上涨，以及支付标准的政策调整等因素。在实际应用中，费率应根据情况做适当调整。如出现积累过多时，要认真分析原因，费率作出必要的下调。

四、生育保险基金的管理

生育保险基金管理关系到整个生育保险制度的正常运行和参保职工的切身利益，因此国家对生育保险基金的来源、筹集、运营和管理作出相应的法律规定。根据生育保险的特性，我国对生育保险基金的管理采取了一系列行之有效的办法。

1. 依法缴纳生育保险费。生育保险基金是依据国家法律强制性建立的，是生育保险制度得以实施的基础。单位有缴纳生育保险费的义务，国家赋予社会保险经办机构或税务机构依法征缴生育保险费的权利。凡是符合参保条件的单位都必须依照社会保险法，参加生育保险，缴纳生育保险费。社会保险经办部门或税务部门依照有关的法律法规来征缴生育保险费，依据社会保险稽核办法，对参保单位进行稽核，对少报、漏报、瞒报工资基数等损害参保职工利益的行为依法进行处理，确保基金应收尽收。

2. 生育保险基金实行专款专用。生育保险基金是专用资金，专用于解决女职工在生育期间个人无法解决的困难。因此生育保险基金必须按照规定使用，保证专款专用，任何机构和个人都不得随意挪用，也不得与其他社会保险基金互相挤占，否则会影响生育保险政策的顺利实施。要做到这一点，生育保险基金必须纳入财政专户，实行收支两条线管理。

3. 社会保险经办机构专门管理。生育保险基金是国家强制建立的，政府要承担相应的责任。因此生育保险基金管理机构必须是政府部门，或是政府通过购买服务授权的专门机构，包括商业保险机构。只有这样，生育保险基金才能有效筹集并合理使用。在我国生育保险基金的管理是政府委托的社会保险经办机构，它们代表政府依法对生育保险基金进行征缴和支付管理。为了防止挪用、挤占，我国 1999 年出台的《社会保险费征缴暂行条例》明确规定生育保险运作经费不能从生育保险基金中提取，而由财政预算拨款解决。

4. 合理确定支付范围和支付项目。生育保险基金支付的项目中，生育津贴费用比较容易界定，一般按原来工资的比例来确定，而且费用比较容易控制，不易出险。属于生育有关的医疗费用涉及保险的第三方——医疗机构，其费用控制相对较难，有一定的风险性。因此一定要合理确定生育保险基金支付医疗服务的范围和支付标准，支付的项目范围一般按照基本医疗保险诊疗项目、药品目录、医疗服务设施目录来确定。

5. 建立完善的基金审计和监管制度。生育保险基金的安全和合理使用，对保障每个参保人的合法权益，以及国家社会的稳定都至关重要，必须对其加强审计和监管。一般要做到以下几点：（1）建立和完善社会保险经办机构预决算制度、财务会计制度和审计制度；（2）人力资源和社会保障部门、财政部门、审计部门对基金要进行有效监管、审计，定期对基金的收支情况和管理情况进行检查；（3）建立生育保险基金的社会监管组织，加强社会监督力度。社会监督组织可由政府有关部门的代表、用人单位代表、医疗机构代表、工会代表和有关专家组成。

6. 生育保险基金的运作与计划生育政策衔接。在我国生育保险待遇的享受者须符合国家计划生育政策。因此人口政策的调整，会对生育保险基金的收支产生影响；生育保险费的测算依据中，计划生育指标数起了相当大的作用，并直接关系到基金的数额；计划生育工作的质量，也会直接影响生育保险基金支出。因此在生育保险基金的实际运营中要密切关注国家计划生育政策变化，与计划生育部门进行有效的协调与衔接。2014 年我国出台了“单独二胎”政策后各地都对生育保险基金的支出进行了分析预测，采取有效措施，在保证生育待遇及时发放到位的同时，确保基金收支平衡。

第三节　生育保险待遇

由于各国经济发展水平的差异，生育保险的范围和待遇标准有所不同。经济不发达的国家，待遇水平较低，保障项目也相对较少。发达国家生育保险的范围较广，待遇水平也较高，部分国家和地区还将婴儿保健及生活用品，以及配偶的假期、津贴等项目也包括在内。一般来讲生育保险待遇由产假、生育津贴和医疗服务三部分组成。

一、产假

（一）产假的概念

产假是指为了生育的需要给予女职工不在工作岗位的时间期限。产假必须在产前、产时和分娩后的一段时间之内，其他时间不容许享受。从劳动力再生产和人类繁殖下一代的角度来讲，对生育时间内的妇女必须给予足够的假期，不仅包括生育假期，还包括怀孕假期和产后照料婴儿假期。

产假的主要作用，一是使女职工在生育时期得到足够休息，维护身体健康；二是使妇女由于生育引起的生活自理能力和劳动能力的暂时丧失得以逐渐恢复；三是使婴儿能得到母亲的精心照顾和哺育，有利于婴儿的健康成长。

产假需要一个合理的时间期限。产假的时间下限应能充分保障母婴健康，上限应能使婴儿获得精心照料，也要容易被社会和用人单位接受。产假过长，会给用人单位造成人力上和经济上的困难，相反过短，不利于产妇和婴儿的健康发展。

（二）我国有关产假的规定

我国在20世纪80年代以前，产假为56天。1988年公布的《女职工劳动保护规定》将产假延长为90天。目前法定正常产产假为90天，其中产前为15天，产后为75天；难产增加产假15天；若为多胞胎生育，每多生育一个婴儿增加产假15天；不满4个月流产的，根据医疗机构证明给予15～30天的产假，满4个月以上流产的，产假为42天。产假为连续假期，包括公休日和法定节假日。

我国从20世纪80年代开始实行计划生育，各省、自治区、直辖市相继出台了计划生育条例，其中对晚婚晚育的职工给予延长产假的政策，最长延长到180天。对决定只生一个的孩子的产妇，产假可以延长到半年或一年。我国产假标准已经基本上和国际标准接轨，在世界上处于中上水平，也与我国现阶段的经济发展水平相适应。

（三）其他国家产假规定

目前各个国家，包括一些劳动力短缺的国家，都尽可能地作出了适当长的产假期限规定。其中，60%以上的国家达到3个月，20%以上的国家达到4个月以上。产假最长的是芬兰33周，最少的瑞士也有10周（见图9－1）。有些国家的工会和雇主签订的集体协议中常常增加产假时间，如西班牙一些地区的学校教师有18周产假，比法律规定多两周；一些发达国家结合人口政策规定，不同胎次产假时间长度不同。如波兰、法国、保加利亚规定生第一胎产假为16～17周，第二胎为18～21周，第三胎为26周；在有些国家，产假与生育次数有关，如尼泊尔的妇女在职业生涯中只能休两次产假，埃及、牙买加和津巴布韦等只能休三次，巴哈马和坦桑尼亚，妇女每三年只允许休一次产假；一些国家还规定女工在休产假前需事先通告，澳大利亚要求女工至少在休假前12周通知雇主，芬兰要求女工在预产期前30天通知雇主；丹麦、挪威和瑞典的带薪产假可以给生育夫妻中的任何一方。一些欧洲国家还在产假期满后有半休假期，给母亲照料婴幼儿提供时间，如瑞典8年，比利时5年，法国3年。

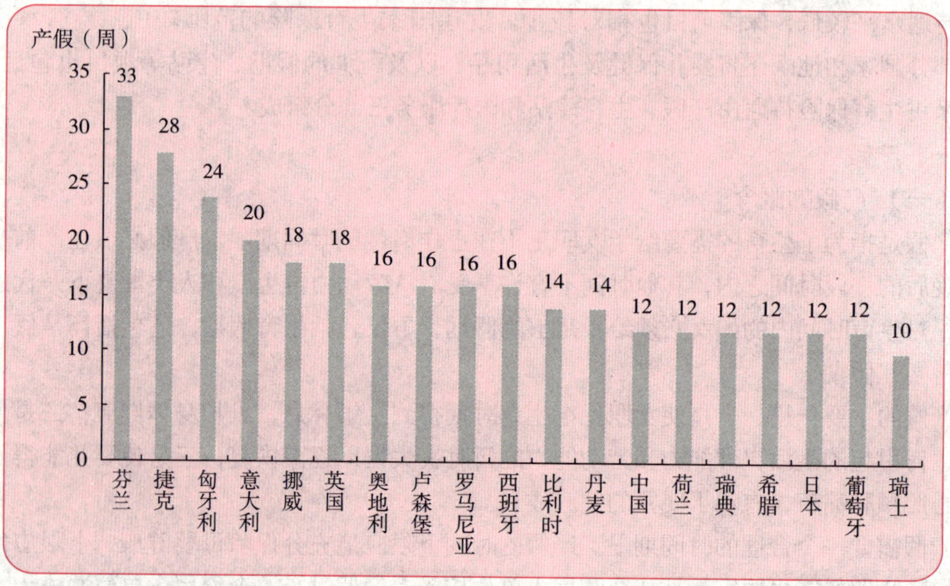

图9-1　19个国家妇女生育正常产产假比较

二、生育津贴

（一）生育津贴的概念

生育津贴，又称生育现金补助，是对女职工因生育而中断工作不能获得劳动报酬时，由生育保险给予的现金补助，是生育保险基金支付的重要内容之一。生育津贴是为了弥补女职工生育期间工资收入的损失，维护中断劳动收入的生育妇女的基本生活。

生育津贴的享受者一般是生育妇女，有的国家也包括男职工的配偶。一些国家还可以将生育津贴给予其他受益人，如瑞典、芬兰、丹麦等国规定，产妇返回工作岗位，生育津贴可支付给在家照料婴儿的父亲。

（二）生育津贴标准

生育津贴支付的标准一般按收入的百分比进行计算。从原则上来讲，生育津贴支付标准应和维持产假期间的基本生活相适应。虽然世界各国的生育津贴标准有所不同，但一般都比较优惠。国际《生育保护公约》要求产假期间的津贴不得低于产前工资的2/3。实际上，不少国家生育津贴支付标准相当于女性劳动者生育前原工资的100%，如韩国、阿根廷、巴西、俄罗斯、印度等。少数国家规定生育津贴不低于原工资的1/2，如法国为90%，德国为67%，日本为60%，加拿大为55%，是生育津贴比较低的国家。有的国家除给付定期生育津贴之外，还在每个子女出生时，发给一次性的生育津贴。一些国家的法律规定享受生育津贴的资格需要一定工作年限或最低缴费水平。

我国的生育津贴原称为产假工资，1994 年原劳动部颁发的《企业职工生育保险试行办法》将产假工资改为生育津贴。在实行生育保险社会统筹的地区，生育津贴支付标准按本企业上年度职工月平均工资的标准支付，期限不少于 90 天；在没有开展生育保险社会统筹的地区，生育津贴由本企业或单位支付，标准为女职工生育之前的基本工资和物价补贴，期限一般为 90 天。部分地区对晚婚、晚育的职业妇女实行适当延长生育津贴支付期限的鼓励政策。还有的地区对参加生育保险的企业中男职工的配偶，给予一次性津贴补助。

（三）生育津贴支付期限

生育津贴的支付时间期限一般与产假的时间期限一致。如芬兰产假为 33 周，生育津贴支付期限也是 33 周，希腊产假和生育津贴支付期限同为 12 周。

我国不同的发展时期，生育津贴支付期限有所不同，但基本上是逐步增长趋势。1988 年国务院颁布《女职工劳动保护规定》，将正常生产的产假由原来的 56 天延长至 90 天，难产、多胞胎生育，增加相应假期时间，生育津贴支付的期限也按产假期限相应延长。

表 9－3 总结了我国女职工产假、生育津贴和补助的变化过程。

表 9－3 我国女职工产假、生育津贴和补助演变过程

年份	生育产假（天）			生育津贴			生育补助		
	正常产	小产	难产及多胎	正常产	小产	难产及多胎	正常产	小产	难产及多胎
1951	56	15～30	未规定增加产假	本人工资 100%	本人工资 100%	本人工资 100%	5 尺红布零售价 4 元		难产 5 尺布，多胞胎 10 尺布
1953	56	20～30	增加产假 14 天	本人工资 100%	本人工资 100%	本人工资 100%			难产 4 元，多胎 8 元
1988	90	根据医务部门证明给假	难产增加 15 天，多胞胎每多一个增加产假 15 天	本人工资 100%	本人工资 100%	本人工资 100%			

资料来源：胡晓义、姚宏：《医疗保险和生育保险》，北京，中国劳动社会保障出版社，2012。

三、生育医疗服务

（一）生育医疗服务的主要内容

生育医疗服务是由医疗服务机构向妇女提供的妊娠、分娩和产后的医疗照顾，以及必需的住院治疗服务，是生育保险基金支付的内容之一。目前大多数国家都能保障妇女从怀孕到产后享受到一系列的医疗保健和治疗服务。我国对孕产妇的医疗服务主要是通过孕产妇系统

管理来实现的，重点服务内容包括产前保健、住院分娩、产后保健等医疗服务（见表9－4），以及计划生育手术服务、流产医疗服务、生育引起疾病的诊断和治疗等。

表9－4　生育医疗服务的主要内容

分类	服务项目	服务内容
产前保健服务	早孕保健	对孕妇进行监护，早发现、早检查、早诊断，及时发现和处理高危妊娠；避免病毒感染和接触有害物质，避免乱服药打针；建立孕产妇保险卡或围产期保健卡进行跟踪管理等
	产前检查	健全产前检查制度。第一次检查在停经后3个月内。怀孕3～7个月，每月检查一次。怀孕8～9个月，每2周检查一次，最后一个月，每周检查一次；加强孕妇健康和胎儿生长发育的观察指导，防止妊娠高血压综合症、胎位异常等合并症或其他病症；认真填写保健卡片，绘制妊娠图等
	高危妊娠筛检和管理	通过产前检查，筛出高危因素，进行专门登记和重点监护，按危险程度及早转诊，开展分娩方式评估，属于妊娠禁忌症者，应及时终止妊娠等
分娩服务	产时保健	严格执行接产操作程序，加强产程观察，预防和正确处理难产；严格掌握手术指征；防止滞产感染、出血、窒息、冻伤；加强高危产妇分娩监护等
产后保健服务	新生儿保健	掌握新生儿健康状况，对急危重新生儿进行重点观察；正常新生儿早吸、早抱奶，促进母乳喂养；严格消毒隔离制度，防止交叉感染；传授新生儿喂养和护理知识等
	产褥期保健	严格执行产褥期护理常规，防止感染；开展产后访视，产后和出院后进行初访，半月和一月各访一次，产后2天作全面检查一次；指导产褥期卫生，进行新生儿卡介苗接种等

（二）生育保险医疗服务付费方式

在医疗保险中，医疗费用的付费方式主要有项目付费、单元付费、定额付费、病种付费、人头付费、总额预付等。从理论上讲，这些付费方式都可以应用于生育保险。目前我国生育保险支付医疗费用主要有项目付费和定额付费两种方式。

1. 按项目付费。按项目付费是典型的后付制，它是根据医疗服务价格和医疗机构提供的医疗服务数量，计算保险费用支付额度。按项目付费需要明确支付项目的范围。生育保险基金支付的医疗服务项目要与一个国家的经济发展水平，尤其是要与保险基金的承受能力相适应。一般生育保险基金支付的医疗服务项目包括检查费、接生费、手术费、床位费和药品费等。

检查费：是指妇女围产期保健过程中，定期到医疗机构进行身体检查的相关费用。医疗检查项目繁多，一些检查项目是必需的，一些项目要根据实际情况而定。生育保险支付检查费的范围一般遵循基本医疗保险诊疗项目的规定。

接生费：指分娩时，医生或助产人员协助产妇娩出新生儿过程中所发生的费用。无论何种接生方式，其费用均由生育保险基金支付。

手术费：手术费支付的项目主要是胎儿分娩过程中的会阴切开术和剖腹产术。手术费用由生育保险基金支付，但手术过程中出现医护人员责任事故，生育保险基金不予支付。

床位费：是指产妇在分娩期间住院的床位费。生育保险支付床位费的标准原则上按照医疗保险的相关规定支付，或按照物价部门核定的普通床位收费标准支付。母婴同室以及高标准病房所需费用，其超出普通病床收费标准的部分生育保险基金不予支付。

药品费：指从怀孕至分娩后出院，根据需要给予的药物治疗所发生的费用。生育保险基金支付的药品范围一般遵循基本医疗保险药品目录。产妇私自到药店购药以及购买滋补和营养品发生的费用，生育保险基金不予支付。

计划生育手术费：响应计划生育号召而采取避孕、节育手术等产生的费用由生育保险基金支付。

新生儿医疗费用：一般的生育保险只针对母亲支付费用，住院生育期间新生儿发生的医疗费用（如新生儿住院诊察费、护理费、疾病筛查费、人工喂养费等）一般不予支付。但随着经济的发展，为了更好地保护下一代，提高他们的健康素质，将新生儿医疗费用纳入生育保险基金支付已成为一种趋势。目前我国的生育保险制度改革中，已有部分省市将生育保险支付范围扩大到新生儿医疗费用，如江苏、吉林、安徽等。

2. 定额付费。定额付费是指按照某一种服务的固定价格支付费用。这种支付方式能可靠地控制医疗费用，有效避免基金风险，有利于鼓励医疗机构加强医疗质量管理，促进医疗机构建立成本核算制度，降低医疗成本。定额付费带来的问题是医疗机构可能为了节约成本减少医疗服务，甚至是一些必要的服务。

由于分娩和计划生育手术等服务产生的医疗费用相对比较稳定，因此比较适合于按定额支付费用。但按一定要进行科学测算，合理确定定额付费支付标准，既要维护生育妇女的权益，也要考虑医疗机构的利益。

我国目前大多数统筹地区的生育医疗费用采用了定额付费的方式。各地根据当地医疗消费水平，按照顺产、难产、剖宫产、流产等情况，确定了相应的定额支付标准，不同级别的医院支付标准有所差异。随着社会经济的发展，生育医疗费用的定额支付标准也在逐步提高。从目前各地的定额支付标准来看，正常产、难产天津达到了 3 800 元，剖腹产（不伴其他手术）广州达到了 5 450 元，中期引产北京达到了 2 800 元，都属于较高的水平（见表 9－5）。

（三）生育医疗服务管理

生育保险与医疗保险有很多相同点，因此生育保险医疗服务管理往往是以医疗保险医疗服务管理为基础，结合生育保险的特点进行统筹管理。

表 9-5　我国几个城市职工生育医疗费用部分项目定额支付标准比较表

单位：元

<table>
<tr><th>项　目</th><th>医院级别</th><th>北京</th><th>天津</th><th>武汉</th><th>广州</th><th>成都</th></tr>
<tr><td rowspan="3">自然分娩</td><td>三级</td><td>3 000</td><td rowspan="3">3 800</td><td>2 500</td><td>3 300</td><td rowspan="3">2 000</td></tr>
<tr><td>二级</td><td>2 900</td><td>2 200</td><td>2 950</td></tr>
<tr><td>一级</td><td>2 700</td><td>2 000</td><td>2 600</td></tr>
<tr><td rowspan="3">人工干预分娩</td><td>三级</td><td>3 300</td><td rowspan="3">3 800</td><td>2 800</td><td rowspan="3"></td><td rowspan="3">2 000</td></tr>
<tr><td>二级</td><td>3 200</td><td>2 400</td></tr>
<tr><td>一级</td><td>3 000</td><td>2 100</td></tr>
<tr><td rowspan="3">剖腹产
（不伴其他手术）</td><td>三级</td><td>4 400</td><td rowspan="3">3 800</td><td>3 900</td><td>5 450</td><td rowspan="3">3 000</td></tr>
<tr><td>二级</td><td>4 200</td><td>3 100</td><td>4 550</td></tr>
<tr><td>一级</td><td>3 800</td><td>2 600</td><td>4 100</td></tr>
<tr><td rowspan="3">中期引产</td><td>三级</td><td>2 800</td><td>1 600</td><td>2 000</td><td>2 000</td><td rowspan="3">1 000</td></tr>
<tr><td>二级</td><td>2 700</td><td>1 300</td><td>1 700</td><td>1 800</td></tr>
<tr><td>一级</td><td>2 500</td><td>1 000</td><td>1 400</td><td>1 700</td></tr>
<tr><td rowspan="3">门诊流产</td><td>三级</td><td>270</td><td rowspan="3">260
（高危 600）</td><td>600</td><td>600</td><td rowspan="3">300</td></tr>
<tr><td>二级</td><td>260</td><td>500</td><td>500</td></tr>
<tr><td>一级</td><td>250</td><td>450</td><td>440</td></tr>
</table>

一是支付项目范围。生育保险支付的药品、诊疗项目和医疗服务设施范围，是在基本医疗保险规定的基础上适当扩展而来。我国 2009 年版《基本医疗保险、工伤保险、生育保险药品目录》中基本医疗保险支付的药品也属于生育保险的支付范围，同时一些标注“限生育保险”的药品，如地诺前列酮、卡前列素氨丁三醇、米索前列醇等，仅限于生育保险基金支付，不属于基本医疗保险、工伤保险基金支付范围。

二是定点服务管理。医疗机构提供生育医疗服务需先取得定点资格，并与社会保险经办机构签订服务协议，实行协议管理。从定点范围来讲，一般以医疗保险定点医疗机构为基础予以确定。目前绝大多数统筹地区医疗保险定点医疗机构都包含了妇产专科医院、计划生育技术服务机构，因此开展了生育医疗服务的医疗保险定点医疗机构都属于生育保险定点服务机构；从服务协议来讲，一般是在医疗保险定点医疗服务协议的基础上增加生育保险的相关内容和条款，以反映生育保险的特点；从医疗服务管理来讲，强调提供方便快捷的生育医疗服务，规范医疗服务行为，强化医疗监管和费用控制，达到用较低费用获得较优质服务的目的。

三是医疗费用即时结算。即时结算是 2009 年新医改提出的方便参保人员报销医疗费用的一项便民措施，同样也适合生育医疗费用的结算。即参保人员在定点医院结算生育医疗费用时，只支付按生育保险政策应由个人承担的费用，由生育保险支付的部分由社会保险经办机构与定点医疗机构结算。即时结算有利于控制医疗费用增长，减轻个人负担，同时报销手续简化，实现了零周期报销，极大地方便了参保生育人群。生育医疗费用的即时结算一般是通过强大的医保结算信息系统来实现。在开展医疗保险异地就医即时结算信息系统建设时一般纳入了生育医疗费用结算的内容，从而实现异地生育医疗费用的即时结算。

第四节　我国生育保险制度现状和改革

一、我国生育保险制度的建立与沿革

我国生育保险历来受到党和政府的高度重视。从新中国成立伊始就颁布了保护妇女权益的法律法规，到目前基本形成了以《中华人民共和国宪法》、《中华人民共和国妇女权益保障法》、《中华人民共和国劳动法》、《女职工劳动保护规定》、《社会保险法》等法律和地方法规在内的一整套保障妇女权益和促进妇女发展的法律体系，建立了与之相适应的保障妇女权益、女职工劳动保护等方面的组织机构，并采取了有力措施，有效地推动了妇女事业的发展。

1951 年，政务院颁发的《中华人民共和国劳动保险条例》，对企业女职工生育保险进行了规定，明确了生育保险实施的范围：（1）有工人职员 100 人以上的国营、公私合营、私营及合作社经营的工厂、矿场及其附属单位；（2）铁路、运输、邮电的各企业单位与附属单位；（3）工、矿、交通事业的基本建设单位；（4）国营建筑公司。同时还规定，凡在实行劳动保险的企业内工作的工人与职员，包括工资制、供给制以及学徒工、临时工、试用人员在内的女工人与女职员和男工人的妻子，均可享受不同程度的生育保险待遇。

1953 年，政务院对《中华人民共和国劳动保险条例》进行了修正，劳动部同时制定了《劳动保险条例实施细则》，对生育待遇的有关问题做了详细规定，详细情况见表 9 - 3。

1955 年，政务院颁发了《关于女工作人员生育假期规定的通知》，对机关、事业单位女职工生育保险做了规定，其基本内容与《中华人民共和国劳动保险条例》中企业的女职工一致，从而使生育待遇的覆盖面从企业扩大到机关、事业单位。

1988 年，国务院颁发了第一部比较完整的、综合性的女职工劳动保护法规——《女职工劳动保护规定》，其内容广泛，规定详尽，统一了机关、企业、事业单位的生育保险制度。该《规定》明确“不得在女职工怀孕期、产期、哺乳期降低其基本工资，或者解除劳动合同”，并将产假由原来的 56 天延长到 90 天。

1992 年，中华人民共和国第七届全国人民代表大会第五次会议通过了《中华人民共和国妇女权益保障法》，其中第 25 条、26 条明确提出：“妇女在经期、孕期、产期、哺乳期受到特殊保护”，“任何单位不得以结婚、怀孕、产假、哺乳等为由，辞退女职工或者单方解除劳动合同”。

1994 年第八届全国人民代表大会第八次会议通过了《中华人民共和国劳动法》，其中规定女职工与男职工在社会保险方面享有同样的权利，女职工生育享受不少于 90 天的产假，在生育期间依法享受社会保险待遇。为配合《劳动法》的贯彻实施，规范各地生育保险制度改革试点工作，劳动部于 1994 年 12 月颁布了《企业职工生育保险试行办法》，使生育保险制度改革在内容、标准、形式等方面得到规范。

1999 年为了与基本医疗保险制度改革在政策上进行衔接，由劳动和社会保障部、国家计

生委等联合下发了《关于妥善解决城镇职工计划生育手术费用问题的通知》，明确了参保单位职工计划生育手术费用的支付途径。

2004年为进一步推进生育保险制度建设，加强生育保险管理，保障生育职工合法权益，劳动和社会保障部下发了《关于进一步加强生育保险工作的指导意见》，要求没有出台生育保险办法的地区，要积极创造条件，尽快建立生育保险制度，已经建立的要进一步完善。进一步明确了生育保险工作要与医疗保险协同推进。在指导意见中，要求各地根据《中国妇女发展纲要（2001—2010年）》提出的2010年城镇职工生育保险覆盖面达到90%的目标要求，制定发展规划，确保目标实现。

2007年卫生部下发《关于完善新型农村合作医疗统筹补偿方案的指导意见》规定，为鼓励孕产妇住院分娩，对参合孕产妇计划内住院分娩给予适当补偿，明确了将生育医疗费用纳入新农合的支付范围。

2009年人力资源和社会保障部下发了《关于妥善解决城镇居民生育医疗费用的通知》，要求各地要将参保居民住院分娩发生的符合规定的医疗费用纳入居民医保基金支付范围。开展门诊统筹的地区，可将参保居民符合规定的产前检查费用纳入基金支付范围。

2010年国家颁布了《中华人民共和国社会保险法》，从法律上明确了生育保险是我国社会保险的重要内容。把单位职工参加生育保险、用人单位缴纳保险费，参保职工享受生育保险待遇上升为国家法律，为开展生育保险，维护女职工的生育权益提供了法律保障，有力地推进了我国生育保险事业的发展。

二、我国生育保险制度的主要内容及其发展趋势

新中国成立初期由于经济落后，国家没有能力建立比较完善的社会保险制度，加之女职工人数少，生育保险期限短，为此《劳动保险条例》从当时的国情出发规定了女职工生育费用由企业或资方负担。但是随着市场经济体制的逐步建立，这种以单位负担分散管理的生育保险制度，社会化程度低，风险承担能力差，不利于女性就业，生育保险制度的改革势在必行。1994年劳动部颁布了《企业职工生育保险试行办法》，为建立具有社会统筹特点的生育保险制度奠定了基础，经过20年的发展，生育保险制度逐渐走向完善和成熟。2010年《社会保险法》的出台更进一步明确了生育保险在我国经济和社会发展中的地位和作用。

（一）实施范围

企业职工生育保险覆盖所有的城镇企业及其职工，包括国有企业、股份制企业、城镇集体企业、私营企业、外商投资企业及其职工。在全民医保全面推进的背景下，居民医保和新农合把生育医疗费用纳入了支付范围，生育保障覆盖范围扩展到非职业人群和农村居民。以医疗保险城乡一体化管理为基础，生育保险城乡统筹开始探索，天津、成都、广州等城市陆续出台了城乡居民生育保险管理办法，对城镇非职业人群和农村居民的生育保障进行整合统筹城乡一体化管理。成都市2010年颁布的《城乡居民生育保险暂行办法》明确规定"参加我市城乡居民基本医疗保险的人员在保险有效期内，按本办法规定享受城乡居民生育保险待遇"。

（二）统筹层次

考虑到各地生育保险制度改革的进展情况，在生育保险制度改革初期阶段，实行市

（地）或县级范围统筹。生育保险按照属地原则进行管理，统筹层次逐步提高到市级统筹甚至省级统筹。一般生育保险的统筹层次与医疗保险一致，目前全国绝大多数地区是市级统筹，四个直辖市和部分省份实行了省级统筹。统筹层次的提高不仅运用了“大数法则”来分担风险，增加公平性，而且有利于加强基金监管，规范业务流程，提高服务水平。

（三）基金筹集

生育保险基金根据“以支定收，收支基本平衡”的原则进行筹集，并基本不留结余。在职工生育保险中，企业按照规定的比例缴纳生育保险费，职工个人则不缴费。由于全国各地区间经济情况差异很大，生育保险费用的支付也不平衡，具体缴费比例由地方人民政府确定，但最高不得超过企业职工工资总额的1%。居民医保参保居民，新农合的参合农民，城乡居民生育保险的参保居民（包括农村居民）个人不缴纳生育保险费，就可享受生育医疗费用报销待遇，基金支出从居民医保基金、新农合基金和城乡居民医保基金中直接支付和划拨。

（四）保险待遇

参加职工生育保险的人员依法享受生育津贴和生育医疗服务，参加居民医保和新农合人群（非职业人群和农村居民）只享受生育医疗服务。

职工生育保险生育津贴计发基数主要有：（1）按本企业上年度职工月平均工资支付；（2）按上年度社会月平均工资支付；（3）按女职工产假前月平均工资支付；（4）按本人上年度月平均工资支付；（5）按照养老保险费的缴费工资基数计发等。在生育津贴发放时间期限方面，主要以《女职工劳动保护规定》中规定的3个月产假期限为依据。一些地区根据实际，将晚婚晚育的奖励假期纳入了生育津贴的支付期限。生育津贴支付期限一般在3~6个月。城镇非职业人群和农村居民目前还不能享受生育津贴。

生育医疗待遇涵盖妊娠、分娩全过程。享受生育医疗待遇需要到定点医疗机构就医，非定点医疗机构发生的生育医疗费用原则上不予支付。女职工生育期间的医疗费用一般由生育保险基金定额支付，由生育引起疾病（并发症、合并症）的医疗费也由生育保险基金支付，支付政策参照医疗保险政策制定。女职工流产按照规定享受有关生育保险待遇；城镇非职业妇女和农村居民生育医疗费用，由居民医保和新农合按规定支付，支付范围基本与职工生育保险一致，但由于筹资水平有限，支付标准要低。如天津市女职工自然分娩定额支付3 800元，城乡居民定额支付2 280元。成都市女职工剖腹产（不伴其他手术）定额支付3 000元，城乡居民定额支付一级医院1 200元，二级医院1 600元。非职业人群、农村居民等住院分娩期间出现合并症、并发症除了定额补助外，治疗合并症、并发症的医疗费用，分别按医疗保险和新农合的有关规定予以报销。

随着社会经济的发展，生育保险支付范围不断扩大，支付水平不断提高。在生育津贴支付方面已在女职工的产假工资基础上，一些地方已将“男职工的无业配偶生育有关费用”、“独生子女父母退休奖励费”、“伺候月子费用”纳入生育保险支付范围。在生育医疗费用支付方面，一些地区提出了“落地保险”的概念，将新生儿医疗费用纳入支付范围，居民医保中参保居民生育的新生儿落地时就随母亲享受医疗保险待遇。在减轻个人负担方面，随着生育医疗费支付水平的提高，我国已经提出“生孩子不要钱”的口号，实行参保妇女在定点医疗机构分娩时，凡属政策规定范围项目内的生育医疗费用，生育保险基金全额支付、个人零自付的政策。

（五）经办管理服务

1998年以后生育保险由单位分散管理方式逐步走向集中的社会化管理方式，即由单位自行管理转变为由政府主办的社会保险经办管理机构统一管理。到2007年底，全国31个省市区实现了生育保险社会统筹制度。社会化管理符合保险大数法则，实现了生育保险的社会共济，有利于分担生育保险基金风险，提高抗风险能力，也有利于均衡企业负担，保证生育待遇的公平性。我国的生育保险经办管理未单设机构，而是纳入医疗保险经办机构统一管理、协同推进，这样有利于定点医疗服务管理，信息系统的统一建设，节约经办管理资源，降低管理成本，提高服务效率。

三、我国生育保险制度的现状

（一）制度体系基本建成

1994年的《企业职工生育保险办法》，城镇基本医疗保险（含职工和居民）、新农合中有关生育医疗费用的规定，构成了我国生育保障制度的体系框架。这个制度体系框架覆盖了所有人群，为生育保障制度的全覆盖打下了良好的基础。《企业职工生育保险办法》已经形成了覆盖企业女职工、男职工、新生儿三位一体的保障模式，居民医保保障了城镇非职业人群的生育医疗费用，新农合给农村居民提供了生育医疗费用的保障。从2009年开始，国家在吉林长春、江苏南通、安徽马鞍山、湖南常德、广东惠州、四川成都、陕西铜川7个城市开展城镇居民生育保障试点工作。通过近几年的实践，城镇非职业妇女和农村妇女的生育医疗费用得到了基本保障，保障水平也不断提高，更为重要的是统筹城乡的生育保险制度已初步形成，即城镇职工生育保险、居民医保生育保障、新农合生育保障三项制度并存，互相衔接，协同推进，为解决城乡育龄妇女住院分娩负担重问题提供了制度保障。

（二）覆盖范围逐步扩大

2004年全国参加职工生育保险的人数达到4 384万人，与《企业职工生育保险办法》颁布的第二年（1995年）相比，9年间净增2 884万人，年均增长12.6%。2004年劳动和社会保障部下发了《关于进一步加强生育保险工作的指导意见》后，职工生育保险加快了扩面步伐，到2013年底参保人数达到16 392万人，是2004年的3.7倍，年均增长15.78%，2004年至2010年参保人数均保持了年近20%的增长率（见图9－2）。2013年女职工参保人数达到7 177万人，是2009年的1.5倍，占总参保人数的比例为43%。2013年城镇职工参加生育保险的人员与同口径医疗保险参保人员之比达到了80%，比2009年新医改启动时提高了13.7个百分点。随着全民医保的实现，居民医保和新农合已经覆盖了全体城镇居民和农村居民，城乡居民享受生育保障已经成为了现实。

（三）基金收支规模逐步扩大

就职工生育保险而言，2013年生育保险基金缴费费率全国平均为0.71%，与2009年基本持平；全国生育保险基金收支规模逐步扩大。2013年全国生育保险基金收入368亿元，是2009年的3.79倍，按参保人数计算人均缴费224元，是2009年1.85倍；2013年全国生育保险金支出283亿元，是2009年的3.21倍；2009年至2013年全国生育保险基金收入年均增

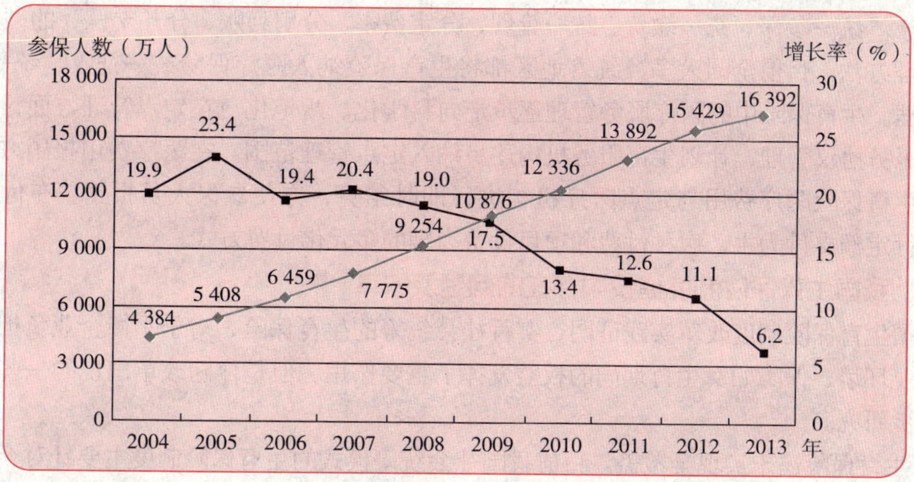

图 9－2　2004—2013 年全国职工生育保险参保人数及其增长率

长速度 29.2%，低于支出年均增长速度 33.9%。

（四）参保人员待遇稳步提高

一是受益面逐年扩大。2013 年全国职工享受生育保险待遇 522 万人次，是 2004 年的 3.0 倍，受益率从 2009 年的 1.60% 扩大到 2013 年 3.18%。2013 年全国城镇（乡）居民参保人员发生生育医疗费用人数 60 万人，同比增长 29.3%，占居民医保参保人数的 2‰。二是生育待遇水平逐年提高。据统计 2013 年全国职工生育保险人均支出为 13 455 元，是 2009 年的 1.57 倍，年均增长 11.97%。在生育保险基金支付待遇中，生育津贴支出占 70% 左右，2013 年人均生育津贴为 9 598 元，是 2009 年的 1.57 倍（见图 9－3）。

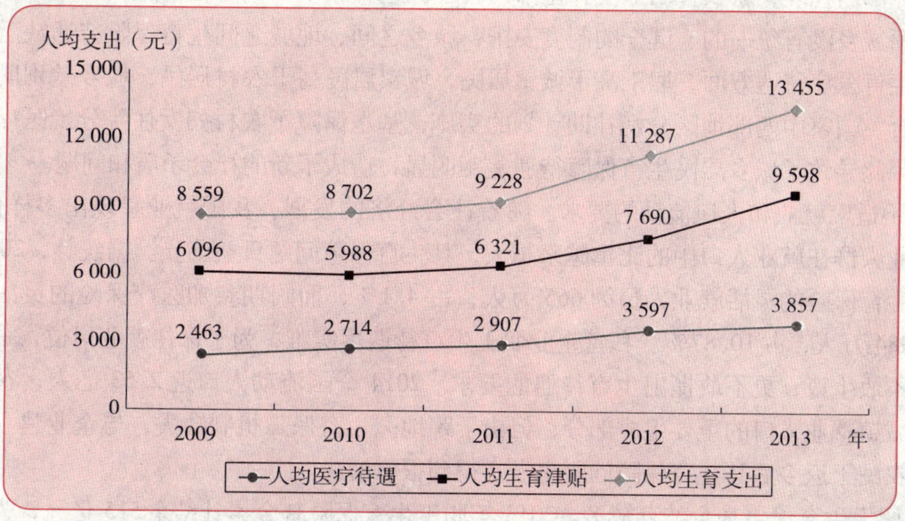

图 9－3　2009—2013 年我国职工生育医疗保险人均待遇支出

（五）经办管理日趋科学

从整合资源、简化手续，提高效率的角度，生育保险经办与医疗保险协同推进，实行与医疗保险“统一参保、统一缴费、统一管理，分定费率、分别列账、分开支付”的“三统三分”管理办法。目前全国大多数统筹地区都将生育保险纳入医疗保险统一征收、统一支付、统一管理。生育保险中的医疗服务管理逐步走向科学化、规范化。在定点管理方面，进一步强化了服务协议管理，计划生育服务机构逐步纳入定点管理范围。在医疗费用报销方面，全面推进生育保险医疗费用与定点医疗机构进行即时结算，方便参保人员报销。在付费方式上，实行定额支付为主，病种付费和项目付费为辅的多元化付费方式。

四、我国生育保险制度建设中存在的问题及改革

我国生育保险制度改革实践证明，实行社会统筹的生育保险，对于平衡企业负担、改善妇女就业环境、保障妇女生育期间的权益发挥了重要作用。但是伴随改革出现的一些问题值得进一步研究。

1. 生育保险还未实现全覆盖。目前我国社会统筹模式的生育保险制度主要针对企业职工而言，全国还有相当数量的机关、事业单位没有开展生育保险制度改革。如果把参加医疗保险在职职工人数作为生育保险应参保人数，2013 年职工生育保险参保率只有 80%；如果将城镇单位就业人员和城镇私营企业人员合计数作为生育保险应参保人数，2013 年职工生育保险参保率为 71.9%。还有一些省份的生育保险办法未覆盖机关和事业单位，造成制度上的缺失。2013 年事业单位和机关参加职工生育保险的人数与同口径的医疗保险参保人数的比例分别为 67.5% 和 59.6%。

2. 城乡生育保险分割管理。经过近 20 年的发展，职工生育保险制度体系逐步完善。城镇居民（非职业人群）和农村居民生育保障分别纳入居民医保和新农合进行管理，并在医疗保险全覆盖的强力推动下取得了长足进步。但由于目前职工生育保险和居民医保由人力资源社会保障部门管理，新农合由卫生计生部门管理。这种城乡分割管理，造成了生育保险制度建设方面城乡没有统一的、健全的制度安排，城乡之间、地域之间生育保险待遇缺乏统筹协调。在生育医疗待遇方面，职工高于城镇居民，城镇居民高于农村居民，城乡差别明显。另外新农合、国家中西部地区分娩补助计划的实施，基本保障了农村妇女住院分娩医疗费用需求，但因此导致了城乡居民生育保障待遇差距明显，造成了新的社会矛盾和问题。

3. 不适应就业和人口流动的要求。随着社会经济的发展，我国就业呈现出多样化趋势，灵活就业人群在就业人口中的比重越来越大，其生育保障问题日益凸显。据统计，2013 年参加职工生育保险的灵活就业人员为 665 万人，占 4.1%，而同期参加医疗保险的灵活就业人员为 2 984 万人，占 10.87%。私营企业职工生育待遇落实难，为了保住就业岗位，一些女职工一直不敢生育，更不敢提出生育待遇的要求。2014 全国流动人口近 2.53 亿人，农民工已经成为城镇就业人口的重要组成部分，但由于跨地区生育保障机制缺失，与企业建立了劳动关系的农民工返乡后其生育保障问题也没有得到很好解决。

4. 职工生育保险基金结存较多。2013 年职工生育保险基金累计结余 515 亿元，人均累计结余 314 元。累计结余可支付月数从 2009 年的 28.8 个月下降到 2013 年的 21.8 个月，累计结余偏高。全国生育保险基金当期结余率从 2009 年 33.34% 下降到 2013 年 23.20%，结余率仍然偏高。一些统筹地区基金收入增长超过支出增长，费率偏高，生育保险待遇调整机制不完善，待遇水平没有适时提高等是结余较多的重要原因。

5. 生育保险是否单独建立的争议。在我国一直存在是否建立单独的生育保险制度的争议。与其他社会保险险种相比，生育保险直接保障对象少。随着全民医保的实现，生育保险相关待遇完全可作为医疗保险的支出内容，相当于全民享受了生育保险待遇。同时生育是所有公民而不仅仅是劳动者的权利，国家应向每一位生育妇女免费提供保障，而不适合用社会保险制度来解决。在我国中西部地区的农村孕产妇实施了住院分娩补助政策，全国实现免费住院分娩的条件已经基本具备，因此没有必要单独设置生育保险。另外，《社会保险法》明确了生育保险是社会保险的组成部分，可提高用人单位招用女职工的积极性，促进妇女平等就业。生育保险费由用人单位缴纳，职工个人不缴纳生育保险费，有利于体现权利和义务对等。生育保险基金每年用于生育津贴的费用约占基金总支出的2/3以上。基于上述因素，医疗保险难以完全代替生育保险，我国现阶段仍然保持了单独的生育保险险种。

资料与案例

外来工纳入生育保险　女工生育可享待遇1万元

外来女工因为“生不起小孩”而光顾“黑诊所”，结果遭遇不测的悲剧可望大幅减少！广州市政府公布，从2015年7月1日起，将非广州市城镇户籍职工纳入到生育保险中，至此，广州市社会保险五个险种（养老、失业、医疗、工伤、生育）已全部覆盖至外来工。用人 单位应为全体职工统一按工资总额的0.85%缴纳生育保险费。

据调查，目前广州外来工，20～35岁（生育年龄）的女职工人数占外来女职工总数约77.86%，而本市城镇户籍职工中此年龄段女职工人数占本市女职工总数42.33%。为保证基金的平衡，经严格测算，生育保险缴费费率由原来的0.7%调整至0.85%。按目前的缴费基数计算，用人单位为参保职工缴纳的生育保险费每月人均仅增加4.23元。

根据广州市生育保险规定，所有职工参加生育保险累计满一年后，凡符合国家人口与计划生育政策生育的，女职工可享受生育津贴（即产假工资）、生育医疗费、一次性分娩营养补助费。男职工在妻子分娩后，并领取了《独生子女父母光荣证》的，可享受男配偶10天假期工资。享受生育保险待遇水平将与参保时缴费工资基数成正相关。

资料来源：马汉青、陈伟秋等：《外来工纳入生育保险 女工生育可享待遇1万元》，中国医疗保险网。

思考题

1. 什么是生育保险？与其他社会保险相比，生育保险有哪些特点？
2. 建立生育保险要遵循哪些原则？
3. 生育保险基金筹集原则是什么？如何筹集生育保险基金？
4. 简述生育保险缴费率测算的基本思路。
5. 生育保险待遇的主要内容是什么？生育保险基金支付的主要内容是什么？
6. 我国生育保险制度改革的主要内容有哪些？简述我国生育保险制度的现状。

第十章 失业保险制度

本章知识结构

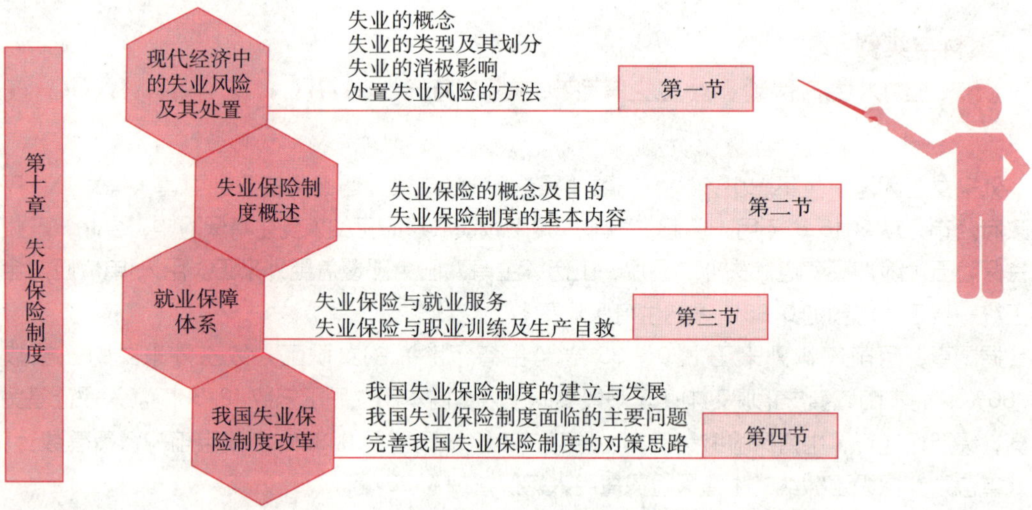

学习目标

- 掌握失业的基本概念和分类。
- 掌握失业保险的概念和基本内容。
- 理解失业保险与就业服务、职业训练以及生产自救之间的关系。
- 了解我国失业保险制度发展历程、主要问题及相关改革思路。

失业是现代社会不可避免的现象，是工业化的副产品。失业现象大量发生，不论对于一国经济社会的良性运行，还是对失业者个人的正常生活，都会带来很大影响。因此，如何有效地对付失业一直是各国劳动力政策关注的重点，举办失业保险便是其中主要对策之一。

第一节　现代经济中的失业风险及其处置

一、失业的概念

失业与就业是两个相对的概念，要弄清楚失业的概念必须先了解就业的概念。

就业是指在一定的物质基础和社会形式下实现的劳动力要素和生产资料要素的结合，其实质是劳动过程中人和物的结合。我们日常生活中使用这个词时，大多是指个人的就业行为，如“×××正式参加工作，就业了”等，这是指一个有劳动能力的人参加某种有报酬或某种收入的社会劳动。

失业有广义和狭义两种概念。狭义的失业是指劳动者劳动过程的中断；广义的失业既包括劳动者劳动过程的中断，也包括达到劳动年龄的社会成员未找到工作前的特定阶段(在我国通常称为“待业”)。国际上一般是从广义上解释失业的。

西方经济学家认为，在实行自由市场经济的社会，劳动力市场给予个人选择工作的自由，因此在任何时候都必然存在某种程度的失业，并认为，只要失业水平不超过这种程度就是正常的。这就是所谓正常性失业。那么到底多少人失业才算正常呢？经济学家提出的标准是各不相同的。1945 年美国经济学家 J. M. 克拉克认为美国的失业率大约 5.5% 是正常的；C. A. 摩尔根在 1947 年所著的《收入和就业》一书中认为 5% 的失业率是正常的；W. H. 贝弗里奇则认为英国经济有 3% 的失业是“可以允许的不能避免的失业”。人们一般估计，正常的失业率大概在 3% ~6% 。

充分就业是指只要一国或一个地区的失业程度不高于正常失业水平，那么该国或地区就被认为是实现了充分就业。按上面的标准，只要劳动力就业率在 94% ~97% 就是充分就业。

二、失业的类型及其划分

要对失业进行深入的研究，进而制定适当的社会政策，必须对失业的形态给予分类。理论界对失业进行分类的标准都是失业的原因，由于对失业原因的看法不同，因而分类的结果也不一样。

(一) 古典学派的分类

古典学派代表之一，英国的庇古（A. C. Pigou）教授在 1933 年出版了一部叫《失业理论》的书，将失业的产生归因于工资政策不能将工资随劳动实际的变化而自动调整，以及劳动力供需失调。由此，失业被划分为两类：一类是自愿性失业，指劳动者不愿接受现行工资或不愿降低收入水平而自动放弃就业机会；另一类是摩擦性失业，指就业市场组织不健全，职业供求信息不畅，而使一部分劳动者一时找不到工作，或者是由于资本配置失调，预测错误，使劳动力供求失调而引发的失业。

古典学派的就业理论建立在充分就业的立论上，所以把失业归为自愿性失业和摩擦性失业两种，而没有非自愿性失业。庇古教授主张规定合理的实际工资，以减少自愿性失业；主张健全就业市场的组织，加速职业供求信息流通，以减少摩擦性失业，从而达到充分就业。

（二）凯恩斯的分类

1936 年英国著名经济学家凯恩斯出版了划时代的巨著——《就业、利息和货币通论》，提出了新的失业理论。这一理论与古典学派完全对立，建立在不完全充分就业的理论之上，认为失业不仅有自愿性失业和摩擦性失业，还有非自愿性失业，总共三种形式，并且，第三种形式恰恰是本来意义上的失业。所谓非自愿性失业，是指在现有的货币工资下，如果劳动者愿意提供的总劳动供给超过雇主愿意雇用的总劳动需求，那就会出现非自愿性失业。也就是说，失业劳工愿意接受现有的工资水平而就业，但却找不到工作，无业可就。

凯恩斯认为，非自愿性失业的大量出现是经济危机的特征之一，这种失业是由总需求的不足引起的，因此只有增加有效需求，才能增加就业，从而解决失业问题。

（三）经济学家的一般分类

经济学家通常将失业分为周期性失业、技术性失业、结构性失业、摩擦性失业和季节性失业五种。

1. 周期性失业。周期性失业也叫需求不足的失业。这种失业是由于总需求不足，也就是经济上的总支出或者社会对商品和服务的总需求不足以为充分就业提供适当的工作职位所造成的。周期性是资本主义经济发展的显著特征，一个经济周期一般要经历危机、萧条、复苏、高涨四个阶段，而后又进入下一个周期。在高涨阶段，社会对商品和服务的需求旺盛，机器设备能得到充分利用，劳动力的就业率最高；进入危机阶段后，消费支出、商业投资支出和政府支出等社会总需求的几个主要部分开始下降，就业率下降，失业率上升；转入萧条阶段后，总需求的增长基本停滞且处于最低水平、劳动力的就业率最低，失业率最高，且失业期较长；在复苏阶段，各项需求开始回升，失业率逐渐下降，直至进入下一个循环周期。周期性失业是各种失业中最严重的一种，它几乎不能预测，持续期也不定。美国在 1932—1933 年失业率高达 25%，造成的损失可想而知。

2. 技术性失业。虽然技术进步对失业的影响受多种因素的制约，但是对特殊的个人、行业和地区来说，短期的影响是很明显的，特别是对中年以上教育程度较低、技能差和收入水平较低的工人影响更为严重。所谓技术性失业，是指使用新机器设备和材料、采用新的生产工艺和新的生产管理方式，导致社会局部生产节省劳动力而形成的失业。

3. 结构性失业。结构性失业是指由于国民经济产业结构的变化以及生产形式和规模的变化，劳动力结构不能与之相适应而导致的失业。社会在发展，新的生产和服务领域不断出现。开辟一个新的生产和服务领域，一方面能提供新的就业机会，但同时也要挤垮一部分老的生产和服务领域，将一部分人抛入失业队伍之中。据苏联有关方面统计，在国民经济中，每年产生近 600 种新的专业，淘汰 500 种旧的专业。西方发达国家从 1950 年到 1965 年的 15 年内，原有工业体系中有 8 000 多个技术工种逐渐消失，同时又产生了 6 000 多个新工种。从原有生产和服务领域中被分离出来的人员重新就业，需要进行转业训练，有的可能只能接受比原来收入水平低的职业。结构性失业与技术性失业的一部分是重合的。

4. 摩擦性失业。摩擦性失业是指由于求职的劳动者与提供的岗位之间存在着时间差而形成的失业。例如，从学校毕业的学生进入劳动力市场后获得第一个职位需要长短不一的时间，劳动者从原来的职位退出后到找到新的职位也要中断一段工作时间，这些都是摩擦性失业的表现。摩擦性失业是一种经常性的失业，在市场经济体制下，这种失业不断出现。在经济繁荣时期，摩擦性失业降至低点，但由于劳动力市场有摩擦（如劳动市场不健全、供求信息不畅通，求职者知道有工作机会，但缺乏流动性，求职者本身的技术、教育、地区、年龄、性别、资历等与雇主对职位要求的特性不匹配等），仍存在这种失业。在经济不景气时期，摩擦性失业愈加显著，个人就业或重新就业需要经过更长的时间。如果一个国家能够保持较高的经济发展水平，摩擦性失业的影响不会对社会构成太大的问题。这种失业可以通过私营的和公平的就业介绍机构得以减轻。

5. 季节性失业。季节性失业是指由于某些行业生产条件或产品受气候条件、社会风俗或购买习惯的影响，使生产对劳动力的需求出现季节性的波动而形成的失业。

三、失业的消极影响

失业现象的存在无论是对国家，还是对个人或家庭，都会带来一系列的消极影响。

（一）失业对国民经济的影响

1. 损失劳动力资源。劳动力资源具有非再生性，劳动力闲置，劳动能力不能发挥，哪怕是几个小时的损失，也再不能恢复。20 世纪 30 年代大危机时期，全美国一年估计有 7 000 万～8 000 万的劳动量损失，国民经济是难以承受这种损失的。

2. 损失货物和劳务。由于劳动力资源未被利用，本来可以生产出来的货物和劳务没有被生产出来。有人估计，美国 20 世纪 30 年代经济危机大约损失了 1 240 亿美元的货物和劳务，相当于 1941 年的国民总产量。1963 年 5.7% 的失业率意味着损失了 600 亿美元（按当时价格）的货物和劳务。

3. 引起经济停滞。如果失业率高且失业持续期延长，那么，目前的生产设备必然有一部分闲置或开工不足，使用率远在生产能力以下，企业将不致力于进行技术革新、购买新的生产设备，其结果是经济发展缓慢甚至出现停滞状态，而人口又在不断增长，因而人民的生活水平可能下降。

4. 影响劳动力素质的提高。在经济危机期间，工人失业或降级使用，不能最大限度地利用技术，也不会按正常规律来训练技术工人，劳动力的质量会下降，将影响今后的劳动生产率水平的提高。这是一种间接的、质量上的损失。

（二）对失业者及其家庭的影响

1. 失业导致失去收入来源。劳动者失业后最直接的影响是失去了收入来源，而对于一般的工薪阶层而言，这是他们维持生计的依赖所在。收入的失去将使他们的生活陷入困境之中，威胁失业者及其家属的生存。

2. 丧失尊严。在社会中，人们一般都认为技术素质、品质好的工人能够找到并保住自己的工作。如果一个人找不到工作或被解雇后不能再就业时，就有可能失去别人对他的尊敬，而这一点又是人们非常珍视的。随着失业时间的延长，失业者会产生无用感，觉得自己在为自己、为家庭谋生的重大问题上因自己无能而被社会排除在外了。当家里能用来换取生存的物品耗光后，他们可能会产生失望或绝望感，只能靠别人的施舍度日。有的可能走向堕落、犯罪，用违反正常社会秩序、损害他人利益的手段使自己得以生存。

3. 对社会失去信心。如果失业者长时间找不到工作，就会对他们所处的社会制度（社会的、经济的、政治的）失去信心，对社会现状持激进的批判态度，这种广泛的社会思潮易导致暴力行为和经济的、社会的变革。20 世纪 30 年代世界性经济危机时期，心理学家们曾调查许多群众团体，发现失业或害怕失业者对现状持激进态度。他们进行了一个实验，对象为工程师，根据相似性原理用匹配法将他们分成相似的两组，一组就业，另一组失业，经仔细研究后发现，失业这一组更加玩世不恭、悲观，持激进的观点，就业组中那些害怕下次失业会轮到他们的人持激进态度。

由此可以看出，失业问题不仅只是一个经济问题，也是一个社会问题，大量失业现象的存在还将影响到社会与政治的安定，所以各国政府都很重视失业问题。西方国家多年来的经验中有一条，就是在宏观经济政策目标中，把充分就业排在第一位，而把稳定物价排在第二位。

四、处置失业风险的方法

解决失业问题的对策主要有以下几种：

1. 失业救助。这是失业问题由失业者个人及家庭负责转向社会负责的第一步。早在 14 世纪，英国的行会就采用合作互助的方式救助会员。在未实施社会保险制度之前，大多数国家是采用这种方式来解决失业问题的。失业救助是指当劳动者失业时，由政府提供救助金以维持生存。但失业救助并不发给每一个失业者，只有当失业者证明自己的收入或资产不足以维持家人的生存时才有资格获取救助，如果失业者有其他的收入来源或可以依赖过去的储蓄为生时则不予救助。亦即失业救助以需要为前提，需要进行资产调查，这就可能触及个人的隐私，打击个人的自尊心，所以这是一种解决失业问题的消极办法，目前只在少数几个国家使用。

2. 失业保险。这是对付失业的第一道防线。失业者在失业期间仅有支出而无收入，这将引起经济困难，而消除这种困难的有效途径就是让工人在就业时就必须把收入的一部分留下来以备失业时用。虽然储蓄也可以发挥一定的作用，但个人准备的储蓄其保障程度远不及集合社会多数人的力量准备的失业保险。失业保险在失业者失去正常收入时通过给付失业津贴维持失业者本人及其家属的正常生活，预防社会问题的产生，并且失业保险本身具有减少失业的功能。当失业现象不严重时，通过提取一定的保险费累积起来，减少一部分消费支出；当失业大幅度增加时，用过去积累的基金支付失业津贴，维持一定的社会购买力，刺激生产，防止经济继续衰退，维持一定的就业水平。

3. 以工代赈。即由政府举办公共工程，吸收失业劳动者参加劳动，发给工资。这种方式与“济贫”时期的强制劳动有本质的区别。后者是统治者在居高临下地施予失业者一定的物质救济的同时，对失业者的一种体罚措施，失业者参加这种劳动是被迫的，是以失去人格尊严和自由为代价的，而以工代赈则完全相反，它让失业者通过参加劳动获取工资的形式得以维持生存，参加劳动的失业者人格不受损害，行动自由，并且它比单纯的失业救助进了一步，劳动力资源没有浪费，使失业者从单纯的消费者变成了生产者，不是只消耗社会财富，而是在为社会作贡献，失业者的隐私也得到了保护。在“5·12”汶川大地震灾后重建期间，寻求政府力量和市场作用的有机结合，充分发挥以工代赈的独有优势和作用，帮助受灾群众就业、优化配置灾区丰富的劳动力资源，通过劳动投入最大限度地弥补重建资金的不足，激发受灾群众的主体意识和自立精神，以自救和他救相结合的方式，使灾区人民迅速渡过难关，取得了良好的效果①。

4. 开展就业服务，减少摩擦性失业。这是充分利用现有生产资源，最大限度地利用劳动力资源的好办法。就业服务包括就业市场的职业介绍、职业指导和就业咨询，为提高就业服务水平应当通过建立职业供求信息的共享数据库和操作平台，实现区域之间就业信息的有效传递。在现代化国家，就业服务工作越来越受到重视，被认为是政府服务公民、安定社会的基本职责。

5. 开展职业教育，减少结构性失业。在现代市场竞争中，欲取得有利的竞争地位，占领市场，必须提高劳动生产率，降低生产成本。于是新技术、新设计、新设备被不断地采用，旧的技术、设备被淘汰，原有的生产组织解体。新设备要求有新技术与其配合，只拥有旧技术的工人将被淘汰，从而产生结构性失业。因此，必须开展职业教育。其形式多种多样，如就业前教育、进修、速成教育等，让工人掌握新技术，适应新的生产岗位的要求，预防失业。

上述这些对策虽已被各国广泛采用，但总的来说是治标不治本。解决失业问题的根本出路在于开发资源，发展经济，创造更多的就业岗位。特别是对人口迅速增长的我国来说更是如此，只有经济稳步增长，才能从根本上解决我国目前日趋严重的失业问题。

第二节　失业保险制度概述

一、失业保险的概念及目的

（一）失业保险的概念

失业保险是指国家通过立法，集中建立保险基金，对遭遇失业风险而中断收入的劳动者在一定期间提供基本生活保障的一种社会保险制度。

对失业风险的转移和承担经历了一个历史性的过程。失业风险最早是由失业者个人及家庭承担的，后来发展到行会或工会组织互助互济及政府或教会用“济贫”的方式救助，再后来发展到实施自愿性的失业保险制度，最后才发展到用社会保险技术来分散失业风险，在这当中，新兴的工会组织，尤其是国际性的工会组织起了作用。

最早实施失业社会保险的是英国。1911 年 12 月 16 日世界上第一个失业保险法在英国通过。但当时只顾及失业风险特别大的机械、造船和建筑等行业，资金来源于雇主、工人和公共基金（国家财政），三方各分摊 1/3。1920 年后，失业保险迅速扩大到大部分工商业的工资收入者。第一次世界大战后，失业保险扩及欧洲许多国家，到 1997 年初，世界上已有 68 个国家和地区建立了失业保险制度。

① 辜胜阻、易文：《灾后重建要强化灾区群众的主体意识和自立精神》，载《光明日报》，2008－06－30。

（二）失业保险的目的

失业保险的目的可分为基本目的和派生目的两大类。

1. 基本目的。失业保险的基本目的是为失业者提供基本生活保障，帮助失业者重新就业。具体表现在以下几个方面：

（1）提供现金给付，维持失业者的基本生活水平。失业保险在失业者非自愿性失业期间以不伤害他们的自尊的方式，对他们提供现金给付。一般来说，对大部分劳动者而言，遭遇短期失业风险是主要的，所以失业保险一般只提供短期给付。给付金额应以失业者原有的工资水平为基础，能够维持失业者及其家人的基本生活，不至于生活水平大幅度下降。

（2）提供求职的缓冲时间。失业保险的适当给付，给失业者提供了寻找工作的缓冲时间，让失业者可以去寻找适合自己技术和工作经验的职业。它也可以使失业者在失业期间得以生存，等雇主恢复生产时重回原来的工作岗位。

（3）帮助失业者重新就业。失业保险通过提供就业咨询、职业介绍，让失业者能比较充分地进行职业选择，指导、帮助他们尽快重新就业。同时，为失业者举办转业培训，使失业者提高生产技能，增强竞争就业的能力，为他们稳定就业提供条件。

（4）开展生产自救。通过创办生产自救基地，对因个人条件较差或其他原因暂时难以就业的失业人员，组织他们参加临时性生产，解决再就业前生活上的困难。

2. 派生目的。失业保险的派生目的是指通过举办失业保险在经济上能够起到促进经济稳定，提高经济效率的作用。其表现为：

（1）反周期性的经济危机。失业保险能通过保险费的提取和保险津贴给付的时间差，起到反周期性经济危机的作用。亦即在经济繁荣时期，参加失业保险的劳动者须缴纳保险费，减少部分消费支出，有抑制生产扩张的作用；在经济萧条时期，则可利用失业保险金以维持劳工因失业丧失收入时的生活，能保持一定的购买力，有缓和生产萎缩的效果。故失业保险常被视为一种内在自动稳定器。

（2）改进失业的社会成本的分配。如前所述，失业保险的保险费率往往是根据雇主的实际解雇程度来确定的。如果厂商有很高的解雇率，就得负担较高的失业成本，而将这些成本附加于产品中，提高其产品的价格，这样可在市场上反映出它们的真实价格。

（3）鼓励厂商稳定雇佣关系。由于失业保险的保险费率是根据厂商的解雇率来确定的，解雇率越高，则失业保险费率越高，这样，在各厂商、产业之间就有不同的保险费率。通过保险费率的变动，诱导厂商尽可能地稳定雇佣关系，以减少保险费的负担。

（4）减少熟练劳动力的流失。熟练工人对于企业的发展十分重要，但在企业遇到特大困难而不得不停工停产时，熟练工人也将被解雇，然而他们可借助失业保险津贴维持失业期间的基本生活，不至于另寻新职，一旦企业恢复生产时又可自由回到原来的工作岗位。这些熟练劳动力的保持将极大地促进企业恢复生产。

除此之外，失业保险还在维护社会稳定、促进社会公平等方面起着巨大的作用，此处不作详述。

二、失业保险制度的基本内容

（一）享受失业津贴的资格条件

1. 失业者必须处于法定劳动年龄。国际上为保障劳动者的身体健康和其他有关权利，一般对劳动者的年龄从法律上做了明确规定。因为失业保险是一种在职保险，未达到劳动就业年龄的人不存在就业问题，所以就谈不上享受失业保险。对于未达法定劳动年龄而参加劳动的童工，属非法用工，不包括在就业者的范围内，无所谓失业问题；对于超过法定劳动年龄而仍在工作的劳动者，失业后作退休处理而不应享受失业保险；对于超过法定劳动年龄已经退休后又重新就业的，不存在失业和享受失业保险待遇的问题。

2. 失业前必须有就业或缴费的记录。社会保险是一种纳费的保障制度，要求权利与义务相一致，所以一个失业者能否享受失业保险待遇要视其是否首先履行了劳动义务而定。对于从未工作过的人，一般没有资格享受失业保险，对于刚参加工作不久就失业的劳动者，要视工作时间长短和缴费时间长短而定。

对工作条件的规定有三种方法：只规定工作时间、只规定缴费时间或工作时间和缴费时间都规定。

对工作时间的规定有两种形式：一种是要求失业前一年或几年内至少工作过一定时间。如前南斯拉夫规定，只要失业前连续工作 9 个月或间断工作 12 个月，就可取得失业保险资格；卢森堡规定为申请前 12 个月内就业 26 周；瑞士规定为失业前 2 年就业 6 个月。另一种是依据不同的年龄规定不同的工作时间，因为年龄不同参加经济活动的年限不同，如比利时规定 18 岁以下，失业前 10 个月需工作 75 天；18～25 岁，失业前 10 个月需工作 150 天；26～36 岁，失业前 18 个月需工作 300 天；36～50 岁，失业前 27 个月需工作 450 天；50 岁以上，失业前 36 个月需工作 600 天。

对缴费时间的规定多以失业前一段时间内的缴费时间作标准。如乌拉圭规定失业前 12 个月付保险费 6 个月；智利的规定是失业前 2 年 52 周或 12 个月持续不断付保险费；埃及的规定是自参加保险到失业付保险费 6 个月中 3 个月为连续的；厄瓜多尔规定为失业前付保险费 24 个月。

对工作时间和缴费时间同时进行规定。如芬兰规定最后 6 个月内付保险费 6 个月且工作 26 周；巴西规定失业前 4 年付 36 个月社会保障费和失业前有 6 个月从事有报酬就业；意大利规定至少参加保险 2 年并在最后 2 年付保险费 52 周。

但在少数几个自然条件较好、经济比较富裕的国家，只有居住时间而无工作时间和缴费时间的规定。如澳大利亚规定提出申请前须有 1 年居住期（或打算长期居住者）；毛里求斯规定本国人连续居住 12 个月，外国人连续居住 5 年；新西兰规定居民任何时候只要持续居住 12 个月即可。

另外，目前有更多的工业化国家对于不能立刻找到工作的辍学者和大学毕业生作例外规定，即使他们以前没有参加过任何工作，同样有资格领取失业津贴。

3. 必须是非自愿性失业。这个条件是衡量是否属于失业，是否有资格享受失业津贴的前提。只有在劳动者有就业愿望而无业可就的情况下才有资格享受失业保险。自愿失业是由个人的原因造成的，或是嫌工作不体面，工资收入太低，或是有其他的考虑等，对这种失业应由个人负责，国家和社会没有义务提供失业保险。非自愿性失业是由社会的、自然的等非失业者个人所能左右的因素决定的，国家和社会有责任帮助他们渡过难关，克服不幸。

非自愿性失业者申请保险给付还必须具备以下两个相配套的条件：一是要到相应的就业机构进行登记，并表示愿意听从就业机构的工作安排，并且在领取津贴期间应按期向该机构报告；二是失业者本人须有再就业的劳动能力。

但不是所有的非自愿性失业者都能享受失业保险，在下列情形下的失业，虽是非自愿性失业，但失业的责任全在失业者本人自己，所以作为自愿性失业处理，不能享受失业保险。

（1）失业是由于失业者个人品行不端、严重过失而被企业开除造成的。被雇用者必须遵守单位的有关规章制度，维护企业的形象。如果被雇者违反有关规章制度，甚至故意制造事端，影响企业生产，危害他人利益而被开除也能享受失业保险的话，那么企业正常的生产秩序就不能维持，他人利益也不能得到有效保护，最终危害整个社会，与失业保险的目的背道而驰。

（2）不接受就业机构提供的适当职业。许多国家都规定，如果失业者拒绝接受一个适当的职业的话，将被暂时或永远停止给付。人的欲望是无止境的，每个人都希望获得声望较高，收入水平高，能给自己提供方便、升迁机会的职业，这些都是难以满足的，因此必须对失业者进行职业选择上的限制，避免出现利用种种借口不去重新就业而继续领取津贴的现象。但这并不是说失业者对就业机构提供的任何性质的工作都必须无条件地被迫接受，他只需接受适当的工作而有权拒绝不适当的工作。这样做，一方面可以保证失业者的劳动自由，另一方面充分发挥失业者的长处，让企业避免代价过高的轮换。所以，“适当职业”这一概念就成了失业给付制度的关键。

尽管如此，目前世界各国对“适当职业”的定义却各不相同，大多是采用一种列举式的解释。国际劳工组织第44号公约提出的参照标准有以下几项：专业、工作地点、报酬和其他条件、无劳资纠纷以及申请本人的状况等。一般说来，“适当职业”应包括下列条件：

①提供的职业应与失业者的才干、能力、学历、工作经验相适应，必要时还要考虑他的年龄。但并不是无限期地作此保证，而是有期限规定，超过期限就可以向他提供原职以外的工作，这个期限有的在法律上定得很明确，如丹麦为1年，加拿大、美国是根据各人情况而定，澳大利亚是由行政机构自己确定。

②应考虑工作地点离居住地的距离。比利时和卢森堡是规定每日上下班的路途时间，瑞士是规定能够每日回家，美国是对距离给予限定，还有的国家规定只要排除搬家的可能性即可。

③应考虑该工作的报酬率和工作条件不得低于原工作的报酬率和工作条件，如马耳他、塞浦路斯、英国等国。有的国家并不考虑失业最后的工作报酬，而是考虑对类似工作的集体协议报酬，如在加拿大、芬兰、瑞典等国，这种规定是比较多的，而美国和巴巴多斯则规定，只有当工资和劳动条件大幅度低于同一地区类似工种的条件时才视为不适当。

④由于劳资纠纷而停工所空出的名额不属于适当职业，如意大利、荷兰、瑞典、美国等都作此规定。

（3）不接受就业机构提供的再就业培训的。为提高失业者的技术素质和工作能力，增强他们的职业竞争能力，有关的就业机构会根据不同的情况安排一些职业方面的培训。对拒绝接受再就业培训的作拒绝接受职业介绍处理。

（4）出于经济或政治原因，直接参加反对企业主、反对政府的罢工、游行而失去工作的。社会保险是一种社会政策，是统治者稳定社会的重要举措，和政府、企业对抗者可能被开除，如果还给失业保险的话，显然违背了社会保险的政策目标。

以上所列这些条件是充分享受失业保险津贴的一般要求。具体给付当中，各国的具体规定很不一样，有的甚至出入很大。

（二）失业津贴等待期

劳动者失业之后，一般不会立刻就能领到失业津贴。因此，发达国家都规定有失业津贴等待期。这样做有利于减少处理大量小额申请的琐碎管理事务，减轻社会保险机构的行政负担，节约管理费用；有利于减少欺骗行为，规定一个等待期，可让社会保险机构有时间确认申请者的真实情况，防止冒领。

规定等待期的前提是假设所有的劳动者都有能力承担失业最初几天的后果，并认为两次工作之间的短暂间隔在劳动力市场上是正常的，不应看做是应给予补偿的名副其实的失业。

至于等待期规定为多久，各国有各国的做法。（1）国际劳工组织1952年第102号公约第24条第3段准许的最长期限为7天；20世纪50年代初期的工业化国家多数都规定为7天。（2）等待期有逐渐缩短的趋势，1988年举行的国际劳工大会第75届会议通过的决议认为，等待期原则上不得超过每次失业后3天的期限，或者不得超过每年失业后6天的期限。目前各国的等待期一般都在7天之内，如澳大利亚为6天，芬兰为5天，希腊为6天，爱尔兰为3天，英国为3天，瑞典为5天。（3）已有不少国家取消了等待期，如乌拉圭、荷兰、葡萄牙、卢森堡、匈牙利、冰岛、西班牙、丹麦、保加利亚、阿根廷等国。等待期的取消只有在国家非常富裕、社会保险机构的工作效率非常高的情形下才能实行，同时应对各种假冒行径规定严厉的处罚措施。（4）发展中国家在建立失业保险制度初期，考虑到本国财力有限，工作效率、管理能力有限而失业众多的现实，有的慎重地把等待期定得较长，如加纳为30天，厄瓜多尔为60天。（5）以上所讲等待期只包括工作日数，不包括节假日。（6）对不超过一定期限的临时就业前后的失业天数看做一次中断收入时期，如英国规定两段失业当中的间隔低于或等于8日，就看做一个工作中断期。

（三）失业保险津贴额

失业津贴，从发达国家实践看，分为用于失业者本人的基本失业津贴和用于失业者所抚养的亲人的附加津贴两大类。

1. 基本失业津贴的厘定原则。

（1）津贴的给付额以失业者失业前的工资标准为上限，不得高于原来的工资标准。当今世界，劳动者的收入取决于他对社会所作的贡献，在失业期间，他没有作贡献，所以无论如何不能高于劳动期间的收入。尽管他在劳动期间已缴了失业保险费，但这个缴费额与失业津贴额相比是微不足道的。这样做还可以形成一个内在的促进机制，促使失业者积极寻找工作，尽快参与社会劳动，也有利于减轻社会的负担。否则，如果失业津贴与原来的工资没有区别的话，已经失业的人不会积极寻找工作，人们甚至宁愿沦为失业者，失业保险基金将承受巨大的压力，甚至出现严重财务赤字。西欧有些国家的实践就留下了这样的教训。

（2）津贴给付额的下限不得低于基本生活水平所要求的收入标准。社会保险的目的在于保障被保险人的基本生活，在制定失业津贴的标准时应遵循这一基本原则。所以我们应该区分失业津贴标准和失业救济标准，后者只要求保证最低生活水平，以确保社会保险功能的正常发挥。

（3）在基本给付标准之外，还应设计补充给付标准。失业者一般都有供养家庭的责任，而失业津贴往往又是维持失业者家庭正常生活的主要经济来源。如果只给予失业者个人维持基本生活的津贴额，家人的生活便会受到严重影响，劳动力的扩大再生产就会难以实现，所以在确定失业保险津贴给付标准时既要考虑如何设计基本标准，又要考虑如何设计补充标准。

2. 基本失业津贴的给付标准和方法。

（1）基本失业津贴的给付标准。国际劳工组织曾对失业津贴的给付提出了三条基本的标准：一是失业津贴应以失业者的原工资或投保费用作为制定依据；二是失业津贴宜界定在失业者原工资的50%以上；三是失业津贴可规定一个上限。目前大多数国家都把基本津贴定在原工资的50%以上（有的直接以百分数规定，有的则以绝对给付额规定，但标准均在50%以上），如埃及为原工资的60%，美国为50%，比利时为50%，希腊为50%。

下列因素将影响基本津贴的给付标准。第一，整个国家的失业形势。如果失业率高，经济形势恶化，可能会降低给付标准，或者提高津贴与就业期匹配的标准。如加拿大、荷兰以及法国都在失业率高起的情况下减少了基本津贴的发放数额，同时加拿大还规定失业率在6%以下时，就业期要求20周/年，失业率在11%时，就业期要求15周/年。失业率越高，就业期要求就越低。如近几年加拿大减少了6.67个百分点，荷兰减少了10个百分点，法国按不同情况分别减少2~3个百分点。相反，如果失业率保持在较低水平，国家的经济形势好，可能会提高给付标准。如卢森堡和瑞士已从60%分别提高到80%和70%。第二，对由国家采取重大措施而导致的失业劳动者给予较高的津贴标准。如意大利对因实施新技术而集体解雇的工人规定津贴额为原工资的80%，美国对因增加进口而大批解雇的工人规定的津贴额为原工资的78%。第三，国家的税收政策。早期社会保险津贴的覆盖范围小，津贴水平也不高，不太为人注目，而现在不同了，覆盖的范围扩大了，津贴水平提高了，所得税政策也普遍化了。尽管有些国家仍然不对失业津贴征税，但有些国家已开始征税了，如加拿大、丹麦、美国、芬兰、法国、挪威、瑞典、瑞士等。第四，国家的产业政策。有的国家对关系国计民生的产业的失业工人规定高于其他产业的失业工人的津贴额。如意大利一度规定，建筑工人失业后，可领取相当于原工资80%的失业津贴，农业劳动者失业后享有的失业津贴只相当于本省标准农业工资的40%~66%。美国对汽车、钢铁等部门的失业工人规定可领取的失业津贴，相当于原工资的75%~80%，高于其他一切部门。

（2）基本失业津贴的给付方法。对基本失业津贴的具体给付有以下几种方法：第一种，均等金额给付。不论失业者失业前收入水平多高，都规定给付同一绝对金额的津贴。如印度尼西亚一度规定每周为4 000盾。第二种，均等比率给付。即按失业者失业前一段时期平均收入水平的同一比率给付津贴，如乌拉圭，规定为最后6个月平均工资的50%，圣马力诺规定为最后4个月平均付酬的60%，埃及规定为原工资的60%。第三种，递减给付。这种方法有两种形式，一是根据失业者失业前工资水平由低到高的顺序，按由高到低的比率给付失业津贴，即原工资越低，津贴占原工资的比例越高；原工资越高，津贴占原工资的比例越低。二是根据失业时间的延长逐渐减少给付金额或降低给付比率，这种形式比较常见。如西班牙规定失业津贴在开始180天（前6个月）为平均工资的80%，第181天至第360天（第7个月至第12个月）为70%，在第360天以后（从第13个月开始）为60%；比利时规定除家长外的失业者失业第一年给付过去工资的60%，第二年或更长时间则只给付40%；瑞士1984年规定，失业津贴一般为原工资的70%，但不得超过每年69 600瑞士法郎，达到每天付90瑞士法郎时可能缩减，失业17周后缩减5%，失业34周后再缩减5%。第四种，均等金额给付与均等比率给付相结合。即把失业津贴分为两部分，一是固定部分，二是与原工资相联系的部分，这种给付方法工作量要大得多，很少有国家采用，目前只有芬兰是这样规定的。

3. 对附加津贴的给付。附加津贴只发给那些在就业期间确实抚养过的直系亲属，包括父母、配偶和未成年子女（对学生可延长到25岁），津贴额一般是按被抚养人数确定。如爱尔兰规定，供养一名成年人的补贴为每周25镑，供养儿童的补贴分别是：1名儿童每周9.4镑，2名儿童每周每人10.50镑，3~5名儿童每周每人8.7镑，6名儿童每周每人6.95镑。又如澳大利亚规定，供养一个16岁以下的子女（如学生则在25岁以下）每周16澳元；母亲（或照顾孩子的人）的津贴，每周10澳元，房租津贴每周15澳元。

4. 失业者享受社会保障其他项目的权利。失业者不仅有享受基本失业津贴和附加津贴的权利，还有享受社会保障其他项目的权利，最基本的是，在实行就业保险的国家里，享受津贴的失业者及其家属有权享受医疗。除此之外，还有的国家分别不同情况给予不同的对待。

（1）享受工伤保险。对失业者去就业部门报到或接受工作，或者到某雇主处应聘的往返途中发生的事故给予工伤保险，如奥地利、卢森堡、瑞士和德国等。

（2）计算保险期、缴费期或工作期。有些长期保险给付额的计算是以保险期、缴费期或工作期为基础的，遇到这种情况时，将失业期纳入上述各种时期，以免影响将来的其他给付。

（3）由失业保险机构代失业者缴纳其他保险费。如意大利和德国，失业者失业期间的养老保险、伤残保险和遗属保险费由失业保险机构代缴。

（四）津贴给付期限

失业保险津贴并非无限期地支付下去，而是有一个给付期上限，给付期上限足以使大多数失业者在重新找到工作前不至于过多减少收入，期满后只有很少一部分难以安置的失业者才被转去领取失业救助。因此，给付津贴期上限是变动的，国家可根据失业的严重程度和平均失业时间加以调整。

国际劳工组织第44号公约规定，失业津贴的给付期每年至少156个工作日（26周），在任何情况下都不得少于78个工作日（13周）。自从国际劳工组织第102号公约通过以来，很少有国家的最长给付期超过26周。但自20世纪70年代以来，由于失业率上升，大多数工业化国家都不同程度延长了最长给付期。日本、美国、挪威、卢森堡、加拿大、丹麦等国都是如此。

最长给付期限的设计有以下几种方式：第一种，规定统一的给付期限。在有些国家，遵循在社会保险面前人人平等的原则而作此规定。如阿根廷为6个月，匈牙利为6个月，冰岛为180天，乌拉圭为6个月，圣马力诺为100天。第二种，根据取得资格期的长短规定给付期限，并且二者呈正相关。在瑞士，取得资格6个月，给付85天；取得资格12个月，给付170天；取得资格18个月，给付350天。采用这种方式的还有西班牙、法国、马耳他、葡萄牙等国。第三种，根据失业时间的长短规定给付期限。在前联邦德国，失业12个月，给付4个月；失业18个月，给付6个月；失业24个月，给付8个月；失业30个月，给付10个月；失业36个月，给付12个月。第四种，根据取得资格期的长短和年龄规定给付期限。这种方式的特点是，考虑了失业的年龄这个因素，对于相同资格期但年龄不同的失业者规定不同的给付期限，年长者比年轻者要领取更长时间的失业津贴。

（五）失业保险的筹资方式

失业保险基金的来源与其他保险基金的来源大体相同，主要分为两大类别。第一类是税收方式，如美国主要通过向企业征收失业保险工薪税的形式筹集资金。第二类是政府、企业和个人三方共同承担的方式，世界上约有半数以上的国家采用这种方法。政府在制度运行中主要负担行政管理费用，承担弥补失业保险基金赤字的责任，如加拿大规定失业率超过4%以上时，提供与失业率相对应的财政支持。对于企业承担的缴费比例，法国、加拿大分别为工资总额的4.43%和4.34%，日本为0.9%，德国为2.15%；对于个人承担的缴费比例，按照国际劳工组织第102号公约中规定，不能超过全部费用的一半。雇员的缴费比例一般低于雇主。如西班牙雇员缴费率为受保工资的1.6%，雇主为工资总额的6.2%。有的国家雇员与雇主缴费比例相等，如德国雇员和雇主缴费率都为受保工资的3.25%。部分国家雇主缴费，雇员不缴费，如美国、意大利、俄罗斯、波兰等国。至1987年底，在实施社会保险的35个国家中，基金由政府、雇主（企业）及劳动者三方负担的有18个；由两方负担的有14个（其中由雇主与劳动者两方负担的有7个，由政府与雇主两方负担的有6个，由政府与劳动者两方负担的仅卢森堡1个国家）；由一方负担的国家2个，如匈牙利和智利；突尼斯的失业保险计划由国家社会保障基金的剩余来资助。

政府负担失业保险资金的办法一般为，或弥补资金收缴额与支出额之间的差额，或负担一部分失业保险资金的开支，雇主负担的部分一般是按本企业工资总额的一定比例缴纳，劳动者按其收入的一定比例缴纳失业保险费。

失业保险基金有下列特点：

1. 失业保险费的提取比例低于其他险种保险费的提取比例。失业风险涉及的对象比疾病风险、老年风险涉及的对象少得多，失业风险经历的时间也短得多，所需保险基金也少得多。在埃及，老年伤残死亡保险费的提取比例为工资的31%，而失业保险费的提取比例只有工资的2%，而法国，这两个比例分别是13%和3.6%，荷兰分别为38.45%和1.55%，意大利分别为24.2%和1.3%。

2. 保险费往往依经验失业率确定，因此有的国家对不同行业企业提取的失业保险费不同。如在美国，雇主负担的费率为工资的3.5%，但实际的费率依每一企业失业危险水平而不同。在葡萄牙，工业、贸易与服务部门的提取比例为7.5%（工人负担3.5%，雇主负担

4%），而农业部门的提取比例只有3.5%（工人负担1.5%，雇主负担2%）。又如圣马力诺，雇主的提取比例为工资的2%，但建筑部门提4%。日本、挪威等国都有同样的规定。这种做法可在一定程度上稳定雇佣关系。

3. 不少国家对失业保险费的提取实行最高限额。发达国家普遍对雇员失业缴费的收入有上限规定，收入超过限额部分不需缴费，也不计算失业津贴。如德国为月工资收入8 400欧元（原属东德的州为3 542欧元）以上部分不作为缴费工资，法国的上限为每月8 524欧元。也有的国家既规定上限，也规定下限，如加拿大收入上限为每周815加元，下限为163加元，以上和以下部分不缴费。这样做是为了防止失业津贴差距过大，有损公平原则。

（六）失业保险的管理机制

失业保险的管理有三种类型：第一种是国家管理类型，以英国为代表，为多数国家所采取。在英国，卫生和社会保障部门负责失业社会保险资金的管理和失业档案管理；就业部门通过所属各地办事机构和职业介绍所管理失业津贴事宜。第二种是国家监督下的工会管理类型，以瑞典为代表。在瑞典，国家劳工市场局监督失业法规的实施；工会失业基金会管理全国各行各业的失业社会保险业务（基金会由工会代表和政府代表共同组成理事会）；工会失业基金会各地分支机构负责失业保险费收缴工作，并与各地职业介绍所密切配合管理失业津贴发放事宜。第三种是劳资双方联合管理类型，以法国为代表。在法国，卫生和社会保障部门行使失业社会保险事宜全面监督权，劳资双方组成共同理事会，负责失业社会保险的管理事宜，包括失业津贴的给付等。

国家管理失业保险的专门机构一般都具备下列功能：负责失业人员的登记、建档、建卡；负责失业人员的失业津贴管理和给付工作；负责失业人员的再就业的指导、介绍工作；负责失业人员的职业培训、掌握第二职业的工作；负责失业保险费的定期收缴和管理工作；等等。

由国家成立专门机构管理失业保险是一种集中型的管理，这种管理方式与其他两种比较起来具有明显的长处：可与企事业单位密切配合，以促进各行各业以及各地区之间劳动力的合理流动；对濒临倒闭、破产的企业，可通过对其富余人员进行职业培训、重新安置的办法，加以资助，而减少失业现象，并有助于产业和职业结构的调整；可通过减免税办法鼓励企业家在失业现象严重的地区开办企业，既可降低失业率，又扶持了该地区的经济发展；可在季节性失业到来之前，预先拨款创造就业机会，以减少季节性失业现象。

第三节　就业保障体系

一、失业保险与就业服务

失业保险的目的在于维持劳动者非自愿性失业期间的基本生活，帮助他们重新就业。其途径，一是给付失业保险津贴，二是通过就业服务机构的配合。如果没有就业服务机构，社会保险制度就难以推行，因为失业的人数会保持在较高水平上，失业的时期也会拉得很长，保险津贴的给付总额将非常庞大，社会的保险费负担也会很沉重。所以要求失业者失业后即向就业服务机构进行登记，并且在失业期间还要定期向服务机构报告，否则将失去领取给付的资格。这样做，一方面可以利用就业服务机构验证失业者的合格条件，防止过度给付和欺诈现象的发生；另一方面可以利用就业服务机构的职业介绍，让失业者重返生产领域。

就业服务包括就业市场的职业介绍、职业指导和就业咨询，其目的在于沟通劳动力的供需信息，促进劳动力资源的充分利用。所以它对失业保险制度的推展起巨大的促进、稳固作用。就业服务机构的经费多来源于政府补助，但在许多已实行失业保险制度的国家，失业保险基金当中也有相当的部分用于就业服务，有的国家的就业服务费用甚至全由失业保险基金开支。如德国保费支出中，除60%用于保险金给付外，余下40%主要被用作职业介绍、职业培训及补贴、补助企业雇佣等促进就业的工作中。法国失业保险基金的26%可用于全国700多所公共职业介绍机构的工作经费。意大利通过失业保险基金为失业人员提供就业培训补贴。

总之，失业社会保险制度需要健全的就业服务制度与之配套，而健全的就业服务制度也离不开失业社会保险制度的支援，两者相辅相成，互相协助，共同开展业务。有鉴于此，国外许多已实施失业保险制度的国家，往往将二者合并在一起共同处理失业者的有关业务，如失业登记、给付申请及给付发放等。

二、失业保险与职业训练及生产自救

就业服务对失业保险十分重要，但如果就业服务只有单纯的职业介绍，就可能出现失业劳工虽经就业服务机构引荐获得某种职业，但也无能力就业的情况，因为现代社会中，各种劳动的技术含量越来越高，相应地对劳动者素质的要求也越来越高，技术性失业人数增多。因此，就业服务还应包括职业训练。

对职业训练一词有广义与狭义两种解释。广义的解释认为，职业训练是指一切传授个人知识及技能，使接受者获得谋生能力的活动，包括各产业部门为本部门员工的就业、升迁及提高技术等级等举办的各种训练在内。狭义的解释认为，职业训练仅指对劳工阶层的就业、升迁及转业等所施行的各种工作技能及相关知识及工作态度方面的训练。一般而言，人们所称的职业训练多是从狭义的角度理解的，如国际劳工组织《关于职业训练建议书》（第117号建议书）中，对职业训练的解释为：对管理阶层及领班人员以下的任何人在任何经济活动中的就业或升迁训练。日本的职业训练法认为，职业训练是指使劳工学习或增进职业上所必需的技能训练。所以，职业训练对促进国家的人力资源开发、提高劳动力的素质、促进失业者的重新就业都起很大的作用。由于失业保险的最终目的在于帮助失业者重新就业，因此，失业保险制度依赖职业训练制度的帮助、配合。

在已实施失业保险和职业训练制度的国家中，职业训练的经费大部分来自国家的财政拨款，另有一部分则从失业保险经费中提取给予补助。有些人认为，职业训练制度的实行可能导致国家负担的增加和失业保险费的开支扩大。其实不然，一则失业者通过训练可尽快重返生产领域，可减少失业津贴的支出；二则通过他们的就业生产可以增加社会的财富总量，即使从近期来看可能出现费用负担加大的情况，但从长远来看，终究是他们创造的财富大于为他们花费的训练费用。

有了职业介绍、职业训练，并不能保证所有的失业者都完全能顺利地再就业，肯定会有部分失业者因个人条件较差或其他原因暂时难以就业。对这些人，消极的办法是让他们领取失业保险津贴、失业救济，积极的办法是让他们参加劳动，进行生产自救。因此，有必要建立生产自救基地，让失业人员从企业中分离出来后不是盲目地流向社会，而是把他们组织到生产自救基地中去，边劳动、边学习、边寻找工作，在企业和社会之间形成一个“缓冲地带”。这样做，既可以让一部分职业训练在生产中进行，又可以让他们在消费失业津贴的同时为社会作贡献，还可以缓解失业人员对社会的压力。在投资建设生产自救基地时，要进行科学论证，让生产出来的产品适应社会的需求，尽量减少或避免投资无法收回的现象。

失业保险、就业服务和职业训练（生产自救）一起构成了一个完整的就业保障体系。这个体系可用图 10－1 来表示。

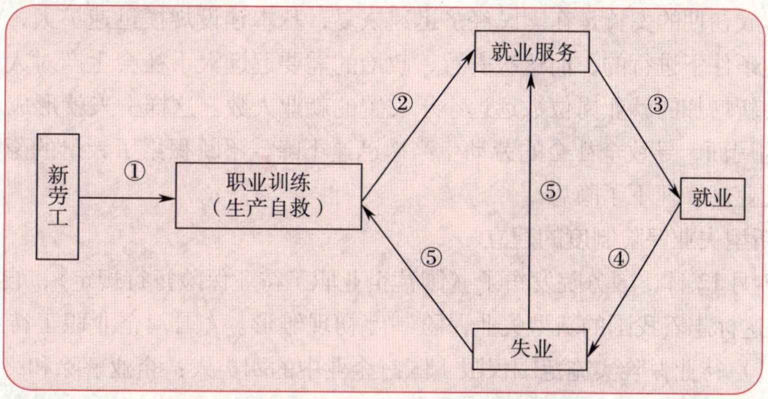

图 10－1　就业保障体系

新进入劳动力市场的劳动者经职业训练后由就业服务机构介绍就业，在就业后有一批人被分离出来而失业，对失业人员，一部分经就业服务机构介绍后可重返生产领域，一部分经职业训练后可由就业服务机构介绍就业，还有一部分只能进入生产自救基地，再择机就业。

第四节　我国失业保险制度改革

一、我国失业保险制度的建立与发展

（一）计划经济体制下的失业保障措施与就业制度

中华人民共和国成立初期，我国城镇失业人员多达 400 万人，约占当时就业人数1 533万人（其中职工 809 万人，城镇个体劳动者 724 万人）的 26%。为了保证社会安定，恢复发展生产，巩固新生政权，党和国家对此非常重视，确定了低工资、广就业的就业指导方针。在各级政府成立了劳动就业委员会，对失业主要实行失业救济与就业安置相结合的措施，采用以工代赈、生产自救、发放救济金、转业训练和动员返乡生产等多种方法。经过七八年的努力，不仅基本上消灭了失业现象，还解决了城镇新增劳动力和一部分农村劳动力的就业问题。

从 1957 年至 1966 年，我国连续 10 年没有失业现象，新中国成立初期初步形成的失业保

障措施实质上被一种特殊的就业制度所代替，淡出了社会经济生活领域，而没有演变成一种正式的失业保险制度。在1966年至1976年“十年动乱”期间，国民经济遭到空前破坏，城市的就业容量没有扩大。在缩小城乡差别和工农差别的旗帜下，全国城市动员了1 500万知识青年上山下乡，同时通过各种渠道进城做工的农民有1 300万人。粉碎“四人帮”后，下乡的知识青年大批返城，但进城的农民却已安家落户，不再返乡。从1977年开始，大量新增城镇劳动力与政府安置能力相差悬殊，形成了空前的就业压力。

从1979年至1984年，共安置了4 608万失业青年就业，失业率从1978年的5.3%下降到1985年的1.8%。无疑这对于调动各方面的积极性，迅速完成“拨乱反正”的任务起到了巨大的作用，功不可没。但这段时期的失业人员安置与解放初期的失业人员大规模安置有明显的不同。解放初期的安置是在国民经济迅速恢复，基本建设规模迅速扩大，就业岗位数迅速增多的历史条件下进行的，而这次安置，政治的需要远远大于社会生产对人力资源配置的需要，全社会新增加的就业岗位数远远小于安置的就业人数。这样一来就形成了“两个人的活三人干”的局面，导致全社会的劳动生产率迅速下降，不断积累了大量的隐性失业，为日后的第三次失业高峰埋下了隐患。

（二）新型失业保险制度的建立

1986年7月12日，国务院发布了《国营企业职工待业保险暂行规定》，自1986年10月1日起施行，这标志着我国的新型失业保险制度初现雏形。《国营企业职工待业保险暂行规定》规定：（1）待业保险实施范围仅限于国有企业中的四类人：企业解除和终止劳动合同的工人，企业辞退的职工，濒临破产的企业法定整顿期间被精减的职工，宣告破产的企业的职工。（2）企业按照其全部职工标准工资总额的1%缴纳保费，加上地方财政补贴，形成待业保险基金。（3）待业保险金享受资格：必须是原来已经工作过的职工；必须是非自愿性失业。（4）待业保险待遇包括待业救济金、医疗费、死亡丧葬补助费、供养直系亲属抚恤费、救济费，标准根据不同工龄而定，替代率为本人标准工资的50%～70%。（5）待业职工和待业保险基金的管理由当地劳动行政主管部门所属的劳动服务公司负责。《国营企业职工待业保险暂行规定》公布后，失业保险事业又迅速发展起来，为我国劳动制度乃至整个经济体制改革的进行起到了一定的保障、推动作用。

1999年1月，国务院颁布了《失业保险条例》，并自颁布之日起施行。《失业保险条例》的内容不仅与我国经济、就业制度改革进度相一致，而且在意识理论基础方面亦有所突破，认为失业是经济规律所决定的，并且是在社会主义市场经济中长期存在的客观经济现象，必须用完善的制度加以解决，因此用通行的失业保险取代了待业保险。其内容包括：（1）失业保险实施范围覆盖了城镇的企事业单位职工，其中城镇企业是指国有企业、城镇集体企业、外商投资企业、城镇私营企业以及其他城镇企业。（2）失业保险基金来源：城镇企事业单位按本单位工资总额的2%缴纳的失业保险费，职工按本人工资的1%缴纳的失业保险费，以及地方财政补贴、失业保险基金的利息收入和其他依法纳入失业保险基金的资金。（3）失业保险基金的支出范围包括：失业保险金、领取失业保险金期间的医疗补助金、丧葬补助金、抚恤金、职业培训补贴、职业介绍补贴及国务院规定或批准的与失业保险有关的其他费用。（4）失业保险金的标准：按照低于当地最低工资标准、高于城市居民最低生活保障标准的水平，由省、自治区、直辖市政府确定。（5）失业保险金领取的条件：所在单位和本人已按照规定履行缴费义务满1年，非因本人意愿中断就业的，已办理失业登记并有求职要求，这三个条件应同时具备。（6）领取失业保险金的期限：按不同情况最长为24个月，最短为12个月，农民合同制工人连续工作满1年的，本单位已缴纳失业保险费，劳动合同期满未续订或提前解除劳动合同的，据其工作时间长短支付一次性生活补助。（7）失业保险工作的主管部门为各级劳动保障行政部门。在《失业保险条例》颁布之后，上海、重庆、新疆、黑龙江等20多个省、自治区、直辖市相继根据本地区实际情况颁布了本地区的失业保险条例。

多年来，我国全面推行再就业工程，建立再就业服务中心，促进下岗、失业职工再就业。再就业工程是政府综合运用政策扶持的各种就业服务手段，促进失业职工尽快实现就业，帮助企业妥善安置和分流富余职工的社会系统工程。再就业工程的重点是为失业6个月以上有求职要求的失业职工和基本生活无保障的企业富余职工提供集中的就业服务，其主要内容包括：组织职业指导；进行转业训练；由就业服务机构组织实施求职面谈和工作试用，鼓励用人单位招用下岗、失业职工；组织生产自救，支持社会各方面兴办劳动就业服务企业或其他生产自救基地；协商有关部门，在资金、场地和税收等方面支持和鼓励失业职工和富余职工自愿组织起来就业和自谋职业。再就业工程是在我国人口多、底子薄、社会保障体系还不完善，结构调整中需要下岗的富余人员数量庞大，难以自动得到妥善安置的条件下实施的一项社会工程，是我国经济实现持续、快速、健康发展所必需的一项基础性的伟大工程。

根据1998年6月9日《中共中央、国务院关于切实做好国有企业下岗职工基本生活保障和再就业工作的通知》，全国普遍建立再就业服务中心，保障国有企业下岗职工基本生活。进入再就业服务中心的对象，主要是：实行劳动合同制以前参加工作的国有企业的正式职工，因企业生产经营等原因而下岗，但尚未与企业解除合同关系、没有在社会上找到其他工作的人员；实行劳动合同制以后参加工作、合同期未满而下岗的。再就业服务中心负责为企业下岗职工发放基本生活费和代下岗职工缴纳养老、医疗、失业等社会保险费用，组织下岗职工参加职业指导和再就业培训，引导和帮助他们实现再就业。再就业服务中心用于保障下岗职工基本生活和缴纳社会保障费用的资金来源，由国家、企业和社会（包括从失业保险基金中调剂）各负担1/3。下岗职工在再就业服务中心的期限一般不超过3年。建立再就业服务中心是保障国有企业下岗职工基本生活和促进再就业的有效措施，是我国近年来实施的一项具有中国特色的社会保障制度。

2005年11月4日，国务院颁布《国务院关于进一步加强就业再就业工作的通知》，其主要内容有：（1）对有劳动能力和就业愿望的国有企业下岗失业人员、国有企业关闭破产需要安置的人员、国有企业所办集体企业（以下简称厂办大集体企业）下岗职工、享受城市居民最低生活保障且失业1年以上的城镇其他登记失业人员，发放再就业优惠证，提供相应的政策扶持。（2）促进城乡统筹就业，改进就业服务，强化职业培训。建立覆盖城乡的就业管理服务组织体系，统筹管理城乡劳动力资源和就业工作；完善公共就业服务制度；加强劳动力市场信息系统建设，加强街道（乡镇）社区劳动保障工作平台建设，充分发挥其在促进就业再就业和退休人员社会化管理服务方面的基础作用；广泛发动全社会教育培训资源，为城乡劳动者开展多层次、多形式的职业培训，并积极推行创业培训，提高劳动者就业能力和创业能力，加强职业技能实训和技能鉴定服务工作。为解决经济运行压力增大的矛盾，2015 年 2 月国务院常务会议确定，将失业保险费率由现行条例规定的 3% 统一降至 2%，单位和个人缴费具体比例由各地在充分考虑提高失业保险待遇、促进失业人员再就业、落实失业保险稳岗补贴政策等因素的基础上确定。初步测算，仅这一减费措施每年将减轻企业和员工负担 400 多亿元。

到 2014 年底，全国参加失业保险人数为 17 403 万人，比上年末增加 626 万人。年末全国领取失业保险金人数为 207 万人。失业保险基金收入 1 380 亿元，支出 615 亿元，分别比上年增长 7. 1% 和 15. 6% 。全国领取失业保险金人员月人均领取失业保险金 852 元。

二、我国失业保险制度面临的主要问题

我国的失业保险制度建立 20 多年来，取得了很大的发展，在促进社会稳定、经济发展和改革开放等方面发挥了明显的作用。尽管如此，失业保险制度在我国经济、社会运行当中所能发挥的作用还很有限。由于我国的失业保险制度还处于初级发展阶段，因此不可避免地存在很多不完善的地方：保障覆盖面窄，享受失业保险的主要是登记失业率范围内的失业人员；失业救济金的计发标准较低，各地发放失业救济金时往往低于规定的标准；失业保险基金的支出结构不合理，用于扶持失业人员生产自救和转业训练的支出效率低下；失业保险基金使用监督乏力，有的地方把用于帮助失业者再就业的资金作为失业救济金全部发放，没有实现专款专用；失业保险制度社会化程度低，基金统筹程度不高，互济性差，可调配的资金有限，范围小。

我们知道，建立失业保险制度的目的在于给付失业保险津贴，维持劳动者非自愿性失业期间的基本生活，并与就业服务机构配合，帮助他们重新就业。鉴于我国正处于由计划经济向社会主义市场经济的转型阶段，我们更应清楚认识到当前我国社会保险制度所面临的主要问题：保障覆盖面窄，保险基金积累严重不足，保障能力十分有限，单纯依靠失业保险制度不能解决我国巨大的失业压力。

（一） 我国失业保险覆盖面窄

目前我国失业保险覆盖面扩张速度缓慢，失业保险费收缴困难的现实状况会动摇失业保险制度的精算基础，增大我国失业保险制度的风险，影响到它的正常运行，使其保障失业者基本生活和促进就业的作用明显下降。更为重要的是，与我国巨大的失业人口相比，受失业保险制度保障的人数严重偏少，这直接导致失业保险的作用和职能受限。由于失业保险具有很强的互济性，一旦其作用弱化，就会导致人们对它的认识不足，从而缺乏参保的积极主动性，失业保险制度的运作就会陷入一种恶性循环的怪圈中。

（二） 我国失业保险基金统筹层次低

按照《失业保险条例》的规定，失业保险基金在直辖市和设区的市实行全市统筹；其他地区的统筹层次由省、自治区人民政府规定。但从我国的实际情况来看，直辖市的失业保险基金基本做到了全市统筹，而其他地区的实施状况不容乐观，这样就削弱了失业保险基金的承受能力。而且由于经济发展不平衡，即使失业保险基金实现了市县统筹，也会造成各地在统筹和使用失业保险基金上的巨大差异。

（三）我国失业保险基金支出结构不合理

根据《失业保险条例》的规定，失业保险基金用于下列支出：失业保险金；领取失业保险金期间的医疗补助金；领取失业保险金期间死亡的失业人员的丧葬补助金和其供养的配偶、直系亲属的抚恤金；领取失业保险金期间接受职业培训、职业介绍的补贴，补贴的办法和标准由省、自治区、直辖市人民政府规定；国务院规定或者批准的与失业保险有关的其他费用。实践证明，失业保险基金较好地保障了失业人员的基本生活。但是用于帮助失业者再就业的基金相对较少。特别是2008年在全球金融危机的巨大冲击下，我国失业人员剧增，而失业保险基金在稳定就业等方面的作用十分有限。所以，应当加强我国失业保险基金在促进再就业方面的作用，提高劳动者的素质。

三、我国失业保险制度改革的对策思路

失业保险制度作为一种事后补救措施，它的内在缺陷总是难以避免，它解决不了大规模及结构性的长期失业，容易导致失业者不再积极寻找工作、企业容易辞退职工等问题。因此，为了促进就业、减少失业，使失业率尽快下降并保持在一个正常的水平上，维护社会稳定，保证经济体制改革顺利完成，我们应当尽快完善失业保险制度，使其健康地运行，充分发挥其应有的作用。

（一）拓宽失业保险覆盖范围

衡量失业保险制度是否完善的一个重要标准是覆盖范围。现行《失业保险条例》将非国有企业职工也纳入了失业保险范围，这无疑是一种进步，但是远远不能满足市场经济的发展。我们应该进一步扩大失业保险的覆盖范围，扩大失业保险的覆盖面可有力地保证失业保险费的来源，同时也可缓解失业保险基金的压力。

（二）实现失业保险基金筹集渠道的多样化

首先，实现失业保险基金的保值增值，是基金筹集的一个重要内容。应该拓宽失业保险基金的投资渠道。在遵循安全性、长期收益和多样化的投资原则前提下，根据支出构成的情况实行分散化、多元化的投资策略。如购买国库券、短期投资和建立社会保险银行承担投资职能等，努力使失业保险基金发挥更大的功能和作用。

（三）提高统筹层次，妥善解决地区间的利益冲突

失业保险具有集中资金，分散风险的功能。为了充分发挥这一功能，妥善解决地区间的利益冲突，必须提高统筹层次。一般来看，统筹层次越高，失业保险基金的调剂余地就越大，基金的使用效益也就越显著，地区间的利益冲突就可能减少到最小限度。建立并尽快完善"省级统筹，中央调剂"的目标运行模式，这样不仅可以保证资金的集中程度，又能减少管理环节。

（四）优化我国失业保险基金支出结构

在我国失业保险制度中应当明确规定失业保险基金支出只能用于失业保险和再就业服务两个基本项目。在实际运行中，大多只是为失业人员提供短期的生活保障，这种方式根本不能帮助失业者消除失业风险。中国的失业者主要是教育程度和技能水平较低的劳动者，部分劳动者不仅工资收入水平低而且容易遭受失业风险。为他们提供直接的就业培训，既能帮助他们解决缺乏资金的难题，又能提高他们抵御风险的能力，因而失业保险基金中用于再就业

服务的比重应当加大。积极探索经济新常态背景下完善失业保险制度的新办法和新措施。在新常态经济发展背景下，我国经济发展面临较大压力，无论是经济下行压力增大，化解过剩产能可能导致部分企业工人下岗，还是大学生就业面临的很大压力，都是经济转型和新常态背景下需要妥善解决的问题。需要用创新思维完善失业保险制度。积极探讨完善失业保险基金管理办法。探索用失业保险基金支持稳岗政策，实施范围由兼并重组企业、化解产能过剩企业、淘汰落后产能企业等三类企业扩大到所有符合条件的企业。对采取有效措施不裁员、少裁员、稳定就业岗位、符合政策范围和基本条件的企业，可以同时按该企业及其职工上年度实际缴纳失业保险费总额的50%给予稳岗补贴，所需资金从失业保险基金中列支。同时，加大失业保险基金用于职业培训和促进再就业的比例，千方百计促进就业。扩大失业保险基金使用范围的试点，取得经验尽快推广。

（五）规范和完善失业保险的管理制度

失业保险制度覆盖面广，影响广泛，要充分发挥其积极作用，就必须加强管理，规范和理顺失业保险制度的管理体制。第一，加强对失业保险基金的管理。由各省区市财政、审计、计划、劳动和工会等部门参加的失业保险基金管理委员会应切实加强对基金筹集、使用和管理的监督。同时，适应新环境的变化，积极探索扩大失业保险基金用于促进就业和增加职业培训的途径。第二，加强对失业保险机构的管理。失业保险是社会保险的一个重要组成部分，在制度、管理机构等方面也都应向统一的失业保险制度过渡。鉴于我国目前的失业保险制度管理体制不顺、政出多门等问题，应合理确定有关部门的职责、权限，解决政企不分、政出多门和扯皮内耗等问题，逐步实现政府不直接经办失业保险，而由专门成立的非营利性的社会失业保险机构负责管理，以保证失业保险事业管理和运行的相对独立。

资料与案例

20世纪70年代末和80年代初，工业化国家普遍进入了一个高通货膨胀和高失业率并存的经济滞胀时期，为减轻失业压力，很多国家大幅度改革了失业保险制度和公共就业服务制度。改革所奉行的基本理念是摆脱以往那种以不断提高保护水平为基本目标的传统做法，消除实施过度保护和过高福利政策所导致的负面影响，以便降低失业保护整体水平、实施积极的失业保护政策和最终建立确保失业人员基本生活的前提下，充分发挥其促进再就业功能的新制度。在降低失业保护整体水平方面，发达国家尤其是欧盟国家普遍采取了严格限制失业保险金申领资格、缩短津贴给付期限和降低替代率等做法。目的是减少劳动者对失业津贴的依赖心理，缩短其平均失业期限，减轻失业保险基金和财政负担，促使其积极找工作，尽快实现再就业。日本、加拿大和英国等已分别将失业保险改为就业保险和求职津贴，并将失业津贴的发放同就业安置紧密地结合起来，实行统一管理。在实施积极的失业保护政策方面，大多数国家奉行的原则是，对劳动者的失业保护不仅要体现在基本生活津贴的发放上，更重要的是体现在帮助失业者提高再就业的能力上。

1988年国际劳工大会通过《促进就业和失业保护公约》与《建议书》。这可以被看作是在失业保险方面国际劳动立法的一个分水岭。以前的标准侧重强调为失业者提供生活保障，而新的标准则倡导把失业保护措施同促进就业结合起来。该《公约》要求采取适当的步骤使失业保护制度同就业政策相协调，确保失业保护制度，尤其要将失业津贴的提供有利于促进充分的、生产性的和自由选择的就业。为实现这一目标，该《公约》对失业保护也就是失业保险制度的组织和管理做了规定：

一是保护的范围。失业保险制度应为有能力工作、可以工作并且确实在寻找工作的完全失业者提供保护，还应努力将保护范围扩大到工作时间不充分而导致收入减少的半失业者。有条件的国家应使参加失业保险的人数达到工资劳动者的85%，其他国家不应低于50%。

二是资金来源。可以采取缴费基金制，也可以采取非缴费制，或是两种办法结合。

三是失业津贴的形式和标准。失业津贴一般不低于投保人以前收入的50%或最低工资的50%。

四是等待期和津贴支付期限。等待期一般为7天，最多不超过10天。关于津贴支付的期限，如果国家立法规定津贴的支付期应随资格时间的长短而变化，则该期限至少不低于26周，但在特定的国家也可缩短到13周。

五是取消或削减失业津贴。在下列情况下，可以拒付、取消、停发或削减本应支付的失业津贴：当事人不在国内期间；主管机关断定失业是当事人自愿离职造成的；在发生劳资纠纷期间，当事人停工参与纠纷处理或由于劳资纠纷导致停工，当事人无法参加工作；当事人通过欺骗手段试图获得或已经获得失业津贴时；当事人无正当理由不利用职业安置、职业指导、职业培训、重新培训或重新安置合适工作的机会；当事人除家庭补助外得到了国家立法规定的别的收入补助，而且这种补助数额超过了失业津贴的数额时。

思考题

1. 什么是失业？它有哪些种类？
2. 现代社会处置失业风险有哪些方式？
3. 失业社会保险制度的基本内容有哪些？
4. 简述失业保险的给付条件及给付种类。
5. 就业保障体系由哪些基本要素构成？
6. 怎样认识我国目前的失业问题？如何进一步完善我国的失业保险制度？

第十一章
工伤保险制度

本章知识结构

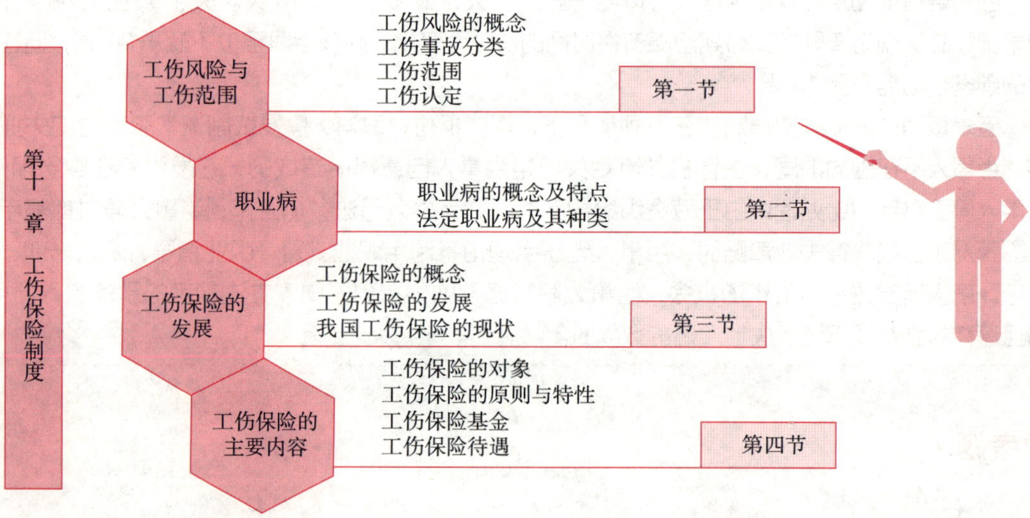

学习目标

- 掌握工伤保险的基本概念。
- 了解职业病及其分类特征。
- 掌握工伤保险的运行原则和补偿原则。
- 了解我国工伤保险制度发展历程、主要问题及改革发展。

第一节　工伤风险与工伤范围

一、工伤风险概述

劳动是人们改造自然、征服自然、向自然索取的过程。然而，在人们获取物质资料的同时，也存在着一定的风险。例如，当原始人最初选取砾石或石英制成有棱角的石片，作为劳动工具时，既可享受到较之徒手劳作更大的收获，亦存在着可能会有飞溅的石粉石粒伤害眼睛或身体其他部位的风险。进入农业社会后，生产规模有所扩大，工伤风险随之增加，但风险程度仍小。这是因为，劳动者以个体劳动为主，日出而作，日落而息，生产节奏缓慢，因工负伤、致残、中毒，以至因伤致死的可能性很小。进入工业社会后，生产效率大大提高，节省了人力，但与此同时，生产事故也造成不少损伤。一言以蔽之，工业社会出现的机械化，一方面给人类带来巨大效益，但也使不少劳动者在从事生产的过程中不幸负伤、致残乃至死亡。总之，工伤风险及劳动事故是伴随着生产劳动而来的。

危害缓慢但波及面越来越广的环境因素，构成劳动灾害的另一个因素。农药及各类化学物质引起的职业中毒及变态反应、放射性物质影响遗传因子等各类职业病的发生，每年会导致大批劳动者丧失劳动能力，甚至失去生命。

随着科学技术的发展及其在生产中的广泛应用，人类劳动的范围更加广泛。新产品、新工艺、新能源的应用，使人类更大限度地获取物质财富，也消除了一些旧的危及劳动者健康和安全的生产性危险及有害因素，但同时也产生了新的工伤风险。一些大型原子能工业、化学工业等，一旦发生事故，会酿成巨大灾难，不仅企业毁于一旦，生产工人直接受到伤害，而且还会危害周围环境及居民，造成公害。例如，震惊世界的印度博帕尔农药厂毒气泄漏、苏联切尔诺贝利核反应堆失控等灾难性事故，对人类都造成了很大的危害。

据统计，第二次世界大战期间，美国官兵平均每月伤亡 21 245 人，可几乎在同一时期，即 1942—1944 年，美国工业部门平均每月因工伤而致伤、致残、死亡的人数竟多达160 947 人，几乎是战场上伤亡人数的 8 倍。

在环境因素中，生产性环境因素也造成了很大的劳动灾害。各类职业中毒（如铅中毒等）、矽肺等尘肺病、农药及各类化学物质引起的职业中毒及变态反应、放射性物质影响遗传因子等各类职业病的发生，现在每年都导致大批劳动者丧失劳动能力乃至失去生命。据国际劳工组织的资料，全世界的工伤事故和职业病发生率已达到惊人的程度，如今每年都有逾十万人死亡，逾百万人终身残疾。

正因为大机器工业的副产品——工伤事故与职业病严重地威胁着劳动者群体，因此，在资本主义国家，劳动灾害，特别是恶性工伤事故及急性职业中毒事故，往往会成为引发工人阶级强烈要求政府及雇主改善劳动条件的罢工、示威游行乃至反抗政府的导火索。

在过去，工人受到职业伤害的一切后果由自己承担。工业化初期，工人因职业伤害而得到赔偿仅是在民事法典原则中有规定，但受伤害者必须在法庭上有足够的证据证明自己受到的伤害是直接由于他人——其雇主或同事——的过失造成的，但受伤害工人及其家属往往很难或几乎没有可能证明或是提供出这种证据。而且由于工人无钱请律师，诉诸法庭的程序又复杂且结案时间长，雇主往往反指控雇员忽视安全和违反操作规程而逃脱赔偿责任，工人告雇主反遭开除，等待受伤害工人的往往是非但得不到任何赔偿，反而会陷入更加贫困之中。

实践证明，按民法的规定和程序难以处理工伤社会问题，工伤赔偿单独立法势在必行。19 世纪末，德国、法国和英国普遍认同了职业危险原则，并将这一原则确定为工伤赔偿立法的指导思想。

职业危险原则的主要内容是：凡是利用机器或雇员以体力从事经济活动的雇主或机构，就有可能造成雇员受到职业方面的伤害；意外事故无论是由于雇主的疏忽还是由于受害人的同事的粗心大意，甚至根本不存在什么过失，雇主也应进行赔偿；雇主支付职业伤害赔偿金是一笔日常开支，就像是修理和维护设备的保养费和给付职工工资一样；赔偿金应该是企业所负担的一部分管理费用，从它的本质上看，这笔钱的开支还是为了雇主。根据这个原则制定的职业伤害保险法规通常称为“工人赔偿法”。到20世纪初，几乎所有的工业化国家都将职业危险原则具体写进了自己国家的劳动法规。

二、工伤与伤亡事故分类

工伤是职业伤害的简称，是各国社会保险通用的术语。职业伤害主要包括工业伤亡事故和职业病，是工业化社会的负效应。我国国家标准GB 6441—86《企业职工伤亡事故分类标准》中指出：伤亡事故指企业职工在生产劳动过程中发生的人身伤害、急性中毒。根据不同的研究目的，工伤事故可采取不同的方法分类。

（一）按事故的严重程度分类

根据有关规定，首先将事故对劳动者人身的伤害依伤害程度分为轻伤、重伤、死亡三类。轻伤，是指受伤者经医生诊断必须休息1天或1天以上，损失工作日在105日以下的伤害。重伤，是指受伤者经医生诊断确认已残废或可能残废，或者虽不致残废，但伤势特别严重（如严重骨折、大面积烧伤、灼伤、烫伤、内脏损伤等），损失工作日在105日及以上的伤害。死亡，是指受伤害者在事故现场死亡，或在受伤1个月内因伤不治死亡的伤害。

根据上述人身伤害程度的划分和一次事故中伤亡的人数，可把伤亡事故分为三个等级，以反映伤亡事故的严重程度：（1）轻伤事故，指只有轻伤的事故；（2）重伤事故，指有重伤无死亡的事故；（3）死亡事故，包括：重大伤亡事故，指一次死亡1～2人的事故；特大伤亡事故，指 一次死亡3人以上（含3人）的事故。

（二）按事故对人身的伤害形式（直接原因）分类

按伤亡事故对劳动者人身的伤害形式，即直接伤害原因来分类，根据现行制度规定共分为20种：（1）物体打击；（2）车辆伤害；（3）机械伤害；（4）起重伤害；（5）触电；（6）淹溺；（7）灼烫；（8）火灾；（9）高处坠落；（10）坍塌；（11）冒顶片帮；（12）透水；（13）放炮；（14）火药爆炸；（15）瓦斯爆炸；（16）锅炉爆炸；（17）容器爆炸；（18）其他爆炸；（19）中毒和窒息；（20）其他伤害（如跌伤、冻伤等）。在具体划分事故类别时，有些事故是由多种因素造成的，原则上应按事故的主要起因来划分。

（三）按事故发生的管理或技术方面的原因（间接原因）分类

伤亡事故的发生一般存在有某种管理上或技术上的原因，可概括为下列11种：（1）防护、保险、信号等装置缺乏或有缺陷；（2）设备、工具及附件有缺陷；（3）个人防护用品缺乏或有缺陷；（4）光线不足或工作地点及通道情况不良；（5）没有安全操作规程制度或不健全；（6）劳动组织不合理；（7）对现场工作缺乏指导或指导有错误；（8）设计有缺陷；（9）不懂操作技术知识；（10）违反操作规程或违犯劳动纪律；（11）其他原因。

三、工伤范围

根据2010年12月20日《国务院关于修改〈工伤保险条例〉的决定》修订的《工伤保险条例》（于2011年1月1日起施行）第三章“工伤认定”第十四条规定，职工有下列情形之一的，应当认定为工伤：（1）在工作时间和工作场所内，因工作原因受到事故伤害的；

（2）工作时间前后在工作场所内，从事与工作有关的预备性或者收尾性工作受到事故伤害的；（3）在工作时间和工作场所内，因履行工作职责受到暴力等意外伤害的；（4）患职业病的；（5）因工外出期间，由于工作原因受到伤害或者发生事故下落不明的；（6）在上下班途中，受到非本人主要责任的交通事故或者城市轨道交通、客运轮渡、火车事故伤害的；（7）法律、行政法规规定应当认定为工伤的其他情形。

此外，在第十五条中规定，职工有下列情形之一的，视同工伤：（1）在工作时间和工作岗位，突发疾病死亡或者在48小时之内经抢救无效死亡的；（2）在抢险救灾等维护国家利益、公共利益活动中受到伤害的；（3）职工原在军队服役，因战、因公负伤致残，已取得革命伤残军人证，到用人单位后旧伤复发的。职工有第（1）项、第（2）项情形的，按照本条例的有关规定享受工伤保险待遇；职工有第（3）项情形的，按照本条例的有关规定享受除一次性伤残补助金以外的工伤保险待遇。新修订的《工伤保险条例》比原来的《工伤保险条例》在认定范围上有所扩大。

《工伤保险条例》也修订了原《工伤保险条例》规定的“除外”的情况，如第十六条中规定，职工有下列情形之一的，不得认定为工伤或者视同工伤：（1）故意犯罪的；（2）醉酒或者吸毒的；（3）自残或者自杀的。

上述伤亡事故分类是从加强安全管理和查处事故责任者的角度出发的，不涉及工伤的申请和审核批准。从政策管理的角度看，伤亡事故分类与工伤范围的认定这两项工作分属劳动部门的不同职能机构负责。工伤保险范围的认定及其政策，由工伤保险机构负责，事故分类、事故报告及处理由职业安全卫生监管机构负责。从政策规定的工伤认定范围和事故报告统计来看，二者也存在区别。一般来说，凡是事故伤害了职工的，被伤害的职工都定为工伤；如果事故伤害了居民的，被伤害的居民不按工伤处理，而按照民事伤害赔偿处理。这两种情况都作为事故报告，但对不同人员不能一律定为工伤。反过来说，工伤保险政策定为工伤的，有一部分属于伤亡事故报告范围，而另一部分则不属于伤亡事故报告范围。确定工伤的范围比伤亡事故报告范围要大得多，这从我国的《企业职工伤亡事故分类》中亦可看出，该标准将伤亡事故界定为“企业职工在生产劳动过程中，发生的人身伤害、急性中毒”，而职业病则报告劳动卫生部门，依据“职业病名录”来认定。工伤保险所认定的范围不仅包括“工伤”，而且包括“职业病”以及上下班途中，受到非本人主要责任的交通事故或者城市轨道交通、客运轮渡、火车事故事故伤害等。

四、工伤认定

在我国，当职工发生事故伤害或者按照职业病防治法规定被诊断、鉴定为职业病，所在单位应当自事故伤害发生之日或者被诊断、鉴定为职业病之日起30日内，向统筹地区劳动保障行政部门提出工伤认定申请。遇有特殊情况，经报劳动保障行政部门同意，申请时限可以适当延长。为充分保障受伤害者的基本权益，《工伤保险条例》还在第十七条第二款中规定：用人单位未按前款规定提出工伤认定申请的，工伤职工或者其直系亲属、工会组织在事故伤害发生之日或者被诊断、鉴定为职业病之日起1年内，可以直接向用人单位所在地统筹地区劳动保障行政部门提出工伤认定申请。

提出工伤认定申请应当提交下列材料：（1）工伤认定申请表；（2）与用人单位存在劳动

关系（包括事实劳动关系）的证明材料；(3) 医疗诊断证明或者职业病诊断证明书（或者职业病诊断鉴定书）。

工伤认定申请表应当包括事故发生的时间、地点、原因以及职工伤害程度等基本情况。

劳动保障行政部门应当自受理工伤认定申请之日起60日内作出工伤认定的决定，并书面通知申请工伤认定的职工或者其直系亲属和该职工所在单位。《工伤保险条例》还特别使用了举证倒置的原则："职工或者其直系亲属认为是工伤，用人单位不认为是工伤的，由用人单位承担举证责任。"

第二节 职业病

劳动者是在各种不同的劳动条件下从事劳动的。不同的生产工艺过程要求不同的劳动操作过程，形成不同的特有生产环境，并且可能存在某些职业性危害因素。这些危害因素随生产技术的发展，其种类不断增加，危害不断增大，也随科学技术的发展而逐渐为人们所认识，并将逐步被控制和消除。因此，职业病的范畴并不是一成不变的。随着科学技术的发展，生产工艺的改进和提高，医疗技术的进步，一些旧的职业病消除了，又可能因新工艺、新能源、新产品的开发和应用而产生新的职业病。

一、职业病的概念

在生产过程中产生的有害因素统称为职业性有害因素。职业性有害因素的种类很多，并且可能对人体造成不良影响。当有害因素作用不大时，人体的反应仍能处于正常的生理变化范围之内，但当其强度或浓度与累积时间超过一定限度时，人体就可能出现一定的功能性或器质性病理改变，从而出现相应的临床征象，影响人体作业能力，甚至全部丧失劳动能力。这类疾病统称为职业性疾病或广义的职业病。

二、职业病的特点

一般认为，职业病应具备以下三个条件：(1) 该疾病应与工作场所的职业性有害因素密切相关；(2) 所接触的有害因素剂量（浓度或强度）足以导致疾病的发生；(3) 必须区别职业性与非职业性病因所起的作用，前者的可能性必须大于后者。

三、法定职业病概念

尽管有关职业病的界定问题大多数国家已达成共识，但是具体判断是否为职业病，并据此加以处理时，则需根据各国的社会制度、经济条件及医疗水平等具体情况作出决断。正因为这样，从立法角度来讲，职业病通常被限定在一定范围内。只有政府主管部门明文规定的职业病才按职业病对待，称为法定职业病（或狭义职业病）。在我国，凡被诊断为职业病（法定职业病）的患者，在其治疗和休养期间，以及医疗后被确定为残废或治疗无效而死亡者，或者是劳动能力鉴定结果为工伤的，均按《工伤保险条例》的有关规定给予劳保待遇。

职业病的诊断是一项政策性和科学性均很强的工作，它涉及生产管理责任、劳保待遇、工人生产积极性、劳动能力鉴定、预防措施和改进、国家财政开支以及投资经济效益等一系列问题。因此，必须采取综合分析、集体诊断的方法，具体诊断应按卫生部颁发的《职业病诊断与鉴定管理办法》及有关规定执行。

四、职业性的有害因素

劳动者是在各种不同的劳动条件下进行工作的。劳动条件一般包括生产工艺过程、劳动操作过程及生产环境因素三个方面。每个方面都是由多种因素组成的，这些与生产有关的因素统称为生产性因素（或职业性因素）。职业性因素对于劳动者的健康来说，有的起有利的作用，有的起有害的作用，这主要取决于各因素的剂量与性质。凡是在生产环境和生产劳动过程中直接损害人体健康的因素，统称为职业性有害因素。职业性有害因素可分以下几个方面。

（一）生产过程中的环境有害因素

生产过程中的环境有害因素可分为三大类。

1. 化学性有害因素。主要包括各类生产性毒物及粉尘，可能引起职业中毒和职业病。

2. 物理性有害因素。包括不良的气象条件（异常的气温、气湿等）、高或低气压、电磁辐射、电离辐射、噪声及振动，这些有害因素可能造成职业病。

3. 生物性有害因素。主要指生产过程中那些使人致病的微生物或寄生虫。

（二）劳动过程中的有害因素

劳动组织或劳动制度不合理，劳动强度过大；脑力劳动过度紧张或身体的个别器官过度紧张；长时间处于某种不良体位或使用不合理工具，都可能造成有损于健康的影响。

（三）生产场所卫生设施不良所致的有害因素

生产场所设计不符合卫生标准要求，通风、照明不良，缺乏防尘、防毒、防暑降温等设备及安全设备等，均可引起人体不适或造成伤害。

五、法定职业病种类

1957 年，我国卫生部第一次公布了《职业病范围和职业病患者处理办法的规定》，确定了 14 种法定职业病，包括：(1) 职业中毒；(2) 尘肺；(3) 热射病和热痉挛；(4) 日射病；(5) 职业性皮肤病；(6) 电光性眼炎；(7) 职业性难听；(8) 职业性白内障；(9) 潜函病；(10) 高山病和航空病；(11) 振动性疾病；(12) 放射性疾病；(13) 职业性炭疽；(14) 职业性森林脑炎等。1962 年增添了皮毛工人布氏杆菌病；1964 年劳动部、卫生部及中华全国总工会联合通知，增添了煤矿井下工人滑囊炎；1974 年卫生部补充将工人接触炭黑粉尘引起的炭黑尘肺列为尘肺的一种，以后又补充了煤肺。

1986 年卫生部开始对《职业病范围和职业病患者处理办法的规定》进行全面修订，于 1987 年 11 月 5 日由卫生部、劳动人事部、财政部和中华全国总工会联合正式公布，确定了 102 种法定职业病，其中职业中毒 51 种、尘肺 12 种、物理因素职业病 6 类共 9 种、职业性传染病 3 种、职业性皮肤病 7 种、职业性眼病 3 种、职业性耳鼻喉疾病 2 种、职业性肿瘤 8 种、其他职业病 7 种。国家卫生计生委、人力资源社会保障部、安全监管总局、全国总工会于 2013 年 12 月 23 日发布“关于印发《职业病分类和目录》的通知”对上述职业病的分类和目录进行了调整。调整后的《职业病分类和目录》仍为 10 大类，包括 132 种职业病（含 4 项开放性条款）（见本章附录）。

第三节　工伤保险的发展

一、工伤保险的概念

工伤保险是指国家和社会为在生产、工作中遭受意外事故和职业病伤害的劳动者提供医疗服务、生活保障、经济补偿、医疗和职业康复，为因上述两种情况导致死亡职工的供养亲属提供遗属抚恤等物质帮助的一种社会保险制度。

二、工伤保险发展的几个阶段

现代意义上的工伤保险，实际上是职业伤害保险，既包括工伤事故保险，又包括法定职业病保险。这一保险制度走过了从雇主责任保险向社会保险发展的历程。

19 世纪末西欧国家先后确立了职业危险原则后，就开始出现工伤保险。世界上最早实行工伤保险的是德国。德国首相俾斯麦于 1884 年批准实施《工人灾害赔偿法》。随后英国颁布了《雇主责任法》，法国于 1889 年、美国于 1908 年、日本于 1911 年、俄罗斯于 1912 年分别将职业伤害赔偿原则写进各国的法规中，形成了早期的工伤赔偿，即雇主责任保险。这是社会保险的初期阶段。雇主责任保险指受伤害的工人或遗属直接向雇主要求索赔，雇主或雇主联合会向他们直接支付补偿费。如果工伤涉及其他人，或出现争议，国家有关方面还要介入。

雇主责任保险在发展过程中可以大致分为三种类型：

1. 国家立法对雇主的赔偿责任、赔偿办法只作简单、原则的规定，没有规定具体的赔偿标准。出了工伤事故后，雇主自行支付赔偿，如有争议，由法院裁决。

2. 国家立法具体明确雇主的责任，规定赔偿最低标准，并规定某些危险性大的行业必须向商业保险公司投保。

3. 国家立法规定由雇主和由承担工伤风险的商业保险公司向政府主管部门缴纳一定的保险费，以便在企业或保险公司破产时，仍能向需要支付工伤赔偿的工人及其家属支付赔偿金，从而加强了雇主的工伤赔偿责任。

早期工伤赔偿是根据民事法典中某些规定而由法院裁决的，与之相比，雇主责任保险有了很大进步。但是，在实施过程中，发现仍有许多不足之处：第一，雇主的责任难以兑现。由于实际追究事故责任的过程十分复杂，法庭调查时间较长，雇主和雇员都被拖得精疲力竭，以致受伤害者往往得不到及时、公正的赔偿；或是雇主和雇员采取“私了”方式解决，结果雇主往往并未按规定标准进行赔偿。每当遇到大宗赔偿之时，雇主往往很难履行他们应负的法律责任。尤其是那些资金不足的小企业，遇到一场重大或特大伤亡事故有很多人伤亡时，雇主难以负担巨额赔偿，其后果只能是企业倒闭、破产，雇员回家，受伤害者则更惨。第二，赔偿金多为一次性支付。由于雇主支付赔偿金要根据自身的经济能力，支付的数额一般都低于受害者的需要，往往是对永久丧失劳动能力的人或是受供养的遗属按受伤害者本人 3 年的工资发放，这种支付标准可能是根据暂时丧失劳动能力需要给予的待遇推算出来的。然而，对于那些永久丧失劳动能力的人或是受供养的遗属来说，他们真正需要的是较为长期的待遇，而不是根本不够供其养老的一次性赔偿金额，这笔钱往往在一两年内就花光了，其后是一贫如洗。第三，商业保险公司介入工伤保险有很大的局限性。在雇主责任保险制度发展的初期，商业保险公司也颁布了一些取代雇主责任保险办法和根据计算而得出的风险支付与投保额成比例的赔偿办法。在某些国家，向这样的保险公司投保后来被确定下来。但由于商业保险公司是以营利为主要目的的，而且这种保险是非强制性的，因此，在大多数情况下，它是不会接受那些职业危险性很大的企业雇主和工人参加保险的，而雇主和工人中相当一部分人也不愿去投保。在支付赔偿金时，保险公司又可能会千方百计降低给付标准，尽可能逃避赔付责任。

为了克服雇主责任保险方面的这些弊病，许多国家实行了社会保险，为受职业伤害的人提供必要的保护。社会保险作为社会的安全网、减震器，在第一次世界大战前，逐步在欧洲少数国家开始实行。主要做法是由国家立法，政府有关部门负责工伤保险事务，统一筹措（集）资金，共担风险，通过行业雇主协会进行工伤赔偿，这样既可以使受伤害的工人及其家属得到相应的待遇，又可以避免工伤保险成为一个企业或某个雇主个人承担的保险。当煤炭、化学工业得到迅速发展时，特别是经过国际劳工组织的提倡和推动，一些国家逐步将许多职业病列入工伤保险范畴。至此，“职业伤害”在西方国家社会保险术语中，既包括了工业工伤事故，也包括了职业病。第二次世界大战前后，工伤社会保险制度得到了完善和发展，欧洲绝大多数国家和拉美、亚洲一些国家都相继建立了工伤保险制度。这一保险制度远比养老保险、失业保险、医疗保险普及。

1985 年国际劳工专家对 140 个国家的工伤保险制度进行分类时证实，由于各国受历史、经济、文化背景所限，实行由政府机构管理社会保险制度的有 93 个，占 66%；约有 40 个国家仍实行雇主责任保险，占 29%；有一些国家是两种方式并存，在立法中并入一般伤残保险管理或没有特别规定，这类国家占 5%。可见，雇主责任保险向社会保险模式过渡已成为国际潮流。

三、当前国际上有关工伤保险的基本情况

1. 实行雇主责任保险制度的国家，可分为下列三种类型：

（1）没有明文规定要求雇主有义务实行保险的，如阿根廷、印度、巴基斯坦、斯里兰卡和缅甸等国。

（2）规定对某些危险性较大的职业，雇主必须向商业保险公司投保的，如马来西亚、乌拉圭、萨尔瓦多和哥斯达黎加等国。

（3）明文规定所有雇主必须缴纳保险费的，如美国、澳大利亚、芬兰及新加坡等国。

2. 实行社会保险制度的国家，亦可分为三种类型：

（1）工伤保险独立于社会保险制度之外，在管理及基金方面有自主权的，如比利时、意大利、德国、日本及泰国等。这些国家在管理上亦有所不同。例如，意大利是由工伤保险总局实施工伤保险法律法规；德国是由工伤保险总会来实施工伤保险法律法规；日本由劳动省的劳动基准局实施工伤保险补偿法，而厚生省的社会保障厅则实施养老保险和医疗保险法律法规。

（2）工伤保险虽独立于社会保险制度之外，但在行政管理方面是同一机构，如奥地利、

法国和菲律宾等。

（3）工伤及其他意外事故包括在整个社会保险制度之中，如阿尔及利亚、巴拿马、哥伦比亚及英国等。

四、我国工伤保险制度的建立及现状

新中国诞生后，我国很快建立了企业工伤保险制度。1951 年试行、1953 年修正的《中华人民共和国劳动保险条例》是一项包括工伤保险在内的企业保险福利制度的综合性法规。20 世纪 50 年代初，劳动部及全国总工会颁发的《劳动保险问答》，以及 1957 年卫生部制定的《职业病名单》和《职业病诊断管理规定》，均属 50 年代工伤保险的配套规定。实施以来，企业按照国家规定，对在劳动过程中发生工伤及职业病的职工提供医疗、收入补偿和死亡抚恤。

1963 年，国务院批转劳动部、卫生部、全国总工会等五个部门《关于防止矽尘危害工作会议的报告》，强调预防职业病的重要性，此后，劳动部会同全国总工会对职业病待遇标准和管理问题作出明确的规定。1978 年，国务院颁布的有关退休退职的法规中，对工伤、全残、退休待遇标准及管理办法，又作了进一步的规定。

综上所述，新中国诞生后，在颁布单项工伤保险法规之前，已经有了相应的政策规定。1969 年后，随着社会保险从全国统一模式蜕化为企业保险模式，工伤保险也改由企业直接管理了，结果酿成如下弊端：

1. 实施范围狭窄，仅仅是国有企业执行，集体企业参照执行，改革开放后大量涌现的乡镇企业、“三资”企业、私营企业均无完善的工伤保险，不是所有劳动者的基本权益都得到了维护。

2. 工伤风险未能分散开来。由于是企业保险，一旦发生特大伤亡事故，企业不堪重负，伤亡职工的权益得不到应有的保障。

3. 长期以来，没有全国统一的评残标准，使各个企业无所适从，出现给付标准高低不一的现象。

4. 待遇标准偏低，难以保障伤残者以及死亡者遗属的基本生活。

5. 没有与职业康复相联系，因而不利于充分利用和发挥人力资源。

中共十四届三中全会作出决定，要求普遍建立企业工伤保险制度，此外，《中华人民共和国劳动法》也规定工伤保险属于社会保险重要项目之一，据此，劳动部于 1996 年推出了《企业职工工伤保险试行办法》。这不啻是对近几年工伤保险改革的一次总结，对进一步完善我国工伤社会保险制度有十分重要的作用。根据《企业职工工伤保险试行办法》，国家将统筹平衡，加强基金管理，同时进一步加快改革进度，力争到 20 世纪末使全国 90% 以上的市县全面推行工伤保险改革。与《企业职工工伤保险试行办法》同时推出的还有《职工工伤与职业病致残程度鉴定》（GB/T 16180—1996），后者必将促使我国工伤社会保险制度更加科学化。

《企业职工工伤保险试行办法》的实施，对保护劳动者权益起到了很大的作用，但还存在着不少计划经济的痕迹，远不能适应当前的形势，而且工伤保险缺乏强制性。《企业职工工伤保险试行办法》规定劳动行政部门对企业劳动保险实行严格监督，如果企业不服从，必要时可移送法院处理。但是，由于工伤保险的企业自管化，再加上劳动部门的劳动保险机构不健全（有些地区由工资处监管），监督力度不够，致使一些企业漏报、瞒报伤亡人数。因此，制定新的工伤保险法，建立并完善与劳动保护相关的制度保障，就显得十分必要与迫切了。

我国首部自成体系的工伤保险立法——《工伤保险条例》于2003年4月底颁布，2004年1月1日起施行。该条例充分体现了以人为本的原则，体现了对广大劳动者的保护。《工伤保险条例》的出台和实施，改变了工伤保险领域长期以来只有部门规章没有立法的不利局面，加强了对劳动者合法权益的保障功能，并且形成了一个以《中华人民共和国劳动法》为龙头、以《工伤保险条例》为核心的工伤保险法律体系，为建立健全有中国特色的比较完善的社会保障法律体系奠定了重要的法律基石。根据2010年12月20日《国务院关于修改〈工伤保险条例〉的决定》修订了《工伤保险条例》，不仅大幅提高工伤待遇，而且工伤保险体系也更加完善。《劳动能力鉴定职工工伤与职业病致残等级》（GB/T16180—2014）已由国家质量监督检验检疫总局、国家标准化管理委员会批准发布，并于2015年1月1日实施。新标准是在充分听取各地意见的基础上对《劳动能力鉴定职工工伤与职业病致残等级》（GB/T16180—2006）进行的修改和完善。

很多国家的工伤保险（工人赔偿立法）制度不仅为受伤害人提供医疗服务、赔偿因暂时或永久伤残而致的收益损失，而且在唤起人们职业安全与卫生意识，并将其视做保护工人不可分割的部分或重要的一个方面上也起了应有的作用。这是这一制度的重大成就。预防、补偿、康复构成工伤保险的完整体系，这已为许多国家所采纳。我国在完善工伤保险体系的进程中，首先采用了“先治疗康复，后补偿”的原则，而德国率先实施的“预防优先”的原则也已在实践中被逐步采纳，修订的《工伤保险条例》第十二条第一款规定，“工伤保险基金存入社会保障基金财政专户，用于工伤预防的宣传、培训等费用”；第二款规定“工伤预防费用的提取比例、使用和管理的具体办法，由国务院社会保险行政部门会同国务院财政、卫生行政、安全生产监督管理等部门规定”。2013年人社部颁布《人力资源社会保障部关于进一步做好工伤预防试点工作的通知》，要求各地进行工伤预防试点。人社部根据各省（区、市）上报的工伤预防试点城市名单，经对各地试点城市名单进行审查，按照符合条件、地方自愿的原则，确认了天津市等50个城市（统筹地区）为工伤预防试点城市。同时，规定工伤预防费控制在本统筹地区上年度工伤保险基金收入的2%左右，主要用于开展工伤预防的宣传、培训以及法律、法规规定的其他工伤预防项目。此外，我国工伤保险基金采取的差别费率和浮动费率也同样是激励企业搞好安全生产，预防和减少事故的措施之一。

由于工伤不仅严重影响了工伤职工个人及其家庭生活，也造成了大量社会劳动力的丧失，严重影响了社会的进步和工业的发展，因而以恢复劳动者的身体功能和职业劳动能力为主要目标的工伤康复就显得非常重要。所以，19世纪后期，西方各国在通过实施工伤保险制度来分散工伤风险的同时，也高度重视工伤康复的作用，以降低工伤所造成的损失和保障工伤职工基本权益。工伤康复是利用现代康复的手段和技术，为工伤残疾人员提供医疗康复、职业康复等服务，最大限度地恢复和提高他们的身体功能和生活自理能力，尽可能恢复或提高伤残职工的职业劳动能力，从而促进伤残职工全面回归社会和重返工作岗位。工伤康复是工伤保险的重要组成部分，是“以人为本”科学发展观的重要体现。建立预防、补偿、康复相结合的工伤保险体系，是我国工伤保险事业发展的方向。

第四节　工伤保险的主要内容

一、工伤保险的对象

工伤保险亦称职业伤害保险，是一项对意外事故和职业病造成的伤残以及由此招致的死亡，负责提供医疗服务和经济补偿，而使伤者、残者仍能享有基本生活保证的一种社会机制。

国际劳工组织1952年通过的《社会保障（最低标准）公约》曾对享受工伤保险待遇的对象作出下列限定：（1）身体受职业病伤害呈疾病状态者；（2）因工伤丧失劳动能力并因此中断工资收入者；（3）由于永久或暂时丧失劳动能力而完全失去或部分失去工资收入者；（4）由于供养者因工伤死亡而失去生活费来源者。

后来，越来越多的国家把职业病也纳入工伤社会保险。1980年，国际劳工大会列出29种职业病，是职业病的最低目录。目前，世界上包括我国在内的许多国家，列入法定职业病的病种已远远超过这一范围。在享受工伤保险待遇的对象的界定上，总的趋势是不断地包括进新的内容。例如，据国际劳工组织统计，1925年世界上仅有7个国家把职工上下班途中发生的意外事故列入工伤保险范围，而到1963年，101个会员国中有50多个国家将其列入工伤保险范围，这之后还在不断增加。一些国家还打破旧的传统观念，把从事非经济活动的人同样包括在职工工伤保险制度之中。例如，奥地利、丹麦、德国、芬兰、日本、挪威、瑞典和突尼斯已把个体经营者包括进来。奥地利、法国、德国、卢森堡、挪威和瑞典在法规中还包括了学生和教师。有些国家还把“红十字”救援和其他救援人员、义务消防灭火人员、从事工会工作人员、协助警察工作人员、为保卫国家安全人员、家庭雇工、家庭教师甚至保姆等因工作而受到的伤害，均包括在工伤保险的范围之列。

在我国，最初的工伤保险对象仅仅包括国营企业职工，集体企业参照执行。20世纪80年代改革开放后，国务院、劳动部先后发布的关于劳动合同制规定、临时工管理规定、农民合同制职工管理规定、私营企业劳动管理规定以及中外合资企业劳动管理等规定，又作出了一系列新的规定，使其范围不断扩大。1994年7月颁布的《中华人民共和国劳动法》规定我国一切企业以及与之形成劳动关系的一切劳动者，还有机关事业单位的劳动者和个体经济组织的劳动者，都要实行统一的社会保险制度。从此，我国工伤社会保险的范围更大大扩展了。到2006年底，我国工伤保险参保人数已突破亿人大关。2011年1月1日实施的《工伤保险条例》规定，中华人民共和国境内的企业、事业单位、社会团体、民办非企业单位、基金会、律师事务所、会计师事务所等组织和有雇工的个体工商户（以下称用人单位）应当依照本条例规定参加工伤保险，为本单位全部职工或者雇工（以下称职工）缴纳工伤保险费。在将事业单位纳入工伤保险制度之后，原公务员“公伤”保险也将在纳入之列了，目前全国已有10个省份结合本地实际，先行出台文件，将公务员和参公事业单位人员纳入了工伤保险制度。截至2014年底，我国工伤保险参保人数已达2.06亿人。建筑业目前从业人员近4 500万人，其中3 600万人是农民工。建筑业工伤风险高，工伤保险待遇落实难的问题突出，工伤维权已成为该领域从业人员最关心、最迫切的问题之一。2014年12月29日人力资源和社会保障部出台的《关于进一步做好建筑业工伤保险工作的意见》要求，全国3 600万建筑业农民工将被纳入工伤保险。

二、工伤保险的原则与特性

工伤保险是世界上产生最早的一项社会保险，也是世界各国立法较为普遍、发展最为完善的一项制度。工伤保险具有强制性，是国家用法律法规强制具有职业危害的用人单位必须实行的，并依法定项目、标准和方法支付待遇，依法定标准和时间缴纳保险费，违反规定的依法追究法律责任。工伤保险具有普遍性（社会性），是最容易实现的，一般国家实行社会保险，首先就得有工伤保险。目前，工伤保险已在全世界基本上得到普及。工伤保险还具有保障性，还带有补偿性（赔偿性），是其他社会保险项目所不能比拟的，因而，工伤保险在社会保险中的保障性最强，保险内容最全面，保险待遇最优厚，服务最周到，而且无须职工个人缴纳保险费。

目前各国实行的工伤保险制度，归纳起来，大致都遵循以下原则：

1. 无过失（无责任）补偿原则。劳动者在劳动过程中发生人身伤害事故或患职业病，无论责任属于雇主、同事还是属于他本人（本人犯罪或严重失职行为者除外），均应得到一定的补偿。这种补偿责任由国家的社会保险机构承担，既可公正、及时地保障受伤害者的利益，也使雇主解脱了工伤赔偿官司，而有利于正常的生产活动。在有些国家，因本人严重失职造成工伤致死或全残也给予一定的工伤待遇。

2. 风险分担、互助互济原则。实行工伤保险，以建立工伤保险基金并集中调剂使用为主要标志。首先通过法律强制征收保险费，建立工伤保险基金，运用“大数法则”进行测算，确定各个企业的缴纳义务，并形成一笔基金，发挥互助互济、分担风险和共担风险的功能。社会保险机构对费用集中调剂，实行再分配，可以缓解部分企业、行业因伤亡事故、职业病形成的沉重负担，从而减少了社会矛盾。

3. 个人不缴费原则。工伤保险不同于养老及医疗等社会保险，保险费仅由企业或雇主缴纳，职工个人无须缴纳。这是因为，劳动者在生产中创造社会财富的同时，也付出了鲜血甚至生命，因而，企业及社会理应负担补偿费用，这在各国已形成共识。

4. 区别因工和非因工原则。工伤保险各项待遇，如医疗康复、伤残补偿、死亡抚恤等，均比医疗保险、失业保险和养老保险等优厚，其前提是被确认为因工负伤或患职业病。而非因工负伤或患病的，许多国家规定的待遇水平要比工伤待遇低得多。

5. 补偿与预防、康复相结合原则。工伤保险不仅是要给予受伤害职工一定的补偿，更重要的还应包括预防及康复工作。目前，世界各国均将加强安全生产，预防和减少事故的发生以及一旦发生事故，及时治疗，促进受伤害职工早日康复，从事适合其身体状况的社会劳动，看成与补偿同等重要的事情来抓。

6. 集中管理原则。当前，各国普遍遵循的原则是，工伤保险基金管理、事故调查、医疗鉴定等由专门的、统一的非营利机构管理，或完全独立于其他社会保险制度，基金独立管理使用，或基金独立，但管理方面同属一个社会保险机构。

7. 一次性补偿与长期补偿相结合原则。对因工部分或完全丧失劳动能力，或因工死亡的职工，职工本人及或遗属在得到补偿时，除领取一次性补偿金作为精神安慰外，对供养的遗属，根据人数要支付长期抚恤金，直至其失去供养条件为止。

8. 确定伤残和职业病等级原则。各国在制定工伤保险制度时，都制定了伤残和职业病等级标准，并通过专门的鉴定机构和人员对受职业伤害的职工受害程度予以确定。

9. 直接经济损失与间接经济损失相区别的原则。直接经济损失指职工在发生工伤事故后，个人所受的经济损失中，与其直接经济收入相关的部分，即工资收入。这部分收入直接影响职工本人及其供养直系亲属的生活，也直接影响劳动力的再生产，因此须及时给予较优厚的补偿。间接经济损失指职工工资收入以外的其他经济收入的损失，如兼职收入等，这一部分收入不列入工伤保险的经济补偿范畴。

三、工伤保险基金

工伤保险比起其他社会保险，在待遇水平上、项目上要优厚得多，这是职业伤害的特点所决定的。要保证工伤保险制度的顺利实施，必须有一个稳定的基金制度作保障，使任何用人单位发生了工伤事故乃至工伤致残、致死事故都不致因工伤给付过多而陷入困境，能够及时获得社会的帮助，伤残者以及死亡者遗属也可及时获得工伤补偿和抚恤。

建立工伤保险基金，必须一方面考虑职业伤害补偿和抚恤的需要，另一方面考虑基金建立所需资金提取的渠道水平。这一问题已成为全球性的问题。雇主责任制发展到今天，成为现代工伤社会保险制度，但有些原则如解决职业伤害费用问题的原则，大部分得到了保留。在雇主责任制里，雇主规定了由商业保险承保人来承担强制性的保险，使其习惯于根据经济活动的特点来确定各自不同的保险费率，其结果是影响了工伤社会保险中确定缴费额的方法。

目前国外工伤社会保险缴费额的确定方法有如下几种：

1. 个别（单独）确定法。这种方法与雇主责任制中义务性保险缴费额的确定方法最为接近。基本缴费额可用预测的方法确定（再根据雇主的经历进行调整），付款具有追溯效力。

2. 集体确定法。与上述方法近似，所不同的是，在确定缴费额时，根据的是相同的经济活动中所有企业的工伤事故经验。

3. 统一确定法。在这里，共担风险的原则得到全面贯彻，所有企业雇主都缴纳相同数目的保险费。这种方法可节省行政管理费用，可更公正地处理事故。但是，最好的方法应是实行有差别的工伤保险费率，即工伤事故多的企业，如煤矿等企业，费率规定得高些，事故少的企业，如商业、服务业，费率规定得低些。

在我国，现行的工伤保险基金支付主要包括工伤医疗费、护理费、伤残抚恤费、一次性伤残补助金、残疾辅助器具费、丧葬补助金、供养亲属抚恤金及一次性工亡补助金。工伤保险费是由企业按照职工工资总额的一定比例缴纳，职工个人不缴费。工伤保险费根据各行各业的伤亡事故风险和职业危害程度的类别实行差别费率。行业工伤风险分类和差别费率标准由当地劳动行政部门根据伤亡事故和职业病的统计及统筹费用进行测算，征求企业主管部门的意见后提出办法，经同级人民政府批准执行。工伤保险行业差别费率每5年调整一次。

在改革试点中，工伤保险费率多数地区暂定3～5档，平均费率不超过工资总额的1%。例如，广东省规定3档费率：商贸0.5%，工业1%，矿山、建筑1.5%，平均费率为0.72%。海南省规定5档费率：商贸0.5%，轻工0.8%，交通1%，机械1.2%，矿山、建筑1.5%。少数地区费率分档多些，如铁岭市、四平市为8档，大连为15档。总体看，工伤保险费率较低，平均工伤保险费率一般不超过工资总额的1%，企业普遍能够承受。

《工伤保险条例》根据不同行业的工伤风险程度，参照《国民经济行业分类》，将行业分为三个类别。三个类别行业分别实行三种不同的工伤保险缴费率。工伤保险费平均缴费原则上控制在职工工资总额的1%左右，三个类别行业的基准费率分别控制在用人单位职工工资总额的0.5%、1%、2%左右。

用人单位属一类行业的，按行业基准费率缴费，不实行费率浮动。用人单位属二三类行业的，费率实行浮动。用人单位的初次缴费率，按行业基准费率确定，以后由统筹地区社会保险经办机构根据用人单位工伤保险费使用、工伤发生率、职业病危害程度等因素，一至三年浮动一次。世界上多数国家采用差别费率制与浮动费率制相结合的费率确定方法。这既可以调动企业加强安全生产的积极性，又可以在社会共担风险的原则基础上体现企业安全管理的责任。按照《工伤保险条例》的规定，我国对工伤保险费的缴纳也采用的是差别费率与浮动费率相结合的办法。具体做法是：

1. 差别费率。国家根据不同行业的工伤风险程度确定行业的差别费率，并根据工伤保险费使用情况、工伤发生率等情况在每个行业内确定若干费率档次。行业差别费率及行业内费率档次由国务院劳动保障行政部门会同国务院财政部门、卫生行政部门、安全生产监督管理部门制定，报国务院批准后公布施行。统筹地区经办机构根据用人单位工伤保险费使用、工伤发生率等情况，选用所属行业中相应的费率档次确定单位缴费费率。

2. 浮动费率①。我国工伤保险浮动费率是指在行业标准缴费率（即行业差别费率）的基础上，对企业、单位实行浮动费率，使基金缴纳比例随企业、单位安全生产卫生状况和工伤费用支出情况上浮或下浮。即用人单位实际缴纳的工伤保险费，在该用人单位所属行业费率的基础上，由工伤保险统筹地区的经办机构根据该用人单位上年度工伤发生情况和工伤保险费使用等情况对照相应的费率浮动标准计算后，核报劳动保障行政部门确定，即要求使用的是将事故数或严重程度和事故开支组合作为浮动费率的依据。

在筹集工伤保险基金时，应遵循以下原则：(1) 按风险程度征收原则。这种方法体现了公平性，同时也有利于调动企业缴费积极性，并促进企业安全生产。(2) 以支定收，留有储备原则。工伤事故具有偶然性、突发性，因此，工伤保险基金的运用应留有余地，以防突发事故发生后对资金的需要。(3) 需求与可能均衡原则。职业伤害的特点决定了在待遇水平及项目方面，工伤保险比其他社会保险要优厚得多。因此，一方面必须考虑对工伤保险津贴、恤金、工伤医疗和康复及职业病的需要，另一方面应充分考虑用人单位（企业或雇主）负担保险费的承受能力，不致因缴纳工伤保险费而被迫提高产品成本，以致影响企业的利润和竞争能力。

---

① 陈泰才：《工伤保险条例实用指南》，北京，中国人事出版社，2000。

新修订的《工伤保险条例》第七条规定："工伤保险基金由用人单位缴纳的工伤保险费、工伤保险基金的利息和依法纳入工伤保险基金的其他资金构成。"第十三条规定："工伤保险基金应当留有一定比例的储备金，用于统筹地区重大事故的工伤保险待遇支付；储备金不足支付的，由统筹地区的人民政府垫付。储备金占基金总额的具体比例和储备金的使用办法，由省、自治区、直辖市人民政府规定"。企业拖欠工伤保险金的，应给予经济处罚，新修订的《工伤保险条例》第六十二条规定"用人单位依照本条例规定应当参加工伤保险而未参加的，由社会保险行政部门责令限期参加，补缴应当缴纳的工伤保险费，并自欠缴之日起，按日加收万分之五的滞纳金；逾期仍不缴纳的，处欠缴数额1倍以上3倍以下的罚款"。"依照本条例规定应当参加工伤保险而未参加工伤保险的用人单位职工发生工伤的，由该用人单位按照本条例规定的工伤保险待遇项目和标准支付费用"。"用人单位参加工伤保险并补缴应当缴纳的工伤保险费、滞纳金后，由工伤保险基金和用人单位依照本条例的规定支付新发生的费用。表现为加罚一定比例的滞纳金。如果用人单位弄虚作假，少缴、瞒缴保险金，经查出也要加以罚款，罚款金列入工伤保险基金"。

四、工伤保险待遇种类与享受资格

（一）国外工伤保险待遇种类与享受资格

国外工伤保险待遇现金支付的津贴大致有医疗补贴、暂时性丧失劳动能力补偿、永久性丧失劳动能力补偿和遗属补贴四种。至于康复所需费用补贴，在雇主责任制中很少建立这种计划。

1. 医疗补贴。在一些国家，工伤保险制度提供的医疗待遇比非工伤提供的待遇广泛得多。国际劳工组织1952年公布的第102号公约《社会保障（最低标准）公约》指出，工伤保险对工伤工人提供的所需的每一种类型的照顾（包括矫形设备的供应和维修）都不允许工人分担费用；对工伤工人提供不受时间限制的医疗照顾。1964年第121号公约《职业伤害赔偿公约》中考虑到一些国家医疗照顾是根据普遍卫生服务制度或者受医疗保险的人给予医疗费用补助，因此对这方面的规定写得比较灵活。应负担的保护程度，各国立法差异极大，往往越来越多地趋向于列举不同种类的医疗补贴，酌情提供给工伤受害者，而在一些实施独立雇主责任制的国家中，立法规定往往没有足够的约束力，而仅取决于企业本身。此外，在越来越多的国家中，立法赋予受害者接受医疗照顾的权利而不加任何期限或费用数额的限制，但也有一些国家或对医疗期或对医疗费用最高数额加以限制。

2. 暂时性丧失劳动能力补偿。暂时性丧失劳动能力和永久性丧失劳动能力的区别是，致残之后超过一定时期，对其劳动能力进行鉴定，如仍不能恢复或已失去原来的劳动能力即可视为永久性丧失劳动能力。但在某些场合，只需在病伤状况初期或首次医疗诊断时就可得出结论。

暂时性丧失劳动能力补偿待遇几乎在所有国家都是按发生事故前若干时间本人平均工资的一定比例发放。一般来说，大多数国家的比例为本人平均工资的60%、66%和75%。比利时、英国规定，丧失劳动能力最初几周由雇主支付补偿费，之后才由工伤保险支付。有相当多的国家还硬性规定要有几天的等待期。智利、希腊、挪威、苏联和东欧一些国家规定从丧失劳动能力的第一天起就支付补偿津贴。日本规定等待期为3天，其后由雇主直接支付相当于职工工资60%的补偿费。斯里兰卡和泰国的等待期为7天，还有等待期更长的国家。

3. 永久性丧失劳动能力补偿。在大多数国家，永久性丧失劳动能力的补偿是定期支付的（可称为年金）。有的根据伤残程度发放，即根据减少或失去挣钱能力的一定比例发放，有的按规定的一个时期内平均工资计算发放。许多国家保险待遇规定，永久性丧失劳动能力的年金为本人原工资收入的66%（2/3）或75%，定期支付。但有一些国家，如阿富汗、尼日利亚、阿根廷等，仅给予一次性待遇。也有一些国家，尽管定期支付，但期限有一定限制。如在泰国，永久性丧失劳动能力年金最多支付10年。但总体看，由定期支付代替一次性支付已呈现明显的趋势。

4. 遗属补贴。在工伤保险制度中，遗属补贴的支付形式与永久性丧失劳动能力的支付形式一样，通常规定一个最高额或一个支付比例。目前许多雇主责任保险制度对遗属的补偿是一次性支付，而几乎所有的社会保险制度都是定期支付这项补贴，但也有些国家有一定的期限限制。此外，多数情况下，发生死亡事故后，还要向遗属支付丧葬补助费。

（二）我国工伤保险待遇种类与享受资格

我国工伤保险待遇种类，根据《工伤保险条例》，职工因工作遭受事故伤害或者患职业病进行治疗，享受工伤医疗待遇（包括医疗康复待遇和康复待遇）、伤残待遇以及死亡待遇三部分。

1. 工伤医疗待遇。

（1）工伤职工治疗工伤或职业病所需费用符合工伤保险诊疗项目目录、工伤保险药品目录、工伤保险住院服务标准的，从工伤保险基金支付。

（2）职工住院治疗工伤的伙食补助费，以及经医疗机构出具证明，报经办机构同意，工伤职工到统筹地区以外就医所需的交通、食宿费用从工伤保险基金支付，基金支付的具体标准由统筹地区人民政府规定（修订前是由所在单位按照本单位职工因公出差标准报销）。

（3）工伤职工治疗非工伤范围的疾病，医疗费用按医疗保险规定执行。

（4）职工因工作遭受事故伤害或者患职业病需要暂停工作接受工伤医疗的，在停工留薪期内，原工资福利待遇不变，由所在单位按月支付。

（5）停工留薪期一般不超过12个月。伤情严重或者情况特殊，经设区的市级劳动能力鉴定委员会确认，可以适当延长，但延长不得超过12个月。工伤职工评定伤残等级后，停发原待遇，按照有关规定享受伤残待遇。工伤职工在停工留薪期满后仍需治疗的，继续享受工伤医疗待遇。

（6）社会保险行政部门作出认定为工伤的决定后发生行政复议、行政诉讼的，行政复议和行政诉讼期间不停止支付工伤职工治疗工伤的医疗费用。

（7）工伤职工到签订服务协议的医疗机构进行工伤康复的费用，符合规定的，从工伤保险基金支付。

2. 护理费。

（1）生活不能自理的工伤职工在停工留薪期需要护理的，由所在单位负责。工伤职工已经评定伤残等级并经劳动能力鉴定委员会确认需要生活护理的，从工伤保险基金按月支付生活护理费。

（2）确认需护理的，按月发给护理费。护理等级由劳动鉴定委员会评定，分为全部护理依赖、大部分护理依赖和部分护理依赖三个等级，分别按上年度当地职工月平均工资的50%、40%和30%发给工伤护理费。

3. 伤残抚恤金。

（1）职工因工致残被鉴定为一级至四级伤残的，保留劳动关系，退出工作岗位，享受以下待遇：

①从工伤保险基金按月支付伤残津贴，标准为：一级伤残为本人工资的90%，二级伤残为本人工资的85%，三级伤残为本人工资的80%，四级伤残为本人工资的75%。伤残津贴实际金额低于当地最低工资标准的，由工伤保险基金补足差额。

②工伤职工达到退休年龄并办理退休手续后，停发伤残津贴，享受基本养老保险待遇。基本养老保险待遇低于伤残津贴的，由工伤保险基金补足差额。

③职工因工致残被鉴定为一级至四级伤残的，由用人单位和职工个人以伤残津贴为基数，缴纳基本医疗保险费。

（2）职工因工致残被鉴定为五级、六级伤残的，保留与用人单位的劳动关系，由用人单位安排适当工作。难以安排工作的，由用人单位按月发给伤残津贴，标准为：五级伤残为本人工资的70%，六级伤残为本人工资的60%，并由用人单位按照规定为其缴纳应缴纳的各项社会保险费。伤残津贴实际金额低于当地最低工资标准的，由用人单位补足差额。

4. 一次性伤残补助金。

（1）职工因工致残被鉴定为一级至四级伤残的，保留劳动关系，退出工作岗位，享受以下待遇：从工伤保险基金按伤残等级支付一次性伤残补助金，标准为：一级伤残为27个月的本人工资，二级伤残为25个月的本人工资，三级伤残为23个月的本人工资，四级伤残为21个月的本人工资。

（2）职工因工致残被鉴定为五级、六级伤残的，享受以下待遇：

①从工伤保险基金按伤残等级支付一次性伤残补助金，标准为：五级伤残为18个月的本人工资，六级伤残为16个月的本人工资。

②经工伤职工本人提出，该职工可以与用人单位解除或者终止劳动关系，由用人单位支付一次性工伤医疗补助金和伤残就业补助金。具体标准由省、自治区、直辖市人民政府规定。

（3）职工因工致残被鉴定为七级至十级伤残的，享受以下待遇：

①从工伤保险基金按伤残等级支付一次性伤残补助金，标准为：七级伤残为13个月的本人工资，八级伤残为11个月的本人工资，九级伤残为9个月的本人工资，十级伤残为7个月的本人工资。

②劳动合同期满终止，或者职工本人提出解除劳动合同的，由用人单位支付一次性工伤医疗补助金和伤残就业补助金。具体标准由省、自治区、直辖市人民政府规定。

5. 残疾辅助器具费。工伤职工因日常生活或者就业需要，经劳动能力鉴定委员会确认，可以安装假肢、矫形器、假眼、假牙和配置轮椅等辅助器具，所需费用按照国家规定的标准从工伤保险基金支付。

6. 职工因工死亡，其直系亲属可领取的待遇：

（1）丧葬补助金。丧葬补助金为6个月的统筹地区上年度职工月平均工资。

（2）供养亲属抚恤金。按照职工本人工资的一定比例发给由因工死亡职工生前提供主要生活来源、无劳动能力的亲属。标准为：配偶每月40%，其他亲属每人每月30%，孤寡老人或者孤儿每人每月在上述标准的基础上增加10%。核定的各供养亲属的抚恤金之和不应高于因工死亡职工生前的工资。供养亲属的具体范围由国务院劳动保障行政部门规定。

（3）一次性工亡补助金。伤残职工在停工留薪期内因工伤导致死亡的，其近亲属享受本条第一款规定的待遇。标准为上一年度全国城镇居民人均可支配收入的20倍。伤残职工在停工留薪期内因工伤导致死亡的，其近亲属按照规定从工伤保险基金领取丧葬补助金、供养亲属抚恤金（丧葬补助金为6个月的统筹地区上年度职工月平均工资）。一级至四级伤残职工在停工留薪期满后死亡的，其近亲属按照规定从工伤保险基金领取丧葬补助金、供养亲属抚恤金。

伤残津贴、供养亲属抚恤金、生活护理费由统筹地区社会保险行政部门根据职工平均工资和生活费用变化等情况适时调整。调整办法由省、自治区、直辖市人民政府规定。

职工因工外出期间发生事故或者在抢险救灾中下落不明的，从事故发生当月起3个月内照发工资，从第4个月起停发工资，由工伤保险基金向其供养亲属按月支付供养亲属抚恤金。生活有困难的，可以预支一次性工亡补助金的50%。职工被人民法院宣告死亡的，按照《工伤保险条例》第三十七条职工因工死亡的规定处理。

五、工伤伤残等级测定

（一）劳动能力鉴定的概念

劳动能力鉴定有广义和狭义之分。广义的劳动能力鉴定是指任何自然人无论何种原因导致劳动功能发生障碍，由劳动能力鉴定委员会根据用人单位、职工本人或亲属的申请，组织劳动能力鉴定医学专家，根据国家制定的评残标准，确定劳动能力丧失程度的一种综合评定的制度。狭义的劳动能力鉴定是指工伤保险制度规定的劳动能力鉴定，即劳动能力鉴定委员会根据国家标准《劳动能力鉴定　职工工伤与职业病致残等级》对工伤职工的劳动功能障碍程度和生活自理障碍程度的一种综合评定的制度。① 劳动能力鉴定是指劳动功能障碍程度和生活自理障碍程度的等级鉴定。我国劳动功能障碍分为十个伤残等级，最重的为一级，最轻的为十级。生活自理障碍分为三个等级：生活完全不能自理、生活大部分不能自理和生活部分不能自理。国家标准为工伤、职业病患者于国家社会保险法规规定的医疗期满后进行医学鉴定提供了准则和依据。《工伤保险条例》规定，劳动能力鉴定包括劳动功能障碍程度和生活自理障碍程度的等级鉴定。劳动能力鉴定是科学、权威认定和法律责任确定的有机结合，鉴定须按照法定程序运行。劳动者所遭受的职业伤害或源自于意外事故或源自于职业病，无论哪种情况，个人的身体健康都将会受到损害，人体生理或心理机能都会被减弱，随之而来的是工作能力和赚取收入能力的降低。一般来讲，职业伤害会导致两个方面的损害：一方面削弱了劳动者身体或精神的功能和生命力；另一方面还会使该劳动者因劳动能力的降低而丧

① 陈刚：《劳动能力鉴定标准应用指南》，北京，中国劳动社会保障出版社，2007。

失改善将来生活的机会。一般工作能力丧失或者说一般劳务市场上的赚取收入能力丧失的概念，是以获取新工作的可能性为理论基础的，也就是说是以个人剩余的“挣钱能力”为理论基础的。

根据相关劳动保障法律、法规，劳动鉴定工作从新中国成立以来就由专门的组织机构负责。1953 年的《中华人民共和国劳动保险条例》及实施细则规定职工因工负伤致残和因病或非因工负伤致残的，其残废状况的确定与变更，由残废审查委员会审定。1957 年有关部门发布的《医务劳动鉴定委员会组织通则》中改称为医务劳动鉴定委员会。1958 年和 1978 年国务院两次制定的关于职工退休、退职的办法中统称为劳动鉴定委员会。1989 年《劳动部关于健全劳动鉴定委员会和工作制度的通知》中再次要求各地建立健全劳动鉴定委员会，并要求各省、市、县劳动部门要有专人负责做好残废评定的基础工作。国家技术监督局于 1996 年批准并印发了《职工工伤与职业病致残程度鉴定》（GB/T 16180—1996），与《企业职工工伤保险试行办法》同时实施。这是我国第一部工伤和职业病评残国家标准，填补了过去的空白，使劳动鉴定和工伤评残在总结了几年来全国的试行经验后，走上了规范化、法制化的轨道。依据《工伤保险条例》规定，“劳动能力鉴定标准由国务院劳动保障行政部门会同国务院卫生行政部门等部门制定”，2006 年 11 月 2 日由国家质量监督检验检疫总局、国家标准化管理委员会发布《劳动能力鉴定　职工工伤与职业病致残等级》（自 2007 年 5 月 1 日起实施），代替了《职工工伤与职业病致残程度鉴定》，2010 年 12 月 20 日《国务院关于修改〈工伤保险条例〉的决定》修订了《工伤保险条例》后，国家质量监督检验检疫总局、国家标准化管理委员会又对此标准进行了修订，批准发布了《劳动能力鉴定职工工伤与职业病致残等级》（GB/T16180—2014），为工伤、职业病患者于国家社会保险法规规定的医疗期满后进行医学鉴定提供了准则和依据。

（二）劳动能力鉴定的原则与组织

劳动能力鉴定工作是一项专业性很强、技术性高、政策上复杂的综合性工作。要求及时、公正、准确、合理。因此，劳动能力鉴定工作应遵循维护职工合法权益的原则、服务于企业的原则和坚持客观、公正的原则。只有遵循上述原则，做到以事实为依据，以政策、标准为尺度，才能达到定性正确，定量准确，才能做到切实维护职工的合法权益，真正为企业和职工服务。

省、自治区、直辖市劳动能力鉴定委员会和设区的市级劳动能力鉴定委员会分别由省、自治区、直辖市和设区的市级劳动保障行政部门、人事行政部门、卫生行政部门、工会组织、经办机构代表以及用人单位代表组成。

劳动能力鉴定委员会建立医疗卫生专家库。列入专家库的医疗卫生专业技术人员应当具备下列条件：（1）具有医疗卫生高级专业技术职务任职资格；（2）掌握劳动能力鉴定的相关知识；（3）具有良好的职业品德。

（三）评残鉴定的程序

劳动能力鉴定由用人单位、工伤职工或者其直系亲属向设区的市级劳动能力鉴定委员会提出申请，并提供工伤认定决定和职工工伤医疗的有关资料。

设区的市级劳动能力鉴定委员会收到劳动能力鉴定申请后，应当从其建立的医疗卫生专家库中随机抽取3名或者5名相关专家组成专家组，由专家组提出鉴定意见。设区的市级劳动能力鉴定委员会根据专家组的鉴定意见做出工伤职工劳动能力鉴定结论，必要时，可以委托具备资格的医疗机构协助进行有关的诊断。

设区的市级劳动能力鉴定委员会应当自收到劳动能力鉴定申请之日起60日内做出劳动能力鉴定结论，必要时，做出劳动能力鉴定结论的期限可以延长30日。劳动能力鉴定结论应当及时送达申请鉴定的单位和个人。

申请鉴定的单位或者个人对设区的市级劳动能力鉴定委员会做出的鉴定结论不服的，可以在收到该鉴定结论之日起15日内向省、自治区、直辖市劳动能力鉴定委员会提出再次鉴定申请。省、自治区、直辖市劳动能力鉴定委员会做出的劳动能力鉴定结论为最终结论。

自劳动能力鉴定结论做出之日起1年后，工伤职工或者其直系亲属、所在单位或者经办机构认为伤残情况发生变化的，可以申请劳动能力复查鉴定。

（四）评残鉴定的标准

为了科学地、公正合理地对职工因工或职业病的致残程度进行准确的鉴定，《工伤保险条例》规定，劳动能力鉴定委员会组成人员或者参加鉴定的专家与当事人有利害关系的，应当回避。《工伤保险条例》第五十九条还明确规定，从事劳动能力鉴定的组织或者个人有下列情形之一的，由劳动保障行政部门责令改正，并处2 000元以上1万元以下的罚款；情节严重，构成犯罪的，依法追究刑事责任：（1）提供虚假鉴定意见的；（2）提供虚假诊断证明的；（3）收受当事人财物的。

我国劳动能力鉴定将劳动功能障碍程度鉴定和生活自理障碍程度鉴定合二为一，新的标准增加了医疗依赖的分级判定。劳动能力鉴定结论是以一定等级为标志的结论性意见，“等级”是劳动能力鉴定的结论和目标，所以伤残等级的确定成为劳动能力鉴定的最关键因素。

《劳动能力鉴定　职工工伤与职业病致残等级》依据工伤致残者于伤残等级技术鉴定时的器官损伤、功能障碍及其对医疗与护理的依赖程度，适当考虑由于伤残引起的社会心理因素影响，如一些特殊残情造成的心理障碍或生活质量的损失，对伤残程度进行综合判定分级。新的标准根据器官损伤、功能障碍、医疗依赖及护理依赖四个方面，将工伤、职业病伤残程度分为5个门类，劳动功能障碍分为十个伤残等级，生活自理障碍分为三个等级：生活完全不能自理、生活大部分不能自理和生活部分不能自理。共计10个等级，470个条目：

（1）器官损伤，是工伤的直接的后果，但职业病不一定有器官缺损。

（2）功能障碍。工伤后功能障碍的程度与器官缺损的部位及严重程度有关，职业病所致的器官功能障碍与疾病的严重程度相关。对功能障碍的判定，应以医疗期满后的医疗检查结果为依据，根据评残对象逐个确定。

（3）医疗依赖，指工伤或职业病致残后，在医疗期满后仍然不能完全脱离治疗者。①特殊医疗依赖：指工伤致残后必须终身接受特殊药物、特殊医疗设备或装置进行治疗者。②一般医疗依赖：指工伤致残后仍需接受长期或终身药物治疗者。

（4）护理依赖，指工伤或职业病致残后，因生活不能自理而需依赖他人护理。生活自理范围主要有以下5项：①进食；②翻身；③大、小便；④穿衣、洗漱；⑤自我移动。按照护理依赖的程度，将其划分为三级：5项均需护理者为完全护理依赖，3项需要护理者为大部分护理依赖，1 项需要护理者为部分护理依赖。护理依赖可能随时间的推移而有所变化。

（5）心理障碍，指工伤或职业病致残后，在医疗期满后，在器官缺损或功能障碍的基础上虽不造成医疗依赖，但会在心理上产生负面影响，影响其生活质量和正常的工作和学习。在评定残情时，应适当考虑这些后果。

《劳动能力鉴定　职工工伤与职业病致残等级》对残情的判定还划分为五个门类：第 1 门类，神经内科、神经外科、精神科门；第 2 门类，骨科、整形外科、烧伤科门；第 3 门类，眼科、耳鼻喉科、口腔科门；第 4 门类，普外科、胸外科、泌尿生殖科门；第 5 门类，职业病内科门。

根据工伤或职业病致残和造成失能的情况，划分出十个伤残等级，最重的为一级，最轻的为十级。对于同一器官或系统多处损伤，或一个以上器官同时受到损伤者，应先对单项伤残程度进行鉴定。如几项伤残等级不同，以重者定级；两项以上等级相同，最多晋升一级。根据《职工工伤与职业病致残程度鉴定》的规定，基本划分如下：

（1）一级。器官缺失或功能完全丧失，其他器官不能代偿，存在特殊医疗依赖，完全或大部分护理依赖的 24 种情形归入此类。

（2）二级。器官严重缺损或畸形，有严重功能障碍或并发症，存在特殊医疗依赖，或大部分护理依赖的 42 种情形归入此类。

（3）三级。器官严重缺损或畸形，有严重功能障碍或并发症，存在特殊医疗依赖，或部分护理依赖的 49 种情形归入此类。

（4）四级。器官严重缺损或畸形，有严重功能障碍或并发症，存在特殊医疗依赖，或部分护理依赖或无护理依赖的 57 种情形归入此类。

（5）五级。器官大部分缺损或明显畸形，有较严重功能障碍或并发症，存在一般医疗依赖，无护理依赖的 73 种情形归入此类。

（6）六级。器官大部分缺损或明显畸形，有中等功能障碍或并发症，存在一般医疗依赖，无护理依赖的 73 种情形归入此类。

（7）七级。器官大部分缺损或明显畸形，有轻度功能障碍或并发症，存在一般医疗依赖，无护理依赖的 72 种情形归入此类。

（8）八级。器官部分缺损，形态异常，轻度功能障碍，存在一般医疗依赖，无护理依赖的 74 种情形归入此类。

（9）九级。器官部分缺损，形态异常，轻度功能障碍，无医疗依赖或者存在一般依赖，无护理依赖的 54 种情形归入此类。

（10）十级。器官部分缺损，形态异常，无功能障碍，无医疗依赖，或者存在一般依赖，无护理依赖 54 种情形归入此类。

《劳动能力鉴定　职工工伤与职业病致残等级》更多地体现了医学上对工伤职工的生理和心理的残障程度进行的科学定性，而没有相对准确地显示其劳动能力，只是在此基础上大致划分了工伤职工丧失劳动能力的程度，分为三个等级：完全丧失劳动能力，凡伤残鉴定为 1 ~ 4 级的，可确定为完全丧失劳动能力；大部分丧失劳动能力，凡伤残鉴定等级为 5 ~ 6 级的，可确定为大部分丧失劳动能力；部分丧失劳动能力，凡伤残鉴定等级为 7 ~ 10 级的，可确定为部分丧失劳动能力。

资料与案例

别让职业病预防成农民工之“殇”[①]

前不久，由大爱清尘基金会发布的《中国尘肺病农民工生存状况调查报告（2014）》显示，全国有600万尘肺病人，但通过司法维权，最终拿到赔偿的只有18.75%。

尘肺病是由于在职业活动中长期吸入生产性粉尘引起的以肺组织弥漫性纤维化为主的全身性疾病。我国的尘肺病当中，煤工尘肺占了绝大多数；此外，还有很多行业涉及粉尘危害，如水泥行业，机械制造行业当中的喷漆、电焊、铸造等，都是患尘肺病比例较高的职业。

面对现有众多患者，企业特别是历史包袱较重的煤炭行业，在面临企业下放、结构调整的困难情况下，难以对大量患者进行及时有效的治疗。而许多尘肺病患者已与用人单位脱离，成为亟须救助的弱势群体。目前，这种现象已演变为越来越严重的社会问题。

尘肺病仅是职业病的一种。据统计，我国农民工参加工伤社会保险的人数仅占其总数的24%，也就是全国近八成农民工无法享受工伤保险制度保障。为了有效地消除和控制职业病危害，目前，我国实行的是预防为主、防治结合的工作方针。“各种法律法规有很多，包括《职业病防治法》《安全生产法》《工伤保险法》等，但对违法违规者的约束力不强。”中国人民大学社会保障研究中心教授孙树菡对本报说。

谈到职业病预防面对的难题，孙树菡表示，这与我国目前的产业结构密切相关，当前产业结构更多集中在一些传统产业，导致了很多用人单位会存在职业危害。“目前在职业病预防方面的种种问题，与我们工业生产装备水平不高和工艺技术相对落后的状况有关。”有专家如是说。

同时，用人单位的企业素质较低也是一个重要因素。目前大多数企业尤其是中小型企业，还没有养成尊重员工健康权益的良好意识。“采取一些防尘和劳动保护措施都需要有投入，在市场经济条件下，关键是怎么衡量它与追求经济利益的关系、经济利益与劳动者权益的关系。”

孙树菡指出，全世界职业病防治比较成功国家的经验主要有两个方面：其一，是有完善的法律体系，有非常专业化的监管队伍；其二，就是采取各种措施努力提高企业素质，增强企业保护劳动者健康的责任意识。

为此，当前我国安监总局工作的目标之一是加强监督检查，按照“整治一个行业、淘汰一批落后产能、推动一批企业科技进步、制定一套先进适用技术标准”的总体要求，对存在重大隐患、不能保障职工职业病防治的企业要依法严厉查处。

此外，为了进一步控制和消除职业病危害，必须进一步提高政府的监管能力。专家表示，首先，应进一步完善职业病防治的相关法规体系，使其具备更好的可操作性。另外，还要通过队伍建设、人员培训等多种方法，进一步提高行政监管人员的监管能力，进一步提高各级监管部门的监管效率。

---

① 《别让职业病预防成农民工之“殇”》，载《中国科学报》，2015年4月8日，本报记者王卉，本书有所改编。

资料与案例

工伤先行支付“落地”为何这么难

今年是工伤先行支付制度在我国司法实践的第三个年头。2011 年 7 月 1 日，《社会保险法》生效，其中第四十一条规定：职工所在用人单位未依法缴纳工伤保险费，发生工伤事故的，由用人单位支付工伤保险待遇。用人单位不支付的，从工伤保险基金中先行支付。

工伤先行支付制度这一立法规定在工伤劳动者保护史上具有里程碑式的意义。但是在实施的 3 年中，其“落地”情况却不容乐观。

应由谁来举证“用人单位拒不支付”

王某是一家家政公司的职工，2011 年 7 月 8 日工作期间突发疾病，经抢救无效死亡，后被阳泉市人力资源和社会保障局认定为工亡。而该家政公司未缴纳工伤保险，仅向王某的亲属支付了 3. 04 万元的丧葬费和医疗费等。之后，因用人单位无力继续支付，其亲属于 2013 年 6 月 3 日向阳泉市医保中心提起先行支付工伤保险待遇申请。2013 年 6 月 8 日，阳泉市医保中心通知家属称，按照《关于印发工伤保险经办规程的通知》（人社部发〔2012〕11 号文件）“先行支付审核”第七十五条第二款的规定，申请先行支付需提供社会保险行政部门出具的用人单位拒不支付证明材料。为此，家属向家政公司所在地的人社局申请出具用人单位拒不支付的证明材料，在被拒绝后，向阳泉市当地法院提起行政诉讼。

法院经审理后认为，《关于印发工伤保险经办规程的通知》（人社部发〔2012〕11 号文件）“先行支付审核”第七十五条第二款要求的“社会保险行政部门出具的用人单位拒不支付证明材料”，与《社会保险法》第四十一条规定和《社会保险基金先行支付暂行办法》第六条相冲突，限制了申请人的申请条件，而家属的诉请已满足《社会保险法》第四十一条和《社会保险基金先行支付暂行办法》第六条的规定，因此支持了家属的诉讼请求。

金晓莲说：“让劳动者去举证用人单位不支付，很难。用人单位证明自己有没有支付，支付了多少，是很简单的事情。用人单位不但要承担举证责任，还要承担不能举证的直接后果。只要经相关部门审核发现用人单位没有履行支付义务，那就应该启动相应程序。”

仍有社保机构“不清楚先行支付的规定”

何正文是一名四川籍农民工，2011 年 7 月，他的妻子在河北张家口打工时受伤，因用人单位没有为其缴纳工伤保险，在被认定工伤后，何正文向当地社保局申请了工伤先行支付，但得到的答复是未购买工伤保险，无法享受。“如果买了保险，还用得着（工伤）先行支付吗?”何正文百思不得其解，随即向张家口工伤鉴定委员会寻求答案，但并未得到明确解答。因找不到其他解决途径，3 年来他只能不停往返于四川到河北之间，花去路费数万元，至今无果。

自《社会保险法》规定工伤先行支付生效至今，虽持续有成功个案出现，但仍未在全国范围内看见其普遍有效地落实，有不少省份仍没有施行先行支付制度。

近两年来，社保机构以缺乏实施细则为由拒绝接受申请的现象仍较为普遍。去年 11 月，志愿者通过拨打某省 17 个地市 12333 热线，就未参保工伤职工的工伤待遇问题咨询了各地的人社局。

---

① 《工伤先行支付“落地”为何这么难》，载《中国青年报》（2014 年 7 月 6 日第 3 版），本报记者桂杰；实习生陈思亦，本书有所改编。

其中有12个地市的工作人员的答复为“不清楚先行支付的规定”、“省里没细则我们无法执行”、“我们暂不接受申请”。只有两个地市工作人员表示，“可先申请看看”。另有3个地市的电话始终无法接通。

虽然工伤先行支付制度已立法，但各地上级部门没有给出具体规定，而经办人员处理工伤维权的能力有限，他们无法做主办理先行支付。

如何推动工伤先行支付制度“落地”

实践中，社保机构对于“用人单位拒不支付”这一事实，往往希望工伤劳动者提交法院出具的裁定书。因为没有明确的受理标准，劳动者经常需要奔波于社保机构和用人单位之间。

对此，首先要明确“用人单位拒不支付”谁举证。社保机构应在一定期限内责令用人单位支付工伤保险待遇并调查用人单位的财务状况。若社保机构未履行上述义务且未证明“用人单位拒不支付”的事实不存在，则应推定“用人单位拒不支付”的事实存在。举证责任倒置不仅可以加快先行支付的进展，使劳动者早日受偿，还可以防止用人单位中途转移财产，保证基金安全。

其次，中央和地方的社保机构应积极清理不符合上位法规定的关于先行支付的要求，例如《关于印发工伤保险经办规程的通知》（人社部发〔2012〕11号文件）“先行支付审核”第七十五条第二款“申请先行支付需要提供社会保险行政部门出具的用人单位拒不支付证明材料”等不合理规定。

再次，应降低区域性基金风险，确立先行支付款追偿机制。

对先行支付款进行追偿是社保经办机构的法定义务。对于确实无法追回的款项，应明确规定财政和审计处理程序，以解社保经办机构的后顾之忧，降低先行支付申请的受理障碍。我国法律法规应赋予人社部门更多在确保工伤保险参保率和追缴先行支付款项方面的权限，提高行政执行的强度和效率。地方政府应加强工商、法院、银行和人社部门在先行支付工作上的联动和配合。在追缴制度的建设方面，立法机关应尽快引入未参保单位的法定代表人和其他负责人的个人连带责任；社保经办机构应强化追缴能力的培训，包括在用人单位非法注销、解散的情况下，如何更加充分地运用法律救济手段。

最后，应明确申请人条件与适用时间范围。根据《社会保险法》第四十一条的规定，职业病也应属于“工伤范畴”。然而，在我国职业安全和卫生法律体系中，“事故”概念多指短期性、突发性的伤害事件，故长期接触有害物质而引发的职业病并不典型地符合“事故”的概念。实践中，就有法官对先行支付条款是否适应于职业病职工提出了质疑。因此，应明确先行支付申请人的范围。

实践中，有社保机构认为只有在2011年7月1日之后遭受工伤事故的劳动者才可申请先行支付。为使先行支付制度惠及更多的劳动者，有专家建议，应以法院出具的裁定书时间或以劳动者最后一次向用人单位请求支付工伤待遇的时间为准。

思考题

1. 为什么说工伤保险由雇主责任保险向社会保险过渡是必然趋势？
2. 工伤保险有哪些基本原则？
3. 什么是工伤事故？
4. 工伤保险的主要范围是什么？
5. 简述我国评残鉴定的程序。

6. 我国工伤保险待遇主要包括哪些?
7. 我国法定职业病主要包括哪几类?
8. 职业危害因素主要指什么?

附录:职业病分类和目录

一、职业性尘肺病及其他呼吸系统疾病

(一) 尘肺病

1. 矽肺 2. 煤工尘肺 3. 石墨尘肺 4. 碳黑尘肺
5. 石棉肺 6. 滑石尘肺 7. 水泥尘肺 8. 云母尘肺
9. 陶工尘肺 10. 铝尘肺 11. 电焊工尘肺 12. 铸工尘肺
13. 根据《尘肺病诊断标准》和《尘肺病理诊断标准》可以诊断的其他尘肺病

(二) 其他呼吸系统疾病

1. 过敏性肺炎 2. 棉尘病
3. 哮喘 4. 金属及其化合物粉尘肺沉着病(锡、铁、锑、钡及其化合物等)
5. 刺激性化学物所致慢性阻塞性肺疾病 6. 硬金属肺病

二、职业性皮肤病

1. 接触性皮炎 2. 光接触性皮炎 3. 电光性皮炎 4. 黑变病
5. 痤疮 6. 溃疡 7. 化学性皮肤灼伤 8. 白斑
9. 根据《职业性皮肤病的诊断总则》可以诊断的其他职业性皮肤病

三、职业性眼病

1. 化学性眼部灼伤 2. 电光性眼炎
3. 白内障(含放射性白内障、三硝基甲苯白内障)

四、职业性耳鼻喉口腔疾病

1. 噪声聋 2. 铬鼻病 3. 牙酸蚀病 4. 爆震聋

五、职业性化学中毒

1. 铅及其化合物中毒(不包括四乙基铅) 2. 汞及其化合物中毒
3. 锰及其化合物中毒 4. 镉及其化合物中毒 5. 铍病
6. 铊及其化合物中毒 7. 钡及其化合物中毒 8. 钒及其化合物中毒
9. 磷及其化合物中毒 10. 砷及其化合物中毒 11. 铀及其化合物中毒
12. 砷化氢中毒 13. 氯气中毒 14. 二氧化硫中毒
15. 光气中毒 16. 氨中毒 17. 偏二甲基肼中毒
18. 氮氧化合物中毒 19. 一氧化碳中毒 20. 二硫化碳中毒
21. 硫化氢中毒 22. 磷化氢、磷化锌、磷化铝中毒
23. 氟及其无机化合物中毒 24. 氰及腈类化合物中毒
25. 四乙基铅中毒 26. 有机锡中毒 27. 羰基镍中毒

28. 苯中毒　29. 甲苯中毒　30. 二甲苯中毒
31. 正己烷中毒　32. 汽油中毒　33. 一甲胺中毒
34. 有机氟聚合物单体及其热裂解物中毒　35. 二氯乙烷中毒
36. 四氯化碳中毒　37. 氯乙烯中毒　38. 三氯乙烯中毒
39. 氯丙烯中毒　40. 氯丁二烯中毒
41. 苯的氨基及硝基化合物（不包括三硝基甲苯）中毒
42. 三硝基甲苯中毒　43. 甲醇中毒　44. 酚中毒
45. 五氯酚（钠）中毒　46. 甲醛中毒　47. 硫酸二甲酯中毒
48. 丙烯酰胺中毒　49. 二甲基甲酰胺中毒　50. 有机磷中毒
51. 氨基甲酸酯类中毒　52. 杀虫脒中毒　53. 溴甲烷中毒
54. 拟除虫菊酯类中毒　55. 铟及其化合物中毒　56. 溴丙烷中毒
57. 碘甲烷中毒　58. 氯乙酸中毒　59. 环氧乙烷中毒
60. 上述条目未提及的与职业有害因素接触之间存在直接因果联系的其他化学中毒

六、物理因素所致职业病

1. 中暑　2. 减压病　3. 高原病　4. 航空病　5. 手臂振动病
6. 激光所致眼（角膜、晶状体、视网膜）损伤　7. 冻伤

七、职业性放射性疾病

1. 外照射急性放射病　2. 外照射亚急性放射病
3. 外照射慢性放射病　4. 内照射放射病
5. 放射性皮肤疾病　6. 放射性肿瘤（含矿工高氡暴露所致肺癌）
7. 放射性骨损伤　8. 放射性甲状腺疾病
9. 放射性性腺疾病　10. 放射复合伤
11. 根据《职业性放射性疾病诊断标准（总则）》可以诊断的其他放射性损伤

八、职业性传染病

1. 炭疽　2. 森林脑炎　3. 布鲁氏菌病
4. 艾滋病（限于医疗卫生人员及人民警察）　5. 莱姆病

九、职业性肿瘤

1. 石棉所致肺癌、间皮瘤　2. 联苯胺所致膀胱癌　3. 苯所致白血病
4. 氯甲醚、双氯甲醚所致肺癌　5. 砷及其化合物所致肺癌、皮肤癌
6. 氯乙烯所致肝血管肉瘤　7. 焦炉逸散物所致肺癌
8. 六价铬化合物所致肺癌　9. 毛沸石所致肺癌、胸膜间皮瘤
10. 煤焦油、煤焦油沥青、石油沥青所致皮肤癌
11. β－萘胺所致膀胱癌

十、其他职业病

1. 金属烟热　2. 滑囊炎（限于井下工人）
3. 股静脉血栓综合征、股动脉闭塞症或淋巴管闭塞症（限于刮研作业人员）。

第十二章
社会保险的经济影响

本章知识结构

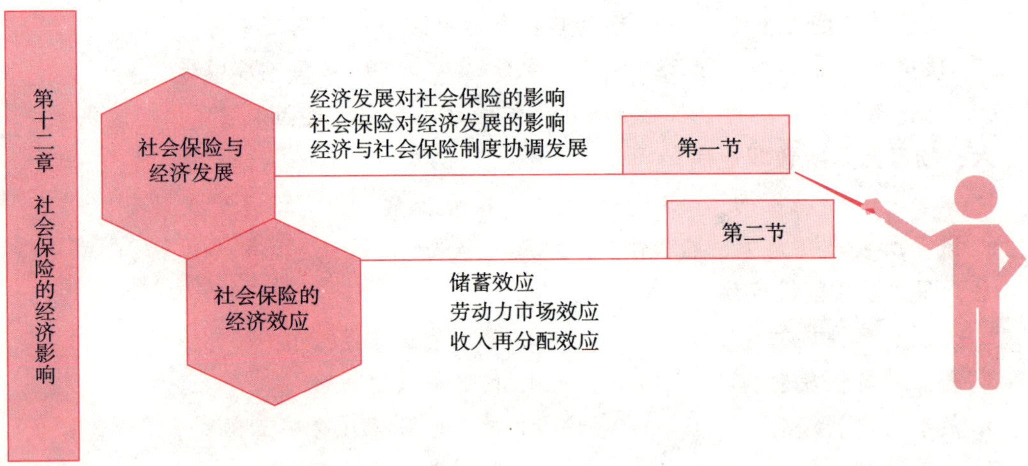

学习目标

- 掌握社会保险与经济发展的关系：经济发展影响和决定社会保险的发展及水平，社会保险制度的不同层面将影响经济发展。
- 理解社会保险的三大经济效应。
- 掌握社会保险的储蓄效应、劳动力市场效应、收入再分配效应及其不同表现形式。
- 了解经济新常态下社会保险的新特点。

第一节　社会保险与经济发展

一、经济发展对社会保险的影响

在社会保险发展演进的历史长河中，经济因素始终是一个极其重要的制约因素，社会保险是作为经济发展的天然伴侣，在特定的经济社会条件下登台的。显然，社会保险作为一种制度安排，是为解决近代特定背景下工业化引起的重大社会震荡，解决劳动者的基本收入保障问题，由政府介入而强行实施的。从某种定义上说，离开经济发展，就无从谈起社会保险，毕竟社会保险是一种根据经济发展状况，并在相当程度上受经济制约的收入再分配形式。经济发展对社会保险的影响主要表现在以下几个方面。

（一）经济发展水平制约社会保险的范围

在社会保险发展的初期阶段，受经济发展水平的制约，其保障范围仅局限于机器制造行业和加工工业，参加社会保险和享受保险待遇的人数也相当有限。随着经济发展水平的提高，社会保险的保障范围逐渐扩大至其他行业，最后扩大至农业劳动者、个体劳动者。目前，大多数工业化国家社会保险的保障面均在90%以上，一些国家还将社会保险扩展至全体国民，形成了福利性社会保险体系。因而为扩大社会保险覆盖面奠定了坚实的经济基础，加之其他因素的共同作用，支撑了第二次世界大战以来工业化国家社会保险保障范围迅速扩大的繁荣局面，是促进社会保险范围扩大的基本制约因素。对于众多发展中国家来说，受经济发展水平及二元经济结构的限制，社会保险的保障面相当狭窄，即使是社会保险制度相对发达的拉美国家，保障面一般也只在50%左右，只有少数国家达到70%以上。对绝大多数亚非国家而言，社会保险保障面的平均水平低于拉美国家。在二元经济结构下，受经济发展水平的限制，大多数劳动者收入低下，并且相当不稳定，使有支付能力的人保险需求很低，传统社会保险模式下的企业负担方式在乡村经济中难以找到合适的载体，这些均限制了发展中国家社会保险保障面的扩展，形成城乡差异甚大的保障体系。即便是城镇居民，也难以按统一标准获得保险保障，对占人口大多数的乡村劳动者而言，则仅有一定程度的社会救济保障，而事实上不存在正式的社会保险制度安排。

（二）经济发展水平制约社会保险的项目和内容

在社会保险发展初期，受经济发展水平的制约，仅能提供基本保险项目，如养老保险、医疗保险、失业保险和工伤保险津贴，并且保障项目和内容都非常单一。随着经济发展水平的提高，社会保险的项目和内容日益丰实，由单一保障项目向综合性项目发展，如家庭津贴、附加养老金、康复津贴、培训津贴以及各类临时性津贴。不仅社会保险津贴的项目繁多，而且福利待遇也因各种原因不断攀升，形成高福利的发展格局，使社会保险的项目和内容，逐步超出最初的基本保障宗旨，向高福利和全面保障方向发展。显然，如果没有第二次世界大战后各国经济高速发展的背景，不可能有社会保险项目和内容日益增多、保障水平日益提高的繁荣局面。社会保险制度改革调整，也直接源于经济发展面临滞胀。国际金融危机和欧债危机促使各国更加审慎对待经济发展与社会保险的关系。对众多发展中国家而言，经济发展水平在相当程度上限制和制约了社会保险项目与内容的发展，仍使其处于初级发展水平，社会保险的基本目标只能是保障工薪劳动者的基本生活需要，保障项目主要包括基本保障项目。

（三）经济发展水平决定社会保险的保障程度

经济发展水平和程度决定和影响社会保险的保障程度，这已为第二次世界大战后社会保险全面发展的历史进程所证实。应当承认，第二次世界大战后西方各国经济在相当长时期内的高速增长，对于提高社会保险待遇水平和保障程度，具有直接的推动作用，并使社会保险支出占国内生产总值和国民收入的比例不断提高。社会保险支出是各国社会保障支出的最大项目。发达国家社会保障支出比例一般占到政府支出的40%～50%以上，占GDP的10%以上，个别占到20%以上。表明随着经济发展水平提高，社会保险的水平也随之提高。就具体保险保障水平来说，经济发达国家的社会保险待遇水平和保障程度远高于众多发展中国家。

二、社会保险对经济发展的影响

（一）对人力资源投资及经济发展的影响

人力资源是经济发展中最积极和最活跃的因素，提高人力资源素质对促进经济发展具有至关重要的作用。根据现代经济增长理论，经济增长取决于人力资源、资本等生产要素的投入量及生产率两大要素。人力资源素质的提高，一方面是指劳动者身体素质的改善，包括生理素质及心理素质获得改善；另一方面是指劳动者教育和技术能力的提高。国外一些经济学家提出应把劳动者的身体素质视为人力资本的一种存量，并认为用于维持和改善人力资源素质方面的费用实质上是一种对人力资源的投资，这种投资对经济增长进程具有特殊贡献。

人力资源的投资通常包括诸多方面，通过社会保险计划为劳动者遭遇生、老、病、伤、失业等社会风险时，提供基本生活保障，应当是人力资源投资的一个重要内容。尤其是通过劳动者个人、企业和国家的投入，各种社会保险项目的实施，一方面能够为劳动者提供基本生活保障，提供基本医疗照顾，以避免劳动者及其家属在遭遇风险时基本生活受到威胁，避免因病所致的身体素质下降和生活水平下降，从而有助于提高劳动者素质；另一方面，通过社会保险提供的各种教育、培训计划，更是直接有助于提高劳动者素质。同时，还应看到，社会保险计划的建立，为劳动者消除和减轻了在面临各种社会风险时的不确定状态，将有助于调动劳动者生产积极性，提高劳动生产率。集经济保障和精神慰藉为一体的社会保险制度，无疑是人力资源投资的重要组成部分。通过提高人力资源素质的方式促进经济增长，具有不言而喻的推动作用，亦是社会保险对促进经济发展的潜在积极影响。

（二）对资金积累和资金市场的影响

社会保险制度通过不同的筹资模式，对积累资金和资金市场的发展产生不同的影响。对现收现付的社会保险而言，由于强调收支的年度平衡，除保留小额流动储备金外，没有专门的资金积累，因而在运行过程中，仅有部分信托基金可能参与国债市场的运作，对短期资金市场构成有一定影响作用，对资金积累进程仅有间接作用。对基金制社会保险而言，由于基金的筹集和支付有较长的时期，满足现期支付外需留有相当规模的储备基金，因而基金制社会保险制度对于增加储蓄和资金积累具有更为直接和重要的意义，对于促进资金市场的发展也具有不可低估的意义。作为一项日趋重要的政府收支计划，基金制社会保险模式实际上与经济发展具有更紧密的联系，通过直接的资金供给、利率及金融市场的中介作用，直接参与经济活动，促进资金的良性循环和经济发展。

基金制社会保险模式对增加储蓄和资本积累，进而促进经济发展具有重要的作用。国外不少国家，特别是发展中国家都十分重视利用这一机制增加储蓄促进经济发展。对经济发达国家而言，通过部分基金制以提高储蓄水平，并通过金融市场的运作，促进经济增长，如近年来多层次社会保险模式受到关注，而第二、第三层次的保险保障都通过基金制运作，以便增加资本积累，促进经济增长，这已构成工业化国家社会保险制度改革的重要特点。对于发展中国家而言，一些国家通过实行以强制储蓄为特征的基金制社会保险制度，在为劳动者提供基本保险保障的同时，也为经济建设积累了大量资金，在很大程度上缓解了发展中国家在经济发展进程中资金不足的矛盾。新加坡、马来西亚等东南亚国家和一些非洲国家实行基金制的强制储蓄型社会保险计划，以新加坡最为成功。新加坡强制储蓄的社会保险制度为经济增长发挥了巨大的推动作用，使其得以长期保持较高的储蓄水平，国内储蓄水平达到国民生产总值的45.5%，成为世界上储蓄率最高的国家，公积金存款的80%以上用于购买国债，投入经济建设，形成了增加积累—发展经济—扩大就业—提高工资—增加积累的良性循环。因此，基金制社会保险制度对促进经济发展的作用不应低估。

（三）为经济增长创造稳定的社会环境

社会保险对经济发展的影响还表现在通过为劳动者提供基本生活保障的方式，为经济增长创造稳定的社会环境。在市场经济条件下，强调通过市场机制实现资源的合理配置。市场机制一方面能够通过价格机制合理配置并有效利用各种生产要素，使有限的生产资源发挥更大的经济效益，另一方面通过收入分配机制为经济增长提供动力源泉。于是竞争性市场机制为经济发展提供了至关重要的效率机制和动力机制。然而，市场机制本身并非万能，它还存在诸多缺陷，它在给经济发展带来效率和动力的同时，也会给经济增长的社会环境带来一些负面效应，在收入再分配、基本收入保障方面，尤其是在处置劳动者面临的失业、老年、疾病等特定社会风险时，单纯依靠市场机制难以实现社会稳定。不仅如此，收入分配差距的拉大超过一定限度，甚至可能导致社会动荡，从而阻碍经济的健康发展。社会保险制度正是国家干预社会生活、纠正市场失灵的一种制度安排。通过一定的收入再分配机制，对遭遇特定社会风险的劳动者、低收入阶层提供基本收入保障，不仅可以保障老、弱、病、残社会成员的基本生活，而且作为强有力的社会稳定机制，将为促进经济发展创造有利的外部环境。如德国的社会市场经济模式，在充分利用市场机制、增进效率、促进经济快速发展的同时，高度重视社会保护机制，重视构建社会保险制度，又为经济高速发展创造了稳定的社会环境，进而促进了经济发展。

三、适应经济新常态，实现经济与社会保险制度的协调发展

20世纪90年代以来国际社会保险改革发展的一个重要趋势，就是寻求能促进经济发展的社会保险制度。很显然，如果我们不是孤立地谈论社会保险制度改革，而是联系经济发展的各个方面进行分析，尤其是在经济发展与社会保险的相互联系中把握其正确的运行轨道，有助于正确认识经济发展与社会保险协调发展的重要政策意义。毋庸置疑，社会保险制度的正常稳定运行，归根结底取决于经济的健康与协调发展。只有经济稳定协调发展，才能最终为解决社会保险制度面临的种种危机提供坚实的物质基础和宽广的制度调整空间。同时，金融市场的发展、完善也都对社会保险制度具有重要的促进作用。从深层次考察，社会保险的收支平衡状况，基金积累与投资营运、经济负担能力等诸方面，同经济运行机制中的产量、利率、经济效率等存在着紧密的内在关联性。经济学家们对这些问题的重视及解决程度关系到未来几十年中经济发展的走势和社会保险制度的运行状况。因此，经济发展与社会保险制度的协调发展，是各国在21世纪应予以高度重视的新课题。

我国经济已进入新常态，完善社会保险制度构建，充分发挥社会保险减震器的功能，发挥社会保险制度在稳定预期、扩大内需、促进经济发展等方面的重要功能显得尤为重要。世

界各国社会保险发展的历史经验表明，社会保险制度的改革与发展从来就是与经济社会的风险与动荡相伴而生并不断完善的，经济结构调整下的种种社会风险需要社会保险制度加以化解，而社会保险提供的社会安全网对于稳定社会公众预期、提振消费者信心、促进经济发展更具有重要的制度保障功能。

1. 完善社会保险制度，提供更全面、更广泛的经济保障。我国正加快建立覆盖城乡居民的社会保险体系，通过制度创新和机制创新，扩大覆盖面，逐步实现人人享有社会保险的人员全覆盖，将更多城乡居民纳入到社会保险体系中，编织更为广泛的社会安全网。通过加大政府财政对社会保险的投入力度，社会保险覆盖范围的扩大和受益人群的不断增加，对于经济结构转型调整背景下的劳动者发挥着重要的基础性保障作用。通过积极调整社会保险待遇水平，调整低保待遇水平，发放各类生活津贴和保障津贴，确保社会正常秩序和社会稳定，具有十分关键的意义。

2. 稳定公众预期，积极扩大内需，促进经济发展。完善社会保险制度，使更多城乡居民能够被纳入制度化的保障轨道，对于稳定社会公众的预期，减少对未来经济保障不确定性压力，对于促进储蓄向投资的转化，对于拉动国内消费需求，促进经济的平稳发展，均具有积极的政策效应。因而，提高社会保险的统筹层次、完善多层次社会保险制度构建、推行覆盖更多城乡居民的老年津贴制度，不仅有利于和谐社会构建，而且有助于提振金融危机背景下消费者信心，有助于有效缓解金融危机背景下国内消费需求不足的矛盾。通过社会保险体系的完善，实现储蓄行为向消费行为的转化，实现社保基金向实体经济和基础设施的投资，对促进经济又好又快发展，无疑具有重要的现实意义。同时，社会保险制度的完善对于提升人力资本投资价值，具有明显的经济促进功能。社会保险作为一项重要的人力资本投资计划，它具有与薪酬、教育计划类似的旨在提升劳动者内在社会资本的潜在功能，基于安全保障需求的满足和增强对未来经济社会长期发展的理性预期，减少后顾之忧与提升劳动力的潜在创造力，增进经济与社会发展的融合度，营造有利于劳动者价值创造的社会心理氛围，对于缓解金融危机带来的恐惧心理与不确定性预期，均具有十分重要的潜在功能。此外，充分发挥城乡医疗保险制度功能，提升劳动者的身体素质，减少疾病和促进身心健康，充分发挥失业保险促进就业的延伸功能，都将积极提升人力资本的内在价值，推进积极的社会保险政策制度构建与经济发展的良性互动，而这应是完善我国社会保险体系构建、统筹城乡协调发展的应有之义。

3. 调整发展模式，创新就业援助和就业保障机制。经济结构调整和经济新常态背景下，失业风险的化解思路，应该是强调系统思维、整体思维及动态思维，应该强调非常规的创新思路：应充分关注各种应急性失业援助计划的功能，如实施全方位的就业援助和就业补偿计划，创新就业援助方式，实施政府购买服务，实施以工代赈创新方式，有组织、有计划地引导返乡农民工进入相关基础工程、生态工程、中医药产业工程等，最大限度地缓解经济新常态下的就业压力，最大限度地吸收和转化失业风险；同时，及时启动多层次、多元化、多形式的创业、就业培训动态机制，立足于人力资本投资和提升我国劳动力整体素质的发展战略，调整劳动力结构布局，延缓失业高峰冲击波的压力。应对和缓解我国日趋严峻化的就业压力，需要战略性、全局性的考虑，需要更为宏观的视野，需要创新思维。显然，对这一难题的求解，不应仅就失业论失业，亦不应就经济论经济，而应在经济、社会与文化的互动关联中，在国内经济与国际经济的互动关联中，实现发展模式的根本转变，实现劳动力密集型产业集群的新突破，实现就业方式的灵活性、多元化、多形式、多层次就业方式的新思维。通过发展模式的重大调整，通过最大限度地激活国内市场，通过对就业促进政策的政府主导、经济激励与社会扶持的有效结合，通过大众创业万众创新的新思路，有可能使我们找到解决中国就业难题的集合解和创新解。

第二节　社会保险的经济效应

一、社会保险对储蓄的影响

（一）社会保险与储蓄的关联

在现代经济学中，储蓄问题是经济理论关注的焦点问题之一。从微观的角度看，储蓄是指未耗用的、可供贷给资金短缺者的货币收入。储蓄既是一种个人经济行为，也是整个经济运行的一种结果。无论是个人储蓄的多少，还是宏观储蓄水平，都对一国的经济发展和经济增长具有重要的影响作用，因而储蓄的增减变化，历来是经济学家们长期关注的重要议题。

社会保险制度是增加储蓄，抑或是减少储蓄，在工业化国家曾经有长期激烈的争论。由于社会保险与储蓄之间异常复杂的经济关系，以及受诸多经济和其他变量的影响，社会保险的储蓄效应成为尤为引人关注的问题。

社会保险运行的全过程，从社会保险基金的筹集、基金的储存、营运与保值增值、保险金给付，都会从各个方面对储蓄产生影响，都具有明显的储蓄效应。

社会保险的储蓄效应首先表现在筹资过程。社会保险基金的筹集，无论是采取社会保险税的形式，还是采取费用征集形式或成本列支等形式，都具有减少个人和企业收入的效果，从而影响个人和企业的消费倾向和储蓄倾向。一般情况下，征收社会保险税或征缴保险费对个人收入及储蓄影响较为直接，成本列支或营业外列支的形式则对储蓄的影响作用较为间接。如对个人征税时，会减少个人的现期收入，使家庭本来用于未来消费的储蓄减少，从而对储蓄产生较直接的影响。对企业征收工薪税，作为企业承担部分社会保险责任的体现，通过部分地增加企业人工成本，会不同程度地减少企业收益，从而影响企业盈利和积累能力，降低企业储蓄率。所以，征收社会保险税，使个人可支配收入减少，使企业可留用的利润减少，一般均有降低储蓄率的作用。

社会保险基金的储存过程或积累过程会对储蓄产生更为直接的影响。社会保险基金在长期的积累过程中，以养老金基金、失业保险基金、医疗保险基金等形式，储存于特定或专门的国库账户或信托基金中，从而成为储蓄的一个重要来源。但若从全社会资金运动状况分析，如果来源于个人、企业以及政府出资的社会保险资金，本来都是各部门储蓄的一个组成部分，则全社会的储蓄总量并未发生变化，而只会影响储蓄的构成，如个人和企业的储蓄转化为公共部门储蓄，政府的预算资金转变为政府社会保险账户的储蓄；如果来源于个人、企业以及政府出资的资金中，有一部分本来是用于消费的，则可能存在消费转化为储蓄，尤其在现收现付的社会保险制度下，存在着代际间的转移支付，年青一代支付老年退休一代的保险金，因而存在着现期消费转化为储蓄，而年青一代日后退休，领取保险金的过程，则是一种延期消费。社会保险基金的储存还可视为是一种社会储蓄，即将个人和企业的储蓄转化为政府统一管理、依法运行的社会储蓄，而基金的投资营运、保值增值又有助于增大社会储蓄总量，也从另一个侧面对储蓄产生影响。

（二）社会保险影响储蓄的过程

概而言之，社会保险（主要是养老保险计划）影响储蓄主要有几大渠道。第一，社会保险财务机制通过征税与政府承担隐性债务形式实现给付社会保险待遇的过程而影响消费模式与行为，由消费行为的变化进而影响储蓄的增减。第二，通过社会保险金给付的财富效应，即养老保险计划的纳费数额与预期养老金货币现值之间评估而产生的一种个人收入的增减效应，由此影响人们的储蓄行为及储蓄的增减。第三，由于社会保险机制改变人们退休时间而产生的政策效应。一般认为，个人退休时间越趋提前，越应在工作就业期间多储蓄，以满足退休后的经济保障需要，因而通过退休行为的变化影响人们的储蓄行为。第四，社会保险对储蓄的影响程度可能会因自愿性家庭代际间转移和政府强制实施的代际间转移而降低。退休人员由现有在职劳动者负担，现有在职劳动者又顺理由下一代劳动者负担，是现收现付社会保险制度的基本特征。上一代人是否已通过较高水平的储蓄补偿了由下一代承担的养老保险负担，或是否每年通过政府强制性代际间转移行为实现，均会对储蓄产生不同的影响。第五，社会保险对储蓄的影响，因选择基金制和现收现付制模式具有很大差异。有关研究表明，在美国的现收现付社会保险制度下，对私人储蓄具有明显的负效应，从而对经济发展产生不利的影响，而基金制的社会保险制度则对增加储蓄和促进资金市场发展，具有明显的促进效应。不少经济学家认为，基金制模式有助于在较长时期内对投资结构、储蓄水平和经济增长产生积极的促进作用。

应当指出，社会保险储蓄效应及其传导过程是一个非常复杂、尚未解决的问题。自1974年以来，以美国为主导的西方经济学界展开了一场社会保险对储蓄影响及增减效应的大讨论。以著名经济学家菲尔德斯汀和巴诺为代表的两派经济学家，各自通过构建理论模式、展开实证分析和范围广泛的国际比较，迄今仍未获得完全一致的结论。根据多数经济学家的主张，现收现付的社会保险制度即便不是对储蓄产生较大程度降低效应的话，它也几乎无助于增加储蓄，而基金制社会保险制度则可能相当程度地增加储蓄，尽管它包含着储蓄结构的变化，如私人储蓄与政府储蓄总量的消长。由于实证分析未能对理论模式作出完备的阐释，各种见解尚不足以作为令人信服的政策依据。

二、社会保险对劳动力市场的影响

社会保险对劳动力市场供求的影响是经济学家关注的一个重要议题。自20世纪70年代以来的很长时期，工业化国家老年劳动者的市场参与率均呈下降趋势，有的国家下降幅度还相当大。这一发展趋势所具有的双重政策效应引起经济学家们的浓厚兴趣。一方面，近20年来工业化国家的经济衰退，促使各国政府通过鼓励老年劳动者提早退出生产劳动领域以缓解日趋严峻的失业问题，因而这一效应颇受决策者的欢迎并得到鼓励；另一方面，日益严重的提前退休浪潮又是构成社会保险费用急剧膨胀、国家财政巨额赤字的重要原因之一。着眼于未来人口老龄化发展走势，提高法定退休年龄，抑制提前退休，又成为不少国家社会保险改革的重要议题。于是，社会保险对劳动力市场供求的影响，重新构成20世纪90年代国际社会保险发展中的重要议题，并具有日益明显的理论和决策意义。此处主要分析社会保险对劳动力市场供给的影响。

社会保险对劳动力市场供给的影响包括对在职劳动力市场供给的影响和因劳动者普遍化提前退休而对劳动力市场供给的影响两个方面。社会保险对现有在职劳动力市场供给的影响及其程度，在较大程度上与采取何种财务机制及与之相关联的给付结构有关。若采用现收现付财务机制，劳动者纳费多少往往并不直接与未来的保险金待遇对等，相对于个人账户机制，亦不直观地表现为自身财富的积累过程，这一特征可能程度不同地影响劳动力市场供求曲线。因为在这一情形下，由市场机制决定的劳动力供给和需求的工资基础存在差异，即由总货币工资额决定劳动力需求决策，而由净货币工资决定劳动力供给决策。社会保险的纳费程度抑或为改变净货币工资程度而对劳动力市场供给产生影响。相反，在基金制或个人账户养老保险财务机制中，劳动者的纳费从资金积累的直观意义上决定着其未来领取养老金的数额，因而，它对劳动力市场供给的影响程度较低。在此意义上，人们强调社会保险纳费与待遇的更紧密内在的联系，有助于减轻社会保险运行机制存在的不利于劳动力市场供给的经济影响。

需要指出的是，由于日趋普遍化的老年劳动者提前退休而引发的劳动力市场供给问题，已引起工业化国家经济学家们的高度关注，尤其是这些国家未来劳动力市场供给普遍不足和提前退休所产生的费用的巨大潜在压力，促使经济学家们在更广泛意义上探寻养老保险对劳动力市场供求的影响程度。有关研究表明，现行社会保险制度的诸多方面都存在着促使劳动者提前退休的因素，如对提前退休领取减额养老金的规定不力，退休前待遇的临时提高及养老保险给付结构与退休政策之间缺乏有效的制约机制等，都促使老年劳动者纷纷提前退休，导致老年劳动者市场参与率的急剧下降。对某些国家而言，提前退休虽可暂时缓解失业和劳动力市场供求矛盾，但从长期发展看，提前退休的经济影响更胜于短期调整效应，并给社会保险的长期稳定发展带来甚为严重的后果，因而社会保险对劳动力市场供给的影响不应低估。

正视社会保险尤其是养老保险的劳动力市场效应，不但非常有助于研究养老保险改革决策，如提高法定退休年龄的可行性，有助于克服普遍化提前退休条件下引发的社会保险费用支出急剧膨胀，而且有助于充分发挥老年人力资源的重要作用。越来越多的迹象表明，在经济增长理论中，人力资本的潜力有待进一步发挥。随着人均寿命的延长和人们受教育、培训的时间延长，如何通过社会保险政策的调整，使其在二者中能找到有助于经济发展的有利因素，克服其消极不利影响，对于经济协调发展和社会保险制度的稳定运行，均具有十分重要的理论和政策意义。

三、社会保险对收入再分配的影响

在市场经济条件，市场机制对于实现资源优化配置、增进经济效率等具有重要的促进作用。然而，市场并不是万能的，一些公共部门的经济行为，市场经济中通行的利益选择、市场定价、资源配置等原则不再完全适用。尤其是在处置劳动者面临的失业、老年、疾病等特定社会风险时，市场失灵问题就尤为突出，往往难以通过市场机制实现社会政策目标，而需要政府干预。社会保险正是克服市场失灵弊端、维护社会公平、体现政府调节与干预作用的重要社会政策，是保障与促进市场经济体制健康发展的重要制约条件。

社会保险是政府对国民收入进行再分配的重要手段，它通过专项预算的形式把分散在各个企业和个人手中的部分资金，通过专项基金征集或专项社会保险税（费）方式集中起来，形成集中统一使用的社会保险基金，改变企业、个人自我保障基金的分散使用、负担不均的收入分配格局，实行社会统一管理，并通过政府立法、强制实施，实现旨在强调社会公平兼顾效率的社会政策目标。通过政府举办社会保险计划介入收入再分配领域，它事实上对社会不同阶层、不同成员，及同一阶层、同一成员在不同生命周期甚至不同代际间劳动者的收入状况，履行程度不同的收入再分配职责。

由于社会保险基本模式的选择、财务机制及给付结构等都与收入再分配效应具有非常复杂的关联性，因此收入再分配效应成为社会保险尤其是养老保险运行机制中异常复杂的问题。概而言之，社会保险收入再分配效应有以下几种基本形式。

1. 劳动者个人收入的再分配，指劳动者劳动期间的部分收入在退休期间或面临有关社会风险时使用，从而呈现出个人收入再分配效应。这种分配效应在不同社会保险运行机制下有不同的表现形式。如在个人账户积累模式中，劳动者个人收入再分配表现得非常直观，退休收入在形式和内容上均表现为劳动者在不同生命周期的收入的一种积累，是延期支配或转移部分收入的结果。在社会统筹模式中，这种个人收入再分配则表现得较为间接。在社会统筹与个人账户相结合的运行模式中，则视个人账户与社会统筹所占何种比例，而体现程度不同的个人收入再分配特征。

2. 劳动者代际间的收入再分配，指在现收现付的社会保险计划中，通过特定的运行机制，由现有生产型劳动人口负担现有老年人口的退休费用，而现有生产型劳动人口的退休费用将顺理由下一代生产型劳动者承担，从而体现出劳动者代际间的收入再分配效应。这种收入再分配效应，一方面表现出不同代际之间在经济内涵、经济关系上的收入再分配，另一方面则在一定程度上表现出代际间收入水平及数量上的某种差异性。代际间收入再分配效应的体现，取决于政府干预下社会保险计划的长期稳定运行。

3. 同代劳动者之间的收入再分配，指因劳动者收入状况的差异或社会保险财务机制、给付结构体现出的不同收入水平劳动者的收入再分配。为服从特定社会政策目标，社会保险运行机制将体现某种程度的收入再分配，如高收入者的部分收入向低收入者转移，未遭受工伤、失业风险劳动者的部分收入向遭遇风险劳动者转移，或通过社会保险计划，使收入偏低者获得往往高于纳费水平的保险金，或收入偏高者获得低于其纳费水平的保险金。因此，社会保险存在明显的、形式各异的收入再分配效应。

社会保险模式的选择在很大程度上决定通过社会保险呈现的收入再分配形式及其程度。如个人账户模式则较多呈现劳动者个人不同生命周期的收入再分配，较少呈现劳动者之间共济互助的收入再分配。社会统筹与个人账户相结合的模式，则既体现横向的共济互助的收入再分配关系，又能体现个人不同生命周期的收入再分配，有较强的收入再分配兼容特性。在业已引起广泛重视的多层次社会保险模式中，通常在第一层次，即旨在提供基本待遇水平的模式中，明显地体现社会共济性收入再分配特征。无论收入高低，一律享受最低水平保险待遇，实际上已包含了收入水平高低之间的一种再分配效应。第二、第三层次保险计划则更侧重于劳动者纳费与待遇之间的某种对等性，较多体现效率因素，较少体现横向的不同收入水平劳动者之间的收入再分配。

资料与案例

社会保障制度建设面临的新常态

中央经济工作会议强调了加强和改善民生保障工作的重要性，提出了“坚持守住底线、突出重点、完善制度、引导舆论”的基本思路，要求“多做雪中送炭的事，更加注重保障基本民生，更加关注低收入群众生活，更加重视社会大局稳定”。当前，社会保障事业正处在一个新的发展起点，一方面是经济发展新常态对社会保障制度建设必然带来新的影响；另一方面是城乡社会保障制度建设已经进入了一个新的发展阶段，这个阶段最显著的特征是我国已经步入了全民保障。据国家有关部门的统计，到 2013 年底，城镇职工基本养老保险、城乡居民养老保险的参保人数达到 8.2 亿，全国已有超过 2 亿人在按月领取养老金；城镇职工医保、城居医保和新农合参保人数超过 13 亿；社会救助制度实现了城乡全覆盖。所以要认真分析经济新常态和全民保障新形势下的新情况、新问题，并有针对性地研究一些新政策、新措施。

（一）经济增速放缓可能影响到未来一个时期政府对社保投入的增长

在过去这些年的经济快速发展下，国家财力增强，在社会保障等民生事业上投入很大。城乡居民社会养老保险、新型农村合作医疗、城镇居民基本医疗保险、农村最低生活保障等制度顺利开展，最主要的原因就是国家财政的直接扶持。城镇职工的养老、医疗保险也离不开财政补贴的支持。据统计，截至 2013 年底，中央财政累计安排城乡居民基本养老保险制度补助资金 1 960 亿元，新型农村合作医疗补助资金 4 142 亿元，城镇居民基本医疗保险补助资金 765 亿元，农村最低生活保障制度补助资金 2 195 亿元，年均分别增长 191.9%、78.1%、121.6%、65.3%，均远高于财政支出增长速度。近五年来，中央财政安排职工的基本养老保险补助资金 12 487 亿元，安排解决关闭破产企业退休人员和困难企业职工纳入职工基本医疗保险资金 509 亿元。随着经济增速的放缓，公共财政收入增速降低，2013 年的公共财政收入增速为 10.20%，与 2010 年时的 21.28%、2011 年时的 25.00% 相比大幅下降。特别是地方财政在前些年的快速发展中收入主要来自土地出让和资源开发，由于增长方式的调整和变化，地方“不差钱”的年代已经过去了，而社保制度建设还处在初创时期，一方面现有的待遇水平由于福利刚性难以下调，另一方面现在的投入还远没有到位，所以各级政府面临着很大的社会保障支出压力。当然可以通过调整财政支出结构，加大社会保障的投入，但是其他民生事业缺钱的地方很多，需要统筹考虑。我们要充分认识到，主要靠政府财政支撑的社会保险制度本身就缺乏可持续性，要合理地确定国家、用人单位和个人的责任。

（二）结构调整时期部分困难企业参保缴费能力可能受到影响

调结构必然产生“阵痛”。由于长期积累的结构性矛盾和问题集中暴露，目前一些企业生产经营困难，表现在规模以上企业经营成本上升、利润下降，部分行业大面积亏损，一些产能过剩和高能耗企业面临重组、破产；中小企业由于融资难、负担重，经营环境差。有人预测其程度可能不亚于 1998 年的国有企业大调整时期。企业生产经营困难直接影响到参保缴费的稳定性。据统计，2013 年职工基本养老保险中断缴费人数达 3 064 万人，比上年增长 12.7%，中断缴费人数的增速高于参保人数增速 7.1 个百分点。估计未来几年社会保险的脱保、断保现象还会持续。其他几项保险的断保情况没有统计，但问题也肯定存在。

（三）养老、医疗的支出压力将越来越大

首先是养老保险待遇水平的不断提高和人口老龄化加快对基本养老保险基金收支平衡形成较大压力。职工的基本养老保险待遇标准连续十年提高，2014 年人均月养老金水平达到 2 000 多元。由于尚未建立待遇正常调整机制，待遇调整主要依靠行政决定，没有遵循养老保险制度的精算平衡，这给各地基本养老保险基金的收支平衡带来很大压力，基本养老保险基金当期收不抵支省份数量出现增多。如果不考虑中央财政补助资金，2013 年全国有 19 个省级统筹单位当期养老金出现收不抵支。同时，由于没有建立起多层次的保障体系，人们对养老保障的需求和期望集中于基本养老保险制度，伴随物价和生活成本的提高，对继续提高待遇水平仍有较大的期望。除了当期的收支压力，我国人口结构也出现了变化，老龄化程度正在快速加深。根据第六次人口普查数据，2010 年 65 岁及以上人口占总人口的比重达到 8.87%，而且随着人口平均寿命的提高、生育意愿的降低等，老龄化的速度在未来 20 年将大幅加快。新中国成立以后，老年人口增加 1 亿人用了 60 年，而据预测未来 20 年老年人口就将再增加 1 亿多人，2030 年会达到 2.3 亿人。这决定了今后我国养老保险基金的收支平衡压力将持续加大。

其次是医疗消费水平的过快增长和医疗保险待遇水平的普遍过快提高形成医保基金的安全隐患。近年来医疗卫生费用的增长很快，卫生总费用从 2001 年的 5 026 亿元增长到 2012 年的 27 847亿元，人均卫生费用从 2001 年 394 元增长到 2012 年的 2 057 元，政府卫生支出、社会卫生支出、个人现金卫生支出的数额都在快速上升。医疗消费水平的上升既有科技进步、医疗服务成本和健康水平提高的合理因素，也有超越基本国情、资源浪费的不合理成分。过快的医疗消费水平上涨既加重了患者的医疗费用负担，也给医保基金的收支平衡带来很大压力。2013 年底，职工医保、城居医保和新农合在政策范围内的住院医疗费用报销比例分别平均达到 81.9%、66.7%和 75%，有些地方的报销比例达到 95% 以上。如果基金可以承受，国力可以支撑，提高报销比例甚至搞全民免费医疗当然好，但就我国目前的经济发展水平，还远远没有能力做到。那么局部实现“共产主义”可以吗？肯定不行。由于短期内过快地普遍提高各类疾病的报销比例，2013 年全国有 225 个统筹地区的城镇职工医疗保险统筹基金出现当期收不抵支，其中 22 个地区的统筹基金累计结余出现赤字。城镇居民医疗保险基金当期收不抵支的统筹地区达到 108 个。新农合的基金收支情况没有全国的统计数据，从部分省市的调研情况看，问题可能更加严重。这些问题不仅涉及基金的安全，也关系到制度的可持续发展。

（四）全民保障更加凸显制度公平性问题

目前在养老、医疗等社会保险方面，不同人群不同制度共存的局面可能还要持续一段时间，但公平性问题要引起高度重视。现在一方面存在着三种人群（职工、城镇居民、农民）之间的制度性差距，另一方面又存在着缴费水平差距大但待遇水平逐步拉近的政策性差距。在过去城乡分割和部门分别管理的体制下，这种矛盾冲突还不太明显，随着城乡统筹和管理体制的统一，这些矛盾就会集中地显现出来。调研中了解到，有些地方城乡居民社会养老保险的基础养老金水平一直没做过调整，居民反映与职工的养老金水平差距大；有些地方的城居医保和新农合的参保人员提出要“同城同待遇”、“同地同待遇”，也有一些企业和职工为了减少缴费，提出要退出职工医保参加城居医保或新农合的要求。宪法规定了每个公民都有平等获得国家给予的各项社会保障权利。理论上讲，既然社会保险是国家提供的保障基本水平的制度安排，这个基本水平在不同社会成员之间就不应该相差太大。从实际看，由于我国长期以来存在的城乡差别、地区差距以及社会保险制度建立初期采取的因地制宜、先易后难、地方统筹等政策，形成了以人、以地区划分的不同制度及待遇标准，也就是今天我们说的制度碎片化，这是制度建立过程中不可避免的，我们要承认它，当然更要正视并逐步地解决。从长远看，应该研究建立统一的覆盖全体公民的基本保障制度，公民无论什么身份和地域，都享有同样的基本保障。在人人享有基本保障的基础上，建立符合不同人群需求的补充保险制度，个人可以根据缴费能力自主选择，实现权利义务的对等。就医疗保险的管理体制，近期应按照中央的决定和国务院机构改革的要求，尽快整合城乡医疗保险管理体制，统一城居医保和新农合制度，实现城乡居民医疗保障待遇的公平。在此基础上，逐步实现城乡居民和城镇职工大病保障待遇的统一，使患大病的人群无论是参加哪种医疗保险都可以获得大致相同的保障待遇。

资料来源：乌日图：《社会保障制度建设面临的新常态》，载《中国人大》，2015（3）。

思考题

1. 经济发展新常态对社会保险有何影响？
2. 社会保险如何制约和促进经济发展？
3. 社会保险对储蓄有什么影响？
4. 社会保险如何影响劳动力市场供给？
5. 社会保险收入再分配效应主要有哪几种形式？
6. 试论述社会保险与经济发展的相互关系。
7. 20 世纪 90 年代西方国家社会保险改革为何日益关注经济因素？

第十三章
社会救助与社会福利制度

本章知识结构

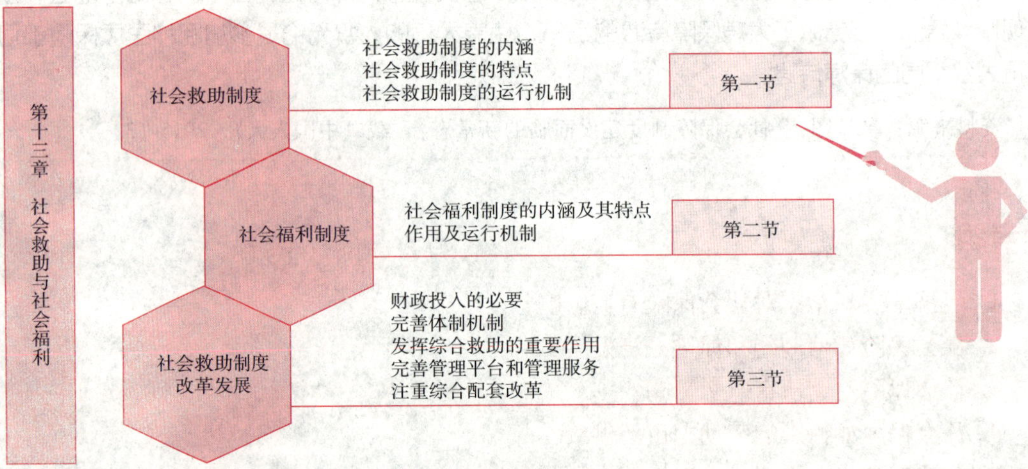

学习目标

- 掌握社会救助制度的基本要件。
- 理解社会救助制度作为兜底性社会政策的重要作用，了解社会救助和社会福利制度的主要特点，运行机制的重要要素。
- 掌握统筹城乡社会救助制度改革发展重点要素。
- 了解我国社会救助制度改革的特点及趋势。

第一节　社会救助概述

一、社会救助的内涵与外延

（一）社会救助的含义

这一概念包含以下几层含义：

第一，社会救助是国家和社会对社会成员在需要获得最起码的物质帮助时，所应负的一项基本社会责任。《中华人民共和国宪法》规定，公民在年老、疾病或丧失劳动能力的情况下，有从国家和社会获得物质帮助的权利。通过社会救助的方式提供及时、必要的经济援助，是实现社会正常运转的一个基本前提。

社会救助，是指国家或社会对因各种原因导致无法维持最低生活水平的社会成员提供的能满足最低生活需求的社会保障制度。

第二，社会救助是在公民不能维持最低限度生活标准时才发挥作用。如社会成员遭遇自然灾害和丧失生存能力时，国家才按照一定程序和标准，提供经常性或临时性经济援助。

第三，社会救助是在经过严格审查之后提供满足最低限度生活需求的货币和实物，仅以维持公民基本生存为限。除物质帮助外，社会救助还包含着国家和社会对受援者精神上的关怀和保护，帮助树立起战胜灾害的信念。

（二）社会救助的内容

社会救助的内容涉及因多种原因造成的社会成员贫困和生活无着落时的救济和帮助。一般包括自然灾害救助、失业破产救助、孤寡病残救助、城乡困难户救助。

1. 自然灾害救助。自然灾害救助是在公民遭受自然灾害袭击而造成生活无着落时，由国家和社会提供急需的最低生活水平的救济和帮助。我国地域辽阔，灾害频繁发生且较为严重，以1989—1993年为例，自然灾害累计造成的直接经济损失高达4 203亿元，年均损失物质财富840.6亿元，年均受灾人口2.82亿人。1978—1993年，由国家拨款的救灾款累计达170亿元，年均约11亿元。[①] 自然灾害救助支出在我国社会救助中占有很大比例，是我国社会保障体系中不可缺少的组成部分。

2. 失业破产救助。失业破产救助是在公民因失业或破产而生计断绝时，由国家和社会提供维持最低生活水平的救助项目。失业破产救助的对象一般是指未能在社会保险覆盖下面临失业或破产时的社会成员，亦是指即便参加失业保险，但失业保险金仍不能保障家庭基本生活，或失业期限较长而转入领取失业救济金者。失业破产救助的保障水平只是维持最低生活水平。在社会保险制度覆盖面狭小和特定的经济体制转轨的背景下，失业破产救助对于稳定社会发挥着极为重要的作用。

3. 孤寡病残救助。孤寡病残救助是在公民因个人的生理原因或其他原因丧失劳动能力而断绝收入来源时，由国家和社会向其提供维持最低生活的救助项目，它是社会救助的最基本内容。通过对孤寡老人、孤儿寡母、重病或重残无劳动能力者提供维持最低生活水平的社会救助，从而对社会弱者实施必要的基本保护措施。

4. 城乡困难户救助。城乡困难户救助是在公民因伤残、疾病或因家庭人口多、缺乏劳动能力及劳动技能，或处于贫困地区，无法维持最低生活水平时，由国家和社会予以救助的项目。除上述一般原因外，社会急剧变化也使部分劳动者生活处于暂时困难状态，需要进行社会救助。

二、社会救助的特征

社会救助是一种古老而具有顽强生命力的经济保障方式，是社会保障制度的基础和重要

① 郑功成：《中国社会保障论》，198～199页，武汉，湖北人民出版社，1994。

组成部分。尽管在社会保险制度产生一百多年的历史进程中，社会救助的范围、程度及在社会保障制度中的地位受到很大削弱，但社会救助并未像一些人士所估计的那样——逐步退出历史舞台，而是顽强地占有一席之地，为社会成员提供最低限度的经济保障。值得注意的是，随着工业化国家社会保险制度的深层危机难以找到解决出路，有识之士开始在重新重视社会救助这种社会保障制度及其在当代社会可能发挥的重要作用。那么，社会救助具有什么特征呢？

1. 社会救助是一种源远流长的重要社会保障形式。在人类社会的长期发展进程中，社会救助的制度选择无论是采取民间的、教会的，抑或是国家的形式，均发挥了重要的作用。实际上，无论是当代还是近代，无论是在东方还是在西方，不同社会都根据各自社会经济及文化条件、特定的社会结构和实际需要发展了不同的社会救助形式，并且，它早已融入历史文化传统并形成人们的深层心理积淀。尽管社会救助的具体形式依国家、民族、文化和不同历史发展阶段有所不同，但通过社会救助这种古老的社会保护形式在社会成员最需要救助和扶持时提供最重要和最及时的扶持，则是难以根本改变的核心内容。这一特征正是社会保障制度其他项目所不具备的。所以，必须承认社会救助是一种古老的、将会长期发挥重要作用的社会保障形式。

2. 社会救助是整个社会保障制度的重要基础。无论是社会救助所发挥的历史作用，还是社会救助职能的体现，都表明社会救助是整个社会保障制度的重要基础。社会救助不仅是一种古老的社会保护形式，具有数千年的发展历史，在不同历史时期发挥过重要的经济保障功能，而且，它作为社会保险的一个重要制度基础，对现代社会保障制度的形成，无疑具有重要的基础作用。不仅如此，从社会保险、社会福利及社会救助在现代社会保障制度中的基本分工来看，社会救助的对象是那些最需国家和社会给予物质帮助的生活贫困的社会成员，若是离开社会救助，部分社会成员便无法维持最低限度的生活，因而社会救助无疑发挥着基础性保障作用。对社会弱者而言，它是第一道也是最后一道生存防线。无论社会保险如何发展完善，都不可能取消和代替社会救助在社会保障制度中的基础性作用。

3. 社会救助具有应急的特征。社会保险和一些长期性社会福利计划，以及提供预先承诺的各类保险和福利津贴，是在社会成员遭遇特定社会风险时，为其提供的不同水平的保险福利待遇。社会救助则更主要显示出应急的特征。除社会少部分孤寡残疾人员需要长期性社会救助外，大多数社会救助项目是处置因自然灾害、社会变革及其他一些因素引起的急需的社会救助。通过社会救助，筑起一道最基本的防线，肩负起自然灾害、突发事件中的社会保障重任，体现国家的社会政策，服务于稳定社会的目标。它与建立复杂的运行机制、明确各方权利义务的社会保险计划具有很大差异，它旨在强调社会成员急需时的社会救助，而不是一种事先的保险福利承诺。从某种意义上说，社会救助较之于社会保险更具被动性的特征，但它又具有抑制福利费用恶性膨胀的优点。

4. 社会救助运行机制具有自身特色。社会救助区别于社会保险，须通过立法确定保障对象，通过复杂的运行机制预测未来几十年中的保险金需求。社会救助在社会成员遭遇自然灾害或生活陷入困境后，还须经过家庭经济调查，具有个人申请、社区证明、基层审核、上级批准等一整套法定工作程序。

5. 社会救助具有全民性。不同于社会保险，社会救助着重强调以社会成员的生活条件及状况为出发点，而不以社会成员的职业、阶层、行业身份为依据。只要满足社会救助的基本条件，任何社会成员都可能获得国家和社会的救助。因此，社会救助的保障范围具有明显的全民性特征，这在大多数国家的社会保险和其他福利计划中是无法达到的。

三、社会救助的运行机制

（一）社会救助基金的筹集与管理

社会救助作为国家和社会承担的对急需救助社会成员的一种基本责任，国家财政拨款和社会募捐构成社会救助的主要资金来源。我国社会救助经费20世纪90年代以来保持在年均30亿~40亿元，其中国家财政拨款占2/3，社会募捐占1/3。财政拨款部分通常先由民政部门作出预算，一部分作为定期定量救助，另一部分是临时性救助。此外，国家财政还拨付自然灾害救助款，由民政部门直接视自然灾害发生情况再予以发放。我国自然灾害救助款一般维持在10多亿元的水平，遇到大灾时，中央财政和地方财政还追加投入，实际投入远大于这一水平，因而中央财政拨款、地方财政拨款、社会募捐构成社会救助基金的基本来源，区别于社会保险通过国家、企业（单位）、个人三方负担的筹集渠道。社会募捐资金包括城市企业和农村社区救助基金及为救灾应急而临时募集的资金。改革开放以来，通过社会募捐形式筹集资金、赈灾救灾已构成救灾经费的重要来源。社会救助不同于社会保险，它不需要个人承担缴费义务，一般是国家、社会对获救助者的单向货币和实物支付。社会救助基金及救灾事务的管理机构主要是通过中央、省（区、市）、地（市）、县（市、区）四级的专门机构来管理社会救助款物，履行国家的社会救助职责，在乡镇、街道办事处一级则设有专人在政府机构领导下具体管理救助工作。

（二）社会救助金的发放与使用

社会救助金的发放与使用必须遵循国家规定的一系列法定程序。一般是经过个人申请、社区证明、基层审核、上级批准等程序。根据社会救助的基本特征，它旨在对因自然灾害和其他原因导致社会成员无法实现基本生存条件时，视情形给予经常性或临时性生活救助，社会成员须是生活陷入绝境或陷入极端贫困时，方有资格领取社会救助金。各国对社会成员都确定了最低生活标准，对生活水平低于某一标准的社会成员，则可确定为生活困难者。国际上通常通过恩格尔系数的方式来测算社会成员的生活水平，并以某一水平线或幅度来划分生活是否处于贫困状态。恩格尔系数即根据一个家庭中用于食物支出的比例来测定其生活水平状况，此比例在家庭总支出中越大，意味着家庭生活水平越低；反之，则意味着家庭生活水平越高。在此基础上，根据各国情况制定出维持社会成员最低生活水平的收入界线，即贫困线。从理论上说，社会救助的对象主要是低于最低生活水准的社会成员和因自然灾害需要救助的灾民。因此，根据国家有关标准，对领取救助金者首先须以家庭经济调查为基础，经过个人申请，提出救助要求，社区证明属实，基层审核，然后报上级民政部门审定、批准，再根据实际情形依法确定发放救助标准。

（三）社会救助的方式和手段

社会救助的方式和手段主要有社会救济、救灾、扶贫及各种形式的救灾互助基金会等形式。

1. 社会救济。社会救济是社会救助最主要和最基本的方式，即对生活困难者给予长期性救济或临时性救济。长期性救济主要对象是社会孤寡残幼，通过民政部门依照法定程序逐月发给生活救济费或衣物等。临时性救济是社会成员因天灾、人祸、疾病等原因发生生活暂时困难，由国家给予临时性生活救助。20 世纪 90 年代以来，国家为了解决趋于严重的城市贫困问题，建立起城镇居民最低保障线制度。民政部 1994 年提出，对城市救济对象逐步实行按最低生活保障线标准进行救济，通过在全社会范围内合理界定救济对象，制定救济标准。因而中国 20 世纪 90 年代社会救济的一项重要工作是建立健全最低生活保障线制度，它对于经济转轨时期的社会稳定发挥了重要作用。

2. 救灾。救灾是社会救助的重要手段。当社会成员遭受自然灾害袭击，生活陷入困境时，由国家和社会予以临时性救助。我国是一个多自然灾害的国家，救灾就构成社会救助的主要手段之一。救灾一般由查灾、报灾和抗灾三个阶段组成，并以灾害救助为中心环节，即通过灾后紧急救济和灾民安置、转移、建房、医疗等项目，积极组织人力、物力、财力进行救灾工作，最大限度地抢救国家和人民群众的生命财产，最大限度地减少灾后损失，并组织受灾地区群众尽快恢复生产，重建家园。

3. 扶贫。扶贫是指国家通过资金、技术、职业培训等方式帮助贫困户或贫困地区发展生产，以帮助其脱贫致富的一种社会救助方式。长期以来，我国对贫困户都是采取传统社会救济的办法，发放救济款物，但这种方式很难从根本上使其改变贫困状态。实施扶贫战略，通过对贫困户和贫困地区的资金、物资、科技及人才等方面的扶持，促使其努力发展生产，逐步改变贫困状态，变被动的“输血”式救济方式为积极的“造血”式救助方式，城市扶贫和农村扶贫工作在我国将具有重要的社会救助创新意义。

4. 救灾互助基金会。救灾互助基金会是在我国农村形成的一种社区型自然灾害救助形式，即通过集体和个人共同筹集资金，在无灾年份逐渐积累起救灾互助基金，以备重灾年份使用。救灾互助基金主要用于灾害年对社区成员的临时性救助。救灾互助基金的筹集在一定程度上体现了保险共济互助的特征。但救灾互助基金的使用仍以家庭经济调查为基础，它更多地体现了社区间灾害救助的特征。

第二节　社会福利概述

一、社会福利的内涵与外延

（一）社会福利的含义

社会福利是一个十分广泛的概念，涉及社会、经济、文化等诸多领域，但总体上可视为现代社会保障制度的一个子系统。只是社会福利的政策、目标及实施效果比狭义的社会保障目标更为宽泛。

社会福利是指国家和社会通过各种福利计划和福利津贴为社会成员提供旨在保障其基本生活，提高物质文化生活水平的项目总称。

一般而言，社会福利的几个基本点包括：

1. 社会福利是由国家、集体、社区共同兴办的社会服务性事业。

2. 社会福利通过提供资金帮助和服务，不仅有助于保障社会成员的基本生活，而且有助于改进社会成员的生活质量，提高物质文化生活的总体水平。

3. 社会福利注重福利设施的兴建和提供各类服务，而不仅限于提供直接的物质援助，它通过物质与精神、有形与无形服务的结合，为社会成员提供范围广泛的社会福利项目。

4. 社会福利具有浓厚的福利文化色彩，受各国社会、经济、历史、文化的制约而差异甚大。中国的社会福利制度在提供的社会津贴、职业福利及社区服务方面具有浓厚的福利文化制约的诸多特点。

（二）社会福利的内容

社会福利的主要内容包括：社会津贴、职业福利和社会服务三个基本部分。

1. 社会津贴。社会津贴是国家因经济、社会政策调整或其他因素而设定的对社会成员提供资金和物质帮助的社会福利项目。如为适应经济结构和经济、社会政策调整的需要，为使社会成员享受到经济、社会的发展成果，国家采取不同形式的物质补贴和资金补贴，以体现一定的社会政策目标，如国家在住房、粮油方面的补贴和副食补贴、物价补贴及各式各样的津贴等。社会津贴一般具有普遍性，社会成员大都能够享受社会津贴。但由于我国二元经济的格局，城乡社会成员在享受社会津贴时，事实上存在着较大的差异性。

2. 职业福利。职业福利是以业缘关系为基础，行业、职业及单位向职工和家属提供的福利待遇。尤其在中国的社会福利制度中，由于受中国传统文化及其长期心理积淀的深层影响，职业福利一直占据非常重要的地位。实施职业福利的出发点在于增强本行业、本系统、本单位的凝聚力，营造职工的认同感和行业群体意识，消除职工的后顾之忧。其深层制度基础在于中国传统文化中各种亲缘关系在现代社会的不同表现，这将会在中国社会长期存在并发挥重要作用。职业福利通常以业缘关系作为享受资格，对维系职工与行业和单位的关系起到了经济与精神纽带的作用，它注重提高职工生活质量，尤其是提供各类福利项目及福利设施。事实上，行业、单位的职业福利状况已构成行业或单位社会声望的重要标志。

3. 社会服务。社会服务是国家和社会通过社区组织和福利机构为人民群众提供的各种福利性服务。社会服务主要在社区范围内，并通过基层社区组织去推行，因而具有很强的地缘关系特征。社会服务通过社区组织和福利事业、福利企业，帮助群众解决实际困难，为其提供生活和服务上的方便，提高生活质量，尤其是帮助生活上有特殊困难的孤老残幼。社会服务既提供资金方面的服务，亦提供生活服务设施，从物质生活和精神照顾的层面，服务于社区成员，因而社会服务是范围广泛和形式多样的社会福利制度。

概而言之，社会福利制度通过社会津贴、职业福利和社会服务等方式为社会成员提供范围广泛、形式多样的物质帮助和生活服务，满足社会成员不同层面的生活需要。社会津贴、职业福利、社会服务三者构成有一定交叉关系的福利网络，其中社会津贴由国家统一制定推行，范围最为广泛，构成社会福利的重要基础，在此基础上，分别通过体现业缘关系的职业福利和体现地缘关系的社会服务、社区服务等不同层面的福利及服务项目服务于社会成员，构成与社会保险、社会救助有一定区别的社会福利网络体系，在现代社会生活中发挥着不可或缺的重要作用。

二、社会福利的特征

社会福利作为社会保障制度的重要组成部分，通过不同方式、不同形式体现社会政策目标。区别于社会保险和社会救助，社会福利具有几个主要的特征。

（一）社会福利范围的普遍性

社会福利作为体现国家社会政策的重要方面，为社会成员提供范围广泛的福利项目。它面向广大社会成员，通过学校、医院、娱乐设施、幼儿园、敬老院等福利设施和福利项目，为社会成员提供旨在保障基本生活条件、改善生活质量的物质帮助和服务项目。尽管社会成员享受的社会福利待遇事实上存在差异，但较之于社会保险主要服务于工薪劳动者，社会救助只面向贫困人口和灾民，社会福利的范围更具普遍性。社会成员均能通过社会福利制度获得某种程度的物质帮助和服务照顾，尤其对于某些社会津贴项目而言，更因其作为“人人有份”的人头费而具有非常广泛的普遍性。

（二）社会福利的多样性

社会保险和社会救助制度，通常由政府强制实施，作为政府干预社会生活的体现，具有很强的政府干预性和制度的规范性、统一性。社会福利则呈现出政府干预与民间参与的结合，较为统一的社会津贴与随缘倾斜的职业福利、社区福利相结合。尤其在中国社会福利制度中，随业缘倾斜的职业福利和随地缘倾斜的社区福利，因文化、心理传统的影响，具有很强的受国情条件制约的色彩，使之在很大程度上区别于欧美国家的社会福利制度。尤其是企业职工福利、行业福利的发展，并由此演变成企业办福利，构成中国社会福利制度的一个重要特征。

（三）社会福利的服务性

社会福利一般通过各种福利机构、福利设施为社会成员提供全面、周详的社会福利服务。在涉及社会成员生、老、病、残、衣、食、住、行的方方面面，国家、社会和企业（单位）都为其提供各类福利性服务，改善社会成员的生活质量。由于社会福利提供的服务与人们的日常生活密不可分，满足了人们的实际需要，并且在提供各类服务的同时，也体现了国家、社会、企业（单位）对社会成员的关心和照顾，体现了物质保障、服务保障和精神慰藉相结合的福利服务系统，较之于单纯的货币支付行为，具有自身的特色。

（四）社会福利的单向性

社会福利在资金来源、权利与义务方面，具有明显的由国家和社会直接或间接向社会成员提供福利和服务的单向性特征，不需要福利享有者对获得福利具有明确的权利与义务关系，或以缴费和承担个人责任为前提的对等给付。因此，社会福利在较大程度上区别于社会保险机制，而与社会救助在单向性方面更为接近。

三、社会福利的运行机制

（一）社会福利的资金筹措机制

社会福利制度框架中的社会津贴、职业福利和社会服务是其运作的基本内容，并表现出与一般社会保险和社会救助差异甚大的资金筹措机制。资金来源的多样化和多元化，构成社会福利制度资金来源的一个重要特点，并且它也很难用社会保险的三方负担原则和社会救助的国家、社会的单向资助加以简单概括，而是呈现国家社会、职业行业、区域的多元化资金筹措，主要表现为国家财政拨款、企业利润留成、社会提留筹集等基本筹资渠道。在具体运作中，各社会福利项目的资金来源又有不同构成。

社会津贴的资金来源几乎全部是由国家财政拨款，作为社会产品再分配的一种体现，服务于符合条件的全体社会成员。同时，它往往作为一种社会工资，以人头费的方式使社会成员获得标准大体趋同的社会津贴。社会津贴的资金流向可简单表示为图13－1。

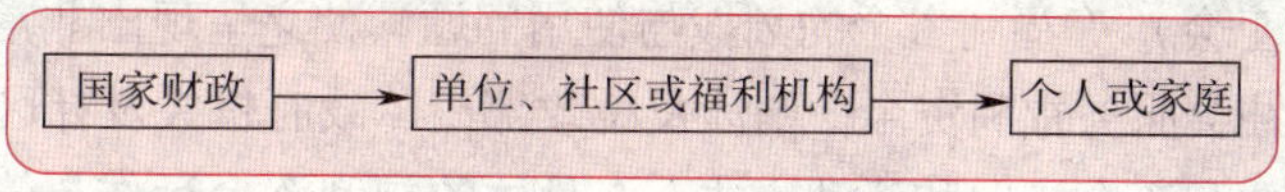

图 13－1　社会津贴的资金流向

职业福利的资金来源则呈多元化特点。其主要内容包括：国家财政拨款、企业利润留成、工会福利经费、其他资金来源。近年来，职业福利的资金来源更呈现多元化特色。企业单位通过各种途径扩大福利基金规模，靠扩大企业自办福利项目和范围对职工生活进行补贴，以维持企业的凝聚力和职工的生产积极性，使职业福利基金有扩大和膨胀之势。职业福利的资金流向可简单表示为图 13－2。

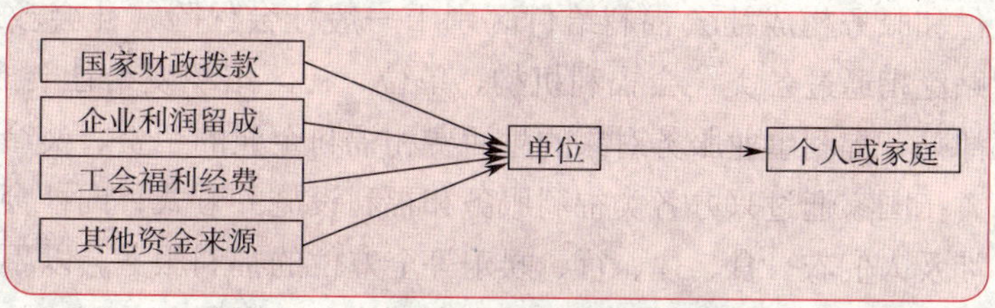

图 13－2　职业福利的资金流向

社会服务的资金来源也呈多元化特点。其主要内容包括：国家财政拨款、社区自筹资金、社会募捐集资、有偿服务收入、福利企业分配。由于社会服务的范围和领域的广泛性，决定了它必须多方筹集资金，并提供各类服务项目，呈现了真正意义上的社会性。由于社区筹资、社会募捐方式和途径的不断扩展，社会服务资金来源多元化更具特色，政府财政拨款的地位呈下降趋势。在具体运作方式上，各种资金筹措渠道通过有关福利机构和社区组织，向个人或家庭提供各类社会服务和福利津贴。社会服务的资金流向可简单表示为图 13－3。

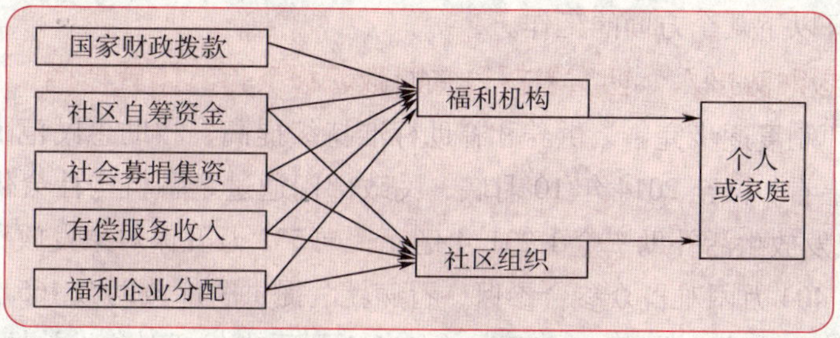

图 13－3　社会服务的资金流向

（二）社会福利的资金管理机制

社会福利的资金管理机制也呈多层次、多元化的管理格局。如国家通过财政、民政、劳动等政府机构将社会津贴经费逐级层层下拨，再通过单位、社区或福利机构以不同的方式和程序发放至个人或家庭。因此，社会津贴的资金管理模式较为简单，资金的拨付大都通过社会福利机构按年度作出预算安排，由政府主管部门下拨款项，亦称预算式的资金管理模式。

职业福利和社会服务的资金管理模式则十分复杂。如职业福利资金，既涉及自上而下的行业福利资金管理营运，又涉及不同地区福利政策与福利基金的交叉管理，还涉及企业单位、社会团体（如工会）等福利资金的划拨与使用问题，使之呈现出非常复杂的多头福利资金管理模式。又如社会服务福利资金，则涉及民政部门、政府机关及社区管理等多头管理体系，亦呈现复杂的福利资金流向和运动方式。在具体的福利资金运作与管理方式上，往往采取预算划拨式和福利基金运作结合的方式。福利基金运作与管理方式，一般通过社会福利管理机构以各种方式和渠道筹措资金，形成福利基金，除用于日常开支外，结余资金用于投资，以增大福利基金规模和增强福利基金实力。近年来，社会福利基金的运作与管理方式受到广泛的重视。

（三）社会福利的给付机制

社会福利的给付主要体现为两大类别，一类为社会福利津贴，另一类为各类社会福利服务。现金实物给付和服务构成社会福利给付区别于一般社会保险、社会救助给付的重要特点。社会福利津贴泛指通过各类社会福利机构、单位、社区组织发给社会成员的社会津贴、职业津贴、社区津贴，福利事业服务对象的生活费和福利企业的工资、奖金、补贴等。各类社会福利性服务，指国家通过兴办各类福利服务和福利设施的方式，向社会成员提供范围广泛、包罗万象，涉及人们衣、食、住、行、娱乐等全方位的福利服务，以不同方式提高人民群众的物质文化生活水平。因此，福利津贴、福利设施和社会服务是现代社会福利给付的主要内容。

第三节　统筹城乡社会救助制度的改革发展

我国社会救助制度经过多年的发展，取得了非常明显的成效。加快城乡社会救助制度构建，已成为建设和谐社会的一项基础性工作，具有十分关键的意义。统筹城乡救助制度构建，需要重点做好以下几个方面的工作。

一、加大各级财政投入，切实发挥公共财政转移支付的重要作用

社会救助各项制度逐步完善，供养和补助标准持续提高，救助惠民范围不断扩大。从发放政府补助资金上看，截至2014年10月底，民政部门通过金融机构社会化发放主渠道，向7 116万低保对象发放生活补助资金1 231.4亿元，向532万五保对象发放和支付生活补助金150.3亿元，向6 404万困难群众参合参保、看病就医提供医疗救助金165亿元，向7 500多万受灾群众发放救灾补助资金57.8亿元，向936.2万重点优抚对象发放抚恤金或补助金354亿元。较好地发挥了社会救助制度的社会政策兜底作用。2014年7月财政对城乡低保和灾害救助支出1 114亿元。

其一，同我国经济社会转型对城乡社会救助的资金需求相比较，公共财政转移支付在总

量上仍需要加大投入，加上农村医疗救助和教育救助的潜在需求，财政支持的总量还需加大，以便为统筹城乡社会救助制度构建，提供坚实的资金保障。

其二，需要进一步优化公共财政转移支付的结构。目前城乡社会救助制度发展的财政支持结构存在较大的不平衡性。浙江、上海、江苏等地的经济实力雄厚，已初步形成中央、省、市、县、乡各级财政共同筹资，合理分担的新机制，对于切实推进城乡社会救助体系构建发挥了关键的作用。但在西部地区，除中央财政专项支持外，省、市、县、乡的财政安排的社会救助资金则非常有限。区别对待，优化结构，加大对西部地区中央财政对社会救助资金的投入，不仅是当前制度建设之需要，而且是今后相当时期内公共财政转移支付的一个重要着力点。

其三，做好财政对城乡社会救助资金投入的预测与规划工作，增强工作的主动性和预见性。着眼于我国当前及今后一个时期城乡社会救助工作的艰巨性和救助需求可能攀升的形势，尽早做好社会救助资金预测和五年内公共财政转移支付资金的规划工作十分必要，以便更好为构建城乡社会救助体系提供及时有力的资金支持。当前尤其需要做好西部地区社会救助资金的预测及规划工作，有助于更好实现城乡社会救助的统筹、协调及平衡发展。

二、完善机制和制度建设，发挥社会救助作为兜底性社会政策的重要作用

我国社会保障发展的历程表明，受诸多因素的制约，我国城镇社会保险制度改革发展面临的困难远远超过人们的现有估计，以城乡最低生活保障制度为基础的，包括医疗救助、专项救助等在内的城乡综合性社会救助制度，可能对有效解决我国转型特定背景下，社会弱势群体的基本经济保障问题，提供更具建设意义的新思路。完善社会救助制度更能体现经济社会转型和经济新常态下政府的责任，体现对社会最需要帮助的社会成员及时提供最低生活保障及相关救助，有助于实现真正意义上社会保障的城乡统筹发展。社会救助制度的运行机制较为简单透明，覆盖面广，保障效果及时明显，对于化解我国转型期的社会风险，为构建和谐社会提供基础性保障制度，具有更为重要的决策价值。

我国2014年5月实施的《社会救助暂行办法》使以城乡最低生活保障制度为基础的综合性社会救助制度进入新的发展阶段。在加大各级财政资金支持力度的同时，迫切需要创新机制和制度建设，需要加快社会救助立法进程。需要着力体现城乡统筹、协调发展的原则，着力实现城乡社会成员广覆盖的制度设计目标，着力构建城乡社会救助制度新机制，使制度设计和运行具有稳定性和可持续性。① 近年来，浙江、江苏等地在社会救助机制设计和制度创新方面进行了有益探索，在最低生活标准确定、各级政府筹资责任确定、组织体系建设、绩效评估等方面逐步走向制度化、规范化，探索出以最低生活保障制度为轴心，逐步建立起包括医疗救助、教育救助、住房救助、养老救助、司法救助和就业援助为一体的综合性社会救助体系，② 在机制建设、组织建设、资金调度、统筹管理等方面探索出了新路子。社会救助机制和制度创新需要重视来自基层的积极探索，需要决策部门重视对基层探索经验的总结与提炼，需要重视广泛听取专家学者的意见与建议，在多方权衡比较的基础上，制定出正确

① 时正新：《对建立新型社会救助体系的思考》，载《中国民政》，2003（12）。

② 张秀兰、徐月宾：《中国农村最低生活保障制度研究》，北师大公共发展与社会政策研究所工作论文，2006。

的、符合客观实际的政策并逐步形成合理的制度。反观我国社会保障制度改革的曲折历程，决策过程在对基层创新经验的科学提炼方面、汇集专业人士的集体智慧方面，仍有进一步完善之处。完善社会救助机制与制度创新，呼唤求真务实的科学精神，需要不断提升决策水平，需要集中民智，大兴调查研究之风，需要不断倡导和营造学习氛围，需要更多优秀人才脱颖而出，努力寻求统筹城乡社会救助制度构建的新突破。

三、创新管理体制，强化综合配套

统筹城乡社会救助制度建设，当前亟待创新管理体制，尽快改变离散管理、多头管理的现行管理构架，实行党政领导，民政综合管理服务，劳动保障、财政、卫生、教育、建设、国土、纪委等部门各司其职，综合配套，形成合力，建议成立由国务院副秘书长任主任的城乡社会救助部际协调办公室，统一领导和协调，实现政令畅通，提高管理绩效，更大程度上发挥城乡社会救助在构建和谐社会中的基础性社会保障功能，更有效地服务于社会稳定的大局。在创新管理体制，完善综合配套管理构架的同时，还应充分关注城乡最低生活保障与医疗救助、教育救助和就业援助培训方面的综合配套，体现现实救助与实物救助的有机结合、经济援助与政策扶持的有机结合、社会救助与以工代赈和开发性扶贫的主动性救助项目的有机结合、政府救助与民间救助的有机结合以及社会救助与社会保险的有机结合，探索短期性救助项目与长期性教育培训救助相结合的积极主动的救助机制，最大限度地减少转型期社会成员面临的社会风险，通过积极的社会救助政策强化社会风险管理，为全面建成小康社会作出更大贡献。

四、完善组织、服务和监控评估体系

统筹城乡社会救助体系构建是一项异常复杂的社会系统工程。需要尽快完善组织构架。近年来，居委会等基层社区组织在城镇最低生活保障制度的实施中发挥了重要组织功能，在救助对象资格审查、家庭经济状态调查、救助津贴发放、医疗和教育救助项目的实施等方面积累了重要的经验，但仍需要进一步完善各地救助办的组织构架，使其在资金、物资、设施、人力、信息等方面能够统一调度，避免救助中的重复与遗漏，提高社会救助服务质量。在继续发挥目前村、乡、县三级救助组织作用的同时，更大程度地发挥县级民政部门在实施农村最低生活保障制度和综合救助制度中的作用，有效监督村委会评议程序和乡镇的资格审核、资格认定等工作。[①] 注重充分发挥村民自治机构、乡村宗族机构对救助对象资格认定及救助程序监督方面的辅助作用，应当因势利导地发挥既有农村基层自治组织、社区组织在农村社会救助体系完善中的重要作用。逐步完善农村社会救助制度的监督评估体系，对救助过程、救助效果进行动态评估，不断提高城乡社会救助制度的绩效。

五、聚合资源、营造氛围，乘势推进统筹城乡社会救助事业的更快发展

统筹城乡社会救助体系构建，需要聚合各种资源，形成合力。尤其应当充分重视各种正规和非正规制度资源在城乡救助体系中的重要潜在作用。诚如国学大师钱穆先生所言，中国文化一切都是建立在家庭和家族观念基础上的。重视家庭和家族资源在城乡救助体系中的重要作用，是因势利导构建中国特色社会救助制度的重要制度化特征。据中国社科院社会学所

---

① 张秀兰、徐月宾：《中国农村最低生活保障制度研究》，北师大公共发展与社会政策研究所工作论文，2006。

的一项调查，我国居民社会支持系统，在面临生活困难时，寻求并获得帮助的渠道，家庭占87.3%，家族占63.8%，私人关系网占55.5%，社区组织占17.8%，单位占15%①。即是说家庭和家族组织仍然是我国居民社会支持系统的最为重要的基础。政府构建社会保护机制不能脱离家庭和家族组织这一极为重要的社会组织基础。通过资金扶持、政策扶持、制度扶持及社会舆论引导等，大力弘扬家庭、家族成员互助互救的传统美德，重视发挥家庭、家族组织在城乡社会救助体系中的重要作用，可以弥补政府社会救助方面的不足。

因此，重视正规制度与非正规制度的建设与协调发展，是我国社会转型时期社会保护体系建设的一项重要任务。使政府提供的城乡最低生活保障制度及医疗救助、教育救助、住房救助、就业援助等综合性社会救助制度，真正使贫困家庭和家族受益，富有中国特色社会救助制度的功能将进一步显现，并将直接服务于和谐社会建设的大局。政府还应积极营造一种互助共济的文化氛围，鼓励更多民间捐赠和慈善机构参与救助活动，激励困难群体增强克服社会转型期暂时困难的信心。政府可以因地制宜，采取多种办法，鼓励生活困难社会成员参加植树造林、种植中草药、从事有益环保的社会事业等，政府可用以工代赈方式为贫困家庭成员提供经济补贴或其他教育、医疗费用的减免政策，营造贫困者服务社会、回馈社会的健康向上的社会心理，实施积极的社会救助政策。防止被救助对象的边缘化和耻辱化，引导社会心理压力的合理释放。

构建和谐社会，为统筹城乡社会救助制度构建提供了极为难得的发展机遇，各级政府也将社会救助列入更为重要的工作程序。在经济发展新常态下，围绕实现全面建成小康社会目标，按照与经济发展和群众需求相适应的要求，面临怎样建立和完善优抚待遇与社会救助、社会福利标准动态调整、正常调整机制。应在认真总结我国近年来社会救助制度改革发展经验教训的基础上，乘势而上，在立法及制度构建、机制创新、组织管理、网络服务等方面大力推进，努力开创统筹城乡社会救助制度构建的新局面。

资料与案例

完善社会救助制度，编密织牢社会救助安全网

近年来中国政府在社会救助领域实施了一系列有力的政策措施，形成了具有中国特色的社会救助制度体系，有效地保障和改善了近8 000万低收入人群的基本民生，促进了社会公平正义，也为全球反贫困事业作出了巨大贡献。下一步，中国政府将继续做好社会救助工作，编密织牢社会救助安全网。一是按照“托底线、救急难、可持续”的制度定位，健全救助体系、完善运行机制、提升救助水平、提高托底能力。二是完善社会救助法规政策体系，科学确定救助水平、扩大救助范围、创新救助方式、拓展救助内容、强化监督管理。三是开展物质保障、生活帮扶、精神慰藉、心理疏导、能力提升、资源链接等相结合的综合性救助，进一步完善救助与扶贫开发的联动机制，积极推进“救急难”工作。四是研究搭建政府救助资源、社会组织救助项目、公民个人救助意愿与救助对象需求对接的信息平台，引导社会组织、专业社工、志愿者等参与救助服务，

---

① 李培林等：《全国社会和谐稳定形势调查》，中国社会学网，2006。

并将社会救助中的具体服务事项通过委托、承包、采购等方式向社会力量购买服务。五是加快部署和广泛应用全国低保管理等社会救助信息系统，加快建设跨部门、多层次、信息共享的社会救助申请家庭经济状况核对机制和信息平台，推动建立贫困人口基本信息数据库，提升管理服务水平。

资料来源：民政部社会救助司网站。

思考题

1. 社会救济有何特征？
2. 社会救济的方式和手段是什么？
3. 社会救助与社会保险如何协调发挥作用？
4. 试说明现代社会中社会救助制度的重要作用及发展前景。
5. 社会福利制度的基本内容包括哪些方面？有何主要特征？
6. 社会津贴、职业福利、社会服务的筹资渠道有何差异？
7. 社会福利与社会保险有何关联与差异？
8. 完善我国统筹城乡社会救助制度构建有哪些政策思路？

主要参考文献

北京大学社会学系:《社会学教程》，北京，北京大学出版社，1987。
北京社会保险干部培训中心:《失业、医疗、工伤保险》，北京，中国劳动出版社，1992。
陈良谨:《社会保障教程》，北京，知识出版社，1990。
陈智明、洪旺全、施裕壬等:《医疗保险概论》，深圳，海天出版社，1995。
成思危:《中国社会保障体系的改革与完善》，北京，民主与建设出版社，2000。
仇雨临、孙树菡:《医疗保险》，北京，中国人民大学出版社，2001。
丛树海:《社会保障经济理论》，上海，上海三联书店，1996。
丛树海、郑春荣:《国际社会保障全景图》，南京，江苏人民出版社，2016.
董克用、王燕:《养老保险》，北京，中国人民大学出版社，2000。
杜俭等:《社会保障制度改革》，上海，立信会计出版社，1995。
丁建定:《西方国家社会保障制度史》，北京，高等教育出版社，2010。
杜乐勋、罗五金:《现代卫生保健经济学》，哈尔滨，黑龙江人民出版社，1995。
顾俊礼:《福利国家论析》，北京，经济管理出版社，2002。
郭崇德:《社会保障教程》，北京，北京大学出版社，1992。
郭士征、葛寿昌:《中国社会保险的改革与探索》，上海，上海财经大学出版社，1998。
国家体改委:《社会保障体制改革》，北京，改革出版社，1995。
侯文若、仇雨临:《社会保障国际比较》，北京，首都师范大学出版社，1996。
侯文若:《社会保障理论与实践》，北京，中国劳动出版社，1991。
柯木兴:《社会保险》，台北，台湾社会学会发行，1984。
劳动部、中央电视台:《社会保险制度改革 15 讲》，北京，中国劳动出版社，1995。
李琮:《西欧社会保障制度》，北京，中国社会科学出版社，1989。
李连友:《社会保险基金运行论》，成都，西南财经大学出版社，2000。
李绍光:《养老金制度与资本市场》，北京，中国发展出版社，1998。
李珍:《社会保障制度与经济发展》，武汉，武汉大学出版社，1998。
梁浩材:《国外健康保险制度》，北京，北京医科大学、中国协和医科大学联合出版社，1992。
林义:《农村社会保障的国际比较及启示研究》，北京，中国劳动社会保障出版社，2006。
林义:《社会保险基金管理》，北京，中国劳动社会保障出版社，2013。
林义:《社会保险制度分析引论》，成都，西南财经大学出版社，1997。
林义等:《统筹城乡社会保障制度建设研究》，北京，社科文献出版社，2013。.
林羿:《美国的私有退休金制度》，北京，北京大学出版社，2002。
刘学民:《社会保险与社会保障》，北京，人民法院出版社，2000。

毛群安:《美国医疗保险制度剖析》,北京,中国医药科技出版社,1994。

穆怀中:《中国社会保障适度水平研究》,沈阳,辽宁大学出版社,1999。

申曙光:《社会保险学》,广州,中山大学出版社,1998。

宋晓梧、孔泾源:《中国社会保险基金营运管理》,北京,企业管理出版社,1999。

宋晓梧:《中国社会保障制度改革》,北京,清华大学出版社,2001。

孙淑菡:《劳动安全卫生》,北京,中国劳动出版社,1995。

唐霁松:《工伤保险解答》,北京,改革出版社,1995。

王鸿勇、牛钟顺:《医疗保险费用控制机制的发展趋势·国外医学卫生经济学分册》,1998。

王梦奎:《中国社会保障体制改革》,北京,中国发展出版社,2001。

王晓军:《社会保障精算原理》,北京,中国人民大学出版社,2000。

乌日图:《医疗、工伤、生育保险》,北京,中国劳动社会保障出版社,2001。

吴亚平:《女职工劳动权益维护》,北京,中国劳动社会保障出版社,2000。

徐放鸣、路和平、朱青:《社会保障初论》,北京,中国财政经济出版社,1990。

杨燕绥:《劳动与社会保障立法国际比较研究》,北京,中国劳动社会保障出版社,2000。

杨翠迎:《社会保障学》,上海,复旦大学出版社,2015.

伊志宏:《养老金改革:模式选择及其金融影响》,北京,中国财政经济出版社,2000。

张笑天、王保真:《医疗保险原理与方法》,北京,中国人口出版社,1996。

郑秉文、和春雷:《社会保障分析导论》,北京,法律出版社,2000。

郑功成:《社会保障学》,北京,商务印书馆,2000。

郑功成:《中国社会保障改革与发展战略研究》,北京,人民出版社,2008。

郑功成:《中国社会保障发展报告 2016》,北京,人民出版社,2016.

周弘:《福利的解析》,上海,上海远东出版社,1998。

周弘、张浚:《走向人人享有保障的社会——当代中国社会保障的制度变迁》,北京,中国社会科学出版社,2015. 。

朱青:《中国养老保险制度及改革:理论与实践》,北京,中国财政经济出版社,2000。

[美] 查尔斯·诺曼德、安塞尔·维伯:《社会健康保险计划指导手册》,中文版,北京,经济科学出版社,1996。

[美] 霍尔茨曼、欣茨:《21 世纪的老年收入保障》,中文版,北京,中国劳动社会保障出版社,2006。

[美] C. A. 摩尔根:《劳动经济学》,中文版,北京,工人出版社,1984。

[美] 莫里森:《老龄经济学——退休的前景》,中文版,北京,华夏出版社,1988。

[美] 舒尔茨:《老年经济学》,中文版,北京,华夏出版社,1988。

[美] 威廉姆森等:《养老保险比较分析》,中文版,北京,法律出版社,2002。

Aaron H. J.: Economic Effects of Social Security, The Brookings Institution, 1982.

George E. Rejda: Social Insurance and Economic Security, Prentice-Hall, Inc., 1994.

Gordon M. S.: Social Security Policies in Industrial Countries, Cambridge University Press, 1988.

Hinz, R. & Holzmann, R.: Matching Contributions for Pensions, The World Bank, 2013.

Myers, R.: Social Security, 3rd Edition, 1985.

Willam Beveridge: Social Insurance and Allied Service, 1942.

21 世纪高等学校金融学系列教材

一、货币银行学子系列

★货币金融学（第四版）	朱新蓉	主编	56.00 元	2015.08 出版
（普通高等教育“十一五”国家级规划教材/国家精品课程教材·2008）				
货币金融学	张　强　乔海曙	主编	32.00 元	2007.05 出版
（国家精品课程教材·2006）				
货币金融学（附课件）	吴少新	主编	43.00 元	2011.08 出版
货币金融学（第二版）	殷孟波	主编	48.00 元	2014.07 出版
（普通高等教育“十五”国家级规划教材）				
货币银行学（第二版）	夏德仁　李念斋	主编	27.50 元	2005.05 出版
货币银行学（第三版）	周　骏　王学青	主编	42.00 元	2011.02 出版
（普通高等教育“十一五”国家级规划教材）				
货币银行学原理（第六版）	郑道平　张贵乐	主编	39.00 元	2009.07 出版
金融理论教程	孔祥毅	主编	39.00 元	2003.02 出版
西方货币金融理论	伍海华	编著	38.80 元	2002.06 出版
现代货币金融学	汪祖杰	主编	30.00 元	2003.08 出版
行为金融学教程	苏同华	主编	25.50 元	2006.06 出版
中央银行通论（第三版）	孔祥毅	主编	40.00 元	2009.02 出版
中央银行通论学习指导（修订版）	孔祥毅	主编	38.00 元	2009.02 出版
商业银行经营管理	朱新蓉　宋清华	主编	46.00 元	2009.03 出版
商业银行管理学（第四版）	彭建刚	主编	49.00 元	2014.07 出版
（普通高等教育“十一五”国家级规划教材/国家精品课程教材·2007/国家精品资源共享课配套教材）				
商业银行管理学（第三版）	李志辉	主编	48.00 元	2015.10 出版
（普通高等教育“十一五”国家级规划教材/国家精品课程教材·2009）				
商业银行管理学习题集	李志辉	主编	20.00 元	2006.12 出版
（普通高等教育“十一五”国家级规划教材辅助教材）				
商业银行管理	刘惠好	主编	27.00 元	2009.10 出版
现代商业银行管理学基础	王先玉	主编	41.00 元	2006.07 出版
金融市场学（第二版）	杜金富	主编	48.00 元	2013.03 出版
现代金融市场学（第三版）	张亦春	主编	56.00 元	2013.01 出版
中国金融简史（第二版）	袁远福	主编	25.00 元	2005.09 出版
（普通高等教育“十一五”国家级规划教材）				
货币与金融统计学（第三版）	杜金富	主编	49.00 元	2013.05 出版

（普通高等教育“十一五”国家级规划教材/国家统计局优秀教材）

金融信托与租赁（第三版）	王淑敏　齐佩金	主编	36.50元	2011.09出版
（普通高等教育“十一五”国家级规划教材）				
金融信托与租赁案例与习题	王淑敏　齐佩金	主编	25.00元	2006.09出版
（普通高等教育“十一五”国家级规划教材辅助教材）				
金融营销学	万后芬	主编	31.00元	2003.03出版
金融风险管理	宋清华　李志辉	主编	33.50元	2003.01出版
网络银行（第二版）	孙　森	主编	36.00元	2010.02出版
（普通高等教育“十一五”国家级规划教材）				
银行会计学	于希文　王允平	主编	30.00元	2003.04出版

二、国际金融子系列

国际金融学	潘英丽　马君潞	主编	31.50元	2002.05出版
★国际金融概论（第四版）	王爱俭	主编	39.00元	2015.06出版
（普通高等教育“十一五”国家级规划教材/国家精品课程教材·2009）				
国际金融（第二版）	刘惠好	主编	40.00元	2012.08出版
国际金融管理学	张碧琼	编著	36.00元	2007.09出版
国际金融与结算（第二版）	徐荣贞	主编	40.00元	2010.08出版
（附课件）				
★国际结算（第六版）（附课件）	苏宗祥　徐　捷	著	66.00元	2015.08出版
（普通高等教育“十一五”国家级规划教材/2012—2013年度全行业优秀畅销书）				
各国金融体制比较（第三版）	白钦先	等编著	43.00元	2013.08出版

三、投资学子系列

投资学（第二版）	张元萍	主编	53.00元	2013.01出版
证券投资学	吴晓求　季冬生	主编	24.00元	2004.03出版
证券投资学	杨丽萍　金　丹	主编	42.00元	2012.05出版
现代证券投资学	李国义	主编	39.00元	2009.03出版
投资银行学教程	郑　鸣　王　聪	著	33.00元	2005.04出版
证券投资分析（第二版）	赵锡军　李向科	主编	35.00元	2015.08出版
组合投资与投资基金管理	陈伟忠	主编	15.50元	2004.07出版
风险资本与风险投资				
投资项目评估	王瑶琪　李桂君	主编	38.00元	2011.12出版
项目融资（第三版）	蒋先玲	编著	36.00元	2008.10出版

四、金融工程子系列

金融经济学教程	陈伟忠	主编	35.00元	2008.09出版
金融工程学				
金融工程案例				
固定收益证券				

衍生金融工具（第二版）	叶永刚　张　培	主编	37.00元	2014.08出版
公司金融（第二版）	陈琦伟	主编	28.00元	2003.06出版
公司金融案例				
现代公司金融学	马亚明　田存志	主编	44.00元	2009.06出版
金融计量学	张宗新	主编	42.50元	2008.09出版
数理金融	张元萍	编著	29.80元	2004.08出版

五、金融法子系列

金融法	甘功仁　黄　欣	主编	34.50元	2003.03出版
金融法教程（第三版）	刘定华	主编	46.00元	2010.07出版
（普通高等教育“十一五”国家级规划教材/司法部优秀教材）				
保险法学（第二版）	魏华林	主编	31.50元	2007.09出版
（教育部法学专业主干课程推荐教材）				
证券法学	符启林	主编	31.00元	2003.08出版
票据法教程	刘定华	主编	30.00元	2008.05出版
信托法学	徐孟洲	主编	27.00元	2004.01出版
（北京市高等教育精品教材立项项目）				

六、金融英语子系列

金融英语阅读教程（第三版）	沈素萍	主编	42.00元	2011.11出版
（北京高等学校市级精品课程教材）				
金融英语阅读教程导读（第三版）	沈素萍	主编	18.00元	2012.03出版
（北京高等学校市级精品课程辅助教材）				
保险专业英语	张栓林	编著	22.00元	2004.02出版
保险应用口语	张栓林	编著	25.00元	2008.04出版

21 世纪高等学校保险学系列教材

保险学（第二版）	胡炳志　何小伟	主编	29.00 元	2013.05 出版
保险精算（第三版） （普通高等教育“十一五”国家级规划教材）	李秀芳　曾庆五	主编	36.00 元	2011.06 出版
人身保险（第二版）	陈朝先　陶存文	主编	20.00 元	2002.09 出版
财产保险（第五版） （普通高等教育“十一五”国家级规划教材/普通高等教育精品教材奖）	许飞琼　郑功成	主编	43.00 元	2015.03 出版
财产保险案例分析	许飞琼	编著	32.50 元	2004.08 出版
海上保险学	郭颂平　袁建华	编著	34.00 元	2009.10 出版
责任保险	许飞琼	编著	40.00 元	2007.11 出版
再保险（第二版） （普通高等教育“十一五”国家级规划教材）	胡炳志　陈之楚	主编	30.50 元	2006.02 出版
保险经营管理学（第二版） （普通高等教育“十一五”国家级规划教材）	邓大松　向运华	主编	42.00 元	2011.08 出版
保险营销学（第三版） （教育部经济类专业主干课程推荐教材）	郭颂平　赵春梅	主编	35.00 元	2012.08 出版
保险营销学（第二版）	刘子操　郭颂平	主编	25.00 元	2003.01 出版
★风险管理（第五版） （普通高等教育“十一五”国家级规划教材）	许谨良	主编	36.00 元	2015.08 出版
保险产品设计原理与实务	石　兴	著	24.50 元	2006.09 出版
社会保险（第四版） （普通高等教育“十一五”国家级规划教材）	林　义	主编	39.00 元	2016.07 出版
保险学教程（第二版）	张　虹　陈迪红	主编	36.00 元	2012.07 出版
利息理论与应用（第二版）	刘明亮	主编	32.00 元	2014.04 出版

注：加★的书为“十二五”普通高等教育本科国家级规划教材。